中华人民共和国
乡村振兴促进法

解 读

编委会主任 陈锡文

主编 刘焕鑫 王瑞贺

中国农业出版社
北 京

《中华人民共和国乡村振兴促进法解读》
编 委 会

为促进乡村全面振兴提供坚强法治保障

全国人大农业与农村委员会主任委员
乡村振兴促进法起草领导小组组长　陈锡文

　　乡村振兴促进法是在迎接建党 100 周年、开启第二个百年奋斗目标之际通过实施的一部重要法律。这部法律是为了保障乡村振兴战略的有效贯彻实施，落实 2018 年中央一号文件提出的"把行之有效的乡村振兴政策法定化，充分发挥立法在乡村振兴中的保障和推动作用"的要求而制定的，立法的着力点就是把党中央关于乡村振兴的重大决策部署，包括乡村振兴的任务、目标、要求和原则等转化为法律规范，确保乡村振兴的战略部署得到落实，确保各地不松懈、不变调、不走样，持之以恒、久久为功促进乡村振兴。同时，把党中央、国务院确定的促进乡村振兴的政策措施，特别是坚持农业农村优先发展、健全城乡融合发展的体制机制、推动形成新型工农城乡关系方面的政策，通过立法确定下来，确保政策的稳定性、连续性和权威性，并且将各地创造的实践证明行之有效、可复制可推广的乡村振兴经验进行总结，上升为法律规范，为加快推进农业农村现代化，走中国特色社会主义乡村振兴道路提供有力的法治保障。

在起草工作中，我们坚持认真学习领会习近平总书记关于三农工作的重要论述和党中央关于实施乡村振兴战略的决策部署，及时跟进学习习近平总书记的最新讲话和党中央最新决策部署，并切实贯彻落实到法律草案中。特别是围绕习近平总书记强调的确保国家粮食安全、严格保护耕地、解决种子卡脖子问题等，完善相关法律制度，有针对性地作了规定，充分利用法律手段，促进这些问题从根本上得到解决。

这部法律的制定始终坚持依法立法、科学立法、民主立法。在起草过程中，党中央和国务院各有关部门积极参与，群策群力，多次召开各种层次的座谈会，充分讨论交流，广泛听取意见，反复研究论证，不断修改完善，并深入地方开展调研，总结实践经验，特别是充分发挥代表在立法工作中的作用，书面征求了500多位全国人大代表的意见，努力制定一部反映民意、集中民智、凝聚民力的良法。

乡村振兴促进法是一部综合性法律，是为实施乡村振兴战略保驾护航的法律。法律确定的"促进"措施是全方位的，规定的产业发展、人才支撑、文化繁荣、生态保护、组织建设、城乡融合等，既是乡村振兴的必然要求，也是乡村振兴的重要内容。这部法律是在现行有效的农业法等涉农法律的基础上制定的全面促进乡村振兴的法律，不替代农业法等其他涉农法律，与其他涉农法律共同构成农业农村法律制度体系。在起草过程中注意处理好与现有涉农法律的衔接，同时也作出一些创新性规定。例如，明确提出要充分发挥乡村在保障农产品供给和粮食安全、保护生态环境、传承发展中华民族优秀传统文化等方面的特有功能；促进在城镇稳定就业和生活的农民自愿有序进城落户，明确不得以退出土地承包经营权、宅基地使用权、集体收益分配权等作为农民进城落户的条件等。

乡村振兴促进法作为促进法，着眼于促进，主要内容是促进乡村振兴的政策措施和制度设计，同时也针对乡村振兴过程中可能面临的突出问题规定了相应的限制条款。例如，为保护生态环境，对使用农药、化肥等农业投入品，对污染环境、破坏生态的企业、产业的转移，规定禁止和限制措施；为严格保护耕地，确保国家粮食安全，明确要求严格控制农用地转为建设用地，严格控制耕地转为林地、园地等。这些促进和限制措施，都是促进乡村全面振兴所必不可少的。

法律的生命力在于实施。全国人大农业与农村委员会将立足本职，紧紧围绕实施乡村振兴战略的大局，按照栗战书委员长在乡村振兴促进法实施座谈会上重要讲话提出的要求，努力做好法律实施的相关工作，积极推进乡村振兴促进法的有效实施。

一是大力宣传乡村振兴促进法。广泛宣传乡村振兴促进法，让各级领导干部特别是农村基层干部，以及广大农民群众充分认识这部法律的重要意义。了解法律确立的政策措施和制度，是法律有效贯彻实施的重要前提。全国人大农业与农村委员会将积极与有关部门沟通联系，通过各种渠道，采取多种形式，利用各种机会，广泛宣传乡村振兴促进法，使法律深入人心，为法律的有效实施打好基础。

二是支持和帮助地方制定配套法规。在乡村振兴促进法起草过程中，各省、自治区、直辖市非常关注这部法律的立法进程，有些地方人大来访来电沟通交流立法进展情况，期盼法律及早出台。目前，法律已经颁布实施，全国人大农业与农村委员会将继续加强与地方人大的联系和交流，积极支持和帮助地方人大结合各地实际，及时制定更有针对性和可操作性的配套法规，使乡村振兴促进法的规定更好地落实落地。

三是协助全国人大常委会依法履行监督职责。按照乡村振兴促进法第七十条的规定，县级以上各级人民政府应当向本级人民代表大会或者其常务委员会报告乡村振兴促进工作情况。全国人大农业与农村委员会将密切关注国务院有关部门和地方贯彻实施乡村振兴促进法过程中的新情况新问题，协助全国人大常委会就法律实施情况开展监督检查，做好听取工作报告的相关工作，及时提出贯彻实施好法律、完善相关制度的意见建议，推动乡村振兴促进法有效贯彻实施，促进乡村全面振兴，促进农业高质高效、乡村宜居宜业、农民富裕富足。

2021 年 6 月

目 录

contents

为促进乡村全面振兴提供坚强法治保障·················· 陈锡文

第一章 总 则

党的十九大提出实施乡村振兴战略，是以习近平同志为核心的党中央着眼党和国家事业全局，深刻把握现代化建设规律和城乡关系变化特征，顺应亿万农民对美好生活的向往，对三农工作作出的重大决策部署，是全面建设社会主义现代化国家的重大历史任务，是新时代做好三农工作的总抓手。在党和国家三农工作重心历史性转向全面推进乡村振兴的关键时刻，制定出台乡村振兴促进法，意义重大、影响深远。党中央有关文件对全面实施乡村振兴战略的指导思想、基本原则、总体要求、目标任务、工作机制等提出了明确要求，乡村振兴促进法将这些重要内容在总则一章进行了规定。同时，作为统领全法的章节，总则一章还对本法的立法目的、适用范围，以及巩固完善农村基本经营制度、推动城乡融合、繁荣发展乡村文化、保障国家粮食安全、有关部门的乡村振兴工作职责、鼓励社会各方面参与乡村振兴促进活动等重点内容作出了总体性、基础性的规定。

第一节 乡村振兴促进法的重要意义

民族要复兴，乡村必振兴。贯彻落实党中央决策部署，制定出台乡村振兴促进法，为在新发展阶段全面实施乡村振兴战略提供了有力法治保障，在推进中国特色三农法治进程中具有里程碑意义，对于促进农业全面升级、农村全面进步、农民全面发展，全面建设社会主义现代化国家，实现中华民族伟大复兴中国梦，具有十分重要而深远的意义。

一、乡村振兴促进法的重要意义

（一）制定乡村振兴促进法，是贯彻落实党中央决策部署，保障乡村振兴战略全面实施的重要举措

习近平总书记在 2013 年中央农村工作会议上强调，中国要强，农业必须强；中国要美，农村必须美；中国要富，农民必须富①。农业农村农民问题是关系国计民生的根本性问题，必须始终把解决好三农问题作为全党工作的重中之重。党的十九大提出实施乡村振兴战略，要求坚持农业农村优先发展，按照产业兴旺、生态宜居、乡风文明、治理有效、生活富裕的总要求，建立健全城乡融合发展体制机制和政策体系，加快推进农业农村现代化。2018 年，中共中央、国务院发布《关于实施乡村振兴战略的意见》，即 2018 年中央一号文件，系统阐述了新时代实施乡村振兴战略的重大意义、指导思想、目标任务、基本原则和主要内容，并明确提出要强化乡村振兴法治保障，抓紧研究制定乡村振兴法的有关工作，把行之有效的乡村振兴政策法定化，充分发挥立法在乡村振兴中的保障和推动作用。之后，中共中央、国务院印发《乡村振兴战略规划（2018—2022 年）》（以下简称《规划》），细化了实施乡村振兴战略的各项具体措施。2019 年，中共中央、国务院发布《关于坚持农业农村优先发展做好三农工作的若干意见》，即 2019 年中央一号文件，提出要全面推进乡村振兴，确保顺利完成到 2020 年承诺的农村改革发展目标任务。2020 年，党中央在《中共中央关于制定国民经济和社会发展第十四个五年规划和二〇三五年远景目标的建议》（以下简称《"十四五"规划建议》）中，把优先发展农业农村，全面推进乡村振兴作为重要内容。2021年，中共中央、国务院发布《关于全面推进乡村振兴加快农业农村现代化的意见》，这是近年来第二个以乡村振兴为主题的中央一号

---

① 《十八大以来重要文献选编》（上），中央文献出版社 2014 年版。

文件，对新时期全面推进乡村振兴作出部署。此外，党中央、国务院还就建立健全城乡融合发展体制机制和政策体系、实现巩固拓展脱贫攻坚成果同乡村振兴有效衔接、加快推进乡村人才振兴、加强和改进乡村治理、促进乡村产业振兴等发布了专门的文件。制定好乡村振兴促进法，就是要以法律的形式将党中央有关乡村振兴的系列重大决策部署制度化，把行之有效的政策措施法定化，进一步做好乡村振兴的顶层设计，进一步规范和健全推进乡村振兴战略全面实施的制度体系、体制机制和具体举措，将其转化为国家意志和全社会的行为准则。

（二）制定乡村振兴促进法，是立足新发展阶段，推动实现"两个一百年"奋斗目标的重要支撑

习近平总书记在 2020 年中央农村工作会议上指出，在向第二个百年奋斗目标迈进的历史关口，巩固和拓展脱贫攻坚成果，全面推进乡村振兴，加快农业农村现代化，是需要全党高度重视的一个关系大局的重大问题。全党务必充分认识新发展阶段做好三农工作的重要性和紧迫性，举全党全社会之力推动乡村振兴，促进农业高质高效、乡村宜居宜业、农民富裕富足。党的十八大以来，在以习近平同志为核心的党中央坚强领导下，我国的农业农村发展取得了历史性成就，粮食年产量连续保持在 1.3 万亿斤以上，农民人均收入较 2010 年翻了一番多，新时代脱贫攻坚目标任务如期完成，为党和国家战胜各种艰难险阻、稳定经济社会发展大局，发挥了"压舱石"作用。"十四五"时期，是乘势而上开启全面建设社会主义现代化国家新征程、向第二个百年奋斗目标进军的第一个五年。从中华民族伟大复兴战略全局看，民族要复兴，乡村必振兴。构建新发展格局，潜力后劲在三农；解决好发展不平衡不充分问题，重点难点在三农；应对国内外各种风险挑战，基础支撑在三农。全面推进乡村振兴，是解决人民日益增长的美好生活需要和不平衡不充分的发展之间矛盾的必然要求，是实现全体人民共同富裕的必然要求。制定乡村振兴促进法，就是要发挥立法的引领和推动作用，为全面建设社会主义现代化国家开好局、起好步，为实现"两个一百年"奋斗目标、实现中华民族伟大复兴提供有力法治支撑。

（三）制定乡村振兴促进法，是充分总结三农法治实践，完善和发展中国特色三农法律体系的重要成果

党和国家历来重视三农立法。改革开放以来，全国人大常委会先后出台二十余部三农相关法律，已经形成了以宪法为统帅，以农业法为基础，以森林法、畜牧法、草原法、渔业法、乡镇企业法、种子法、动物防疫法、农产品质量安全法、农村土地承包法、土地管理法、村民委员会组织法、农民专业合作社法、农业技术推广法、农业机械化促进法等专门法律和其他相关法律为主干，由法律、行政法规、地方性法规等多个层次的法律规范构成的中国特色三农法律制度体系，对农村双层经营体制、农业生产经营、农村土地制度、农村基层组织建设、农业农村发展支持保护等各个方面作出规范。党的十八大以来，落实党中央关于农村土地制度改革部署，修改了农村土地承包法、土地管理法；适应发展现代种业、保障粮食安全的要求，修改了种子法；适应扶持新型农业经营主体、鼓励发展农民专业合作社的要求，修改了农民专业合作社法；贯彻习近平生态文明思想，适应森林资源保护和林业发展工作的要求，修改了森林法；强化公共卫生安全法治保障，修改了动物防疫法。同时，关于粮食安全保障、农村集体经济组织、畜牧、农产品质量安全等方面的法律正在抓紧制定修订中。这些涉农立法有一个共同的特点，就是法律的政策性特别强。从立法项目的提出上看，许多法律的立项来自党中央提出的明确要求；从立法的主要目的上看，制定修改涉农法律的重要目的，就是将党中央关于三农的大政方针和决策部署以法律的形式予以固定；从法律的主要内容上看，许多涉农法律的具体条款，是由党中央提出的具体政策措施转化而来。

乡村振兴促进法也是如此，它是在充分总结、提升三农领域丰富法治实践经验的基础上，更好地将政策法治化、将措施制度化的一部三农领域的基础性法律，是完善和发展中国特色三农法律制度体系的最新成果。

二、制定乡村振兴促进法的主要过程和基本考虑

(一) 主要过程

乡村振兴，法治先行。全国人大常委会贯彻落实党中央决策部署，高度重视乡村振兴立法工作，将制定乡村振兴促进法列入十三届全国人大常委会立法规划。全国人大农业与农村委员会及时组织农业农村部等 20 多个部门、单位成立乡村振兴促进法起草领导小组和工作小组，抓紧开展起草工作，在广泛征求意见、深入开展调研，反复研究修改的基础上，形成了《中华人民共和国乡村振兴促进法（草案）》。2020 年 6 月，十三届全国人大常委会第十九次会议对草案进行初次审议。2020 年 12 月、2021 年 4 月，十三届全国人大常委会第二十四次会议、第二十八次会议对草案进行了第二次、第三次审议。

在全国人大常委会审议期间，全国人大宪法和法律委员会、全国人大常委会法制工作委员会通过多种方式广泛征求各方意见，并赴陕西、山东、北京等地调研，听取意见；就草案的有关问题与有关单位多次交换意见，共同研究；于 2021 年 4 月 21 日召开评估会，就草案主要内容的可行性、法律出台时机等进行评估。2020 年 12 月 8 日、12 月 11 日，2021 年 3 月 26 日、4 月 20 日，全国人大宪法和法律委员会召开会议，根据全国人大常委会组成人员的审议意见和各方面意见对草案进行了审议，提出了草案二次审议稿、三次审议稿。

2021 年 4 月 26 日，十三届全国人大常委会第二十八次会议对草案三次审议稿进行了分组审议。全国人大宪法和法律委员会于 4 月 27 日召开会议，逐条研究了全国人大常委会组成人员的审议意见，对草案进行审议，提出了草案修改稿。4 月 29 日，十三届全国人大

常委会第二十八次会议以 166 票赞成，2 票弃权的高票表决通过了乡村振兴促进法草案。这部三农领域强基固本利长远的基础性、综合性法律，凝聚着亿万人民热切的期盼，承载着促进乡村振兴的神圣使命，夯实了振兴乡村的良法善治基石。

（二）基本考虑

乡村振兴促进法是第一部以"乡村振兴"命名的基础性、综合性法律。在法律的定位方面，2018 年中央一号文件中提出"抓紧研究制定乡村振兴法的有关工作"，在法律立项时，经过前期立法调研和征求意见，许多意见认为现阶段乡村发展和工农城乡关系还处在调整过程中，直接制定乡村振兴法条件尚不具备、时机不够成熟，因此，经过反复研究，最终将本法定位为一部"促进法"，在法律名称中增加了"促进"二字。这个"促进"不是简单的倡导鼓励，而是包括产业、人才、文化、生态、组织"五大振兴"，包括统筹推进农村经济建设、政治建设、文化建设、社会建设、生态文明建设和党的建设"六大建设"，有着具体的扶持措施和监督检查制度的全方位、多角度、广覆盖的"促进"。

在本法与其他涉农法律的关系方面，作为全面推进乡村振兴的"促进法"，本法主要从促进的角度来规范乡村振兴的各项制度，不取代农业法等其他涉农法律，同时在具体内容上注重与其他涉农法律的规定有效衔接，对其他法律规定不够明确的作出补充性规定。

此外，起草审议过程中，不少意见反映，应当进一步细化实化有关内容，规定更加明确、刚性且管用的扶持措施，增强法律的针对性和约束力。考虑到乡村振兴是一个长期过程，不同阶段国情农情、内外环境可能发生变化，需要对具体政策措施加以适当调整；此外，在财政、税收、金融等方面，依据法律规定和中央有关要求，不宜也难以对扶持措施作出非常具体的规定。因此，本法有关扶持措施，按照能具体尽量具体，难以具体的作出原则要求的方式作出了相应规定。

第二节　乡村振兴促进法的立法目的

【法律原文】

第一条　为了全面实施乡村振兴战略，促进农业全面升级、农村全面进步、农民全面发展，加快农业农村现代化，全面建设社会主义现代化国家，制定本法。

一、法律主旨

本部分是关于乡村振兴促进法立法目的的规定。

二、立法背景

强化乡村振兴法治保障，把行之有效的乡村振兴政策法定化，充分发挥立法在乡村振兴中的保障和推动作用，是党中央提出的明确要求。制定乡村振兴促进法，最直接的目的就是要为全面实施乡村振兴战略提供法治保障，依法引领和推动乡村振兴战略长远目标的实现。

习近平总书记2018年在十九届中央政治局第八次集体学习时讲话指出，实施乡村振兴战略是关系全面建设社会主义现代化国家的全局性、历史性任务。他提出，坚持把实施乡村振兴战略作为新时代"三农"工作总抓手；农业农村现代化是实施乡村振兴战略的总目标；新时代"三农"工作必须围绕农业农村现代化这个总目标来推进；要统筹推进农村经济建设、政治建设、文化建设、社会建设、生态文明建设和党的建设，促进农业全面升级、农村全面进步、农民全面发展。习近平总书记的重要讲话，系统阐述了全面实施乡村振兴战略的重要意义、指导思想和目标任务，为明确乡村振兴促进法的立法目的提供了根本遵循。

三、法律解读

（一）实施乡村振兴战略是新时代三农工作总抓手

农业、农村、农民问题是关系国计民生的根本性问题。习近平总书记多次强调，要始终把解决好三农问题作为全党工作重中之重。多年来，在党中央的正确领导下，我国农业连年丰产，农民连年增收，农村总体和谐稳定。同时，也要看到，同快速推进的工业化、城镇化相比，我国农业农村发展步伐还跟不上，"一条腿长、一条腿短"问题比较突出。我国发展最大的不平衡是城乡发展不平衡，最大的不充分是农村发展不充分。现在，中国特色社会主义进入了新时代，社会主要矛盾、农业主要矛盾发生了很大变化，广大农民群众有更高的期待，需要对农业农村发展提出更高要求。农业强不强、农村美不美、农民富不富，决定着亿万农民的获得感和幸福感，决定着我国全面小康社会的成色和社会主义现代化的质量。实施乡村振兴战略，是解决人民日益增长的美好生活需要和不平衡不充分的发展之间矛盾的必然要求，是实现"两个一百年"奋斗目标的必然要求，是实现全体人民共同富裕的必然要求。2018年中央一号文件提出了实施乡村振兴战略的目标任务，最终的目标是，到2050年，乡村全面振兴，农业强、农村美、农民富全面实现。因此，必须充分认识新发展阶段做好三农工作的重要性和紧迫性，做好全面实施乡村振兴战略的顶层设计，在资金投入、要素配置、公共服务、干部配备等方面采取有力举措，加快补齐农业农村发展短板，不断缩小城乡差距，让农业成为有奔头的产业，让农民成为有吸引力的职业，让农村成为安居乐业的家园，推动农业全面升级、农村全面进步、农民全面发展。

（二）农业农村现代化是实施乡村振兴战略的总目标

习近平总书记 2018 年在十九届中央政治局第八次集体学习时讲话指出，没有农业农村现代化，就没有整个国家现代化。在现代化进程中，如何处理好工农关系、城乡关系，在一定程度上决定着现代化的成败。党的十九大提出了乡村振兴战略，要求坚持农业农村优先发展，加快推进农业农村现代化。"十三五"时期，我国现代农业建设取得重大进展，粮食年产量连续保持在 1.3 万亿斤以上，农民人均收入较 2010 年翻一番多；新时代脱贫攻坚目标任务如期完成，现行标准下农村贫困人口全部脱贫，贫困县全部摘帽，易地扶贫搬迁任务全面完成，消除了绝对贫困和区域性整体贫困，创造了人类减贫史上的奇迹；农村人居环境明显改善，农村改革向纵深推进，农村社会保持和谐稳定，农村同步实现全面建成小康社会目标，农业农村发展取得新的历史性成就。但同时也要清醒看到，我国在农业结构和农产品供给质量，以及农村基础设施、公共服务、社会治理等方面还存在一些突出问题，主要表现在：农产品阶段性供过于求和供给不足并存，农业供给质量亟待提高；农民适应生产力发展和市场竞争的能力不足，新型职业农民队伍建设亟须加强；农村基础设施和民生领域欠账较多，农村环境和生态问题比较突出，乡村发展整体水平亟待提升；国家支农体系相对薄弱，农村金融改革任务繁重，城乡之间要素合理流动机制亟待健全；农村基层党建存在薄弱环节，乡村治理体系和治理能力亟待强化等。按照 2018 年中央一号文件提出的实施乡村振兴战略的目标任务，到 2035 年，要达到乡村振兴取得决定性进展，农业农村现代化基本实现的目标，具体表现在：农业结构得到根本性改善，农民就业质量显著提高，相对贫困进一步缓解，共同富裕迈出坚实步伐；城乡基本公共服务均等化基本实现，城乡融合发展体制机制更加完善；乡风文明达到新高度，乡村治理体系更加完善；农村生态环境根本好转，美丽宜居乡村基本实现。2021 年的中央一号文件，更是以"全面推进乡村振兴加快农业农村现代化"作为主题，要求举全党全社会之力加快农业农村现代化，并提出了"到2025 年，农业农村现代化取得重要进展，农业基础设施现代化迈上新台阶，农村生活设施便利化初步实现，城乡基本公共服务均等化水平明显提高"的目标任务，并对"十四五"时期全面推进乡村振兴，加快农业农村现代化发展的重点工作作出了具体部署。做好新时代三农各项工作，依法促进乡村全面振兴，必须围绕农业农村现代化这个总目标来推进。

（三）实施乡村振兴战略是关系全面建设社会主义现代化国家的全局性、历史性任务

习近平总书记 2021 年在全国脱贫攻坚总结表彰大会上指出，乡村振兴是实现中华民族伟大复兴的一项重大任务。要围绕立足新发展阶段、贯彻新发展理念、构建新发展格局带来的新形势、提出的新要求，坚持把解决好三农问题作为全党工作重中之重，坚持农业农村优先发展，走中国特色社会主义乡村振兴道路，持续缩小城乡区域发展差距，让低收入人口和欠发达地区共享发展成果，在现代化进程中不掉队、赶上来。全面实施乡村振兴战略的深度、广度、难度都不亚于脱贫攻坚，要完善政策体系、工作体系、制度体系，以更有力的举措、汇聚更强大的力量，加快农业农村现代化步伐，促进农业高质高效、乡村宜居宜业、农民富裕富足。"十四五"时期，是乘势而上开启全面建设社会主义现代化国家新征程、向第二个百年奋斗目标进军的第一个五年。民族要复兴，乡村必振兴。全面建设社会主义现代化国家，实现中华民族伟大复兴，最艰巨最繁重的任务依然在农村，最广泛最深厚的基础依然在农村。解决好发展不平衡不充分问题，重点难点在三农，迫切需要补齐农业农村短板弱项，推动城乡协调发展；构建新发展格局，潜力后劲在三农，迫切需要扩大农村需求，畅通城乡经济循环；应对国内外各种风险挑战，基础支撑在三农，迫切需要稳住农业基本盘，守好三农基础。可以说，全面实施乡村振兴战略，是解决新时代我国社会主要矛盾、实现"两个一百年"奋斗目标和中

华民族伟大复兴中国梦的必然要求，具有重大现实意义和深远历史意义，必须进一步提高认识，切实增强依法促进乡村全面振兴的责任感、使命感、紧迫感，坚决完成这个关系全面建设社会主义现代化国家的全局性、历史性任务。

第三节 乡村振兴促进法的调整范围

【法律原文】

第二条 全面实施乡村振兴战略，开展促进乡村产业振兴、人才振兴、文化振兴、生态振兴、组织振兴，推进城乡融合发展等活动，适用本法。

本法所称乡村，是指城市建成区以外具有自然、社会、经济特征和生产、生活、生态、文化等多重功能的地域综合体，包括乡镇和村庄等。

第七十四条 本法自2021年6月1日起施行。

一、法律主旨

本部分是关于乡村振兴促进法调整范围的规定。

二、立法背景

法律的调整范围，也称法律的适用范围、效力范围，包括法律的时间效力，即法律生效的时间；法律的空间效力，又称法律适用的地域范围；法律对人、事的效力，即法律对什么主体和什么行为适用。《乡村振兴促进法》第二条第一款规定了本法调整的行为范围，第二款对乡村的概念作出了定义。此外，第七十四条规定了本法施行的时间。

习近平总书记在有关讲话中对推动乡村全面振兴提出了明确要求，坚持乡村全面振兴、坚持城乡融合发展是党中央确立的实施乡村振兴战略的基本原则之一。《规划》对乡村的概念作出了明确表述。乡村振兴促进法贯彻落实习近平总书记有关重要讲话精神，根据党中央文件的有关表述，结合全国人大常委会组成人员的审议意见和有关方面意见，对本法调整的行为范围、地域范围和时间范围作出了规定。

三、法律解读

（一）乡村振兴促进法调整的行为范围

习近平总书记 2018 年在十九届中央政治局第八次集体学习时讲话指出，乡村振兴是包括产业振兴、人才振兴、文化振兴、生态振兴、组织振兴的全面振兴，是"五位一体"总体布局、"四个全面"战略布局在三农工作的体现。到 2050 年实现乡村全面振兴是党中央确立的实施乡村振兴战略的目标任务。坚持乡村全面振兴、坚持城乡融合发展是 2018 年中央一号文件确立的实施乡村振兴战略的基本原则之一，也是乡村振兴促进法的一个突出特点。坚持乡村全面振兴，就是准确把握乡村振兴的科学内涵，紧紧围绕乡村振兴的目标任务，统筹推进农村经济建设、政治建设、文化建设、社会建设、生态文明建设和党的建设，整体部署促进乡村产业振兴、人才振兴、文化振兴、生态振兴、组织振兴的制度举措；坚持城乡融合发展，就是顺应农业农村发展要求和城乡关系变化趋势，协同推进乡村振兴战略和新型城镇化战略的实施，促进城乡要素有序流动、平等交换和公共资源均衡配置，坚持以工补农、以城带乡，推动形成工农互促、城乡互补、协调发展、共同繁荣的新型工农城乡关系。在篇章结构和主要内容方面，乡村振兴促进法的第二章至第七章，对产业发展、人才支撑、文化繁荣、生态保护、组织建设、城乡融合进行了专章规定，构成了本法的主体内容。

实施乡村振兴战略是关系全面建设社会主义现代化国家的全局性、历史性任务，做好三农工作，更要跳出三农的范围，从推动城乡融合、构建新型工农城乡关系的高度来把握。乡村振兴促进法的调整范围，既不只限于农业、农村和农民的范围，也不仅规范某几个特定领域、某几个特定主体的行为，而是包括党组织在内的全社会各类主体，只要参与全面实施乡村振兴战略的有关工作，开展促进乡村产业振兴、人才振兴、文化振兴、生态振兴、组织振兴，推进城乡融合发展等各类活动，都受乡村振兴促进法的调整，都享有本法规定的各项权利，承担本法规定的各项义务。

（二）乡村振兴促进法调整的地域范围

顾名思义，乡村振兴促进法调整的地域范围主要是在"乡村"。我国是一个地大物博的国家，东中西部、南北方差异较大，各地经济社会发展的情况，特别是城市化的情况、小城镇发展的情况、城乡统筹的情况等各有不同，各方对"乡村"的理解也有所不同，特别是城市郊区以及"城中村"属不属于"乡村"，应不应该受乡村振兴促进法的调整，一直存在争论。对"乡村"的概念作出一个符合我国国情和经济社会发展现状、能够取得最大共识的定义，是立法的一个难点。2018年中共中央、国务院发布的《规划》提出，乡村是具有自然、社会、经济特征的地域综合体，兼具生产、生活、生态、文化等多重功能，与城镇互促互进、共生共存，共同构成人类活动的主要空间。这是党中央有关文件和规划中首次对"乡村"的概念作出明确的表述，为在法律上规范"乡村"的概念和范围提供了重要依据。但这个表述是一种对主体性质和功能的描述，没有包括地域范围的描述，只是明确"乡村"是与"城镇"相区别的人类活动的主要空间。为此，乡村振兴促进法结合城乡规划法的有关规定，引入了"建成区"的概念，对"乡村"的概念进一步作出规范。现有的表述，突出了乡村的特有价值和功能，基本体现了行政管理的实际做法和大多数人对"乡村"的认知，同时也没有进行过于细致的规范，给各地实践操作留出了一些空间，防止一些实际的乡村被遗忘或遗漏，确保促进乡村振兴的制度措施能够全面覆盖、不留死角。

1. "乡村"的地域范围在"城市建成区"以外

《城乡规划法》第二条规定，本法所称规划区，是指城市、镇和村庄的建成区以及因城乡建设和发展需要，必须实行规划控制的区域。乡村振兴促进法明确"乡村"的地域范围在"城市建成区"以外，并且符合本法规定的其他限定条件，才属于本法调整的"乡村"的范围。

2. "乡村"是具有自然、社会、经济特征和生产、生活、生态、文化等多重功能的地域综合体

即，虽然在"城市建成区"以外，但没有相关的特征和功能的区域，也不属于本法调整的"乡村"的范围。

3. "乡村"包括乡镇和村庄等

即，"乡村"主要包括"乡镇"和"村庄"，一些"小城镇"，只要其属于"城市建成区"以外，也属于本法调整的范围。另一方面，本法调整的范围也不仅仅只有"乡镇"和"村庄"，一些农场、林场、牧场、渔场等，只要符合本条规定，也属于本法调整的范围。

（三）法律实施的行为范围和地域范围要结合起来把握

虽然乡村振兴促进法调整的地域范围主要是乡村，但促进乡村振兴的行为的发生地不受"乡村"的限制，包括了更广阔的范围，不是说出了"乡村"的地域范围就不受本法调整。一方面，解决好三农问题是全党工作的重中之重，促进乡村全面振兴是各级人民政府的法定职责，全国各省区市、各县乡的党委、政府及其有关部门和单位，只要其行为涉及乡村振兴促进工作，无论其所在地和行为发生地是否在乡村，都在本法调整的范围之内。另一方面，党中央明确提出要建立健全城乡融合发展体制机制和政策体系，加快形成工农互促、城乡互补、全面融合、共同繁荣的新型工农城乡关系。《规划》对城乡一体规划和建设、协调城乡布局、延伸农业产业链、加强重要生态系统保护和修复、弘扬中华优秀传统文化、增加公共文化产品和服务供给、建立健全城乡劳动者平等就业和同工同酬制度、推动农业转移人口市民化、鼓励社会人才投身乡村建设、吸引社会资本参与乡村振兴、加大金融支农力度等作出了具体安排，这些乡村振兴的具体事项，无论从参与的主体看，还是行为发生的地域看，都不仅仅限于农业、农村和农民的范围，都是全社会共同参与、城乡均有涉及的事项，必须一体把握，整体推进。

（四）乡村振兴促进法调整的时间范围

2021 年 4 月 29 日，十三届全国人大常委会第二十八次会议审议通过乡村振兴促进法草案。同日，中华人民共和国主席习近平签署第七十七号主席令，公布《中华人民共和国乡村振兴促进法》，自 2021 年 6 月 1 日起施行。一般来讲，关于法律实施日期的规定主要有两种情况，一种是自公布之日起施行，一种是自法律规定的某一个具体的日期起施行。本法从通过到实施有一个多月的时间，主要是为了做好法律施行的准备工作，特别是集中做好本法的宣传贯彻工作，以便有关单位及其工作人员、基层干部群众等更好地了解本法的重要意义和主要内容，依法推动乡村振兴战略的全面实施。同时，本法作为一部促进类的基础性、综合性法律，没有明确规定有关国家机关对专门事项作出具体配套规定的条款，因此也不需要留出太长的时间来专门制定或者修改具体配套规定。基于上述考虑，在有关方面协商一致的情况下，最终将本法的实施日期确定为 2021 年 6 月 1 日。

第四节　实施乡村振兴战略的总体要求

【法律原文】

第三条　促进乡村振兴应当按照产业兴旺、生态宜居、乡风文明、治理有效、生活富裕的总要求，统筹推进农村经济建设、政治建设、文化建设、社会建设、生态文明建设和党的建设，充分发挥乡村在保障农产品供给和粮食安全、保护生态环境、传承发展中华民族优秀传统文化等方面的特有功能。

第四条　全面实施乡村振兴战略，应当坚持中国共产党的领导，贯彻创新、协调、绿色、开放、共享的新发展理念，走中国特色社会主义乡村振兴道路，促进共同富裕，遵循以下原则：

（一）坚持农业农村优先发展，在干部配备上优先考虑，在要素配置上优先满足，在资金投入上优先保障，在公共服务上优先安排；

（二）坚持农民主体地位，充分尊重农民意愿，保障农民民主权利和其他合法权益，调动农民的积极性、主动性、创造性，维护农民根本利益；

（三）坚持人与自然和谐共生，统筹山水林田湖草沙系统治理，推动绿色发展，推进生态文明建设；

（四）坚持改革创新，充分发挥市场在资源配置中的决定性作用，更好发挥政府作用，推进农业供给侧结构性改革和高质量发展，不断解放和发展乡村社会生产力，激发农村发展活力；

（五）坚持因地制宜、规划先行、循序渐进，顺应村庄发展规律，根据乡村的历史文化、发展现状、区位条件、资源禀赋、产业基础分类推进。

一、法律主旨

本部分是关于实施乡村振兴战略的总体要求、指导思想和重要原则的规定。

二、立法背景

2018 年中央一号文件对实施乡村振兴战略的总体要求、指导思想和基本原则作出了系统阐述，提出要全面贯彻党的十九大精神，以习近平新时代中国特色社会主义思想为指导，加强党对三农工作的领导，坚持稳中求进工作总基调，牢固树立新发展理念，落实高质量发展的要求，紧紧围绕统筹推进"五位一体"总体布局和协调推进"四个全面"战略布局，坚持把解决好三农问题作为全党工作重中之重，坚持农业农村优先发展，按照产业兴旺、生态宜居、乡风文明、治理有效、生活富裕的总要求，建立健全城乡融合发展体制机制和政策体系，统筹推进农村经济建设、政治建设、文化建设、社会建设、生态文明建设和党的建设，加快推进乡村治理体系和治理能力现代化，加快推进农业农村现代化，走中国特色社会主义乡村振兴道路，让农业成为有奔头的产业，让农民成为有吸引力的职业，让农村成为安居乐业的美丽家园。同时提出了坚持党管农村工作，坚持农业农村优先发展，坚持农民主体地位，坚持乡村全面振兴，坚持城乡融合发展，坚持人与自然和谐共生，坚持因地制宜、循序渐进等基本原则。2021 年中央一号文件对新发展阶段全面推进乡村振兴的指导思想做了进一步阐述，再次强调了坚定不移贯彻新发展理念、坚持加强党对三农工作的全面领导、走中国特色社会主义乡村振兴道路等要求。根据党中央文件的有关表述，结合全国人大常委会组成人员的审议意见和有关方面意见，乡村振兴促进法对全面实施乡村振兴战略的指导思想和重要原则作出了规定。

三、法律解读

（一）促进乡村振兴的总体要求

党的十九大报告提出，要坚持农业农村优先发展，按照产业兴旺、生态宜居、乡风文明、治理有效、生活富裕的总要求，建立健全城乡融合发展体制机制和政策体系，加快推进农业农村现代化。"产业兴旺、生态宜居、乡风文明、治理有效、生活富裕"，这二十个字的总要求，反映了乡村振兴战略的丰富内涵。21世纪初，我国刚刚实现总体小康，面临着全面建设小康社会的任务，党中央就提出了"生产发展、生活宽裕、乡风文明、村容整洁、管理民主"的社会主义新农村建设总要求，为扎实推进社会主义新农村建设，加快农村全面小康和现代化建设步伐，构建社会主义和谐社会起到了重要的引领和推动作用。现在，中国特色社会主义进入了新时代，新发展阶段有了新的要求，我国社会的主要矛盾，特别是三农领域的主要矛盾发生了很大变化，广大农民群众有更高的期待，需要对农业农村发展提出更高要求。产业兴旺，是解决农村一切问题的前提，从"生产发展"到"产业兴旺"，反映了农业农村经济适应市场需求变化、加快优化升级、促进产业融合的新要求；生态宜居，是乡村振兴的内在要求，从"村容整洁"到"生态宜居"，反映了农村生态文明建设质的提升，体现了广大农民群众对建设美丽家园的追求；乡风文明，是乡村振兴的紧迫任务，重点是弘扬社会主义核心价值观，保护和传承农村优秀传统文化，加强农村公共文化建设，开展移风易俗，改善农民精神风貌，提高乡村社会文明程度；治理有效，是乡村振兴的重要保障，从"管理民主"到"治理有效"，是要推进乡村治理能力和治理水平现代化，让农村既充满活力又和谐有序；生活富裕，是乡村振兴的主要目的，从"生活宽裕"到"生活富裕"，反映了广大农民群众日益增长的美好生活需要。由此可见，乡村振兴是包括产业振兴、人才振兴、文化振兴、生态振兴、组织振兴的全面振兴，是"五位一体"总体布局、"四个全面"战略布局在三农工作的体现。我们要统筹推进农村经济建设、政治建设、文化建设、社会建设、生态文明建设和党的建设，促进农业全面升级、农村全面进步、农民全面发展。

促进乡村振兴，必须充分发挥乡村的特有功能。2021年中央一号文件指出，充分发挥农业产品供给、生态屏障、文化传承等功能，走中国特色社会主义乡村振兴道路，加快农业农村现代化。三农的基础性、战略性、重要性，根植于农业的多种功能，源自于乡村的多元价值。全面实施乡村振兴战略，必须紧紧围绕保障农产品供给安全、保护农村生态屏障安全、传承中国农村优秀传统文化这三大历史任务，依法促进农业多种功能拓展、乡村多元价值提升。

第一，乡村承担着确保粮食和重要农产品的供给的特有功能。粮食等农产品是人们基本生活资料的主要来源，农产品保供保的是生命安全、生存安全，是最根本、最基础的安全。粮食只能从耕地上产出，其他农产品也大多产自于乡村，确保粮食和重要农产品的供给，是乡村特有的功能，是城市所没有的。城市越发展，城市集聚的人口越多，乡村所承担的这一功能的重要性就会越明显。

第二，乡村承担着为整个国家，包括为城市和乡村自己提供生态屏障和生态产品的特有功能。我国国土面积的大部分是乡村，山水林田湖草沙也大都在乡村，从这个角度讲，保护生态环境、维护生态安全这个重点任务显然不在城市，承担起这个职能的主体只能是乡村。人与自然是生命共同体，推进乡村振兴，必须紧紧把握绿水青山就是金山银山的理念，统筹山水林田湖草沙系统治理，加强乡村生态保护和环境治理，持续推进农业面源污染防治，持续改善农村人居环境，建设美丽乡村，打造人与自然和谐共生的美丽中国。

第三，乡村承担着传承发展中华民族优秀传统文化的特有功能。我国农耕文化源远流长，是维系中华民族文化基因的重要纽带。与城市文化的融合性不同，几千年来，乡村相对封闭的环境使得乡村在传承中华民族优秀传统文化方面有其独特的优势。人们经过长期的农业生产和乡村生活实践，总结概括出的勤俭持家、敬老爱幼、邻里和睦等优秀乡村文化理念，以及农历、二十四节气、古农谚、古农书、农业技术、农业工具等农业生产文化，各类特色民居、特色村落等乡村建筑文化，还有大量的乡规民约等制度层面的传承等，构成了优秀中华民族传统文化的重要内容。

（二）全面实施乡村振兴战略的指导思想

1. 坚持中国共产党的领导

党中央多次提出要加强党对三农工作的全面领导。2021 年中央一号文件提出，新发展阶段三农工作依然极端重要，须臾不可放松，务必抓紧抓实。要坚持把解决好三农问题作为全党工作重中之重，把全面推进乡村振兴作为实现中华民族伟大复兴的一项重大任务。作为新时代三农工作总抓手，我们在实施乡村振兴战略时必须把坚持党的领导作为最根本的指导思想。

2. 贯彻创新、协调、绿色、开放、共享的新发展理念

目前，我国正处在全面建成小康社会、实现第一个百年奋斗目标之后，乘势而上开启全面建设社会主义现代化国家新征程、向第二个百年奋斗目标进军的新发展阶段。全面推进乡村振兴是实现中华民族伟大复兴的一项重大任务，站在新的历史起点上推动实现乡村全面振兴，必须准确把握新发展阶段，深入贯彻新发展理念，加快构建新发展格局，推动"十四五"时期高质量发展，确保全面建设社会主义现代化国家开好局、起好步。这其中，创新发展注重的是解决发展动力问题，协调发展注重的是解决发展不平衡问题，绿色发展注重的是解决人与自然和谐问题，开放发展注重的是解决发展内外联动问题，共享发展注重的是解决社会公平正义问题。习近平总书记在《把握新发展阶段，贯彻新发展理念，构建新发展格局》一文中指出，新发展理念是一个系统的理论体系，回答了关于发展的目的、动力、方式、路径等一系列理论和实践问题，阐明了我们党关于发展的政治立场、价值导向、发展模式、发展道路等重大政治问题。为此，乡村振兴促进法把贯彻新发展理念作为指导思想之一，强调全面实施乡村振兴战略必须完整、准确、全面地贯彻新发展理念。

3. 走中国特色社会主义乡村振兴道路

习近平总书记 2018 年在十九届中央政治局第八次集体学习时的重要讲话专门对坚持走中国特色乡村振兴之路作了系统阐述。习近平

总书记指出，实施乡村振兴战略，首先要按规律办事。在我们这样一个拥有近 14 亿人口的大国，实现乡村振兴是前无古人、后无来者的伟大创举，没有现成的、可照抄照搬的经验。我国乡村振兴道路怎么走，只能靠我们自己去探索。走中国特色社会主义乡村振兴道路，一是要立足我国人多地少的国情和社会主义基本制度，赋予双层经营体制新的内涵，不断提高农业经营效率。二是要传承和发展农耕文明和优秀传统文化，实行自治、法治、德治相结合的乡村社会治理体系。三是走城乡融合发展之路。四是巩固拓展脱贫攻坚成果同乡村振兴有效衔接。

4. 促进共同富裕

党的十九大报告提出，新时代是全国各族人民团结奋斗、不断创造美好生活、逐步实现全体人民共同富裕的时代。习近平总书记在 2017 年中央农村工作会议上指出，实施乡村振兴战略，是解决人民日益增长的美好生活需要和不平衡不充分的发展之间矛盾的必然要求，是实现"两个一百年"奋斗目标的必然要求，是实现全体人民共同富裕的必然要求。为此，乡村振兴促进法把促进共同富裕也作为全面实施乡村振兴战略的指导思想之一进行了强调。

(三) 全面实施乡村振兴战略应当把握的重要原则

1. 坚持农业农村优先发展

党的十九大提出实施乡村振兴战略，强调要坚持农业农村优先发展。2018 年中央一号文件提出，要把实现乡村振兴作为全党的共同意志、共同行动，做到认识统一、步调一致，在干部配备上优先考虑，在要素配置上优先满足，在资金投入上优先保障，在公共服务上优先安排，加快补齐农业农村短板。2019 年中央一号文件以"坚持农业农村优先发展做好'三农'工作"为主题，提出要坚持农业农村优先发展总方针，全面推进乡村振兴，同时强调，各级党委和政府必须把落实"四个优先"的要求作为做好三农工作的头等大事，扛在肩上、抓在手上，同政绩考核联系到一起，层层落实责任。乡村振兴促进法贯彻落实党中央的明确要求，把坚持农业农村优先发展作为全面实施乡村振兴战略的重要原则之一。同时，坚持农业农村优先发展，也要坚持尽力而为、量力而行，不能超越发展阶段，不能提脱离实际的目标，更不能搞形式主义和"形象工程"。

2. 坚持农民主体地位

2018 年中央一号文件提出，要充分尊重农民意愿，切实发挥农民在乡村振兴中的主体作用，调动亿万农民的积极性、主动性、创造性，把维护农民群众根本利益、促进农民共同富裕作为出发点和落脚点，促进农民持续增收，不断提升农民的获得感、幸福感、安全感。2019 年中央一号文件提出，发挥好农民主体作用，加强制度建设、政策激励、教育引导，把发动群众、组织群众、服务群众贯穿乡村振兴全过程，充分尊重农民意愿，弘扬自力更生、艰苦奋斗精神，激发和调动农民群众积极性主动性。为此，乡村振兴促进法坚持以人民为中心的思想，将坚持农民主体地位，维护充分尊重农民意愿，保障农民民主权利和其他合法权益，调动农民的积极性、主动性、创造性，维护农民根本利益作为全面实施乡村振兴战略的基本原则之一，真正使农民成为乡村振兴的参与者、支持者和受益者。实现乡村振兴，说来说去，最为根本的就是要保障好维护好农民的合法权益，让农民过上好日子。这也是贯穿法律始终的一条主线。可以说，乡村振兴促进法的每一条，要么是促进农业农村发展，要么是保障维护农民的权益；促进农业农村发展，也是保障维护农民的权益。

3. 坚持人与自然和谐共生

党的十九大报告指出，人与自然是生命共同体，人类必须尊重自然、顺应自然、保护自然。同时强调，生态文明建设功在当代、利在千秋。我们要牢固树立社会主义生态文明观，推动形成人与自然和谐发展现代化建设新格局。《习近平谈治国理政》第三卷将"促进人与自然和谐共生"作为专门章节，提出新时代推进生态文明建设必须把握坚持人与自然和谐共生、绿水青山就是金山银山、良好生态环境是最普惠的民生福祉、山水林田湖草是生命共同体、用最严格制度最严密法治保护生态环境等原则。2018 年中央一号文件提出，牢固树立和践行绿水青山就是金山银山的理念，落实节约优先、保护优先、自然恢复为主的方针，统筹山水林田湖草系统治理，严守生态保护红线，以绿色发展引领乡村振兴。为此，乡村振兴促进法将坚持人与自然和谐共生，统筹山水林田湖草沙系统治理，推动绿色发展，推进生态文明建设作为全面实施乡村振兴战略的基本原则之一。

4. 坚持改革创新

党的十九大报告提出要坚定实施创新驱动发展战略，强调要坚持解放和发展社会生产力，坚持社会主义市场经济改革方向，提出要深化供给侧结构性改革、加快建设创新型国家。习近平总书记 2018 年在十九届中央政治局第八次集体学习时指出，在实施乡村振兴战略中要注意处理好充分发挥市场决定性作用和更好发挥政府作用的关系。要进一步解放思想，推进新一轮农村改革，从农业农村发展深层次矛盾出发，聚焦农民和土地的关系、农民和集体的关系、农民和市民的关系，推进农村产权明晰化、农村要素市场化、农业支持高效化、乡村治理现代化，提高组织化程度，激活乡村振兴内生动力。要以市场需求为导向，深化农业供给侧结构性改革，不断提高农业综合效益和竞争力。要优化农村创新创业环境，放开搞活农村经济，培育乡村发展新动能。2018 年中央一号文件提出，使市场在资源配置中起决定性作用，更好发挥政府作用；以农业供给侧结构性改革为主线，加快构建现代农业产业体系、生产体系、经营体系，提高农业创新力、竞争力和全要素生产率，加快实现由农业大国向农业强国转变。为此，乡村振兴促进法将坚持改革创新，充分发挥市场在资源配置中的决定性作用，更好发挥政府作用，推进农业供给侧结构性改革和高质量发展，不断解放和发展乡村社会生产力，激发农村发展活力作为全面实施乡村振兴战略的基本原则之一。要特别注意的是，农村改革不论怎么改，都不能把农村土地集体所有制改垮了、把耕地改少了、把粮食生产能力改弱了、把农民利益损害了。这些底线必须坚守，决不能犯颠覆性错误。

5. 坚持因地制宜、规划先行、循序渐进

顺应村庄发展规律，根据乡村的历史文化、发展现状、区位条件、资源禀赋、产业基础分类推进。习近平总书记2018年在十九届中央政治局第八次集体学习时指出，在实施乡村振兴战略中要注意处理好顶层设计和基层探索的关系。党中央已经明确了乡村振兴的顶层设计，各地要解决好落地问题，制定出符合自身实际的实施方案。编制村庄规划不能简单照搬城镇规划，更不能搞一个模子套到底。要科学把握乡村的差异性，因村制宜，精准施策，打造各具特色的现代版"富春山居图"。要发挥亿万农民的主体作用和首创精神，调动农民的积极性、主动性、创造性，并善于总结基层的实践创造，不断完善顶层设计。2018年中央一号文件提出，要科学把握乡村的差异性和发展走势分化特征，做好顶层设计，注重规划先行、突出重点、分类施策、典型引路。既尽力而为，又量力而行，不搞层层加码，不搞一刀切，不搞形式主义，久久为功，扎实推进。此外，还要注意循序渐进、尊重客观规律，处理好长期目标和短期目标的关系，切忌贪大求快、刮风搞运动，防止走弯路、翻烧饼。为此，乡村振兴促进法将坚持因地制宜、规划先行、循序渐进，顺应村庄发展规律，根据乡村的历史文化、发展现状、区位条件、资源禀赋、产业基础分类推进作为全面实施乡村振兴战略的基本原则之一。

第五节　巩固完善农村基本经营制度

【法律原文】

第五条　国家巩固和完善以家庭承包经营为基础、统分结合的双层经营体制，发展壮大农村集体所有制经济。

一、法律主旨

本部分是关于巩固完善农村基本经营制度的规定。

二、立法背景

农村基本经营制度是党的农村政策的基石。坚持党的农村政策，首要的就是坚持农村基本经营制度。在 2017 年中央农村工作会议上，习近平总书记指出，必须巩固和完善农村基本经营制度，走共同富裕之路。要坚持农村土地集体所有，坚持家庭经营基础性地位，坚持稳定土地承包关系，壮大集体经济，建立符合市场经济要求的集体经济运行机制，确保集体资产保值增值，确保农民受益。我国宪法、民法典、农业法、农村土地承包法、村民委员会组织法等法律，以及党的十九大报告、《中华人民共和国国民经济和社会发展第十四个五年规划和 2035 年远景目标纲要》（简称《"十四五"规划纲要》）、有关中央一号文件和乡村振兴战略规划等对巩固和完善农村基本经营制度、发展壮大农村集体所有制经济作出了具体规定，提出了明确要求。作为全面实施乡村振兴战略的顶层设计，有必要在乡村振兴促进法中对这一基础性内容作出规范。

三、法律解读

（一）农村基本经营制度是宪法确立的基础性制度

《宪法》第八条第一款规定，农村集体经济组织实行家庭承包经营为基础、统分结合的双层经营体制。农村中的生产、供销、信用、消费等各种形式的合作经济，是社会主义劳动群众集体所有制经济；第三款规定，国家保护城乡集体经济组织的合法的权利和利益，鼓励、指导和帮助集体经济的发展。《民法典》第三百三十条第一款规定，农村集体经济组织实行家庭承包经营为基础、统分结合的双层经营体制。

除宪法和民法典外，《农业法》第五条规定，国家坚持和完善公有制为主体、多种所有制经济共同发展的基本经济制度，振兴农村经济。国家长期稳定农村以家庭承包经营为基础、统分结合的双层经营体制，发展社会化服务体系，壮大集体经济实力，引导农民走共同富裕的道路。国家在农村坚持和完善以按劳分配为主体、多种分配方式并存的分配制度。党的十九大报告指出，巩固和完善农村基本经营制度，深化农村土地制度改革，完善承包地"三权分置"制度。保持土地承包关系稳定并长久不变，第二轮土地承包到期后再延长三十年。深化农村集体产权制度改革，保障农民财产权益，壮大集体经济。《"十四五"规划纲要》提出，巩固完善农村基本经营制度；深化农村集体产权制度改革，完善产权权能，将经营性资产量化到集体经济组织成员，发展壮大新型农村集体经济。2019 年中央一号文件提出，巩固和完善农村基本经营制度。坚持家庭经营基础性地位，赋予双层经营体制新的内涵。把发展壮大村级集体经济作为发挥农村基层党组织领导作用的重要举措，加大政策扶持和统筹推进力度，因地制宜发展壮大村级集体经济，增强村级组织自我保障和服务农民能力。《规划》提出，坚持家庭经营在农业中的基础性地位，构建家庭经营、集体经营、合作经营、企业经营等共同发展的新型农业经营体系，发展多种形式适度规模经营，发展壮大农村集体经济，提高农业的集约化、专业化、组织化、社会化水平，有效带动小农户发展。同时，用专门的章节对巩固和完善农村基本经营制度、壮大新型农业经营主体、发展新型农村集体经济作出了规定，提出了落实农村土地承包关系稳定并长久不变政策、完善农村承包地"三权分置"制度、建立农村产权交易平台、加强农用地用途管制、实施新型农业经营主体培育工程、鼓励通过多种形式开展适度规模经营、深入推进农村集体产权制度改革、发挥村党组织对集体经济组织的领导核心作用等具体举措。

（二）巩固和完善农村基本经营制度的主要内涵

习近平总书记在 2013 年中央农村工作会议上指出，坚持农村基本经营制度，不是一句空口号，而是有实实在在的政策要求。

第一，坚持农村土地农民集体所有。农村土地属于农民集体所有，这是农村最大的制度。农村基本经营制度是农村土地集体所有制的实现形式，农村土地集体所有权是土地承包经营权的基础和本位。

第二，坚持家庭经营基础性地位。家庭经营在农业生产经营中居于基础性地位，集中体现在农民家庭是集体土地承包经营的法定主体。农村集体土地应该由作为集体经济组织成员的农民家庭承包，其他任何主体都不能取代农民家庭的土地承包地位。不论土地经营权如何流转，集体土地承包权都属于农民家庭。

第三，坚持稳定土地承包关系。现有农村土地承包关系保持稳定并长久不变，这是维护农民土地承包权利的关键。2018 年修改农村土地承包法时，明确将"长久不变"写入法律，并规定"耕地承包期届满后再延长三十年，草地、林地承包期届满后依照前款规定相应延长。"从法律层面确定了"长久不变"的基本制度。

（三）农村基本经营制度的创新与发展

随着农村分工分业发展和大量农民进城务工，土地承包权主体与经营权主体发生分离的现象日益普遍，这是我国农业生产关系变化的新趋势。这个变化对完善农村基本经营制度提出了新要求。在总结各地改革实践的基础上，党中央提出了推动农村土地"三权分置"改革的明确要求。习近平总书记在 2014 年中央全面深化改革领导小组第五次会议上指出，要在坚持农村土地集体所有的前提下，促使承包权和经营权分离，形成所有权、承包权、经营权"三权分置"，经营权流转的格局。"三权分置"改革是继家庭联产承包责任制后农村改革又一重大制度创新。2018 年修改的《农村土地承包法》规定，"承包方承包土地后，享有土地承包经营权，可以自己经营，也可以保留土地承包权，流转其承包地的土地经营权，由他人经营。""国家保护承包方依法、自愿、有偿流转土地经营权，保护土地经营权人的合法权益，任何组织和个人不得侵犯。"各地在实践中，贯彻落实党中央决策部署和农村土地承包法的明确要求，采取措施落实集体所有权、稳定农户承包权、放活土地经营权，逐步形成了以农户家庭经营为基础、合作与联合为纽带、社会化服务为支撑的立体式复合型现代农业经营体系。

在创新农业经营体系方面，广大农民在实践中创造了多种多样的新形式，如专业大户、家庭农场、专业合作、股份合作等。从各地实践看，各种经营主体、各种经营形式，各有特色、各具优势，应当根据各地的实际情况，由农民自主选择。不论哪种主体经营，不论哪种经营形式，都必须坚持农村土地集体所有，坚持家庭经营的基础性地位，坚持农村土地承包关系长久不变。实施乡村振兴战略，推动城乡融合发展，必然要求各类资源和要素在城乡间流动和交换，对农村基本经营制度的创新与发展提出了新的要求，需要我们不断探索农村集体所有制的有效实现形式，深化农村集体产权制度改革，建立符合市场经济要求的集体经济运行机制，不断发展壮大新型集体经济，确保集体资产保值增值，确保农民受益，走共同富裕之路，推动农村基本经营制度不断向前发展。

本条是对巩固和完善农村基本经营制度、发展壮大农村集体所有制经济的总体性规定，在产业发展、组织建设等章节中，还对完善集体产权制度、增强集体所有制经济发展活力、促进集体资产保值增值、培育新型农业经营主体、支持农村集体经济组织发展、在党组织领导下发展集体所有制经济、支持农村集体所有制经济发挥作用、保障农村集体组织独立运营等做出了具体规范。

第六节 城乡融合发展

【法律原文】

第六条 国家建立健全城乡融合发展的体制机制和政策体系，推动城乡要素有序流动、平等交换和公共资源均衡配置，坚持以工补农、以城带乡，推动形成工农互促、城乡互补、协调发展、共同繁荣的新型工农城乡关系。

一、法律主旨

本部分是关于城乡融合发展的总体性规定。

二、立法背景

建立健全城乡融合发展体制机制和政策体系，是党的十九大作出的重大决策部署。改革开放之后，特别是党的十八大以来，我国在统筹城乡发展、推进新型城镇化方面取得了显著进展，但城乡要素流动不顺畅、公共资源配置不合理等问题依然突出，影响城乡融合发展的体制机制障碍尚未根本消除。2019年，中共中央、国务院专门发布了《关于建立健全城乡融合发展体制机制和政策体系的意见》。为重塑新型城乡关系，走城乡融合发展之路，促进乡村全面振兴，乡村振兴促进法将城乡融合发展作为重点内容，不仅在总则中作出了总体性规定，还专设"城乡融合"一章，对城乡融合发展的有关措施作出了具体规定。

三、法律解读

(一) 实施乡村振兴战略必须走城乡融合发展之路

习近平总书记 2018 年在十九届中央政治局第八次集体学习时讲话指出，要把乡村振兴战略这篇大文章做好，必须走城乡融合发展之路。改革开放以来，我国进入城镇化快速发展的阶段，但城乡二元结构在总体上没有得到破解，城乡之间发展的不平衡问题仍然比较突出，成为制约全面建成小康社会和建设社会主义现代化强国的重要问题。在协同推进乡村振兴战略和新型城镇化战略的过程中，一些体制机制壁垒还有待进一步破除。一是城乡要素自由流动和平等交换还不够顺畅，制度性通道尚未完全打通。人才、土地、资金、产业、信息等各类要素更多的是向城市流动，而不是向乡村流动，农村居民到城市落户仍有不少限制，城乡统一的建设用地市场尚未完全形成。二是城乡基本公共服务均等化尚未实现，城乡基础设施建设、社会保障和公共服务水平还有不少差距。三是城乡普惠金融服务体系尚未全面建成，金融服务乡村振兴的能力还有待进一步提升。四是工农互促、城乡互补、协调发展、共同繁荣的新型工农城乡关系尚未完全形成。

(二) 建立健全城乡融合发展体制机制和政策体系的基本原则

建立健全城乡融合发展体制机制和政策体系，应当坚持以人民为中心的发展思想，坚持稳中求进的工作总基调，坚持新发展理念，坚持推进高质量发展，坚持农业农村优先发展，以协调推进乡村振兴战略和新型城镇化战略为抓手，以缩小城乡发展差距和居民生活水平差距为目标，以完善产权制度和要素市场化配置为重点，把握以下主要原则。

1. 坚持遵循规律、把握方向

顺应城镇化大趋势，牢牢把握城乡融合发展正确方向，树立城乡一盘棋理念，突出以工促农、以城带乡，构建促进城乡规划布局、要素配置、产业发展、基础设施、公共服务、生态保护等相互融合和协同发展的体制机制。

2. 坚持整体谋划、重点突破

围绕乡村全面振兴和社会主义现代化国家建设目标，强化统筹谋划和顶层设计，增强改革的系统性、整体性、协同性，着力破除户籍、土地、资本、公共服务等方面的体制机制弊端，为城乡融合发展提供全方位制度供给。

3. 坚持因地制宜、循序渐进

充分考虑不同地区城乡融合发展阶段和乡村差异性，稳妥把握改革时序、节奏和步骤，尊重基层首创精神，充分发挥地方积极性，分类施策、梯次推进，试点先行、久久为功，形成符合实际、各具特色的改革路径和城乡融合发展模式。

4. 坚持守住底线、防范风险

正确处理改革发展稳定关系，在推进体制机制破旧立新过程中，守住土地所有制性质不改变、耕地红线不突破、农民利益不受损底线，守住生态保护红线，守住乡村文化根脉，高度重视和有效防范各类政治经济社会风险。

5. 坚持农民主体、共享发展

发挥农民在乡村振兴中的主体作用，充分尊重农民意愿，切实保护农民权益，调动亿万农民的积极性、主动性、创造性，推动农业全面升级、农村全面进步、农民全面发展，不断提升农民获得感、幸福感、安全感。

（三）建立健全城乡融合发展体制机制和政策体系的主要内容

1. 建立健全有利于城乡要素合理配置的体制机制

一是健全农业转移人口市民化机制。二是建立城市人才入乡激励机制。三是改革完善农村承包地制度。四是稳慎改革农村宅基地制度。五是建立集体经营性建设用地入市制度。六是健全财政投入保障机制。七是完善乡村金融服务体系。八是建立工商资本入乡促进机制。九是建立科技成果入乡转化机制。

2. 建立健全有利于城乡基本公共服务普惠共享的体制机制

推动公共服务向农村延伸、社会事业向农村覆盖，健全全民覆盖、普惠共享、城乡一体的基本公共服务体系，推进城乡基本公共服务标准统一、制度并轨。一是建立城乡教育资源均衡配置机制。二是健全乡村医疗卫生服务体系。三是健全城乡公共文化服务体系。四是完善城乡统一的社会保险制度。五是统筹城乡社会救助体系。六是建立健全乡村治理机制。

3. 建立健全有利于城乡基础设施一体化发展的体制机制

把公共基础设施建设重点放在乡村，坚持先建机制、后建工程，加快推动乡村基础设施提档升级，实现城乡基础设施统一规划、统一建设、统一管护。一是建立城乡基础设施一体化规划机制。二是健全城乡基础设施一体化建设机制。三是建立城乡基础设施一体化管护机制。

4. 建立健全有利于乡村经济多元化发展的体制机制

围绕发展现代农业、培育新产业新业态，完善农企利益紧密联结机制，实现乡村经济多元化和农业全产业链发展。一是完善农业支持保护制度。二是建立新产业新业态培育机制。三是探索生态产品价值实现机制。四是建立乡村文化保护利用机制。五是搭建城乡产业协同发展平台。六是健全城乡统筹规划制度。

5. 建立健全有利于农民收入持续增长的体制机制

拓宽农民增收渠道，促进农民收入持续增长，持续缩小城乡居民生活水平差距。一是完善促进农民工资性收入增长环境。二是健全农民经营性收入增长机制。三是建立农民财产性收入增长机制。四是强化农民转移性收入保障机制。五是完善巩固拓展脱贫攻坚成果同乡村振兴有效衔接长效机制。

（四）把县域作为城乡融合发展的重要切入点

习近平总书记在2020年中央农村工作会议上指出，要把县域作为城乡融合发展的重要切入点，赋予县级更多资源整合使用的自主权，强化县城综合服务能力。加快县域内城乡融合发展，一是要推进以人为核心的新型城镇化，促进大中小城市和小城镇协调发展。二是要把县域作为城乡融合发展的重要切入点，强化统筹谋划和顶层设计，破除城乡分割的体制弊端，加快打通城乡要素平等交换、双向流动的制度性通道。统筹县域产业、基础设施、公共服务、基本农田、生态保护、城镇开发、村落分布等空间布局，强化县城综合服务能力，把乡镇建设成为服务农民的区域中心，实现县乡村功能衔接互补。壮大县域经济，承接适宜产业转移，培育支柱产业。三是要加快小城镇发展，完善基础设施和公共服务，发挥小城镇连接城市、服务乡村作用。推进以县城为重要载体的城镇化建设，有条件的地区按照小城市标准建设县城。积极推进扩权强镇，规划建设一批重点镇。开展乡村全域土地综合整治试点。四是要推动在县域就业的农民工就地市民化，增加适应进城农民刚性需求的住房供给，鼓励地方建设返乡入乡创业园和孵化实训基地等。

第七节　乡村文化建设

【法律原文】

　　第七条　国家坚持以社会主义核心价值观为引领，大力弘扬民族精神和时代精神，加强乡村优秀传统文化保护和公共文化服务体系建设，繁荣发展乡村文化。

　　每年农历秋分日为中国农民丰收节。

一、法律主旨

本部分是关于乡村文化建设的总体性规定。

二、立法背景

乡村振兴，乡风文明是保障。习近平总书记2018年在十九届中央政治局第八次集体学习时指出，乡风文明，是乡村振兴的紧迫任务，重点是弘扬社会主义核心价值观，保护和传承农村优秀传统文化，加强农村公共文化建设，开展移风易俗，改善农民精神风貌，提高乡村社会文明程度。他强调，我国农耕文明源远流长、博大精深，是中华优秀传统文化的根。我国很多村庄有几百年甚至上千年的历史，至今保持完整。很多风俗习惯、村规民约等具有深厚的优秀传统文化基因，至今仍然发挥着重要作用。要在实行自治和法治的同时，注重发挥好德治的作用，推动礼仪之邦、优秀传统文化和法治社会建设相辅相成。

推进乡村文化振兴是"五大振兴"的重要内容，乡风文明是促进乡村振兴的总要求之一，文化建设是乡村振兴"六大建设"的重要组成部分，传承发展中华民族优秀传统文化是乡村的特有功能之一，为此，乡村振兴促进法在总则专门作出一条乡村文化建设的规定，并单设"文化繁荣"一章规定乡村文化传承和发展的具体内容。

三、法律解读

（一）坚持以社会主义核心价值观为引领，大力弘扬民族精神和时代精神

党的十九大报告指出，社会主义核心价值观是当代中国精神的集中体现，凝结着全体人民共同的价值追求。同时提出，要发挥社会主义核心价值观对国民教育、精神文明创建、精神文化产品创作生产传播的引领作用，把社会主义核心价值观融入社会发展各方面，转化为人们的情感认同和行为习惯；要广泛开展理想信念教育，深化中国特色社会主义和中国梦宣传教育，弘扬民族精神和时代精神，加强爱国主义、集体主义、社会主义教育，引导人们树立正确的历史观、

民族观、国家观、文化观。2018 年中央一号文件提出，要以社会主义核心价值观为引领，坚持教育引导、实践养成、制度保障三管齐下，采取符合农村特点的有效方式，深化中国特色社会主义和中国梦宣传教育，大力弘扬民族精神和时代精神。为此，要按照党中央的要求和本法的规定，以农民群众喜闻乐见的方式，深入开展习近平新时代中国特色社会主义思想学习教育，弘扬和践行社会主义核心价值观，进一步加强爱国主义、集体主义、社会主义教育，大力弘扬民族精神和时代精神，加强农村思想文化阵地建设，确保其保持正确的方向。

（二）加强乡村优秀传统文化保护

党的十九大报告指出，文化自信是一个国家、一个民族发展中更基本、更深沉、更持久的力量；文化是一个国家、一个民族的灵魂。文化兴国运兴，文化强民族强。没有高度的文化自信，没有文化的繁荣兴盛，就没有中华民族伟大复兴；中国特色社会主义文化，源自于中华民族五千多年文明历史所孕育的中华优秀传统文化；要深入挖掘中华优秀传统文化蕴含的思想观念、人文精神、道德规范，结合时代要求继承创新，让中华文化展现出永久魅力和时代风采。因此，要按照党中央的明确要求和本法的规定，传承、发展和提升乡村优秀传统文化，把保护传承和开发利用结合起来，赋予中华农耕文明新的时代内涵。第一，要立足乡村文明，吸取城市文明及外来文化优秀成果，在保护传承的基础上，创造性转化、创新性发展，不断赋予时代内涵、丰富表现形式。第二，切实保护好优秀农耕文化遗产，推动优秀农耕文化遗产合理适度利用。深入挖掘农耕文化蕴含的优秀思想观念、人文精神、道德规范，充分发挥其在凝聚人心、教化群众、淳化民风中的重要作用。第三，划定乡村建设的历史文化保护线，保护好文物古迹、传统村落、民族村寨、传统建筑、农业遗迹、灌溉工程遗产。第四，支持农村地区优秀戏曲曲艺、少数民族文化、民间文化等传承发展。

（三）加强乡村公共文化服务体系建设

与城市相比，乡村的公共文化服务体系还存在明显的短板。加强乡村公共文化服务体系建设，是推进城乡基本公共服务均等化的一个重要内容。2021 年中央一号文件明确提出，要建立城乡公共资源均衡配置机制，推进城乡公共文化服务体系一体建设。2018 年中央一号文件明确提出，要加强农村公共文化建设，按照有标准、有网络、有内容、有人才的要求，健全乡村公共文化服务体系。一是发挥县级公共文化机构辐射作用，推进基层综合性文化服务中心建设，实现乡村两级公共文化服务全覆盖，提升服务效能。二是深入推进文化惠民，公共文化资源要重点向乡村倾斜，提供更多更好的农村公共文化产品和服务。三是支持三农题材文艺创作生产，鼓励文艺工作者不断推出反映农民生产生活尤其是乡村振兴实践的优秀文艺作品，充分展示新时代农村农民的精神面貌。四是培育挖掘乡土文化本土人才，开展文化结对帮扶，引导社会各界人士投身乡村文化建设。五是活跃繁荣农村文化市场，丰富农村文化业态，加强农村文化市场监管。

（四）中国农民丰收节

中国是农业大国，有着源远流长的中华农耕文化，我国国土面积的大部分是乡村，总人口中大多数是农民。习近平总书记 2015 年在吉林调研时强调，任何时候都不能忽视农业、忘记农民、淡漠农村。我国历史上就有通过农事节庆庆五谷丰登、盼国泰民安的传统，目前有 13 个少数民族有庆祝丰收的节日，一些地方也举办过与丰收有关的民俗活动，通过举办民俗表演、技能比赛、品尝美食等活动分享丰收的喜悦。波兰、美国、葡萄牙、俄罗斯、巴西等国也有和丰收有关的节日。近年来，许多人大代表、专家学者、社会公众等都提出过设立农业或农民方面节日的建议。针对社会各界的广泛呼吁，农业农村部对国内外的有关情况进行了深入调研，并广泛邀请了农业、文化、传媒等相关领域的专家学者以及农民代表开展座谈研讨。大家普遍认为，设立中国农民丰收节十分必要，而且实施的基础和条件已经成熟。

经党中央批准、国务院批复，自 2018 年起，将每年农历秋分日设立为"中国农民丰收节"。这是第一个在国家层面专门为农民设立的节日。这个节日的设立，由习近平总书记主持召开中央政治局常委会会议审议通过，充分体现了以习近平同志为核心的党中央对三农工作的高度重视，对广大农民的深切关怀。"中国农民丰收节"是亿万农民庆祝丰收、享受丰收的节日，也是五谷丰登、国泰民安的生动体现。在实施乡村振兴战略的开局之年设立"中国农民丰收节"，顺应了新时代的新要求、新期待，有助于宣传展示农耕文化的悠久厚重，传承弘扬中华优秀传统文化，推动传统文化和现代文明有机融合，将进一步调动亿万农民的积极性、主动性、创造性，提升亿万农民的荣誉感、幸福感、获得感，增强中国人民的文化自信心和民族自豪感。

第八节 国家粮食安全战略

【法律原文】

第八条 国家实施以我为主、立足国内、确保产能、适度进口、科技支撑的粮食安全战略，坚持藏粮于地、藏粮于技，采取措施不断提高粮食综合生产能力，建设国家粮食安全产业带，完善粮食加工、流通、储备体系，确保谷物基本自给、口粮绝对安全，保障国家粮食安全。

国家完善粮食加工、储存、运输标准，提高粮食加工出品率和利用率，推动节粮减损。

一、法律主旨

本部分是关于国家粮食安全战略的总体性规定。

二、立法背景

粮食安全是"国之大者"，是国家安全的重要基础。党中央历来高度重视我国的粮食安全问题。习近平总书记多次强调保障国家粮食安全的重要性，提出中国人的饭碗任何时候都要牢牢端在自己手中，我们的饭碗应该主要装中国粮。新中国成立七十多年来，在中国共产党领导下，经过艰苦奋斗和不懈努力，我国在农业基础十分薄弱、人民生活极端贫困的基础上，依靠自己的力量实现了粮食基本自给，不仅成功解决了 14 亿人口的吃饭问题，而且居民生活质量和营养水平显著提升，我国的粮食安全取得了举世瞩目的巨大成就。党的十八大以来，以习近平同志为核心的党中央把粮食安全作为治国理政的头等大事，提出了"确保谷物基本自给、口粮绝对安全"的新粮食安全观，确立了"以我为主、立足国内、确保产能、适度进口、科技支撑"的国家粮食安全战略，走出了一条中国特色粮食安全之路。

目前，我国的粮食产量已经保持了 17 连丰，最近 6 年一直稳定在 1.3 万亿斤以上，人均粮食占有量 474 公斤，超过国际公认的 400 公斤粮食安全标准线，但同时也要清醒地看到，我国的粮食安全还存在一定的风险，从中长期看，我国的粮食产需仍将维持紧平衡态势，粮食安全的基础还不牢固，粮食安全的形势依然严峻，在种子等领域还存在"卡脖子"问题，确保国家粮食安全这根弦一刻也不能放松。这些风险主要体现在：第一，从需求形势看，随着经济社会发展，人均口粮消费将稳中略降，饲料和工业转化用粮消费继续增加，粮食消费总量刚性增长，粮食消费结构不断升级。第二，从生产形势看，农业生产成本仍在攀升，资源环境承载能力趋紧，农业基础设施相对薄弱，抗灾减灾能力有待提升，在确保绿色发展和资源永续利用的同时，稳定发展粮食生产压力较大。第三，从流通形势看，粮食生产将继续向核心产区集中，跨区域粮食流通量将进一步增加，粮食市场大幅波动的风险依然存在。第四，从国际形势上看，当今世界粮食安全挑战依然严峻，全球仍有 8 亿多饥饿人口，国际粮食贸易面临着保护主义和单边主义的干扰，不稳定因素增加，随着国际形势的日趋复杂，我国利用国际市场调节国内粮油供给的难度将进一步增大。习近平总书记强调，要牢牢把住粮食安全主动权，粮食安全的弦要始终绷得很紧很紧，粮食生产年年要抓紧。这三个"紧"凸显了粮食安全问题在新阶段、新征程中的极端重要性。为此，乡村振兴促进法把保障国家粮食安全作为重要内容，不仅在总则中作出总体性规定，在"产业发展"和"扶持措施"一章中对保障粮食供给和质量安全、加强耕地保护、改善生产条件、加强科技创新和技术推广、推进农业机械化信息化、完善农业补贴政策、完善土地使用权出让收入使用制度等作出了针对性规定。

三、法律解读

（一）实施"以我为主、立足国内、确保产能、适度进口、科技支撑"的国家粮食安全战略

习近平总书记在 2013 年中央农村工作会议上提出了我国的粮食安全战略，2014 年中央一号文件对抓紧构建新形势下的国家粮食安全战略作出了部署。习近平总书记在会议上指出，保障国家粮食安全是一个永恒课题，任何时候这根弦都不能松。要坚持以我为主、立足国内、确保产能、适度进口、科技支撑的国家粮食安全战略。2014 年中央一号文件提出，完善国家粮食安全保障体系，抓紧构建新形势下的国家粮食安全战略。把饭碗牢牢端在自己手上，是治国理政必须长期坚持的基本方针。综合考虑国内资源环境条件、粮食供求格局和

国际贸易环境变化，实施以我为主、立足国内、确保产能、适度进口、科技支撑的国家粮食安全战略。

以我为主、立足国内，就是要牢牢掌握粮食安全的主动权。立足国内基本解决我国人民吃饭问题，是由我国的基本国情决定的，也是我国一以贯之的大政方针。一个国家只有立足粮食基本自给，才能掌握粮食安全主动权，进而才能掌控经济社会发展这个大局。靠别人解决吃饭问题是靠不住的。如果口粮依赖进口，我们就会被别人牵着鼻子走。确保产能，就是任何时候都不能放松国内粮食生产，严守耕地保护红线，加强永久基本农田保护和高标准农田建设，采取措施提高农民种粮积极性，不断提升农业综合生产能力，确保谷物基本自给、口粮绝对安全。适度进口，就是要更加积极地利用国际农产品市场和农业资源，有效调剂和补充国内粮食供给。科技支撑，就是要加强农业科技创新，建设现代农业产业技术体系，加大农业科技成果转化力度，提高农业技术推广和农业机械化信息化水平，依靠科技手段和农艺农技应用，增加粮食供给，提升粮食品质。

实施国家粮食安全战略，要注意以下几个方面的问题：一是中央和地方要共同负起责任，中央财政要从重大水利设施建设、中低产田改造、科技创新推广、信息化服务、市场体系完善、农产品质量安全、主产区转移支付等方面加强对粮食生产的支持，地方要建立粮食安全省长负责制，加强粮食生产能力、储备能力、流通能力建设，切实保护耕地。二是要进一步推动粮食生产功能区和重要农产品生产保护区建设，建设国家粮食安全产业带。三是要充分发挥"两个积极性"，在政策上保护好农民种粮积极性和地方政府抓粮积极性。四是要充分发挥立法的引领和保障作用。2015 年颁布的《国家安全法》将保障国家粮食安全作为其中的重要内容，明确规定：国家健全粮食安全保障体系，保护和提高粮食综合生产能力，完善粮食储备制度、流通体系和市场调控机制，健全粮食安全预警制度，保障粮食供给和质量安全。2018 年中央一号文件和 2019 年中央一号文件中明确提出了推进粮食安全保障立法的要求，十三届全国人大常委会将制定粮食安全保障法列入本届常委会立法规划的第一类项目，目前有关方面正在抓紧推进粮食安全保障法草案的起草工作。

（二）坚持藏粮于地、藏粮于技

习近平总书记 2014 年在河南考察时指出，粮食生产根本在耕地，命脉在水利，出路在科技，动力在政策，这些关键点要一个一个抓落实，抓到位，努力在高基点上实现粮食生产新突破。在 2016 年两会期间，习近平总书记参加湖南代表团审议时指出，要推进农业供给侧结构性改革，提高农业综合效益和竞争力。要以科技为支撑走内涵式现代农业发展道路，实现藏粮于地、藏粮于技。"十四五"时期要推动藏粮于地、藏粮于技落实落地，就是要进一步夯实农业生产能力基础，提高农业综合生产能力，保障国家粮食安全和重要农产品有效供给。一是坚持最严格的耕地保护制度，强化耕地数量保护和质量提升，严守 18 亿亩耕地红线，遏制耕地"非农化"、防止"非粮化"，规范耕地占补平衡，严禁占优补劣、占水田补旱地。二是以粮食生产功能区和重要农产品生产保护区为重点，建设国家粮食安全产业带，实施高标准农田建设工程，建成 10.75 亿亩集中连片高标准农田。实施黑土地保护工程，加强东北黑土地保护和地力恢复。三是推进大中型灌区节水改造和精细化管理，建设节水灌溉骨干工程，同步推进水价综合改革。四是加强大中型、智能化、复合型农业机械研发应用，农作物耕种收综合机械化率提高到 75%。五是加强种质资源保护利用和种子库建设，确保种源安全。加强农业良种技术攻关，有序推进生物育种产业化应用，培育具有国际竞争力的种业龙头企业。六是完善农业科技创新体系，创新农技推广服务方式，建设智慧农业。此外还要加强农作物病虫害防治，强化农业气象服务等。

（三）落实"确保谷物基本自给、口粮绝对安全"的新粮食安全观

习近平总书记在 2013 年中央农村工作会议上指出，怎么保障国

家粮食安全？过去我们强调保全部、保所有品种，这是当时历史条件下的唯一选择，而我们也基本做到了。现在，国内粮食需求增长很快，粮食安全全要靠自己保全部，地不够，水不够，生态环境也承载不了。在这种情况下，就要进一步明确粮食安全的工作重点，合理配置资源，集中力量首先把最重要的保住，确保谷物基本自给、口粮绝对安全。全党必须明确，保谷物、保口粮，决不能以为可以放松粮食生产了，仍然要坚持一刻也不放松，因为有质量的"两保"并不是一件容易的事。

确保谷物基本自给、口粮绝对安全，就是要实施分品种保障策略，完善重要农产品供给保障体系和粮食产购储加销体系。"十四五"期间，要重点做好以下几个方面的工作：一是统筹调整粮经饲种植结构。按照稳粮、优经、扩饲的要求，加快构建粮经饲协调发展的三元种植结构。粮食作物要稳定水稻、小麦生产，确保口粮绝对安全，重点发展优质稻米和强筋弱筋小麦，继续调减非优势区籽粒玉米，增加优质食用大豆、薯类、杂粮杂豆等。二是毫不放松抓好粮食生产，深入实施藏粮于地、藏粮于技战略，开展种源"卡脖子"技术攻关，提高良种自主可控能力。三是严守耕地红线和永久基本农田控制线，稳定并增加粮食播种面积和产量，合理布局区域性农产品应急保供基地。四是深化农产品收储制度改革，加快培育多元市场购销主体，改革完善中央储备粮管理体制，提高粮食储备调控能力。五是强化粮食安全省长责任制和"菜篮子"市长负责制，实行党政同责。六是有效降低粮食生产、储存、运输、加工环节损耗，开展粮食节约行动。七是积极开展重要农产品国际合作，健全农产品进口管理机制，推动进口来源多元化，培育国际大粮商和农业企业集团。

（四）推动节粮减损

习近平总书记在2013年中央农村工作会议上指出，高度重视节约粮食。我国在粮食生产、流通、加工、消费环节存在大量浪费现象，餐桌上的浪费尤为惊人。习近平总书记强调，浪费粮食的不良风气必须坚决刹住！厉行节约，反对浪费，是我国宪法中的明确规定，也是党中央、国务院十分重视的一项工作。2010年，中华人民共和国国务院办公厅（以下简称国办）发布《关于进一步加强节约粮食反对浪费工作的通知》，提出了加强粮食生产和养殖业节约、做好粮食储存和保管工作、提高粮食加工和转化利用率、狠抓粮食运输节约、大力推进餐饮业节约、切实抓好食堂节约、行政机关带头节约粮食七个方面的具体措施。2014年，中国共产党中央委员会办公厅（以下简称中办）、中华人民共和国国务院办公厅颁布《关于厉行节约反对食品浪费的意见》，专门提出要减少各环节粮食损失浪费，加强粮食生产、收购、储存、运输、加工、消费等环节管理，有效减少损失浪费，并对农业、粮食、发改、交通、科技、工信、商务等各个相关部门在节粮减损方面的具体工作做出了部署安排。2019年，国务院新闻办发表《中国的粮食安全》白皮书，提出了倡导节粮减损，普及推广经济、适用、防虫、防霉储粮新装具、新技术，帮助农民减少产后损失，示范推广绿色、环保、智能粮食储藏设施设备，鼓励适度加工，提高物流效率，减少粮食流通环节的损失损耗等倡议。

为贯彻落实习近平总书记有关重要批示精神和党中央决策部署，2021年4月，十三届全国人大常委会第二十八次会议审议通过了反食品浪费法，明确规定，国家坚持多措并举、精准施策、科学管理、社会共治的原则，采取技术上可行、经济上合理的措施防止和减少食品浪费；国家完善粮食和其他食用农产品的生产、储存、运输、加工标准，推广使用新技术、新工艺、新设备，引导适度加工和综合利用，降低损耗。乡村振兴促进法在强调抓好粮食生产工作的同时，将推动粮食加工、储存、运输方面的节粮减损作为专门的内容予以强调，也是为了进一步推动有关方面改善工作，保障国家粮食安全。

第九节　乡村振兴工作机制和部门职责

【法律原文】

第九条　国家建立健全中央统筹、省负总责、市县乡抓落实的乡村振兴工作机制。

各级人民政府应当将乡村振兴促进工作纳入国民经济和社会发展规划，并建立乡村振兴考核评价制度、工作年度报告制度和监督检查制度。

第十条　国务院农业农村主管部门负责全国乡村振兴促进工作的统筹协调、宏观指导和监督检查；国务院其他有关部门在各自职责范围内负责有关的乡村振兴促进工作。

县级以上地方人民政府农业农村主管部门负责本行政区域内乡村振兴促进工作的统筹协调、指导和监督检查；县级以上地方人民政府其他有关部门在各自职责范围内负责有关的乡村振兴促进工作。

第十一条　各级人民政府及其有关部门应当采取多种形式，广泛宣传乡村振兴促进相关法律法规和政策，鼓励、支持人民团体、社会组织、企事业单位等社会各方面参与乡村振兴促进相关活动。

对在乡村振兴促进工作中作出显著成绩的单位和个人，按照国家有关规定给予表彰和奖励。

一、法律主旨

本部分是关于乡村振兴工作机制和政府各部门乡村振兴促进工作职责的规定。

二、立法背景

实施乡村振兴战略是党和国家的重大决策部署，建立乡村振兴工作机制，有利于各级党委政府更好地履行乡村振兴促进法规定的职责，是推动乡村振兴战略全面实施的重要基础，也是贯彻落实党对三农工作全面领导的重要体现。习近平总书记对建立乡村振兴工作机制提出了明确要求，有关中央文件对乡村振兴工作机制做出了具体部署。在建立乡村振兴工作机制的基础上，乡村振兴促进法对各级人民政府在促进乡村振兴方面的总体职责，以及国务院有关部门和地方人民政府有关部门的职责作出了总体规定。

三、法律解读

（一）建立乡村振兴工作机制

中央统筹、省负总责、市县乡抓落实的乡村振兴工作机制，是在脱贫攻坚工作机制的基础上承接和发展而来，与我们的农村工作领导体制也是一致的。习近平总书记在 2017 年中央农村工作会议上指出，要建立实施乡村振兴战略领导责任制，实行中央统筹、省负总责、市县抓落实的工作机制。党政一把手是第一责任人，五级书记抓乡村振兴。2018 年中央一号文件在重申习近平总书记的上述要求的同时，提出县委书记要下大气力抓好三农工作，当好乡村振兴"一线总指挥"。2021 年中央一号文件指出，全面推进乡村振兴的深度、广度、难度都不亚于脱贫攻坚，必须采取更有力的举措，汇聚更强大的力量。要深入贯彻落实《中国共产党农村工作条例》，健全中央统筹、省负总责、市县乡抓落实的农村工作领导体制，将脱贫攻坚工作中形成的组织推动、要素保障、政策支持、协作帮扶、考核督导等工作机制，根据实际需要运用到推进乡村振兴，建立健全上下贯通、精准施策、一抓到底的乡村振兴工作体系。具体来讲，党中央、国务院主要负责统筹制定乡村振兴大政方针，出台重大政策举措等；省（自治区、直辖市）党委和政府对乡村振兴工作负总责，抓好目标确定、组织动员、监督考核等工作；市（地）党委和政府要做好上下衔接、域内协调、督促检查工作，发挥好以市带县作用；县级党委和政府承担主体责任，书记和县长是第一责任人，应当结合本地区实际，制定具体管用的工作措施，贯彻落实上级有关乡村振兴的各项要求和决策部署，做好推进乡村振兴战略实施的各项具体工作；乡镇党委和政府负责落实上级要求，开展好相关具体工作。

（二）各级人民政府的总体性职责

1. 各级人民政府应当将乡村振兴促进工作纳入国民经济和社会发展规划

国民经济和社会发展规划是国家加强和改善宏观调控的重要手段，也是政府履行经济调节、市场监管、社会管理和公共服务职责的重要依据。国民经济和社会发展规划按行政层级分为国家级规划、省（自治区、直辖市）级规划、市县级规划，按对象和功能类别分为总体规划、专项规划、区域规划。将乡村振兴促进工作纳入国民经济和社会发展规划，有利于进一步引导公共资源配置方向，落实党中央关于推进城乡融合发展和坚持农业农村优先发展的决策部署，做到工业农业一起抓、城市农村一起抓，把农业农村优先发展原则体现到各个方面，切实促进乡村振兴战略的全面实施。

2. 各级人民政府应当建立乡村振兴考核评价制度、工作年度报告制度和监督检查制度

《中国共产党农村工作条例》规定，地方各级党委和政府主要负责人、农村基层党组织书记是本地区乡村振兴工作第一责任人，上级党委和政府应当对下级党委和政府主要负责人、农村基层党组织书记履行第一责任人职责情况开展督查考核，并将考核结果作为干部选拔任用、评先奖优、问责追责的重要参考；各省（自治区、直辖市）党委和政府每年向党中央、国务院报告乡村振兴战略实施情况，省以下各级党委和政府每年向上级党委和政府报告乡村振兴战略实施情况；实行市县党政领导班子和领导干部推进乡村振兴战略实绩考核制度，将抓好农村工作特别是推进乡村振兴战略实绩、贫困县精准脱贫成效作为政绩考核的重要内容，由上级党委统筹安排实施，考核结果作为对市县党政领导班子和有关领导干部综合考核评价的重要依据。2018年中央一号文件指出，各省（自治区、直辖市）党委和政府每年要向党中央、国务院报告推进实施乡村振兴战略进展情况。建立市县党政领导班子和领导干部推进乡村振兴战略的实绩考核制度，将考核结果作为选拔任用领导干部的重要依据。2021年中央一号文件在重申上述要求的同时，提出要强化乡村振兴督查，创新完善督查方式，及时发现和解决存在的问题，推动政策举措落实落地。《规划》对加强乡村振兴战略规划实施考核监督、建立规划实施督促检查机制等提出了明确要求。据此，《乡村振兴促进法》在总则中规定各级人民政府应当建立乡村振兴考核评价制度、工作年度报告制度和监督检查制度，同时专设"监督检查"一章，对相关制度作出细致具体的规定，从制度上进一步确保乡村振兴战略的落地落实。

3. 明确各级人民政府有关部门在乡村振兴促进方面的职责

农业农村部作为主管全国三农工作的国务院部门，在全国乡村振兴促进工作的统筹协调、宏观指导和监督检查等方面负有义不容辞的责任。除本条规定的总体性职责外，农业农村部还应当根据有关法律法规、规章和规范性文件的规定，以及其"三定"方案确定的职责，做好促进乡村振兴方面的各项工作。2021年2月25日，国家乡村振兴局正式挂牌。新成立的国家乡村振兴局由原国务院扶贫开发领导小组办公室重组而来，作为农业农村部管理的国家局，主要负责巩固拓展脱贫攻坚成果、统筹推进实施乡村振兴战略有关具体工作。2021年4月，全国农村集体产权制度改革工作推进会暨农业农村政策与改革工作会议指出，要着眼于加强党对农村工作的领导，加快构建乡村振兴工作推进机制，建立健全党委农办、农业农村部门、乡村振兴部门协同高效的运行机制，完善健全乡村振兴责任体系，探索建立常态化督查检查机制，把党对三农工作的领导落到实处。

乡村振兴工作涉及面广，《规划》分三十七章对乡村振兴战略的实施作出规划安排。除农业农村部和国家乡村振兴局外，国家发改委、教育部、科技部、工信部、民政部、司法部、财政部、人社部、自然资源部、生态环境部、住建部、交通部、水利部、商务部、文旅部、国家卫健委、应急管理部，以及国家税务总局、国家市场监管总局、国家广电总局、国家体育总局、国家统计局、中国气象局、中国银保监会、中国证监会、国家粮食和物资储备局、国家林草局、国家铁路局、国家邮政局、国家文物局、国务院其他有关部门和单位均有促进乡村振兴的职责。《乡村振兴促进法》规定，国务院其他有关部门在各自职责范围内负责有关的乡村振兴促进工作。在地方政府层面，乡村振兴促进法还对县级以上地方人民政府农业农村主管部门以及其他有关部门在本行政区域内的乡村振兴促进工作职责作出了总体性规定。各部门要按照职责，加强工作指导，强化资源要素支持和制度供给，做好协同配合，形成乡村振兴工作合力。

此外，《乡村振兴促进法》还特别对各级政府及其有关部门在乡村振兴宣传教育、鼓励支持社会各方面参与乡村振兴，以及表彰奖励方面的职责作出了总体性规定。这一规定，有利于进一步提高广大干部群众的乡村振兴法治意识，增强其对参与乡村振兴战略实施工作重要性的认识，引导和推动各类社会主体积极参与乡村振兴有关活动，形成政府部门主导、全社会广泛参与的乡村振兴促进工作格局。

第二章　产业发展

　　推动产业振兴、实现产业兴旺是乡村振兴的重要基础，是解决农村问题的前提。本章对乡村产业发展作出全面系统的法律规范。在产业发展上，规定各级人民政府应当促进农林牧渔等第一产业的发展，也应当促进适宜的新兴二三产业的发展，培育新产业、新业态、新模式，促进农村一二三产业融合发展；产业发展的重要任务是保障粮食和重要农产品有效供给和质量安全；优化农业生产力布局，提高农业质量、效益和竞争力，实现农业高质量发展。在产业发展的生产要素和发展动力上，对土地、种子、科技创新、农业技术推广、农业机械化、农业信息化等作出基本规范。在产业发展主体上，规定发展壮大农村集体经济、发展新型农业经营主体、支持创新创业，发挥好国有农（林、牧、渔）场、供销合作社等主体的示范引领和带动作用。本章还明确乡村产业发展应当促进农民收入稳定增长、农民生活水平不断提升，国家支持各类经济组织与农民建立紧密型利益联结机制。

第一节　发展农村集体经济

【法律原文】

　　第十二条　国家完善农村集体产权制度，增强农村集体所有制经济发展活力，促进集体资产保值增值，确保农民受益。

　　第二十一条　国家采取措施支持农村集体经济组织发展，为本集体成员提供生产生活服务，保障成员从集体经营收入中获得收益分配的权利。

一、法律主旨

本部分是关于发展农村集体经济、保障成员从集体经营收入中获益的规定。

二、立法背景

促进乡村振兴，发展乡村产业，应当重视发展农村集体经济，发挥农村集体经济组织在乡村产业发展中的作用。以土地集体所有为基础的农村集体所有制，是社会主义公有制的重要形式，是实现农民共同富裕的制度保障。《宪法》规定，农村集体经济组织实行以家庭承包经营为基础、统分结合的双层经营体制，这是我国农村的基本经营制度。《民法典》明确，农村集体经济组织是一类特别法人，依法取得法人资格。健全农村集体经济组织的运行机制，激活农村集体经济组织带动成员利用集体资源的功能，实现好、维护好、发展好农村集体经济组织的权益，增强农村集体所有制经济发展活力，促进集体资产保值增值，是发挥集体经济在乡村产业发展中的主导和引领作用的关键。

党的十八大以来，党中央高度重视完善农村集体产权制度。2013年中央一号文件指出"建立归属清晰、权能完整、流转顺畅、保护严格的农村集体产权制度"。2015年中央一号文件指出"探索农村集体所有制有效实现形式，创新农村集体经济运行机制"。2015年中办、国办印发的《深化农村改革综合性实施方案》指出"建立健全符合社会主义市场经济体制要求和社会主义初级阶段实际的农村集体产权制度""分类推进农村集体资产确权到户和股份合作制改革"。2016年

12月，中共中央、国务院出台了《关于稳步推进农村集体产权制度改革的意见》，对农村集体产权制度改革进行了全面部署。

实施乡村振兴战略，应当进一步发展壮大新型农村集体经济。2020年，《"十四五"规划建议》指出："深化农村集体产权制度改革，发展新型农村集体经济。"十三届全国人大第四次会议通过的《国民经济和社会发展第十四个五年规划和2035年远景目标纲要》明确，深化农村集体产权制度改革，完善产权权能，将经营性资产量化到集体经济组织成员，发展壮大新型农村集体经济。

三、法律解读

（一）完善农村集体产权制度

发展农村集体经济，必须通过深化改革不断完善农村集体产权制度，建立健全符合社会主义市场经济体制要求和社会主义初级阶段实际的农村集体产权制度，探索社会主义市场经济条件下农村集体所有制的有效组织形式和经营方式，增强农村集体所有制经济的发展活力，促进集体资产保值增值，发挥好集体经济优越性，确保集体经济发展成果惠及本集体所有成员。

农村集体产权制度改革应当全面加强农村集体资产管理。农村集体资产分为三类：资源性资产，包括农民集体所有的土地、森林、山岭、草原、荒地、滩涂等；经营性资产，即用于经营的房屋、建筑物、机器设备、工具器具、农业基础设施、集体投资兴办的企业及其所持有的其他经济组织的资产份额、无形资产等；非经营性资产，即用于公共服务的教育、科技、文化、卫生、体育等方面的资产。通过清产核资，摸清集体家底，建立健全集体资产登记、保管、使用、处置制度，实行台账管理。把农村集体资产的所有权确权到不同层级的农村集体经济组织成员集体，并依法由农村集体经济组织代表集体行使所有权。加强农村集体资金资产资源监督管理，加强乡镇农村经营管理体系建设。修订完善农村集体经济组织财务会计制度，加快农村集体资产监督管理平台建设，推动农村集体资产财务管理制度化、规范化、信息化。

农村集体产权制度改革的重点是开展集体经营性资产产权制度改革。坚持先行试点、先易后难，由点及面稳慎开展、有序推进。将农村集体经营性资产以股份或者份额形式量化到本集体成员，作为其参加集体收益分配的依据。农村集体经营性资产的股份合作制改革，要体现成员集体所有和特有的社区性，只能在本集体内部进行。股权设置以成员股为主，是否设置集体股由本集体成员民主讨论决定。股权管理提倡实行不随人口增减变动而调整的方式。确认农村集体经济组织成员身份，按照尊重历史、兼顾现实、程序规范、群众认可的原则，统筹考虑户籍关系、农村土地承包关系、对集体积累的贡献等因素，协调平衡各方利益，做好农村集体经济组织成员身份确认工作，解决成员边界不清问题。组织实施赋予农民对集体资产股份占有、收益、有偿退出及抵押、担保、继承权改革试点。建立集体资产股权登记制度，健全集体收益分配制度，探索农民对集体资产股份有偿退出的条件和程序。

农村集体产权制度改革应当因地制宜探索农村集体经济有效实现形式。发挥农村集体经济组织在管理集体资产、开发集体资源、发展集体经济、服务集体成员等方面的功能作用。维护农村集体经济组织合法权利，防止所有权被虚置。多种形式发展集体经济。引导农村产权规范流转和交易，建立符合农村实际需要的产权流转交易市场，开展农村承包土地经营权、集体林权、"四荒"地使用权、农业类知识产权、农村集体经营性资产等流转交易。

（二）发展农村集体经济

农村集体产权制度改革通过核资确权、折股量化、建立股份经济合作社等，提高了农民组织化能力和水平，有助于培育新型集体经济组织，完善农村集体经济组织的市场主体地位，优化配置集体资源要素，为发展新产业、新业态提供组织基础，增强集体经济活力。

党的十八大以来，国家积极支持集体经济发展。2016—2019年年底，中央财政通过以奖代补等方式，共支持28个省份和4个计划单列市开展扶持村级集体经济发展试点。2018年，中央组织部、财政部、农业农村部印发通知，计划到2022年在全国范围内扶持10万个左右的村发展壮大集体经济。国家大力支持欠发达地区薄弱村发展提升，指导各地以发展特色产业、盘活土地资源等为抓手，探索薄弱村发展集体经济的有效路径。例如，浙江省从2017年开始在全省实施消除集体经济薄弱村三年行动计划，到2019年年底已全面消除年集体经济收入低于10万元、经营性收入低于5万元的薄弱村。

农村集体经济组织可以用多种形式、从实际出发探索发展集体经济有效途径。农村集体经济组织可以利用未承包到户的集体"四荒"地（荒山、荒沟、荒丘、荒滩）、果园、养殖水面等资源，集中开发或者通过公开招投标等方式发展现代农业项目；采取租赁、入股等形式，将农户承包林地吸纳进村集体股份合作林场，大力发展用材林、经济林、林下经济、森林旅游等产业；可以利用生态环境和人文历史等资源发展休闲农业和乡村旅游；可以在符合规划的前提下，探索利用闲置的各类房产设施、集体建设用地等，以自主开发、合资合作等方式发展相应产业；可以为农户和各类农业经营主体提供产前、产中、产后农业生产性服务；国家鼓励集体经济组织整合利用集体积累资金、政府帮扶资金等，通过入股或者参股农业产业化龙头企业、村与村合作、村企联手共建、扶贫开发等多种形式发展集体经济；在城镇规划区、经济开发区等优势区位，跨区域抱团建设仓储设施、商铺门面、标准厂房等"飞地"项目，实现集体经济可持续发展。

（三）确保农民受益

农村集体产权制度改革要确保农民受益。农村集体产权制度改革，要把实现好、维护好、发展好广大农民的根本利益作为改革的出发点和落脚点，促进集体经济发展和农民持续增收；坚持农民权利不受损，防止内部少数人控制和外部资本侵占；要尊重农民群众意愿，发挥农民主体作用，支持农民创新创造，把选择权交给农民，确保农民知情权、参与权、表达权、监督权，真正让农民成为改革的参与者和受益者。农村集体产权制度改革，既要体现集体优越性，又要调动成员积极性，引领农民逐步实现共同富裕，着力解决集体经营性资产归属不明、经营收益不清、分配不公开、成员的集体收益分配权缺乏保障等突出问题。要将经营性资产量化到本集体成员，股权设置以成员股为主，建立健全集体资产股权登记制度和集体收益分配制度，保障成员从集体经营收入中获得收益分配的权利。发展新型农村集体经济，要切实维护农民合法权益，增加农民财产性收入，让广大农民分享改革发展成果。

第二节　促进农村一二三产业融合发展

【法律原文】

第十二条　各级人民政府应当坚持以农民为主体，以乡村优势特色资源为依托，支持、促进农村一二三产业融合发展，推动建立现代农业产业体系、生产体系和经营体系，推进数字乡村建设，培育新产业、新业态、新模式和新型农业经营主体，促进小农户和现代农业发展有机衔接。

第十九条　各级人民政府应当发挥农村资源和生态优势，支持特色农业、休闲农业、现代农产品加工业、乡村手工业、绿色建材、红色旅游、乡村旅游、康养和乡村物流、电子商务等乡村产业的发展；引导新型经营主体通过特色化、专业化经营，合理配置生产要素，促进乡村产业深度融合；支持特色农产品优势区、现代农业产业园、农业科技园、农村创业园、休闲农业和乡村旅游重点村镇等的建设；统筹农产品生产地、集散地、销售地市场建设，加强农产品流通骨干网络和冷链物流体系建设；鼓励企业获得国际通行的农产品认证，增强乡村产业竞争力。

发展乡村产业应当符合国土空间规划和产业政策、环境保护的要求。

一、法律主旨

本部分是关于促进农村一二三产业融合发展的规定。乡村产业发展既要发展好传统的农林牧渔业，也要注重发展乡村特色产业、新业态、新模式。乡村发展产业必须遵守有关限制性要求，不是任何产业都可以在乡村发展。

二、立法背景

2015 年中央一号文件首次提出促进农村一二三产业融合发展，推动建立现代农业产业体系、生产体系、经营体系。2015 年国务院办公厅发布《关于推进农村一二三产业融合发展的指导意见》。党的十九大报告提出，促进农村一二三产业融合发展，支持和鼓励农民就业创业，拓宽增收渠道。党的十九届五中全会关于"十四五"规划的建议中指出，推动农村一二三产业融合发展。

农村一二三产业融合发展，是以农业农村为基础，通过要素、制度和技术创新，让农业不单局限在种养、生产环节，而是要前后延伸、左右拓展，成为与加工流通、休闲旅游和电子商务等有机整合、紧密相连、协同发展的生产经营方式。其特征是在产业边界和交叉处催生出新的业态和模式，重点是构建全产业链全价值链，关键点是融合之后产生的利润比单纯每个产业之和要高，核心是要让农民分享二三产业增值收益。

农村一二三产业融合发展是时代发展的必然。改革开放初期，我国农业和农村经济主要发展种植业、畜牧业、渔业等第一产业。乡镇企业异军突起，农业农村发展了一批工业企业，但是多数与第一产业的关联度不强。随着改革进程的推进和经济社会的发展，农业机械化、产业化有了一定发展，适度规模经营有序推进，但是仍然主要聚焦于如何发展第一产业。当前，我国农业产业链相对较短，农产品加工转化率不高，基层农产品流通体系建设滞后，产加储运销脱节，乡村旅游等第三产业发展存在基础设施建设滞后、同质化严重等问题，农村电商还不发达。农村一二三产业融合发展，能够推动种养加结合和产业链再造，提高农产品加工业、农产品流通、农业社会化服务水平，延长农业产业链，提升农业产业价值，促进农民增收；能够促进互联网和智能化技术应用，发展智慧农业、电子商务，转变农业农村经济发展方式；通过发展休闲农业、乡村旅游、民宿经济等特色产业，促进城乡融合和城乡互动，满足人民群众对乡村生态休闲等功能的美好需要。

三、法律解读

(一) 坚持以农民为主体，促进小农户和现代农业发展有机衔接

农村一二三产业融合发展应当坚持以农民为主体。要坚持和完善农村基本经营制度，稳定农村土地承包关系。我国小农户将长期存在，要鼓励普通农户作为农村一二三产业融合发展的主体。要强化农民合作社和家庭农场的基础作用，鼓励农民合作社发展农产品加工、销售，发展休闲农业，拓展合作领域和服务内容，鼓励家庭农场依托农业产业拓展多样化经营。支持符合条件的农民合作社、家庭农场优先承担政府涉农项目，落实财政项目资金直接投向农民合作社，形成资产转交合作社成员持有和管护的政策。引导土地流向农民合作社和家庭农场。鼓励龙头企业发挥带动作用，支持各类社会资本投向农业农村，发展适合企业化经营的现代种养业。但是土地流转应当尊重农民意愿，不得侵犯农民合法权益。

农村一二三产业融合发展的成果应当使农民受益。以农民作为主

体发展二三产业，有利于农民增收。要注重建立多种形式的利益联结机制，带动农民增收。如发展订单农业，要引导农业产业化龙头企业在平等互利基础上与农户、家庭农场、农民合作社签订农产品购销合同，合理确定收购价格，形成稳定购销关系。鼓励发展股份合作，农户以承包土地经营权入股的，要切实保障土地经营权入股部分的收益。工商企业进入农业农村的，应当优先聘用流转出土地的农民，为其提供技能培训、就业岗位和社会保障，强化辐射带动农户的作用。

（二）以乡村优势特色资源为依托，培育新产业、新业态、新模式

农村一二三产业融合发展，不是脱离本地原有的产业凭空发展出新产业来，而是要以本地优势的、特色的资源为依托，坚持因地制宜探索适合本地区的产业融合模式。在大中城市周边，农业可以与旅游、教育、文化、健康、养老等产业深度融合，可以发展多种形式的农家乐，发展观光农业、休闲农业等产业。具有文化历史或者民族特点的农村，可以发展特色文化旅游。本地有某种特色农产品的，可以大力发展农产品电子商务、农产品加工业，还可以延伸发展仓储物流、产地批发市场等产业。随着农民进入城市，对农业生产性服务业需求增加，可以发展代耕代种代收、大田托管、统防统治、烘干储藏等市场化和专业化服务。第一产业的农林牧渔业也可以融合发展，促进农牧结合、农林结合，发展种养结合循环农业，发展林下经济，等等。

促进农村产业多元化发展，有利于促进农村一二三产业融合发展。按照本法第十九条规定，重点发展的产业有以下几类：一是在农林牧渔产业基础上延伸的产业。特色农业、休闲农业、乡村旅游、康养产业等，为人们体验农耕文化和与大自然亲密接触提供了渠道。现代农产品加工业、乡村物流、电子商务等延伸了农业产业链，提升了农业价值链。二是依托乡村特色资源的产业。依托革命旧址、历史故事等可发展红色旅游；依托乡村民间工艺可发展乡村手工业。为给美

丽乡村建设提供支撑，可在乡村发展绿色建材产业。三是国家建立引导示范性的园区建设。现代农业产业园、农业科技园、农村创业园等，既可以促进新技术应用，也可以成为人们观光、旅游的景点，促进农业现代化和农民增收。四是加强农产品流通体系建设。国家要统筹农产品生产地、集散地、销售地市场建设，加强农产品流通骨干网络和冷链物流体系建设，促进农产品顺畅流通。

（三）培育新型农业经营主体

新型经营主体通过特色化、专业化经营，能够更加合理地配置生产要素，促进农村产业深度融合。要强化农民合作社和家庭农场的基础作用，引导高素质农民、务工经商返乡人员等领办农民合作社、兴办家庭农场、开展乡村旅游等经营活动。要培育壮大农业产业化龙头企业，引导其重点发展农产品加工、流通、电子商务和农业社会化服务。充分发挥农垦企业优势，培育具有国际竞争力的大型现代农业企业集团。发挥供销合作社综合服务优势，推动供销合作社与新型农业经营主体有效对接，培育大型农产品加工、流通企业。鼓励龙头企业、农民合作社、涉农院校和科研院所成立产业联盟，通过共同研发、科技成果产业化等实现信息互通、优势互补。充分发挥行业协会自律、教育培训和品牌营销作用。

（四）鼓励企业获得国际通行的农产品认证

为加强农产品质量安全管理，世界各国普遍实施农产品认证体系。当前国际上得到广泛认可的农产品认证有：被吸收进世界贸易组织与贸易有关的知识产权协议（WTO/TRIPS）的原产地标记认证（C.O.）、危害分析和关键点控制体系认证（HACCP）、良好农业规范体系认证（GAP）、良好操作规范体系认证（GMP）、田间食品安全体系认证（On-Farm）、食品质量安全体系认证（SQF），等等。当前，农产品认证由原来的注重最终产品合格普遍转向注重过程管理，产生了生产管理和控制体系及相应的体系认证，要求种植、养殖环节规范、安全、可靠，推崇和推行农产品质量安全从"农场到餐桌"全过程控制。企业获得国际通行的农产品认证，能够帮助企业提高农产品生产或者食品加工产业发展水平，能够使产品内在的品质信息外部化，有效传递农产品质量安全信号，提升企业的形象和品牌价值，增强企业的市场竞争力。

国家推进农产品认证，有利于提升农产品质量监督管理水平，降低政府的管理成本；有利于提升农产品质量安全水平，保护消费者利益；有利于帮助企业走出去，参与国际农产品市场竞争。多年来，我国实施了绿色食品、有机农产品、地理标志农产品认证工作，但还存在认证定位不明晰和标准重复、基础研究薄弱，认证管理体制不顺、全过程监管力度不够，认证机构权威性和公信力不高等问题。《规划》指出，完善农产品认证体系和农产品质量安全监管追溯系统，着力提高基层监管能力。2019年，《国务院关于促进乡村产业振兴的指导意见》明确，积极参与国际标准制修订，推进农产品认证结果互认；引导和鼓励农业企业获得国际通行的农产品认证，拓展国际市场。在国际通行的农产品认证方面，国家要加大支持力度。一是要积极支持行业组织、大型农业企业等参与农产品质量相关国际标准制修订。欧美等发达国家制定的农产品认证标准，往往包含着出口的技术性限制措施，如超过必要限度增加农残检测项目、提高农残限量标准等，给企业增加了申请认证难度，导致企业为达标而花费过高的技术改造和产品研发等费用。所以，我国政府要支持行业组织、大型农业企业等积极在制定产品标准、弥合国际国内市场、加强行业自律、维护企业利益等方面提出主张与规范。二是引导和鼓励农业企业获得国际通行的农产品认证。主要是强化企业申请认证的咨询服务和政策支持。三是完善我国农产品认证体系。建立绿色农产品市场准入标准和行业标准，完善农产品质量安全认证机构对监管和认证过程的管控，强化认证规范管理，提升认证工作质量水平，增强相关认证在国际市场的公信力、权威性和认可度。

（五）发展乡村产业应当合法合规

本法第十九条第二款对乡村产业发展提出了约束性的要求，即发展乡村产业应当符合国土空间规划和产业政策、环境保护的要求。

一是乡村产业发展要符合国土空间规划。国土空间规划是对一定区域的国土空间开发保护在空间和时间上作出的安排，统筹安排生态、农业、城镇等功能空间，优化国土空间结构和布局，提升国土空间开发、保护的质量和效率。国土空间规划包括总体规划、详细规划和相关专项规划。国家、省、市、县编制国土空间总体规划，各地结合实际编制乡镇国土空间规划。相关专项规划是指在特定区域（流域）、特定领域，为体现特定功能，对空间开发保护利用作出的专门安排，是涉及空间利用的专项规划。国土空间总体规划是详细规划的依据、相关专项规划的基础；相关专项规划要相互协同，并与详细规划做好衔接。依法批准的国土空间规划是各类开发、保护、建设活动的基本依据。乡村的产业发展要符合国土空间规划，在特定规划区域发展相应的产业。

二是乡村产业发展要符合产业政策。产业政策是国家制定的，引导国家产业发展方向、引导推动产业结构升级、协调国家产业结构、使国民经济健康可持续发展的政策。产业政策主要通过制定国民经济和社会发展规划、产业结构调整计划、产业扶持计划、财政投融资、货币手段、项目审批来实现。国家根据经济社会发展状况，可以制定重点发展、限制发展、停止发展等产业政策。乡村产业发展必须遵守国家的产业政策，不得违法发展国家限制发展的产业，不得发展国家禁止发展的产业。

三是乡村产业发展要符合环境保护要求。乡村产业发展必须遵守环境保护法律法规，不得违法排放污染物，要注重发展循环经济、绿色产业，要注重节能减排。

第三节 保障粮食和重要农产品供给

【法律原文】

第十三条 国家采取措施优化农业生产力布局，推进农业结构调整，发展优势特色产业，保障粮食和重要农产品有效供给和质量安全，推动品种培优、品质提升、品牌打造和标准化生产，推动农业对外开放，提高农业质量、效益和竞争力。

国家实行重要农产品保障战略，分品种明确保障目标，构建科学合理、安全高效的重要农产品供给保障体系。

一、法律主旨

本部分是关于优化农业生产力布局，发展好农业产业的规定，突出了农业发展应当突出保障粮食和重要农产品供给。

二、立法背景

我国高度重视国土空间规划和优势农产品区域发展规划，推进农业供给侧结构性改革，优化农业生产力布局。2010年国务院印发了《全国主体功能区规划》，提出了"七区二十三带"农业战略格局，其中"七区"是指东北平原等七个农产品主产区，"二十三带"是指"七区"中以水稻、小麦等农产品生产为主的二十三个产业带。2012年，国务院印发《全国现代农业发展规划（2011—2015年）》，综合考虑各地自然资源条件、经济社会发展水平和农业发展基础等因素，对各区域农业发展布局提出要求。2003年、2008年，国务院接续制定了优势农产品区域布局规划，对水稻、小麦、玉米、大豆、棉花、油菜、甘蔗、苹果、柑橘、生猪、奶牛、肉牛、肉羊、出口水产品、马铃薯、天然橡胶16个农产品确定优势区域，促进了我国优势农产品空间布局、品种结构、品质结构不断优化，强化了资源合理利用，明显提升了优势区域的规模化、专业化、市场化和产业化水平。2006年、2013年，农业部分别制定特色农产品区域布局规划，重点发展10类144种特色农产品，规划了一批特色农产品的优势区，并细化到县，促进了各地特色农产品相关科技成果的应用和开发，建成了一批现代农业产业基地强县，优势产业带（区）规模化、专业化、市场化水平显著提升，对周边地区的辐射和带动能力明显增强。2017年，国务院发布《关于建立粮食生产功能区和重要农产品生产保护区的指导意见》，对粮食和重要农产品生产作出区域布局。

2018年，中共中央、国务院印发《乡村振兴战略规划（2018—2022年）》，明确提出几项规范和要求。一是乡村生产空间是以提供农产品为主体功能的国土空间，兼具生态功能。二是围绕保障国家粮食安全和重要农产品供给，充分发挥各地比较优势，重点建设以"七区二十三带"为主体的农产品主产区。三是落实农业功能区制度，科学合理划定粮食生产功能区、重要农产品生产保护区和特色农产品优势区，合理划定养殖业适养、限养、禁养区域，严格保护农业生产空间。四是适应农村现代产业发展需要，科学划分乡村经济发展片区，统筹推进农业产业园、科技园、创业园等各类园区建设。

本法总则第三条规定的乡村的特有功能之一就是保障农产品供给和粮食安全，第八条明确了国家实施以我为主、立足国内、确保产能、适度进口、科技支撑的粮食安全战略，确保谷物基本自给、口粮绝对安全。在乡村振兴和实现农业农村现代化进程中，保障粮食和重要农产品供给是乡村必须承担好的最重要功能之一，是乡村振兴必须完成的任务。本章第十三条从产业发展角度，进一步细化了保障粮食和重要农产品供给安全的有关规定。

三、法律解读

（一）优化农业生产力布局，发展优势特色产业

农业是依赖于土地、水源、气候条件等自然资源条件的产业，不同区域适合不同的农业产业发展。优化农业生产力布局是走中国特色农业现代化道路的必然要求，区域化布局是现代农业的基本特征之一。

优化农业区域布局，实行相对集中连片的规模化生产、专业化经营和市场化运作，能够强化产前、产中、产后各环节的社会化服务，提升生产的组织化水平，促进产业链条延伸，有利于形成小农户大基地、小规模大区域的发展格局，实现小生产与大市场有效对接。优化农业生产力布局是优化资源配置、保障农产品基本供给的现实需要。在最适宜的地区生产最适宜的农产品，合理安排种养业制度，配套推广应用先进适用技术，有利于充分挖掘资源、品种、技术和现代物质装备的增产潜能，提高农业资源利用率、土地产出率和劳动生产率，增强主要农产品基本供给能力。

优化农业生产力布局是发挥比较优势、增强农产品竞争力的客观要求。从国际上看，我国农业与国际市场的联系越来越紧密。从国内看，人们对农产品质量的要求越来越高。依托各地的农产品区域优势，建设高产、优质、高效、生态、安全的现代农业生产基地和示范基地，实现规模化、专业化、标准化生产，降低生产成本，提高产品质量和档次，能够增强我国农产品整体竞争力。

优化农业生产力布局是促进农民持续增收、夯实主产区新农村建设产业基础的有效手段。在农业主产区培育具有较强竞争力的主导产业，扩大市场份额，能够提升产业发展的综合效益。农业综合生产能力的提高，必将带动农产品加工、储藏、运输、营销等相关产业的发展，延长优势农产品的产业链条，提高农产品附加值。区域主导产业的发展，有利于促进农业增效、农民增收的良性互动。

（二）切实保障粮食和重要农产品供给

抓好粮食和重要农产品供给安全，切实稳住农业基本盘、守好三农基础，事关经济社会发展大局。要确保中国人的饭碗任何时候都要牢牢端在自己手上，饭碗应该主要装中国粮；要保中华民族的"铁饭碗"。所以，我国坚持立足国内保证自给的方针，牢牢把握国家粮食安全主动权。特别是我国作为人口大国，粮食及重要农产品需求仍将刚性增长，保障国家粮食安全始终是头等大事。乡村振兴工作中，要通过产业发展，使得国家粮食安全保障水平进一步提高。我国粮食连年丰产，连续多年年产量在 1.3 万亿斤以上，肉、蛋、菜、果、鱼、茶等产量稳居世界第一，粮食和重要农产品供给是有保障的。但是要看到，当前外部风险挑战和不确定性明显增多，在粮食安全问题上万不可以掉以轻心。优化农业生产力布局，必须将保障粮食和重要农产品供给放在最重要位置，在生产必需的土地、水等资源上予以重点保障，在政策导向上重点予以倾斜。

保障粮食和重要农产品供给，必须完善相关制度体系。要分品种明确保障目标，构建科学合理、安全高效的重要农产品供给保障体系。2017 年国务院发布的《关于建立粮食生产功能区和重要农产品生产保护区的指导意见》，提出了建立"两区"的指导思想、基本原则、主要目标，科学确定划定标准，以县为基础精准落地，强化"两区"综合生产能力建设，切实强化"两区"监管，为分品种保障农产品供给提供了依据。主要内容是：划定水稻、小麦、玉米等粮食生产功能区和大豆、棉花、油菜籽、糖料蔗、天然橡胶等重要农产品生产保护区；落实到田头地块，建档立卡、上图入库，实现信息化和精准化管理；强化综合生产能力建设，发展适度规模经营，提高农业社会化服务水平，形成布局合理、数量充足、设施完善、产能提升、管护到位、生产现代化的"两区"；按照"谁使用、谁受益、谁管护"的原则，落实生产经营主体的农业基础设施管护责任，强化"两区"划定、建设和管护工作的监督检查。

（三）提高农业质量、效益和竞争力

提高农业质量、效益和竞争力是农业现代化的必然要求。要通过多种途径，提高农业质量、效益和竞争力。一是品种培优、品质提升。要形成具有特色和高附加值的特色农产品、畜禽产品、林产品，加大推陈出新的力度，从而摆脱农业供给品质过于低端的局面，实现向中高端的飞跃式发展。以乡镇、村组为单位，形成优势农产品产业集群，汇聚优质的农产品，提高市场竞争力。二是品牌打造。要塑造农产品品牌，将农产品的品质优势转化为价格优势，获得更好的经济效益。三是标准化生产。农业标准化，就是通过制定和实施农业产前、产中、产后各个环节的工艺流程和衡量标准，使生产过程规范化、系统化，从而提高农业新技术的可操作性，将先进的科研成果尽快转化成现实生产力，取得经济、社会和生态的最佳效益。其核心内容是建立一整套质量标准和操作规程，建立监督检测体系，建立市场准入制度，使农产品有标生产、有标上市、有标流通。推进农业产前、产中、产后各环节的标准化，有利于科学管理、降低成本，加强农产品质量安全管理，助力创建品牌和提升品牌价值，提高农产品的市场竞争力，提高农业质量效益。

第四节　加强农用地管理

【法律原文】

第十四条　国家建立农用地分类管理制度，严格保护耕地，严格控制农用地转为建设用地，严格控制耕地转为林地、园地等其他类型农用地。省、自治区、直辖市人民政府应当采取措施确保耕地总量不减少、质量有提高。

国家实行永久基本农田保护制度，建设粮食生产功能区、重要农产品生产保护区，建设并保护高标准农田。

地方各级人民政府应当推进农村土地整理和农用地科学安全利用，加强农田水利等基础设施建设，改善农业生产条件。

一、法律主旨

本部分是关于农用地管理的规定。

二、立法背景

我国实行土地用途管理制度。按照《土地管理法》的规定，国家编制土地利用总体规划，规定土地用途，将土地分为农用地、建设用地和未利用地。农用地是指直接用于农业生产的土地，包括耕地、林地、草地、农田水利用地、养殖水面等；建设用地是指建造建筑物、构筑物的土地，包括城乡住宅和公共设施用地、工矿用地、交通水利设施用地、旅游用地、军事设施用地等；未利用地是指农用地和建设用地以外的土地。国家对不同类型的土地分别确立了不同的管理制度，严格限制农用地转为建设用地，对耕地实行特殊保护，对基本农田实行更为严格的特殊保护。

我国实施"藏粮于地、藏粮于技"战略，耕地是保障粮食安全的最基本生产要素。农用地管理相关制度的基本要义是注重保护农用地、保护耕地。

三、法律解读

（一）严格实行农用地分类管理制度

严格限制农用地转为建设用地。建设占用土地，涉及农用地转为建设用地的，应当办理农用地转用审批手续。在土地利用总体规划确定的城市和村庄、集镇建设用地规模范围内，为实施该规划而将一般农用地转为建设用地的，由原批准土地利用总体规划的机关或者其授权的机关批准；在已批准的农用地转用范围内，具体建设项目用地可以由市、县人民政府批准。在土地利用总体规划确定的城市和村庄、集镇建设用地规模范围外，将一般农用地转为建设用地的，由国务院或者国务院授权的省（自治区、直辖市）人民政府批准。

国家确立了耕地、林地、草地等不同类型农用地的管理制度。除土地管理法外，森林法确立了林地管理制度，草原法确立了草地管理制度，渔业法规定了养殖水面管理有关制度，畜牧法对畜禽养殖用地作出了规定。永久基本农田属于优质耕地，国家规定了比一般耕地更为严格的保护制度，土地管理法和基本农田保护条例都对基本农田相关制度作出了规定。国务院行政法规《农田水利条例》规定了农田水利用地的有关制度。农村土地承包法对各类农用地的承包经营制度作出了规定，等等。

本法在已有相关法律规定的基础上，对土地制度作出了一些新的规定。第三十八条规定，县级以上地方人民政府应当加强农村住房建设管理和服务，强化新建农村住房规划管控，严格禁止违法占用耕地建房。第四十条规定，国家实行耕地养护、修复、休耕和草原森林河流湖泊休养生息制度。

（二）国家实施"藏粮于地"战略，严格保护耕地

国家对耕地实行特殊保护，对于耕地中的永久基本农田实行更为严格的特殊保护。

一是严格耕地保护责任。省（自治区、直辖市）人民政府应当采取措施，确保本行政区域内耕地总量不减少、质量有提高。

需要注意的是，本法明确提出了省（自治区、直辖市）人民政府应当采取措施确保耕地质量有提高。与以前"耕地质量不降低"的规

定相比，对耕地质量的要求更加严格了。

二是严格控制耕地转为非耕地。转为建设用地的，要严格办理转用手续。非农业建设必须节约使用土地，可以利用荒地的，不得占用耕地；可以利用劣地的，不得占用好地。禁止占用耕地建窑、建坟或者擅自在耕地上建房、挖砂、采石、采矿、取土等。国家实行占用耕地补偿制度。非农业建设占用耕地的，必须开垦与所占用耕地的数量和质量相当的耕地；没有条件开垦或者开垦的耕地不符合要求的，应当按照规定缴纳耕地开垦费，专款用于开垦新的耕地。

需要注意的是，本法进一步强化耕地保护，规定严格控制耕地转为林地、园地。按照以前相关法律规定，不得占用永久基本农田发展林果业和挖塘养鱼，对一般耕地没有特别要求。本法对一般耕地转为林地、园地加以严格控制，对耕地的保护更加严格了。

三是实行永久基本农田保护制度。国家将粮棉油糖等重要农产品生产基地内的耕地、有良好的水利与水土保持设施的耕地、正在实施改造计划以及可以改造的中低产田和已建成的高标准农田、蔬菜生产基地、农业科研与教学试验田等优质耕地划为永久基本农田。永久基本农田经依法划定后，除非国家重点建设项目难以避让并经依法批准的情况，任何单位和个人不得擅自占用或者改变其用途。农村村民建住宅，不得占用永久基本农田。永久基本农田转为建设用地的，需由国务院批准。禁止占用永久基本农田发展林果业和挖塘养鱼。国家建设粮食生产功能区、重要农产品生产保护区。"两区"范围内的耕地，应当划定为永久基本农田。

国家建设并保护高标准农田。通过多种举措、综合治理，建设土地平整肥沃、水利设施配套、田间道路畅通、林网建设适宜、农艺农机技术先进适用的农田，巩固和提高耕地的粮食生产能力，从而保障国家粮食安全。农田基础建设的主要措施有：一是整治田块，提高农田平整度，促进田块集中，优化农田结构布局；二是改良土壤，提升土壤有机质含量，促进土壤养分平衡，改善耕作层土壤理化性状；三是建设灌排设施，改善农田灌排和集蓄水条件，提高水资源利用效率，增强旱涝保收能力；四是整修田间道路，提高田间交通配套水平，提高农业机械作业覆盖率；五是完善农田防护林网，提高农田水土保持能力和防灾减灾能力，改善农田生态条件；六是配套农田输配电设施，提高用电质量和安全水平，增强农业生产电力保障能力；七是加强农业科技服务，健全农田监测网络，提高农业科技服务能力；八是强化后续管护，明确管护责任、完善管护机制、健全管护措施、落实管护资金，确保工程长久发挥效益。建成的高标准农田要纳入永久基本农田予以保护。按照《规划》，到 2022 年我国要建成 10 亿亩高标准农田。

四是通过合理利用和建设，改善农业生产条件。主要包括以下措施：第一，推进农村土地整理。土地开发整理的主要任务是，对农村地区田、水、路、林、村进行综合整治；对挖损、塌陷、压占、污染破坏的土地和洪灾、滑坡崩塌、泥石流、风沙等自然灾害损毁的土地进行复垦；对滩涂、盐碱地、荒草地、裸土地等未利用的宜农土地进行开发利用。具体措施有：平整土地、归并零散地块、修筑梯田；建设道路、机井、沟渠、护坡、防护林等农田和农业配套工程；治理沙化地、盐碱地、污染土地，改良土壤，恢复植被；界定土地权属、地类、面积，进行土地变更调查和登记等。通过土地开发整理，可以增加农用地尤其是耕地面积，提高土地质量，促进土地集约利用，保护和建设生态环境。第二，遵循科学规律和自然规律。对农用地进行科学利用，利用与保护相结合，促进经济效益与生态效益的统一，短期生产发展目标与长期可持续发展目标兼顾。第三，推进农用地的安全利用。采取安全利用类措施，有效控制农用地的环境风险，不断改善农用地环境质量，保障农产品质量安全、生态安全和公共安全等。第四，加强农田水利等基础设施建设。通过兴修各种农田水利工程设施和采取其他各种措施，调节和改良农田水分状况和地区水利情况，达到能够灌溉、排水、除涝和防治盐、渍灾害等，增强农田抵御洪涝灾害、干旱灾害的能力。

第五节　打好种业翻身仗

【法律原文】

第十五条　国家加强农业种质资源保护利用和种质资源库建设，支持育种基础性、前沿性和应用技术研究，实施农作物和畜禽等良种培育、育种关键技术攻关，鼓励种业科技成果转化和优良品种推广，建立并实施种业国家安全审查机制，促进种业高质量发展。

一、法律主旨

本部分是关于发展种业的规定。

二、立法背景

国以农为本，农以种为先，要保障种源自主可控。农业现代化，种子是基础。种子是农业和林业生产中最核心、最基础、最重要的不可替代的生产资料，是农业和林业科技进步和其他各种生产资料发挥作用的载体。种业作为农业和林业发展的源头，具有鲜明的基础性、战略性特征，已经成为提升我国农业和林业竞争力的关键。

党的十八大以来，以习近平同志为核心的党中央始终高度重视种业发展，多次强调要下决心把民族种业搞上去，抓紧培育具有自主知识产权的优良品种，从源头上保障国家粮食安全。2018年、2019年中央一号文件多次强调，组织实施水稻、小麦、玉米、大豆和畜禽良种联合攻关，加快发展现代农作物、畜禽、水产、林木种业，加快选育和推广优质草种，提升自主创新能力。2019 年，《国务院办公厅关于加强农业种质资源保护与利用的意见》，对进一步加强农业种质资源保护与利用工作作出了部署。2020 年中央经济工作会议提出将解决好种子和耕地问题作为今年重点任务，立志打一场种业翻身仗，要大力推动自主创新、保护知识产权。2021 年中央一号文件《关于全面推进乡村振兴加快农业农村现代化的意见》专门就打好种业翻身仗提出要求，对种子科研作出部署。

种子法加强农作物和林木种子管理，保护和合理利用种质资源，规范品种选育和种子生产、经营、使用行为。畜牧法加强种畜禽管理，保护和合理利用种畜禽资源，规范种畜禽品种选育与生产经营。渔业法规范水产种质资源的保护和利用。野生动物保护法规范野生动物资源的保护和利用。

三、法律解读

（一）加强农业种质资源保护利用和种质资源库建设

种质资源是育种的物质基础，是国家的重要战略资源。由于种质资源具有丰富的遗传多样性，蕴藏着各种潜在的可利用基因，不仅可以直接用于农业、林业生产，还可以为优良品种选育和开展生物技术研究提供基因来源，因此对未来农林牧渔发展具有决定性意义。同时，种质资源在解释生物遗传基础、揭示生物起源和保持生物多样性方面也具有不可或缺的作用。物种的遗传多样性与其生存能力成正比，种质资源的丢失，特别是一些稀有、珍贵种质资源的丢失，将给农产品生产带来不可弥补的损失，甚至影响整个生态系统的稳定与安全。因此，世界各国普遍将种质资源定位为国家战略资源，加大保护力度。

种质资源的普查、收集、整理、鉴定、登记、保存、交流等，是加强种质资源保护的手段。应开展各类农业种质资源的全面普查、系统调查与收集，查清农业种质资源家底，加大珍稀、濒危、特有资源与特色地方品种收集力度，实现应保尽保，确保资源不丧失。国家对种质资源保护实行国家和省级两级管理，建立国家统筹、分级负责、有机衔接的保护机制。农业农村部和省级农业农村部门分别确定国家和省级农业种质资源保护单位，并相应组织开展农业种质资源登记，实行统一身份信息管理。鼓励支持企业、科研院所、高等院校、社会组织和个人等登记其保存的农业种质资源。

建立种质资源库、种质资源保护区或者种质资源保护地。一方面要强化对天然种质资源的保护，即原生境保护，另一方面要通过加大种质资源库、保护区和保护地建设力度，加强非原生境保护。国家应大力推进农作物、林木、畜禽、海洋渔业生物、微生物等各类种质资源库建设。

种质资源保护的目的是利用。有关法律规定，国家建立的种质资源库、种质资源保护区、种质资源保护地的种质资源属于公共资源；国家建立可供利用种质资源目录公布机制，纳入目录的种质资源依法开放使用。种质资源信息的公开，为种质资源的开发利用提供了良好环境。

（二）加强育种科研、良种推广，提升种业竞争力

为建设种业强国，我国必须开展育种科研，加大良种推广力度。

一是支持育种基础性、前沿性和应用技术研究。包括：为商业性育种提供基础创新和服务，重点开展种质资源收集、保护、鉴定、育种材料的改良和创制，开展育种理论方法和技术、分子生物技术、品种测试、试验和种子检验技术等基础性、前沿性研究和应用技术研究；进行对种子企业不愿或者无力从事的常规育种、繁殖材料选育、小品种或者特色品种进行育种；用于生态保护建设、野生动植物种群保护等公益性育种的研究。

二是实施农作物和畜禽良种培育。实施玉米、大豆、水稻、小麦等粮食品种的科研攻关，培养具有高产、优质、抗病、节水、抗旱、适宜机械化和标准化生产等特性的良种，促进粮食产业现代化，保障

国家粮食安全。推进生猪、奶牛、肉牛、肉羊、肉鸡等主要畜禽品种研究，实施主要畜种遗传改良计划，加强核心育种场、良种扩繁基地遴选和管理。加大特色种质资源深度挖掘和地方品种筛选测试力度，加快提升特色作物种业、地方畜禽品种的发展水平，服务乡村特色产业发展，满足人民群众多样化的农产品需求。

三是鼓励种业科技成果转化和优良品种推广。要采取多种手段促进种业科技成果转化和优良品种推广。要鼓励育繁推一体化企业开展种质资源收集、鉴定和创制，使企业逐步成为种质创新利用的主体，促进创新与成果应用密切结合。鼓励种子企业与科研院所及高等院校构建技术研发平台，建立以市场为导向、资本为纽带、利益共享、风险共担的产学研相结合的种业技术创新体系。加强育种领域知识产权保护。推进国家种业成果交易平台建设，发挥平台成果公开交易、市场转化和创新引领作用。通过试验、示范等方式，促进优良品种推广。通过申请地理标志、创建品牌等方式，促进良种产生较好经济效益。

（三）实施种业国家安全审查机制

我国《外商投资法》规定，国家建立外商投资安全审查制度，对影响或者可能影响国家安全的外商投资进行安全审查。《生物安全法》规定，国家建立生物安全审查制度，对影响或者可能影响国家安全的生物领域重大事项和活动，由国务院有关部门进行生物安全审查，有效防范和化解生物安全风险。《种子法》规定，国家建立种业国家安全审查机制，境外机构、个人投资、并购境内种子企业，或者与境内科研院所、种子企业开展技术合作，从事品种研发、种子生产经营的审批管理依照有关法律、行政法规的规定执行。向境外提供种质资源、从境外引进种质资源以及国外种子企业进入我国开展种子经营或者研究工作，都应当严格依照法律法规和国家有关规定办理有关手续。建立种业安全审查机制是国际通行做法。种业安全审查机制，能够加强对外国投资者开展合资合作、并购、品种研发等行为的监测、预警等监管工作，防止境内优异种质资源和先进育种技术流失，避免我国种子市场被外资控制，维护种子市场的正常市场竞争秩序，确保国内种业安全、粮食安全、生态安全、生物安全。

第六节　加强农业科技创新

【法律原文】

第十六条　国家采取措施加强农业科技创新，培育创新主体，构建以企业为主体、产学研协同的创新机制，强化高等学校、科研机构、农业企业创新能力，建立创新平台，加强新品种、新技术、新装备、新产品研发，加强农业知识产权保护，推进生物种业、智慧农业、设施农业、农产品加工、绿色农业投入品等领域创新，建设现代农业产业技术体系，推动农业农村创新驱动发展。

国家健全农业科研项目评审、人才评价、成果产权保护制度，保障对农业科技基础性、公益性研究的投入，激发农业科技人员创新积极性。

一、法律主旨

本部分是关于农业科技创新的规定。

二、立法背景

党的十九届五中全会突出强调科技创新，国家"十四五"规划和2035年远景目标纲要把科技创新摆在各项规划任务的首位，充分体现了科技创新在现代化建设全局中的重要地位。中共中央、国务院《关于全面推进乡村振兴加快农业农村现代化的意见》指出，深入开展乡村振兴科技支撑行动。立足新发展阶段，贯彻创新、协调、绿色、开放、共享的新发展理念，应当充分发挥科技创新在三农工作中的支撑引领作用，使其成为推进乡村产业发展、加快农业农村现代化的重要力量。

当前我国已经建立起中央和地方层级架构完整，涵盖科研、教学、推广的农业科技体系。2020 年，我国农业科技进步贡献率超过 60％，全国农作物耕种收综合机械化率超过 70％，主要农作物自主选育品种提高到 95％ 以上。一是原始创新能力不断提升。加大了作物遗传育种、水肥高效利用、重要畜禽水产疫病病毒起源与进化规律等方面的研究力度。掌握转基因生物新品种培育、作物基因编辑育种应用技术，创制了抗白粉病小麦、耐除草剂水稻等育种材料，建立了水稻、小麦等作物的规模化转基因技术体系，转基因抗虫棉实现产业化，水产全基因组选择育种走在国际前列。二是关键技术创新有突破。聚焦节本增效、优质安全、绿色环保等领域，集中力量攻克了大豆高产优质品种、牛奶品质与质量安全、草地贪夜蛾防治、非洲猪瘟防控、农业农村废弃物资源化循环利用等关键核心技术难题。在部分微生物农药、天敌昆虫开发应用中处于国际先进水平。掌握了动物疫病疫苗抗原筛选、反向遗传操作等基因工程技术，在口蹄疫、禽流感疫苗和制备工艺研发方面取得重大进展。在耕种管收全程机械化作业、农产品精深加工等装备和关键技术方面取得重要突破。三是科技创新基础不断夯实。建设了农业学科群重点实验室体系，强化土壤、环境、植保等长期定位观测监测和数据收集分析等基础性长期性工作，为农业科技创新和政策制定提供基础支撑。

我国农业科技创新还存在明显差距。一是农业科技供给不足。在基础性科技工作上，还缺乏对农业生物资源、水土质量、陆地生态功能等情况的系统观测和监测，重要资源底数不清。在核心关键技术创新上，还缺乏节本增效、质量安全、绿色环保等方面的新技术储备。在农业生物技术、工程技术、信息技术等前沿领域，与发达国家还有一定差距。二是农业科技管理机制有待完善。基础研究、应用开发和成果转化的投入结构需要优化，稳定支持与适度竞争的投入机制有待健全。有利于提升产业竞争力的科技成果评价机制、有利于调动科技人员积极性的激励机制还不健全。三是农业科技人才队伍建设与应对国际科技竞争的挑战不相适应。新兴学科人才少，在前沿学科和基础领域具有国际影响力的领军人才还不多。农业实用人才队伍建设滞后。

实现乡村产业振兴，推动农业农村高质量发展，需要将科技创新作为第一动力。要依靠科技创新改造传统产业、创造新兴产业、优化经济结构、保护生态环境，走更高质量、更有效率、更加公平、更可持续、更为安全的高质量发展之路。要强化农业科技创新的支撑作用。切实保障农产品供应链、农业产业链的稳定，实现粮食等重要领域的科技创新自主可控，把发展主动权牢牢掌握在自己手中。

三、法律解读

（一）完善创新机制，培育创新主体

我国农业科技创新的主体有农业科研机构、农业高等院校、农业企业、新型农业经营主体等，形成了多层次、多主体参与的农业科技创新主体。近年来，农业高端人才数量不断增长，培养了一批农业科技杰出人才；农业科研机构改革深入推进，数量精简、人员优化，科研能力得到进一步增强；农业企业作用不断加强，规模以上农副产品加工业企业超过 8 万家，企业研发人员数量不断增加，研发投入逐年提高。

建立以企业为主体、产学研协同的创新机制，是新时代经济现代化的必然要求。党的十九大报告提出，建立以企业为主体、市场为导向、产学研深度融合的技术创新体系。农业企业是农业现代化的直接参与者，以企业为主体创新农业技术引领发展，有助于与农业农村实

际需求紧密结合，能够有效集成资金、人才等各类要素，能够更好建立和完善农业科技创新创业生态系统。相对于单纯的高校或科研院所的农业科技创新，以企业为主体的产学研一体化创新机制，有利于科技成果与产业发展的无缝对接，有利于科技成果转化为现实生产力，这符合经济高质量发展和转型升级的趋势，也是当今世界各国支持科技创新的重要选择。产学研协同创新，强化各类科研主体之间有机的联系、协助和互动，要发挥好各类高校和科研院所的优势，促进科技成果的转化；要发挥企业的主体作用，更加有效地优化创新资源的配置，提升创新体系的整体效益。

创新平台是产学研协同创新的重要载体。要加强信息平台建设，建立产学研对接机制。充分发挥公共服务平台优势，满足企业技术创新需求，向全社会开放大型科技仪器、设备和公共实验室，为各种研发提供设计、检测、测试等专业技术服务。建立科研成果转化平台，健全专业化、市场化技术服务和中介服务体系的建设，搭建科研成果从高校、科研院所到企业的桥梁，实现让科技创新成果从实验室到市场再到现实生产力的快速转化。在产业集聚区建设产学研紧密结合的开放型创新平台。一些现代农业产业园、农业科技园等，集聚了一批现代农业产业经营主体，是对产业创新技术需求最为集中、最为迫切和最为丰富的区域。以产业园区和产业集群高地建设为重点建立创新平台，能够形成科研机构、高校、地方科技机构、创新型企业和新型农业经营主体共同参与的创新载体，将创新要素与产业发展融合，以优势学科支撑区域优势产业发展，打造创新驱动发展的核心示范区、技术成果集成转化的核心引领区。

（二）加强新品种、新技术、新装备、新产品研发

推动将现代生物技术、信息技术、自动化技术、新能源技术、新材料技术等前沿性高新技术应用于农业农村领域，加强新品种、新技术、新装备、新产品的研发。综合应用多种高新技术，推进生物种业、智慧农业、设施农业、农产品加工、绿色农业投入品等领域创

新。通过新农业技术的研究与开发，促进整个农业技术体系的发展，促进农业农村现代化进程。

推进现代种业创新发展，通过杂种优势利用、分子设计育种、高效制繁种等关键技术研究，培育突破性新品种，保障国家种业安全，为国家粮食安全、畜产品供应安全、生态安全等提供可靠保障。推动5G、物联网、大数据技术、云计算、卫星导航技术在农业机械装备中的应用，加快农业机械的自动化、信息化和智能化的发展趋势，提升农业生产经营技术水平，提高农业资源调查与动态监测、生物产量估计、农业灾害预报与灾后评估的效率和水平。应用新技术和新装备，打造智慧农业，优化农业生产经营管理。利用新技术开发有机绿色产品，拓展农产品精深加工产品品种，提升农产品加工水平，延伸农业产业链，提升农业价值链。加快推进智能监测与控制、农业新材料、防治病虫害生物技术等在农业中的应用，提升设施农业水平，构建绿色健康的农业技术运用系统。

（三）加强农业知识产权保护

党的十八大以来，党中央把知识产权保护工作摆在更加突出的位置。习近平总书记强调，全面加强知识产权保护工作，激发创新活力，推动构建新发展格局。党的十八大以来，国家相继出台了《深入实施国家知识产权战略行动计划（2014—2020年）》《国务院关于新形势下加快知识产权强国建设的若干意见》《"十三五"国家知识产权保护和运用规划》等系列决策部署。党的十九大报告指出，强化知识产权创造、保护、运用。党的十九届五中全会指出，加强知识产权保护，大幅提高科技成果转移转化成效。"十四五"规划明确，实施知识产权强国战略，实行严格的知识产权保护制度，完善知识产权相关法律法规，加快新领域新业态知识产权立法。

农业知识产权属于知识产权的一部分。知识产权的范围包括专利、商标、著作权及相关权、集成电路布图设计、地理标志、植物新品种、商业秘密、传统知识、遗传资源以及民间文艺等。我国

《民法典》《专利法》《商标法》《著作权法》《植物新品种保护条例》《农业生物基因工程安全管理实施办法》等一系列知识产权法律法规，为知识产权保护提供了法治保障。农业知识产权，既有各领域都具有的专利权、商标权以及著作权等，也有农业领域独有的植物新品种权等。农业知识产权具有科研成果研发周期较长、使用主体分散且难以控制、价值标准难以确定等特点，尤其需要加强保护。

国家要健全农业科研成果产权保护制度。习近平总书记在《全国加强知识产权保护工作激发创新活力推动构建新发展格局》一文中，从加强知识产权保护工作顶层设计、提高知识产权保护工作法治化水平、强化知识产权全链条保护、深化知识产权保护工作体制机制改革、统筹推进知识产权领域国际合作和竞争、维护知识产权领域国家安全等六个方面强调知识产权保护。要通过完善种子法等法律法规加强植物新品种保护等农业知识产权保护水平。要从审查授权、行政执法、司法保护、仲裁调解、行业自律、公民诚信等环节完善保护体系。要打通知识产权创造、运用、保护、管理、服务全链条，健全知识产权综合管理体制，增强系统保护能力。要形成便民利民的知识产权公共服务体系，通过公共服务平台及时传播知识产权信息，完善知识产权交易服务。要深化知识产权审判领域改革创新，健全知识产权诉讼制度。要健全知识产权评估体系，改进知识产权归属制度，激发科研机构和科研人员创新积极性。改革知识产权归属和权益分配机制，扩大科研机构和高等院校知识产权处置自主权，健全以知识价值为导向的分配政策。探索完善产学研在专利定价、成本分摊、成果分配、产权保护等方面的机制，消除科研创新合作障碍，充分保证各方的合法利益。

（四）健全农业科研项目评审、人才评价制度

2018 年 7 月，中共中央办公厅、国务院办公厅印发《关于深化项目评审、人才评价、机构评估改革的意见》，推进建立和基本形成

适应创新驱动发展要求、符合科技创新规律、突出质量贡献绩效导向的分类评价体系，发挥好评价指挥棒和风向标作用，引导科研人员潜心研究、追求卓越，为提升我国科技创新能力、加快建设创新型国家和世界科技强国提供有力的制度保障。

在优化项目评审方面，主要措施包括：一是完善项目指南编制和发布机制。国家科技计划项目指南编制工作应采取有效方式吸引推动相关部门、行业、地方以及产业界、科技社团、社会公众共同参与，项目指南内容要更好地体现国家意志、反映各方需求。合理设置课题及参加单位数量，确保下设各课题任务紧密关联形成有机整体。自然科学类项目指南应关注重大原创性、颠覆性、交叉学科创新等。根据分类原则明确不同类型项目的组织实施方式，国家科技计划项目一般采取公开竞争的方式择优遴选承担单位。二是保证项目评审公开公平公正。项目评审工作规则应在评审前公布。要推进评审全过程的可申诉、可查询、可追溯。在项目申报和评审中综合考虑负责人和团队实际能力以及项目要求，不把发表论文、获得专利、荣誉性头衔、承担项目、获奖等情况作为限制性条件。三是完善评审专家选取使用。建设集中统一、标准规范、安全可靠、开放共享的国家科技专家库，完善国家科技专家库入库标准和评审专家遴选规范。根据项目类型特点，合理确定评审专家遴选条件和专家组组成原则。四是提高项目评审质量和效率。五是严格项目成果评价验收。项目承担单位对本单位科研成果管理负主体责任，进行真实性审查；行业主管部门对科研成果进行抽查。六是加强国家科技计划绩效评估。通过公开竞争等方式择优委托第三方开展绩效评估，重点评估计划目标完成、管理、产出、效果、影响等绩效。七是落实国家科技奖励改革方案。实行由专家学者、组织机构、相关部门提名的制度，提高奖励工作的公开透明度。

在改进科技人才评价方式方面，主要措施包括：一是统筹科技人才计划。加强部门、地方的协调，建立人才项目申报查重及处理机制，避免多个类似人才项目同时支持同一人才。科学设置科技人才计划，优化人才计划结构。二是科学设立人才评价指标。突出品德、能力、业绩导向，克服唯论文、唯职称、唯学历、唯奖项倾向，推行代表作评价制度，注重标志性成果的质量、贡献、影响。把学科领域活跃度和影响力、重要学术组织或期刊任职情况、研发成果原创性、成果转化效益、科技服务满意度等作为重要评价指标。注重个人评价与团队评价相结合，尊重和认可团队所有参与者的实际贡献。注重发挥同行评议机制在人才评价过程中的作用。探索对特殊人才采取特殊评价标准。三是树立正确的人才评价使用导向。坚持正确价值导向，不把人才荣誉性称号作为承担各类国家科技计划项目、获得国家科技奖励、职称评定、岗位聘用、薪酬待遇确定的限制性条件，使人才称号回归学术性、荣誉性本质，避免与物质利益简单、直接挂钩。四是强化用人单位人才评价主体地位。坚持评用结合，支持用人单位健全科技人才评价组织管理，使人才发展与单位使命更好协调统一。按照深化职称制度改革方向要求，分类完善职称评价标准，支持符合条件的高校、科研院所、医院、大型企业等单位自主开展职称评审。五是加大对优秀人才和团队的稳定支持力度。国家实验室等的全职科研人员及团队不参与申请除国家人才计划之外的竞争性科研经费，由中央财政给予中长期目标导向的持续稳定经费支持。推动中央部委所属高校、科研院所完善基本科研业务费的内部管理机制，切实加强对青年科研人员的倾斜支持。

2018年，中共中央、国务院发布的《关于实施乡村振兴战略的意见》指出，全面建立高等院校、科研院所等事业单位专业技术人员到乡村和企业挂职、兼职和离岗创新创业制度，保障其在职称评定、工资福利、社会保障等方面的权益。这些要求有利于促进农业科技人员服务于乡村振兴。

（五）保障农业科技创新投入

农业具有显著的长周期性，与国家粮食安全、生态安全、人类健康卫生等密切相关。当前我国农业科技投入占农业国内生产总值的比重还比较低。要落实农业农村优先发展要求，建立农业科技更优先发展的投入机制，稳定增加投入数额。重视农业基础性长期性科技研发投入，紧紧围绕世界农业科技前沿，在基因组学、合成生物学、智慧农业、农业物联网、农业废弃物资源化利用等领域突破一批重大基础理论问题，紧紧围绕乡村振兴急需的良种和国家种质资源库建设、动物疫病防控、病虫害防治、生态循环农业、农产品质量安全、农机农艺融合、农业大数据等关键领域，攻克一批关键核心技术与装备。加强农业科研平台设施建设，优先布局建设农业领域的国家实验室等重大科研平台。对从事基础性研究、农业和社会公益研究的科研机构，加大稳定性科技投入比重。坚持以人为本的原则，加大对农业科技人才的工作支持，保障人员和工作经费。

第七节　加强农业技术推广

【法律原文】

第十七条　国家加强农业技术推广体系建设，促进建立有利于农业科技成果转化推广的激励机制和利益分享机制，鼓励企业、高等学校、职业学校、科研机构、科学技术社会团体、农民专业合作社、农业专业化社会化服务组织、农业科技人员等创新推广方式，开展农业技术推广服务。

一、法律主旨

本部分是关于农业技术推广体系建设的规定。

二、立法背景

农业技术创新的成果必须通过农业技术推广才能够应用到农业农村生产生活中。长期以来，我国坚持以农技推广体系改革与建设为重点，加快农业科技成果转化与应用。一是强化基层农业技术推广机构建设。中央财政加大对乡镇农业技术推广机构的支持，推动乡镇农业技术推广机构实行"县管"或"县乡共管、以县为主"。推行农技人员"包村联户"的工作机制和"专家—农技人员—科技示范户"的服务模式，引导科研教学单位到农村建立试验示范基地，开展技术培训和指导服务。推行科技特派员制度，鼓励科技人员到农村创新创业，加快农业科技成果转化与应用。二是加强科技成果转化。建设全国农业科技成果转移服务中心，推动科技成果公开交易。实施农业科技成果转化专项，推广了稻田综合种养、小麦"一喷三防"、玉米深松深翻、奶牛饲料高效利用、深海网箱养殖、油茶丰产栽培等一大批农业新技术、新模式。三是加强高素质农民培育。实施高素质农民培育工程，重点对青年农场主、种养大户、农机手、农民合作社骨干、返乡农民工等进行了培训。

从我国农业技术推广的实际情况来看，还存在一些问题。一是农业技术推广没有落实到田间地头。农业技术推广是一套完整的推广体系，包括技术研发、田间试种、技术下乡、实地指导等，目的是保证技术与品种适应种植地的气候、土壤和环境。当前农技推广"最后一公里"还缺少有效的人力财力支撑，科研成果难以落实到生产实践中。二是基层农业技术推广体系还不完善。在基层机构改革中，农业技术推广机构职能弱化，难以保障农技人员用于技术指导与培训农民的时间和精力。三是农业技术推广人员专业能力不够强。基层农业技术推广人员普遍存在年龄较大、学历不高、缺乏培训等问题，与农业市场化、信息化、规模化发展要求不相适应。加上近年来农村劳动力素质结构性下降、老龄化加快，扎根基层的乡土专家、致富能手缺乏，迫切需要提升农技推广人员的职业素养，采取农民群众喜闻乐见、容易接受的农业技术推广的方式方法，真正让农民掌握实用适用的农业技术。

中共中央、国务院印发的《规划》提出，加快农业科技成果转化应用。1993 年 7 月全国人大常委会通过了《农业技术推广法》，2012 年 8 月进行了修正，为农业技术推广事业提供了法治保障。

三、法律解读

(一) 构建"一主多元"的农业技术推广体系

我国实行"一主多元"的农业技术推广体系，公益性推广与经营性推广分类管理。国家农业技术推广机构重点承担公益性农业技术推广服务；农业科研单位、有关学校发挥人才优势，积极参与农业技术推广并承担部分公益性服务；农民专业合作社、涉农企业、群众性科技组织等结合自身业务特点，开展农业技术推广服务。国家探索公益性和经营性农技推广融合发展机制，强化公益性农技推广机构主责履行力度，推动农业科技社会化服务发展，加快信息化服务手段普及应用，强化农业技术推广服务的公益性、专业化、社会化、市场化属性，为全面推进乡村振兴、加快农业农村现代化提供科技支撑和人才保障。

各级国家农业技术推广机构属于公共服务机构，履行的公益性职责有：各级人民政府确定的关键农业技术的引进、试验、示范；植物病虫害、动物疫病及农业灾害的监测、预报和预防；农产品生产过程中的检验、检测、监测咨询技术服务；农业资源、森林资源、农业生态安全和农业投入品使用的监测服务；水资源管理、防汛抗旱和农田水利建设技术服务；农业公共信息和农业技术宣传教育、培训服务；法律、法规规定的其他职责。

高等学校、职业学校、科研机构、科学技术社会团体等农业科研单位应当加强农业技术推广服务。当前还存在科研机构的创新成果转化率低、创新成果被束之高阁的问题。要加强科研与推广的紧密联系，在科研创新立项时就注意要适应农村经济建设发展的需要，将科技人员从事农业技术推广工作的实绩作为工作考核和职称评定的重要内容，调动科研人员开展科技推广的积极性。

国家鼓励企业、合作社、农业社会化服务组织等开展农业科技推广。在市场经济条件下，农业企业、合作社、农业社会化服务组织等各类经营性单位，可结合生产经营活动，开展种子、化肥、农药等农资供应，发展订单农业、标准化生产，开展农产品市场营销等服务，实现农业科技成果的及时转化应用。

（二）建立农业技术推广的激励机制和利益分享机制

对于国家农业技术推广机构人员，要从考评机制、考评结果运用机制、与绩效挂钩的补贴或者奖惩等方面提升农业科技推广人员工作积极性，提高公益性服务的质量和效果，提高农民的满意度。对于科研人员，国家将经费支持、科技成果转化情况、科研和教学人员参与农业技术推广服务的情况作为工作考核、职称评定的重要依据。完善知识产权保护制度，建立农业科研成果参与利益分享机制，激励科研成果的转化推广应用。对农民专业合作社、涉农企业、农业社会化服务组织等，重点要为其技术推广提供良好政策环境。同时，要鼓励经营性技术推广机构与农民通过订单农业、统购统销、技术入股等多种方式建立利益分享机制，加快新型适用农业技术的推广应用。

第八节　促进农业机械化

【法律原文】

第十八条　国家鼓励农业机械生产研发和推广应用，推进主要农作物生产全程机械化，提高设施农业、林草业、畜牧业、渔业和农产品初加工的装备水平，推动农机农艺融合、机械化信息化融合，促进机械化生产与农田建设相适应、服务模式与农业适度规模经营相适应。

一、法律主旨

本部分是关于促进农业机械生产研发和推广应用的规定。

二、立法背景

农业机械化发展水平是农业现代化的重要标志，是农业综合生产能力的重要体现。农业机械化是指运用先进适用的农业机械装备农业，改善农业生产经营条件，不断提高农业的生产技术水平和经济效益、生态效益的过程。2004 年，十届全国人大常委会第十次会议通过了《农业机械化促进法》，鼓励、扶持农民和农业生产经营组织使用先进适用的农业机械，促进农业机械化，建设现代农业。多年来，各级人民政府坚持政府扶持与市场引导相结合，推动农机装备数量快速增长、农机作业面积不断扩大、农机化水平稳步提升，我国农业生产方式实现了由人力畜力为主向机械作业为主的历史性跨越。2018 年 12 月，国务院发布了《关于加快推进农业机械化和农机装备产业转型升级的指导意见》，提出了到 2020 年和 2025 年的农业机械化目标。2019 年，我国农业机械装备保有量 2.01 亿台套，农机总动力达到 10.3 亿千瓦，总动力比 2004 年增长 60%；全国农作物耕种收综合机械化率达到 70%，比 2004 年提高近 36 个百分点，其中小麦、稻谷、玉米耕种收综合机械化率分别达到 96%、84%、89%，基本实现机械化生产；农作物机耕、机播、机收作业面积达到 48.2 亿亩次，比 2004 年增加 27.4 亿亩次。农业机械化发展有力提高了我国农业生产力水平，促进了城乡一体化发展，推进了中国现代化的进程。但是我国仍然存在农业机械质量不高，适宜的农业机械缺乏，农业机械化率偏低等问题。

三、法律解读

（一）国家鼓励农业机械生产研发和推广应用

县级以上人民政府应当把推进农业机械化纳入国民经济和社会发展计划，采取财政支持和实施国家规定的税收优惠政策以及金融扶持等措施，逐步提高对农业机械化的资金投入，充分发挥市场机制的作用，按照因地制宜、经济有效、保障安全、保护环境的原则，促进农业机械化的发展。

在农业机械生产研发方面，一是政府组织重要农业机械研发。省级以上人民政府及其有关部门组织采取技术攻关、试验、示范等措施，促进基础性、关键性、公益性农业机械科学研究。二是支持科研机构加强农业机械研发。要通过农业机械科研、教学与生产、推广相结合，促进农业机械与农业生产技术的发展要求相适应。三是支持农业机械生产者开发先进适用的农业机械。鼓励其采用先进技术、先进工艺和先进材料，提高农业机械产品的质量和技术水平。支持引进、利用先进的农业机械、关键零配件和技术等。截至 2020 年 6 月，我国建立了农机领域 4 家国家工程技术研究中心、2 家国家重点实验室以及 1 个现代农业装备学科群，在国家重大科技计划中投入 16 亿元实施 59 个农机科研项目，自主研发了 700 多种高性能、智能化农机装备新产品。为了推动产学研推用融合发展，国家成立了国家农机装备产业技术创新战略联盟，制定实施现代农机关键技术产业化实施方案。2019 年国内规模以上农机制造企业 1730 家，主营业务收入2306 亿元。自主品牌国内市场占有率超过 90%。

在农业技术推广方面，国家通过在不同的农业区域建立农业机械化示范基地、发布国家支持推广的先进适用的农业机械产品目录、建立购置农业机械补贴等方式，加快农业机械的推广。截至 2020 年 6 月，全国共创建 453 个农业机械化示范县，围绕粮棉油糖等 9 大作物积极开展全程机械化推进行动。截至 2019 年年底，中央财政累计安排农机购置补贴资金 2392 亿元，支持 3500 多万农户购置机具 4500 多万台套。

（二）以农业机械化促进农业现代化

在农业农村现代化和乡村振兴进程中，农业机械化的推动作用越来越明显，需求越来越迫切，发展环境越来越有利。

要推进主要农作物生产全程机械化。农业机械化要为粮食安全和农产品有效供给提供有力保障。主要农作物耕种收的机械化，有利于提高种植水平、田间管理水平、收获质量和效果，有利于节约种子，有利于颗粒归仓、减少收获环节损失，有利于提高农产品的质量和品质。当前我国水稻、玉米、小麦的机械化水平相对较高，但是马铃薯种植和收获、棉花采摘、油菜种植和收获、花生收获、甘蔗收获、植保、化肥深施等方面的机械化水平还有待提升。

提升设施农业、林草业、畜牧业、渔业和农产品初加工的装备水平。当前水产养殖、畜牧养殖、林业草原、农产品初加工、设施农业等综合机械化率都还不足 40%，一些产业领域和一些生产环节还存在"无机可用""无好机用"的问题，迫切需要通过农业机械研发和推广提升农业机械装备水平。

推动农机农艺融合、机械化信息化融合。在农机农艺融合方面，强调品种、耕作方式、种植制度、养殖方式、加工等必须"宜机化"，应用适宜的农机装备技术推广模式，全程推进、全面发展，构建高效机械化生产体系。在机械化信息化融合方面，要将互联网、物联网、大数据、移动通信、智能控制、卫星定位等信息化技术应用于农机生产、服务与管理，全面提升农机制造、产品、服务、管理质量和水平。

机械化要与农田建设相适应，服务模式要与农业适度规模经营相适应。在机械化生产与农田建设相适应方面，要由传统的"以机适地"转为"以地适机"，制修订"宜机化"农田整治的有关制度、标准、规范和实施细则，明确田间道路、田块长度宽度与平整度等"宜机化"要求，切实改善农机通行和作业条件，提高农机适应性。重点支持丘陵山区农田宜机化改造。在农机服务模式与农业适度规模经营相适应方面，要通过农机社会化服务，既实现零散土地集中式服务的规模经营、带动小农户的发展，也为土地集中式规模经营提供大型高效农机服务。

第九节　促进农业信息化

【法律原文】

第十八条　国家鼓励农业信息化建设，加强农业信息监测预警和综合服务，推进农业生产经营信息化。

一、法律主旨

本部分是关于农业信息化的规定。

二、立法背景

信息化是农业现代化的制高点。我国推进新型工业化、信息化、城镇化、农业现代化同步发展，信息化成为驱动现代化建设的先导力量。当前，以信息技术为代表的新一轮科技革命方兴未艾，以数字化、网络化、智能化为特征的信息化浪潮蓬勃兴起，网络经济空间不断拓展，网络基础设施建设深入推进，信息消费快速增长，信息经济潜力巨大。

《规划》指出，加强农业信息化建设，积极推进信息进村入户，鼓励互联网企业建立产销衔接的农业服务平台，加强农业信息监测预警和发布，提高农业综合信息服务水平；大力发展数字农业，实施智慧农业工程和"互联网＋"现代农业行动，鼓励对农业生产进行数字化改造，加强农业遥感、物联网应用，提高农业精准化水平；发展智慧气象，提升气象为农服务能力。

农业农村现代化，必须促进信息技术与农业农村的渗透融合，充分发挥信息资源的新生产要素作用，加快推进农业生产智能化、经营网络化、管理数据化、服务在线化，全面提高农业农村信息化水平，让广大农民群众在分享信息化发展成果上有更多获得感，为农业现代化取得明显进展和全面建成小康社会提供强大动力。

三、法律解读

（一）加强农业信息监测预警和综合服务

我国已经搭建农产品批发市场价格信息系统、农村供求信息全国联播系统、农产品监测分析系统、农业专家系统、农业决策支持系统等信息化平台，提升了三农信息服务水平。

提高信息服务能力，正确引导市场主体行为，促进经济平稳有序发展。要综合利用现代信息技术、通信技术和现代媒体，构建信息服务平台，提供全面、准确、及时的信息服务，对全国乃至全球农产品市场信息加以分析，服务于农业生产经营者的有关决策，制定强有力的引导支持政策，稳定市场供求关系和农产品价格。

强化农业资源管理，促进农业资源可持续利用。要监测耕地、林地、草地、湿地等不同类型土地的资源状况，确定合理的保护、利用措施。监测农药、化肥、农膜使用情况和土壤污染、水污染等情况，规范和引导农业投入品使用和农产品生产，促进农业高质量发展。对不同农业生产技术带来的环境影响、产出效益进行监测，促进绿色有机农业发展。

加强农业风险分析，提高农业抗风险能力。农业面临自然风险和市场风险。要通过对病虫害、天气状况的监测，及时组织开展防灾减灾工作；通过对国内外农产品市场的分析，预测市场供求关系，及时出台调控措施，避免农产品市场大幅波动。

提高政府服务效率。及时准确发布政策法规、行业动态、农业科教、市场价格、农资监管、质量安全等信息，拓展服务领域和范围。建立完善网上办理行政审批事项、农业农村基本情况数据库、农产品质量安全追溯体系、渔政管理指挥系统和海洋渔船安全通信保障系统等，提升农业农村科学决策水平和行政管理效率，加强农村社会管理，推动政府职能转变。

（二）推进农业生产经营信息化

通过物联网、大数据、空间信息、智能装备等现代信息技术与种植业、畜牧业、渔业、农产品加工业生产过程的全面深度融合和应用，推进农业生产经营的信息化，提升农业生产精准化、智能化水平。

推进农业生产管理过程的信息化。例如通过信息化的装备设施，发展智慧农业，实现农田灌溉、农作物栽培、农业病虫害防治、畜禽饲养等方面的远程监测、科学决策管理、自动控制、精准作业。例如在种植业上，利用土壤含水量测试仪、土壤理化性能在线测试、土壤电导率测量仪、农田小气候观测仪等，实现农田资源环境信息、农田小气候、土壤肥力、含水量、温度、病虫草害等的全面感知；通过对采集信息的处理，实现自动化灌溉和精准施肥等作业；通过对收割机等农机设施进行车辆定位和设备监控，实现收获的智能化、信息化和机械化。畜禽养殖通过信息技术的应用实现精准化生产控制、生产过程可跟踪与产品质量可溯源，提高资源利用效率，提高经济效益。

推进农产品流通过程的信息化。将现代农业信息技术和手段应用到农产品加工、交易、仓储、运输、溯源等过程中，实现农产品网上报价、电子交易、仓储管理、物流配送、产品溯源等，推动网上交易、诚信体系、追溯体系、农产品物流体系的建立和发展，促进农产品小生产与大市场有效衔接，为现代农产品流通提供强有力支撑。及时掌握农产品市场状况，预测中长期供求关系，减少农业生产经营的盲目性。

第十节　促进返乡入乡人员创业创新

【法律原文】

第二十条　各级人民政府应当完善扶持政策，加强指导服务，支持农民、返乡入乡人员在乡村创业创新，促进乡村产业发展和农民就业。

一、法律主旨

本部分是关于促进乡村创业创新的规定。

二、立法背景

改革开放以来，我国工业化、城市化进程不断推进，农村劳动力在二三产业就业、到城镇工作生活，通过努力打拼，开拓了视野、提升了技能，积累了一定的资金和丰富的人力资本。同时，他们与农村仍然有着千丝万缕的联系，不少在农村仍然有房屋、承包土地和亲人熟人，有着为农服务、带动农村发展的情怀。近年来，在实施乡村振兴战略中，不少农民工、大学生等返乡入乡，为农村带来了资金、技术和产业发展经验，成为扎根乡村、创办乡产的创业就业主体，成为乡村产业发展和带动乡亲致富的重要力量。一是返乡入乡创业就业规模扩大。2020年，全国各类返乡入乡创业创新人员达到1010万人，比2019年增加160万人，同比增长19％。形成了农民工、大学生、退役军人、妇女四支创业队伍；1900多万返乡留乡人员实现了就地就近就业。农民工为返乡创业提供了源源不断的动力。二是返乡入乡创业就业联农带农效果明显。2020年，平均每个返乡创业创新项目可吸纳6.3人稳定就业、17.3人灵活就业，并通过采用契约式、分红式、股份式联结方式，把产业增值收益留给农民，实现了"做给农民看、带着农民干、帮着农民赚"。

党中央、国务院高度重视农民、返乡入乡人员创业。《规划》明确要培育壮大创新创业群体，推动农村创新创业群体更加多元，鼓励农民就地创业、返乡创业。人力资源社会保障部、农业农村部等部委以及各地人民政府出台政策措施，支持乡村创业创新。2019年12月，人力资源社会保障部、财政部、农业农村部发布了《关于进一步推动返乡入乡创业工作的意见》，2020年1月，国家发展改革委、教育部等19部委发布《关于推动返乡入乡创业高质量发展的意见》，进一步完善体制机制、创新政策举措、强化服务保障，推动形成部门协同、上下联动、政策协调的工作机制。

三、法律解读

（一）完善扶持和引导政策

农村地区基础设施相对落后，生产经营配套设施还不完善，加上农业的自然灾害和疫病风险，在乡村创业比在城市创业面临更高的成本和更大的风险。同时，返乡入乡创业还面临资金筹集难、服务获得难、人才支撑难、企业用地难、风险应对难等难题。各级人民政府应当完善对返乡入乡的创业扶持和引导政策。

一是给予财政补贴和税费减免等支持政策。创新财政资金支持方式，统筹利用现有资金渠道或有条件的地区因地制宜设立返乡入乡创业资金、充分利用外经贸发展专项资金等，为返乡入乡创业人员和企业提供支持。返乡入乡创业人员可在创业地享受与当地劳动者同等的创业扶持政策。符合条件的，及时落实税费减免、场地安排等政策，并可给予创业补贴；对吸纳就业困难人员、相对贫困人员就业的，按规定给予社会保险补贴；加大对符合条件的返乡入乡创业人员的创业担保贷款贴息支持，落实创业担保贷款奖补政策，合理安排贴息资金。落实房租物业费减免、水电暖费定额补贴等优惠政策。对符合条件的厂房租金、卫生费、管理费等给予一定额度减免。

二是健全用地支持政策，保障返乡入乡创业生产经营空间。优先保障返乡入乡创业用地，在安排年度新增建设用地计划指标和其他建设用地指标时，要加大对返乡入乡创业人员从事新产业新业态发展用地的支持；完善土地利用方式，鼓励农村承包地集中流转，拓展农村宅基地所有权、资格权、使用权"三权分置"改革试点，创办农业休闲观光度假场所和农家乐的，可依法使用集体建设用地；盘活存量土地资源，盘活工厂、公用设施等的闲置房产、空闲土地，依法依规改造后为返乡入乡创业人员提供低成本的生产和办公场地。

三是缓解返乡入乡创业融资难题。加大贷款支持力度，创新金融产品和服务，适当提高对返乡入乡创业企业贷款不良率的容忍度；引导直接融资，切实发挥国家中小企业发展基金、国家新兴产业创业投资引导基金及各地的产业引导基金、创业投资基金等作用，积极利用上市、发行债券等方式拓宽融资渠道；创新担保方式，探索实施信用贷款政策，放宽小微企业创业担保贷款申请条件，鼓励保险公司提供贷款保证保险产品；扩大抵押物范围，探索集体经营性建设用地、宅基地使用权抵押贷款等业务，探索实施利用大型农机具、股权、商标、应收账款等抵（质）押贷款。

（二）加强创业服务

一是深化"放管服"改革，优化返乡入乡创业营商环境。推进简政放权，实施市场准入负面清单制度，简化优化审批手续和流程，清理不合理的审批和许可事项等；优化创业服务，加快推进政务服务"一网通办"，鼓励县级以上地区设立"一站式"综合服务平台；培育中介服务市场，提供管理咨询、创业指导、资源对接、市场开拓等深度服务；构建亲商安商的良好环境，形成引得进、留得住、干得好的发展环境。

二是加强创业培训服务。有培训需求的返乡入乡创业人员全部纳入创业培训范围；根据创业意向、区域经济特色和重点产业需求，提高培训的针对性、实用性和便捷性；按规定落实培训补贴。优化人力资源，增强返乡入乡创业发展动力。强化创业培训，使每位有意愿的创业者都能接受一次创业培训；符合条件的，按规定纳入职业培训补贴范围；大力培养本地人才，坚持需求导向，开展合作订单式培训和职业技能培训；加快职业技能培训平台共建共享；加强人才引进。

三是完善配套设施和服务，强化返乡入乡创业基础支撑。完善信息、交通、寄递、物流等基础设施，健全以县、乡、村三级物流节点为支撑的物流网络体系；搭建创业平台，支持和引导地方建设返乡入乡创业园区（基地）；优化基本公共服务，从城镇落户、优质教育和住房供给、社会保障等方面提供良好环境。

四是强化组织保障，确保返乡入乡创业政策落地见效。各地通过加强组织领导，强化评估考核，做好宣传引导，形成全社会广泛关心、支持和参与返乡入乡创业的良好氛围。

（三）拓宽创新创业就业门路

各级人民政府应当依托本地资源和人才优势，以降低各种生产经营成本为出发点，突出县域特色，发展特色村镇，在中心镇形成相对集中的产业优势项目，在农村发展促进增收和就业的各类项目。

拓宽返乡入乡创业就业门路。要支持返乡入乡人员回归种养业，从事规模种养、特色种养、育苗育种等，也要支持发展农产品初加工、餐饮民宿、特色工艺等；要支持返乡入乡人员领办合办农民合作社，支持其发展家庭农场、家庭工场、乡村车间、小微企业，也要支持其发展农业产业化龙头企业或者中大型企业。要通过积极引导，鼓励返乡入乡创业中运用信息技术，通过开办网店、云视频、直播直销、无接触配送等，推动当地产加销服、农文旅教等领域发展，打造本地"网红产品"，深度推进一二三产业融合带动本地产业发展。

第十一节 促进农民收入稳定增长

【法律原文】

第二十一条 各级人民政府应当建立健全有利于农民收入稳定增长的机制，鼓励支持农民拓宽增收渠道，促进农民增加收入。

国家采取措施支持农村集体经济组织发展，为本集体成员提供生产生活服务，保障成员从集体经营收入中获得收益分配的权利。

国家支持农民专业合作社、家庭农场和涉农企业、电子商务企业、农业专业化社会化服务组织等以多种方式与农民建立紧密型利益联结机制，让农民共享全产业链增值收益。

一、法律主旨

本部分是关于促进农民增加收入的规定。

二、立法背景

党中央、国务院高度重视农民增收，不断强化强农惠农富农政策，培育壮大乡村产业，引导支持农民外出务工，持续深化农村改革，"十三五"期间农民收入持续较快增长，城乡居民收入差距不断缩小。

一是实现了农民收入翻番目标。2019 年农村居民人均可支配收入达到 16021 元，提前 1 年实现比 2010 年翻一番目标。2020 年面对新冠肺炎疫情冲击，各地各部门着力稳就业、促创业、兴产业，农民收入逐季好转，全年实际增长 3.8%，年收入达到 17131 元，较 2015 年增加 5709 元。特别是贫困地区农民收入增长较快，2020 年达到 12588 元，"十三五"期间年均增长 7.87%，高于全国农村平均水平 1.87 个百分点，与其他地区人民一道同步实现小康目标。

二是收入结构更加优化。农民通过家庭经营、外出打工、在乡创业、盘活资源等多种方式增收。从经营收入看，农产品增值空间不断拓展，乡村休闲旅游等新产业新业态蓬勃发展，家庭经营净收入由 2015 年的 4504 元增加到 2020 年的 6077 元。从务工收入看，工资水平不断提高，工资性收入 2020 年达到 6974 元，5 年间增加 2374 元，对农民增收贡献最大，贡献率达到 41.6%。从财产收入看，农村改革红利持续释放，带动财产净收入快速增长，2020 年达到 419 元，比 2015 年增加 66.3%，"十三五"期间年均名义 GDP 增长 10.7%。从转移收入看，强农惠农富农政策不断加强，农村居民医疗、养老保障体系进一步健全，转移性收入占比明显提高，2020 年达到 3661 元，占比达到 21.4%，比 2015 年提高 3.3 个百分点。

三是城乡收入差距逐步缩小。缩小城乡收入差距，是城乡融合发展的核心任务。"十三五"期间农民收入年均实际增长 6%，比城镇居民收入增速高 1.24 个百分点，增速已连续 11 年跑赢城镇居民，城乡居民收入比由 2010 年的 2.99∶1 缩小到 2020 年的 2.56∶1。

实施乡村振兴战略，必须关注农民福祉，确保农民受益。生活富裕是乡村振兴的总要求之一。习近平总书记明确指出，进入新发展阶段，必须更加注重共同富裕问题。增加农民收入，缩小城乡收入差距，是实现全体人民共同富裕的重要内容。

三、法律解读

(一)促进农民增收是乡村振兴的重要目标任务

农民增收是实现农民生活富裕的必然途径。在产业发展中，必须促进农民收入增长，让农民从产业发展中受益。农民收入应当持续保持较高速度的增长，这样才能在建设社会主义现代化国家的进程中确保农民不掉队。

农民增收是城乡融合发展的必然要求。加快形成工农互促、城乡互补、协调发展、共同繁荣的新型工农城乡关系，必须持续增加农民收入特别是缩小城乡居民收入差距。

农民增收是形成国内国际双循环格局的重要环节。构建双循环新发展格局，坚持扩大内需，农村市场具有广阔的潜力。但是需求潜力要成为现实的购买力，必须依靠增加农民收入。

（二）拓宽农民增收渠道

各级人民政府应当鼓励支持农民拓宽增收渠道，千方百计促进农民增收。

要挖掘农业农村内部增收富民潜力。完善政策支持体系，发展富民乡村产业。创新农业产业组织方式，推动种养业向规模化、标准化、品牌化和绿色化方向发展，不断提高质量、效益和竞争力。发展农产品初加工和精深加工，加强农产品物流骨干网络和冷链物流体系建设。推动"互联网＋"现代农业，发展农业新型业态。推动一二三产业融合发展，延长产业链，提升价值链。

促进农村劳动力更高质量更充分就业。要有序引导农村转移劳动力，促进农村劳动力到效率更高的领域和部门就业。通过职业技能培训，拓宽就业创业渠道。统筹城乡产业布局，发展县域经济，扩大农民就近就业。

优化农民财产性收入稳步提升的制度环境。推动资源变资产、资金变股金、农民变股东，赋予农民更多财产权利。健全要素由市场评价贡献、按贡献决定报酬的机制。落实农村土地承包关系稳定并长久不变政策。稳慎推进宅基地制度改革，完善盘活农民闲置宅基地和闲置农房政策。加快建设城乡统一的建设用地市场，建立同权同价、流转顺畅、收益共享的农村集体经营性建设用地入市制度。完善对被征地农民的合理、规范、多元保障机制。

完善农业补贴政策。完善对农民直接补贴政策，健全以税收、社会保障、转移支付等为主要手段的再分配调节机制，加大对农民直接补贴力度。完善重要农产品生产者补贴制度，建立补贴标准动态调整机制。完善农业服务补贴政策，促进农业生产性服务业良性竞争、提质增效。完善农业生态补偿制度，及时调整农业资源休养生息补偿标准。统筹整合涉农资金，探索建立普惠性农民补贴长效机制。

健全城乡统筹的社会保障制度。各项保障措施要更加注重向农村、基层、欠发达地区倾斜，向困难群众倾斜，促进社会公平正义，让发展成果更多更公平地惠及全体人民。健全基本养老保险制度、基本医疗保险制度，推动农民工失业保险扩大覆盖面、提高参保率，完善最低生活保障制度，做好农村社会救助工作，稳步提高保障水平。

（三）发挥集体经济组织在促进农民共同富裕中的作用

深化农村集体产权制度改革，促进农村集体经济组织发展。创新农村集体经济运行机制，确保集体资产保值增值和农民收益，增加农民集体经营性收入。关于这部分内容，本章第一节已经做了介绍。

（四）建立紧密型利益联结机制

党的十八大以来，中央高度关注企农利益联结机制问题。习近平总书记多次要求，要探索一些好办法，建立企业与农牧民利益联结机制，帮助农牧民更多分享产业利润效益，真正同龙头企业等经营主体形成利益共同体。在农业现代化进程中，农业产业组织形式不断创新，农民专业合作社、家庭农场、涉农企业、电子商务企业、农业专业化社会化服务组织等广泛参与农业生产经营，促进了乡村产业发展。同时，要避免大资本大企业侵犯农民利益，支持各类组织与农民建立紧密型利益联结机制，带动小农户的增收，促进农民共同富裕。

本法第二十一条第三款规定，国家支持农民专业合作社、家庭农场和涉农企业、电子商务企业、农业专业化社会化服务组织等以多种方式与农民建立紧密型利益联结机制，让农民共享全产业链增值收益。第二十三条规定，鼓励供销合作社加强与农民利益联结。关于供销合作社的利益联结，后面还要专门介绍。

当前，各类经济组织与农民利益联结的模式一般有以下三种。一是订单模式。如龙头企业与农民签订"农资供应－生产－购销"合同，农户按照企业提供的农业生产资料和生产方案进行农业生产，企业按照合同约定的农产品价格收购，并常伴有二次返利等奖励措施让农民获得产业增值收益，提高农民生产高质量产品的积极性。二是股份合作模式。如农户以土地经营权、农机具等入股龙头企业，或先入股农民合作社，合作社再入股或投资兴建龙头企业，农户以股东身份获得收益。三是服务带动模式。如社会化服务组织向农户提供生产作业服务、技术服务、农资服务等，实现农户增产提质、节本增效和服务组织的轻资产、高回报运行。当前农业生产托管服务，实现了不改变土地承包经营关系下的适度规模经营。四是多层次融合模式。如家庭农场、专业大户、农民专业合作社等主体积极发展农业产业化联合体，并通过与龙头企业对接，带动小农户打通从农业生产向加工、流通、销售、旅游等二三产业环节连接的路径，这种方式可以激发企业、新型农业经营主体和农户的发展潜力，在拓宽农民增收渠道的同时，催生出更多新产业、新业态、新模式。随着经济社会的发展，新的利益联结机制也会不断发展、创新。

第十二节　加强国有农（林、牧、渔）场建设

【法律原文】

第二十二条　各级人民政府应当加强国有农（林、牧、渔）场规划建设，推进国有农（林、牧、渔）场现代农业发展，鼓励国有农（林、牧、渔）场在农业农村现代化建设中发挥示范引领作用。

一、法律主旨

本部分是关于发挥国有农（林、牧、渔）场在乡村产业发展中的作用的规定。

二、立法背景

国有农（林、牧、渔）场是在特定历史条件下为承担国家使命而建立的，是我国以公有制为主体、多种所有制经济共同发展的基本经济制度在农业农村领域的重要体现，是农业农村不断发展取得巨大成就的重要加量，符合我国国情农情和市场经济发展的要求，必须长期坚持并不断完善。经过多年的艰苦创业和不懈建设，经过不断深化改革，国有农（林、牧、渔）场的整体实力显著提升，发挥的功能作用日益突出，成为国家在关键时刻抓得住、用得上的重要力量。

《规划》提出，加强国有农场及林场规划建设；发展壮大农垦国有农业经济，培育一批具有国际竞争力的农垦企业集团。2018年中央一号文件指出，切实发挥农垦在质量兴农中的带动引领作用。2019年中央一号文件指出，深化国有林区林场改革；大力推进农垦垦区集团化、农场企业化改革。

三、法律解读

（一）鼓励国有农（林、牧、渔）场在乡村振兴中发挥重要作用

在未来的乡村振兴中，国有经济坚持国有属性，服务于国家大局，必将在推动农业农村现代化、推动经济社会发展、推进生态文明建设等方面发挥重要作用。

发挥好发展现代农业的先导作用。国有农场、牧场、渔场的生产

经营规模化水平比较高，综合生产能力强，科技成果应用、物质装备条件、农产品质量安全水平、农业对外合作水平等走在全国前列，可以率先实现农业现代化，为农业未来发展方向起到示范和引领作用。同时，国有农场、牧场、渔场在稳定农业基本盘，确保国家粮食安全和重要农产品有效供给，应对日益激烈的国际农业竞争等方面具有独特的优势。国有林场要加强林业基础设施建设，应用先进适用的科技手段，促进生产和经营管理的现代化。以商品林经营管理为主的国有林场要发挥好提供林产品功能，同时也要以可持续发展理念为引领，促进生态文明建设。以公益林经营管理为主的国有林场，要坚持保护优先、保育结合，通过发展森林休闲旅游等，满足人民美好生活的需要。

发挥好保障生态安全功能。国有农（林、牧、渔）场要贯彻落实新发展理念，兼顾经济效益、社会效益和生态效益，着力促进绿色发展。国有农场、牧场、渔场主要提供农产品，要注重采用绿色环保技术，确保农产品质量安全；要处理好保护与发展的关系，发展不能超过环境资源的承载力，要促进可持续发展；要注意保护生态环境，防治农业面源污染。国有林场主要发挥生态功能，是我国生态修复和建设的重要力量。国有林场要坚持生态优先、保护优先、保育结合、可持续发展的原则，顺应自然规律，保护、培育和合理利用森林资源，加快国土绿化，培育稳定、健康、优质、高效的森林生态系统。

发挥好安边固疆的稳定器作用。一些国有农（林、牧、渔）场位于边境地区，通过发展生产巩固了边疆，维护了边疆和谐稳定。在未来长时期内，国有农（林、牧、渔）场还将发挥在国家全局中的战略作用，通过不断发展壮大，为边疆稳定作出新的贡献。

（二）对国有农（林、牧、渔）场要加强规划建设，推进现代农业发展

规划是对未来经济社会各领域的整体性、长期性、基本性问题的总体框架和整套的设计方案。我国历来重视发挥规划作用，每五年制定国民经济和社会发展规划，还有乡村振兴规划、林业发展规划、水土保持规划等涉及农业农村的专项规划。这些规划都要充分考虑国有农（林、牧、渔）场发展和发挥功能的要求。各级人民政府也应当加强对国有农（林、牧、渔）场自身改革发展的规划，统筹处理好国有经济转型与产业发展的关系，推动现代农林牧渔业发展。

国有农场、牧场、渔场要依靠创新驱动，加快转变发展方式，推进资源资产整合和产业优化升级，建设现代农业的大基地、大企业、大产业，切实发挥在现代农业建设中的骨干引领作用。着力深化市场化改革，推进政企分开、社企分开，明晰国有资产权属关系，确立国有农场、牧场、渔场的市场主体地位，建立健全国有资产监管体制。要构建现代农业经营体系，促进一二三产业融合发展，打造一批具有竞争力的现代农业企业集团，建设一批可靠的粮食、棉花、糖料、天然橡胶、牛奶、肉类、种子、油料等重要农产品生产加工基地，形成完善的现代农业产业体系。

国有林场是以保护和培育森林资源为任务的公益性事业单位或企业。党的十八大以来，我国按照政事分开、事企分开的原则深化国有林场改革，分为两类：主要承担保护和培育森林资源等生态公益服务职责的，按从事公益服务事业单位管理；主要从事市场化经营的，要推进转企改制或者剥离企业经营性业务，实行企业化管理。国有林场的功能定位是保护培育森林资源、维护国家生态安全，主要职责是通过依法依规对其范围内的森林等自然资产资源进行经营管理，切实保护和培育好森林资源，发挥国有林场保护生物多样性和维护生态安全的功能。在发挥好维护国家生态安全功能的同时，国有林场依据法律法规和国家有关规定可以合理开发利用森林资源，例如发展观光和生态体验等为主的森林旅游、提供林业产品等。随着社会经济的发展和科技进步，国有林场要逐步向绿色林场、科技林场、文化林场、智慧林场的方向发展。

第十三节　深化供销合作社改革

【法律原文】

第二十三条　各级人民政府应当深化供销合作社综合改革，鼓励供销合作社加强与农民利益联结，完善市场运作机制，强化为农服务功能，发挥其为农服务综合性合作经济组织的作用。

一、法律主旨

本部分是关于发挥供销合作社在乡村产业发展中作用的规定。

二、立法背景

中华人民共和国成立初期，我国成立了中华全国合作社联合总社，统一领导和管理全国的供销、消费、信用、生产、渔业和手工业合作社。从中华人民共和国成立到1957年，供销合作社在全国得到迅速发展，形成了一个上下连接、纵横交错的全国性流通网络，不仅成为满足农民生产生活需要、组织农村商品流通的主渠道，而且成为联结城乡、联系工农、沟通政府与农民的桥梁和纽带。1958年以后，供销合作社的发展几经曲折。改革开放后，供销合作社逐步恢复了群众性、民主性、灵活性，逐步完善农民入股、内部分配等各项制度。1995年2月，中共中央、国务院发布《关于深化供销合作社改革的决定》，明确了供销合作社的性质、宗旨、地位和作用，并决定恢复成立中华全国供销合作总社。此后，国家先后发布了《国务院关于解决当前供销合作社几个突出问题的通知》《国务院关于加快供销合作社改革发展的若干意见》和《中共中央、国务院关于深化供销合作社综合改革的决定》，不断深化供销合作社改革。近年来，中央一号文件连续对深化供销合作社综合改革、提高为农服务能力作出部署。

截至 2020 年年底，我国有县及县以上供销合作社机关 2789 个，全系统有基层社 37652 个。全系统组织农民兴办的各类专业合作社 192460 个，入社农户 1515.7 万人。其中，农民专业合作社联合社有 9865 个。各类专业合作社中，农产品类 165156 个，农业生产资料类 6327 个，综合服务类 6797 个，其他类 14180 个。在农产品类专业合作社中，棉花专业合作社 1321 个，干鲜果蔬专业合作社 54123 个，粮油作物专业合作社 22888 个，茶叶专业合作社 5531 个，中药材专业合作社 8252 个，水产专业合作社 6034 个，畜禽专业合作社 38525 个，其他 28482 个。全系统共有各类法人企业 22739 个（不含基层社），主要从事农业生产资料、农副产品、日用消费品、再生资源等经营业务，农产品、再生资源等加工业务，以及连锁、配送业务等。

三、法律解读

（一）加强供销合作社与农民的利益联结

坚持合作经济基本属性，是供销合作社改革的基本原则之一。要按照合作制要求，充分尊重农民意愿，推动多种形式的联合与合作，实行民主管理、互助互利。

强化合作社基层社的合作性质带动农民致富。要按照强化合作、农民参与、为农服务的要求，因地制宜推进基层社改造，逐步办成规范的、以农民社员为主体的合作社，实现农民得实惠、基层社得发展的双赢。要强化基层社的合作经济组织属性。一是吸纳农民和各类新型农业经营主体入社。通过劳动合作、资本合作、土地合作等多种途径，采取合作制、股份合作制等多种形式，使得农民和各类新型农业经营主体参与到基层社之中，增强基层社与农民在组织上和经济上的联结。二是按照合作制原则完善治理结构。落实基层社社员代表大会、理事会、监事会制度，强化民主管理、民主监督，提高农民社员在经营管理事务中的参与度和话语权。三是理顺利益分配关系。建立健全按交易额返利和按股分红相结合的分配制度，切实做到农民出资、农民参与、农民受益。

通过领办创办农民专业合作社带动农民致富。通过共同出资、共创品牌、共享利益等方式，创办一批管理民主、制度健全、产权清晰、带动力强的农民专业合作社。在自愿前提下，引导发展农民专业合作社联合社。充分发挥供销合作社综合服务平台作用，带动农民专业合作社围绕当地优势产业开展系列化服务。加强基层社与农村集体经济组织、基层农技推广机构、龙头企业等合作，形成服务农民生产生活的合力。

（二）强化为农服务功能，完善市场运作机制

供销合作社要坚持为农服务的根本宗旨。始终把服务三农作为供销合作社的立身之本、生存之基，把为农服务成效作为衡量工作的首要标准，做到为农、务农、姓农。近年来，供销合作社面向农业现代化、面向农民生产生活，实现了由流通服务向全程农业社会化服务延伸、向全方位城乡社区服务拓展，形成了综合性、规模化、可持续的为农服务体系，在农资供应、农产品流通、农村服务等重点领域和环节为农民提供便利实惠、安全优质的服务。

供销合作社作为特定的市场主体，必须完善组织运行机制，必须顺应市场经济规律，更多地运用经济手段开展经营服务，增强经济实力和市场竞争能力。一是构建联合社主导的行业指导体系。市地级及以上联合社要加强行业管理、政策协调、资产监管、教育培训，贯彻落实好上级社和地方党委、政府的决策部署。县级以上联合社加强对成员社的资产监管。二是构建社有企业支撑的经营服务体系。深化社有企业改革，加快完善现代企业制度，健全法人治理结构，建立与绩效挂钩的激励约束机制，增强社有企业发展活力和为农服务实力。三是理顺联合社与社有企业的关系。联合社要把握好社有企业为农服务

方向，加强社有资产监管，促进社有资产保值增值；社有企业要面向市场自主经营、自负盈亏。四是创新联合社治理结构。按照建设合作经济联合组织的要求，优化各级联合社设置和职能，更好地运用市场经济的手段推进工作，切实履行加强行业指导、落实为农服务职责、承担宏观调控的任务。推进县级联合社民主办社、开放办社，逐步把县级联合社办成基层社共同出资、各类合作经济组织广泛参与、实行民主管理的经济联合组织。

第三章　人才支撑

　　乡村振兴，人才为要。习近平总书记高度重视人才的重要作用，指出发展是第一要务，人才是第一资源，创新是第一动力，要推动人才振兴，把人力资本开发放在首要位置，强化乡村振兴人才支撑，加快培育新型农业经营主体，让愿意留在乡村、建设家乡的人留得安心，让愿意上山下乡、回报乡村的人更有信心，激励各类人才在农村广阔天地大施所能、大展才华、大显身手，打造一支强大的乡村振兴人才队伍，在乡村形成人才、土地、资金、产业汇聚的良性循环。2021年，中共中央办公厅、国务院办公厅印发的《关于加快推进乡村人才振兴的意见》，成为乡村人才振兴中纲领性的指导意见，明确了乡村人才振兴的时间表、路线图；而乡村振兴促进法的出台，进一步为新发展阶段乡村人才振兴提供了法治支撑和保障。

第一节　健全乡村人才工作体制机制

【法律原文】

　　第二十四条　国家健全乡村人才工作体制机制，采取措施鼓励和支持社会各方面提供教育培训、技术支持、创业指导等服务，培养本土人才，引导城市人才下乡，推动专业人才服务乡村，促进农业农村人才队伍建设。

第二十八条　国家鼓励城市人才向乡村流动，建立健全城乡、区域、校地之间人才培养合作与交流机制。

县级以上人民政府应当建立鼓励各类人才参与乡村建设的激励机制，搭建社会工作和乡村建设志愿服务平台，支持和引导各类人才通过多种方式服务乡村振兴。

乡镇人民政府和村民委员会、农村集体经济组织应当为返乡入乡人员和各类人才提供必要的生产生活服务。农村集体经济组织可以根据实际情况提供相关的福利待遇。

一、法律主旨

本部分是明确国家完善乡村人才工作体制机制建设思路的规定。

二、立法背景

实施人才强国战略是党和国家一项重大而紧迫的任务。党的十八大以来，习近平总书记就做好人才工作、实施人才强国战略作出一系列重要论述，体现了党中央对各级各类人才的重视，突出了人才工作在全局中的重要战略地位。党的十九大作出了实施乡村振兴战略的重大决策部署，是决胜全面建成小康社会、全面建设社会主义现代化国家的重大历史任务，是新时代做好三农工作的总抓手。乡村人才是实施乡村振兴战略的主力军，推动实现乡村人才振兴，是确保乡村振兴的关键所在。

近年来，各部门按照中央决策部署，强化分类指导、分层推进和分工协作，高点筹划、高效推进、高标准落实，围绕乡村振兴形势要求，出台支持政策，持续加强对乡村带头人才的培育扶持。截至

2020年年底，全国农村实用人才总量约2254万人，占主体的高素质农民超过1700万人。"十三五"以来，我国累计培育高素质农民达到500万人，直接培训农村实用人才带头人11万人。培养了大批生产经营人才、专业服务人才、乡村治理人才、创业创新人才，把握"引育用留"关键，为推动人才振兴提供保障。

我国不断加强人才队伍培养的投入力度，取得阶段性成果，但总体来看，乡村高素质高层次人才短缺、区域分布不均衡，基础教育和职业教育重视和投入程度不够，人才引育激励不足等问题较为突出，乡村人才总体发展水平与乡村振兴的要求之间还存在较大差距，乡村人才瓶颈成为影响乡村振兴的障碍之一。进入新发展阶段，全面推进乡村振兴、加快农业农村现代化与乡村人才供求间的矛盾或将更加凸显。

三、法律解读

党的十八大以来，中央提出要加快确立人才优先发展战略布局，建立集聚人才体制机制。我国三农工作进入乡村振兴全面推进的新发展阶段，深化人才发展体制机制改革、抓好政策落地、务求实效是保证。要健全乡村人才工作体制机制、大力培养本土人才、引导城市人才下乡、推动专业人才服务乡村，吸引各类人才在乡村振兴中建功立业、抢抓机遇、乘势而上，释放人才红利。

（一）健全本土人才培养机制

坚持多元主体、分工配合，推动政府、培训机构、企业等发挥各自优势，共同参与乡村人才培养，解决制约乡村人才振兴的问题，形成工作合力。支持中央和国家机关有关部门、地方政府、高等学校、职业院校加强合作，按规定为艰苦地区和基层一线"订单式"培养专业人才。推动职业院校（含技工院校）建设涉农专业或开设特色工艺班，与基层行政事业单位、用工企业精准对接，定向培养乡村人才。

充分挖掘各村"土专家""田秀才"，并制订培养计划和帮带措施，推动更多乡村人才脱颖而出。

（二）丰富外部人才引进机制

坚持广招英才、高效用才，坚持培养与引进相结合、引才与引智相结合，拓宽乡村人才来源。强化乡村引才聚才激励，畅通智力、技术、管理"下乡"通道，依托农业龙头企业、重大农业项目建设人才创业平台，支持大学生、退役军人、企业家等到农村干事创业，支持国家工作人员、城市教师、医生、科技人员、文化工作者、法律工作者、社会工作者等专业人才到乡村定期服务、退休返乡参与乡村建设。

（三）优化完善人才保障机制

强化政策保障，使农村集体经营性建设用地和复垦腾退建设用地指标注重支持各类乡村人才发展新产业新业态；推进农村金融产品和服务创新，鼓励证券、保险、担保、基金等金融机构服务乡村振兴，引导工商资本投资乡村事业，带动人才回流乡村。提高乡村人才服务保障能力，完善乡村人才认定标准，做好乡村人才分类统计，建立健全县乡村三级乡村人才管理网络；大力发展乡村人才服务业，引导市场主体为乡村人才提供中介、信息等服务；统筹部署分散在各部门各行业的乡村人才保障工作，形成合力协调推进的工作机制；对长期在基层一线和艰苦边远地区工作的，加大爱岗敬业表现、实际工作业绩及工作年限等评价权重，落实完善工资待遇倾斜政策，激励人才扎根一线建功立业。制定乡村人才专项规划，对标实施乡村振兴战略需要，评估乡村人才供求总量和结构，细分乡村人才供求缺口，探索建立乡村人才信息库和需求目录。

第二节　加强乡村教育人才培育

【法律原文】

第二十五条　各级人民政府应当加强农村教育工作统筹，持续改善农村学校办学条件，支持开展网络远程教育，提高农村基础教育质量，加大乡村教师培养力度，采取公费师范教育等方式吸引高等学校毕业生到乡村任教，对长期在乡村任教的教师在职称评定等方面给予优待，保障和改善乡村教师待遇，提高乡村教师学历水平、整体素质和乡村教育现代化水平。

一、法律主旨

本部分是明确国家强化乡村振兴教育人才支撑的规定。

二、立法背景

乡村教师是工作在乡村或是服务于乡村教育事业发展的教育工作者，既包括乡村本土教师，也包括部分城市教师。党中央、国务院一向重视乡村教师队伍建设，特别是党的十八大以来，培育渠道得到拓展，乡村教师队伍持续壮大；编制配备不断创新，逐步解决结构性缺员问题；交流轮岗持续推进，城镇优秀教师向乡村流动；职称评聘精确倾斜，乡村教师的发展通道拓展，乡村教师队伍建设取得显著成效。

但系统地看，加快推进乡村教师队伍建设仍面临诸多困难与问题。首先是乡村教育功能遭到削弱，人才培养脱离乡土环境。近年来，乡村的教育资源被抽离、教育功能被削弱，乡村人才培养失去乡土环境。其次是教师队伍整体素质不高，外出培训交流机会有限。教师专业发展机构建设薄弱，特别是省级及以下本地培训机构缺乏长期有效的支持，专业人员缺乏、培训经费不足、培训质量不高等问题比较突出。最后是编制配备不够合理，管理体制机制有待理顺。"县管校聘"管理改革难以有效落地，教师招录不能充分体现行业特点，职称评聘分离的历史问题有待进一步解决。

三、法律解读

（一）持续改善农村学校办学条件，支持开展网络远程教育

乡村振兴必先振兴乡村教育，优先发展乡村教育，就要着力补上乡村学前教育短板，统筹规划布局农村基础教育学校，科学推进义务教育公办学校标准化建设，全面改善乡村地区义务教育薄弱学校基本办学条件，加强寄宿制学校建设，提升乡村教育质量，实现县域校际资源均衡配置。同时，用好远程教育手段，利用网络信息技术的优势，让优质教育资源互联互通、协同共享破解教育资源不足、配置不均衡，解决教育起点不公、过程不公和结果不公问题。

（二）加大乡村教师培养力度，吸引高校毕业生等人才

教师是影响学生健康成长、提高教育质量的核心力量，迫切需要打造一支数量充足、素质优良、甘于奉献、扎根乡村的教师队伍，而其关键在于抓好源头培养，引育乡村教师。要通过建立健全高校、地方政府、乡村中小学校共同参与、各负其责、有效衔接、协同育人的乡村教师培养机制，培养本土乡村教师并确保这些教师能融得进、留得下，引导城市教师流动到乡村支教服务。加大公费师范生培养力度，实行定向培养，明确基层服务年限，推动特岗计划与公费师范生培养相结合。

（三）保障和改善乡村教师待遇，激励教师工作积极性

乡村教师为乡村教育事业发展作出了历史性贡献，但也面临"下不去""留不住""教不好"等突出问题。对此，一要抓编制挖潜，解决教师短缺难题。探索通过跨行业跨区域调剂编制以及建立周转编制、附加编制等制度，解决乡村学校特别是小规模学校和寄宿制教师短缺难题；研究实行岗编适度分离，让人才编制在县及以上，工作岗位在乡村。二要抓职业成长，增强教师职业认同。把拓展发展空间、畅通发展通道作为增强乡村教师职业吸引力的主要举措，实现声誉激励需要与能力提高需要双重满足。三要提高工资待遇，保障基本工作生活。继续把教师队伍建设作为教育投入重点予以优先保障，教育投入更多向教师倾斜，不断提高教师待遇。

第三节　加强乡村医疗卫生人才培育

【法律原文】

第二十五条　各级人民政府应当采取措施加强乡村医疗卫生队伍建设，支持县乡村医疗卫生人员参加培训、进修，建立县乡村上下贯通的职业发展机制，对在乡村工作的医疗卫生人员实行优惠待遇，鼓励医学院校毕业生到乡村工作，支持医师到乡村医疗卫生机构执业、开办乡村诊所、普及医疗卫生知识，提高乡村医疗卫生服务能力。

一、法律主旨

本部分是明确国家强化乡村振兴医疗卫生人才支撑的规定。

二、立法背景

乡村医疗卫生人才是工作在乡村或是服务于乡村的医疗卫生工作者，主要包括乡镇卫生院、社区卫生服务中心的各类专业技术人员，以及长期服务乡村的城市医疗卫生工作者。

新一轮医改以来，一系列针对乡村卫生人才培养、引进、运用、激励的政策陆续出台落实，乡村卫生人才的培养力度加强、人才晋升政策向基层卫生人才倾斜、基层编制管理使用政策持续改革放活、县乡一体化的人才下沉机制持续落实，多措并举，扎实推进。

但乡村卫生人才队伍建设仍面临诸多方面的困难与问题。一是以基层岗位胜任力为导向的课程体系改革需进一步深化，基层实践教学基地的标准化、规范化建设力度有待进一步加强，全科医学师资的整体实力与教学水平有待进一步提高。二是乡镇卫生院在编制管理方面仍存在部门协调的体制机制障碍，基层机构人员编制管理仍然滞后。三是基层医疗机构仍然缺乏用人自主权，这也是城乡各级医疗机构普遍存在的问题。

三、法律解读

（一）支持县乡村医疗卫生人员参加培训、进修，建立县乡村上下贯通的职业发展机制

要焕发基层医疗卫生人才队伍的生机和活力，就要让乡村医疗的职业发展活起来。一方面，要优化乡村基层卫生健康人才能力提升培训项目，加强在岗培训和继续教育。另一方面，要强化县域医疗卫生人才一体化配备和管理，在医疗卫生人才配备和使用中坚持"县域一体"。在人才配备上，打破目前按机构、不同机构按床位或人口等不同要素的配备标准；在组织编制和岗位设置上，打破层级和机构界限，在区域医疗卫生人才总量内统一规划和设置。

（二）对在乡村工作的医疗卫生人员实行优惠待遇，鼓励医学院校毕业生到乡村工作

要多措并举保障乡村医疗卫生人才队伍建设，提高基层医疗服务水平。一是推进乡村基层医疗卫生机构公开招聘，艰苦边远地区县级及基层医疗卫生机构可根据情况适当放宽学历、年龄等招聘条件。二是进一步健全政府、高校、用人单位等多方"协同培养、协同就业、协同发展"的协同共育联动机制，畅通全科医学人才到基层就业的渠道。三是坚持系统、综合施策，引导医学专业高校毕业生入乡服务，围绕人才培养开发机制，集成订单定向、规范化培训、在岗培训等措施，提升基层人才能力；围绕人才评价发现机制，集成职称评审、中高级岗位调整等措施，拓展基层人才职业空间；围绕人才流动配置机制，集成编制核定与周转、空编充分使用、招聘自主等措施，合理增加基层医疗卫生机构的编制数量并动态调整，完善基层人才配备。

（三）支持医师到乡村医疗卫生机构执业、开办乡村诊所、普及医疗卫生知识

乡村医疗卫生人才队伍，既要争取增量，又要挖掘存量，要让城市医生更好地为增进人民健康、支持基层医疗卫生服务体系作出新贡献。要鼓励城市医师到乡村基层医疗卫生机构多点执业，开办乡村诊所，普及医疗卫生知识，充实乡村医疗卫生人才队伍，不断提升基层医疗卫生机构卫生健康服务能力。

第四节　加强乡村高素质农民培育

【法律原文】

第二十六条　各级人民政府应当采取措施，加强职业教育和继

续教育，组织开展农业技能培训、返乡创业就业培训和职业技能培训，培养有文化、懂技术、善经营、会管理的高素质农民和农村实用人才、创新创业带头人。

第二十七条　县级以上人民政府及其教育行政部门应当指导、支持高等学校、职业学校设置涉农相关专业，加大农村专业人才培养力度，鼓励高等学校、职业学校毕业生到农村就业创业。

一、法律主旨

本部分是明确国家强化乡村振兴高素质农民队伍支撑的规定。

二、立法背景

大力培育高素质农民是促进乡村人才振兴，破解"谁来种地"困境，保障国家粮食安全和重要农产品有效供给的重要举措。"十三五"以来，高素质农民培育工作持续推进，中央财政累计投入 91.9 亿元，扎实推进分层分类分模块按周期培训，线上线下培训有机融合，提升农民生产经营水平和综合素质。截至 2020 年年底，全国高素质农民规模超过 1700 万，高中以上文化程度者占比达到 35％，成为新型农业经营主体的骨干力量。

高素质农民队伍建设在取得显著成效的同时，也面临一些突出问题。例如，农民教育培训体系有待健全完善，高素质农民培育的针对性、规范性、有效性亟待提高，高水平师资缺乏，实训及创业孵化基地、信息化手段等基础条件薄弱，社会资源广泛参与的机制不活，培育精准程度总体不高，与现代农业建设加快推进、新型农业经营主体蓬勃发展的需要不相适应，高素质农民队伍发展存在基础不牢、人员不稳等问题，农民要成为体面的职业任重道远。

三、法律解读

（一）加强职业教育和继续教育，组织开展农业技能培训、返乡创业就业培训和职业技能培训

推动乡村全面振兴，提高农民技术水平和综合素质至关重要，应探索推进高素质农民培育工程、农村实用人才带头人培训等各类涉农培训与农业职业教育相衔接。在开展农业技术技能培训方面，面向直接从事种植、养殖和农产品加工的农民，围绕地方产业布局、主导产业规划和全产业链需求开展大规模技术技能培训，按照产业周期组织实施，培养一批新型农业经营主体带头人、生产性服务组织带头人，提升产业发展水平和带动能力。在开展返乡创业就业和职业技能方面，通过专题培训、实践锻炼、学习交流等方式，完善乡村企业家培训体系，完善涉农企业人才激励机制，加强对乡村企业家合法权益的保护。

（二）支持高等学校、职业学校设置涉农相关专业，鼓励高等学校、职业学校毕业生到农村就业创业

对于高等农业院校而言，服务乡村振兴战略是时代赋予其的历史使命，要充分发挥自身优势，助力乡村振兴，自觉担负起历史使命与责任。一方面，应推动实施百万乡村振兴带头人学历提升行动，统筹中高等涉农职业院校、农业广播电视学校等资源，突出产业育人导向，大力推行完善农学交替、弹性学制、送教下乡办学模式，为农民量身定制培养方案。发挥高校人才团队和学科综合优势，促进各种先进技术与农业发展的交叉融合，优化交叉融合的创新布局，探索新模式、引领新方向。另一方面，对涉农高校毕业生从政策、资金、项目上给予扶持，完善服务保障机制，引导大批高校毕业生到农村工作，发挥高校毕业生在促进乡村振兴中的作用。

第五节　加强乡村其他人才培育

【法律原文】

　　第二十五条　各级人民政府应当采取措施培育农业科技人才、经营管理人才、法律服务人才、社会工作人才，加强乡村文化人才队伍建设，培育乡村文化骨干力量。

一、法律主旨

本部分是明确国家强化乡村振兴综合人才支撑的规定。

二、立法背景

　　建设产业兴旺、生态宜居、乡风文明、治理有效、生活富裕的中国特色社会主义新时代美丽乡村，关键是要提高广大农民群众的整体素质，为农村科技、经济、治理、文化等各项社会事业发展提供服务、作出贡献。其中，农村科技人才主要包括科技创新人才和科技推广人才。在农村科技创新人才队伍建设上，高端人才引领乡村科技创新的能力不断提升，本地人助力乡村科技创新的本领不断增强，但也面临着人才扎根基层困难、结构失衡、缺乏企业平台等问题。在农村科技推广人才队伍建设上，科技特派员制度不断得到巩固，高校科技服务模式持续完善，但基层科技推广人才素质能力相对较低、专业背景单一是抑制农技推广队伍发展的重要因素。农村经营管理人才主要包括家庭农场经营者、合作社经营管理者、农村创业创新带头人等，是有效衔接小农户与现代农业的重要纽带，是推动乡村产业兴旺的中坚力量。但农村经营管理人才面临培养机制不健全、评价激励不足、生产生活不便等问题，导致服务农民、帮助农民、提高农民、富裕农民等功能作用的发挥受阻。农村法律服务人才主要包括乡镇法律服务所、基层司法局、法律援助机构及调解组织工作人员等。目前，农村法律服务工作者往往没有经过专门系统的学习，缺乏法律专业知识，在处理农村纠纷时不能及时有效提供专业指导，部分农民群众合法权益未能及时有效得到法律保护。农村社会工作人才主要包括农村社区服务人才、农村社会组织人才、农村社会工作专业人才等，主要面临的问题有农村社区服务人才重视不足、社会组织人才队伍薄弱、社会工作专业人才缺少规划等。农村文化人才是实现乡风文明目标的重要力量，当前由于农村文化人才引进、评价、管理、流动和晋升等方面制度不健全、农村文化人才薪资报酬较低、岗位晋升渠道不畅和人才培训机制不健全等问题，制约了农村文化供给服务能力提升。

三、法律解读

（一）加强农村科技人才队伍建设

强化农村科技创新队伍，一方面，要推动国家重大人才工程、人才专项优先支持农业农村领域，推进农业农村科研杰出人才培养，鼓励各地实施农业农村领域"引才计划"，加快培育一批高科技领军人才和团队。另一方面，要依托现代农业产业技术体系、农业科技创新联盟、现代农业产业科技创新中心、农业龙头企业等平台，发现人才、培育人才、凝聚人才。强化农村科技推广队伍，一是应当继续深入推进科技特派员服务乡村，健全"政府派、市场派、社会派"等多元化"选派"制度。二是继续强化高校的科技转化服务水平，鼓励高校设立农技推广及其能力建设项目，鼓励高校把农技推广服务业绩作为其社会服务绩效考核的重要内容。三是推进农村基层农技推广体系改革，全面实施农技推广服务特聘计划，探索公益性和经营性农技推广融合发展机制，允许农技人员通过提供增值服务合理取酬。

（二）加强农村经营管理人才队伍建设

一是健全家庭农场经营者的培训制度，加强指导和服务建设。支持各类教育机构开展分类分层分模块培训，提高针对性。不断丰富培训形式，开展线上线下培训，支持各地依托涉农院校和科研院所、农业龙头企业等，采取田间学校等形式开展培训。二是放活农村合作社的人才利用机制，壮大辅导员队伍规模。大力推行柔性人才利用方式，支持各类专业人才通过项目合作等形式为农民合作社提供智力服务。建立健全省、市、县、乡农民合作社辅导员队伍体系，探索建立辅导员信息档案和聘任制度。

（三）加强农村法律服务人才队伍建设

聚焦服务乡村振兴大局，抓实法律人才的引进、培养和运用三个环节。一是推动更多执法资源下沉一线，实施"人才引进"工程，通过招录、聘用、政府购买服务、发展志愿者队伍等方式，充实乡村公共法律服务人才队伍。二是科学推进法律人才培养，建立"市级—部门—区镇"三级培训体系，创新开展分级分类培训，选树先进典型，发挥示范引领作用，全面推进农村法律人才队伍建设迈上新台阶。三是搭建基层法治服务平台，动员农业综合行政执法人员、公共法律服务人员、法律明白人、农村学法用法示范户、人民调解员、村（社区）法律顾问等积极参与法治乡村建设，让法治助力乡村振兴。

（四）加强农村社会工作人才队伍建设

一是加强农村社区服务人才队伍建设，通过项目奖补、税收减免等方式，引导高校毕业生、退役军人等各类返乡人员领办、参办乡村便民服务机构（企业）或从事乡村便民服务业。二是加强农村社会组织人才队伍建设，加大农村社会组织培育发展力度，支持和鼓励政府面向农村社会组织购买服务，引入社会工作专业人才，吸引人才向农村社会组织流动。三是加强农村社会工作专业人才队伍建设，以推进乡镇社会工作站（室）建设为重点，加强农村社会工作岗位开发和人才使用，规范发展社会工作服务机构和行业组织，加大涉农有关部门购买社会工作服务力度。

（五）加强乡村文化人才队伍建设

加快实施乡村文化人才培养工程，完善文化和旅游、广播电视、网络视听等专业人才扶持政策，培养一批乡村文艺社团、创作团队、文化志愿者、非遗传承人。推动城市文化人才下乡服务，并重点向革命老区、民族地区、边疆地区倾斜。

第四章　文化繁荣

习近平总书记强调，乡村振兴，既要塑形，也要铸魂。做好新时代三农工作，必须坚持物质文明与精神文明一起抓，坚持既要富口袋、也要富脑袋，加快培育文明乡风，保护传承农村优秀传统文化，发展乡村特色文化产业，丰富乡村文化生活，加快以乡村文化振兴助力乡村全面振兴。

第一节　加快培育文明乡风

【法律原文】

第二十九条　各级人民政府应当组织开展新时代文明实践活动，加强农村精神文明建设，不断提高乡村社会文明程度。

第三十条　各级人民政府应当采取措施丰富农民文化体育生活，倡导科学健康的生产生活方式，发挥村规民约积极作用，普及科学知识，推进移风易俗，破除大操大办、铺张浪费等陈规陋习，提倡孝老爱亲、勤俭节约、诚实守信，促进男女平等，创建文明村镇、文明家庭，培育文明乡风、良好家风、淳朴民风，建设文明乡村。

一、法律主旨

本部分对农村思想政治、道德文化、社会文明等建设作出明确要求，提出建设文明乡村的目标任务。

二、立法背景

文明乡风是乡村振兴的重要精神支撑和动力源泉。加快培育文明乡风是加强社会主义核心价值观建设的根本要求，是开展农村移风易俗的迫切要求，是提升乡村社会文明程度的内在要求。2018 年中央一号文件提出，乡村振兴，乡风文明是保障。必须坚持物质文明和精神文明一起抓，提升农民精神风貌，培育文明乡风、良好家风、淳朴民风，不断提高乡村社会文明程度。2019 年中央一号文件提出，加强农村精神文明建设。引导农民践行社会主义核心价值观，巩固党在农村的思想阵地。加强宣传教育，做好农民群众的思想工作，宣传党的路线方针和强农惠农富农政策，引导农民听党话、感党恩、跟党走。开展新时代文明实践中心建设试点，抓好县级融媒体中心建设。2019 年 10 月，中央农村工作领导小组办公室、农业农村部等 11 个部门联合印发的《关于进一步推进移风易俗、建设文明乡风的指导意见》明确提出，应将道德教育作为新时代文明实践中心的重要工作，推进道德宣讲团等队伍阵地建设，不断引导广大农村群众"爱党爱国、向上向善、孝老爱亲、重义守信、勤俭持家"。2020 年中央一号文件提出，教育引导群众革除陈规陋习，弘扬公序良俗，培育文明乡风。

近年来，各地按照中央要求，在培育文明乡风方面进行了有益探索。搭建新时代文明实践平台。2018 年 7 月，中央全面深化改革委员会第三次会议审议通过了《关于建设新时代文明实践中心试点工作的指导意见》，明确指出新时代文明实践中心是推动乡村全面振兴、满足农民精神文化生活新期待的战略之举。巩固农村思想文化阵地。各地结合本地实际，创造性开展"听党话、感党恩、跟党走"宣讲活动，推动宣讲活动往深里走、往实里走、往心里走。倡导文明新风，各地因地制宜推进移风易俗，在破除婚丧嫁娶大操大办、铺张浪费，破除封建迷信和陈规陋习方面取得积极成效。

但同时也要看到，培育文明乡风仍面临一些问题和挑战。比如，一些地方农民组织化程度低，集体意识淡薄；一些地方农村封建迷信活动、非法宗教活动有所抬头，农村思想阵地有待进一步强化；农村"娶不起""死不起"等陈规陋习尚未得到有效遏制，乡村社会文明程度有待提升。乡村振兴促进法在加强农村精神文明建设、推进移风易俗等方面作出了明确规定，为提升乡村社会文明程度提供了法律遵循。

三、法律解读

《乡村振兴促进法》将"加强农村精神文明建设，不断提高乡村社会文明程度"等要求写入法律，并对推进移风易俗、培育文明乡风等方面作出详细规定。

（一）组织开展新时代文明实践活动

组织开展新时代文明实践活动，是培育文明乡风的重大举措，是进一步加强和改进基层思想政治工作的迫切需要，是推动乡村全面振兴、满足农民精神文化生活新期待的战略之举。要深刻认识它的重大意义，准确把握实践要求，推动农村精神文明建设和基层宣传思想工作守正创新、开创新局。

《乡村振兴促进法》明确规定，各级人民政府应当组织开展新时代文明实践活动，加强农村精神文明建设，不断提高乡村社会文明程度。在新的形势下，应在广大农村不断深化开展新时代文明实践活动。充分利用新时代文明实践中心、所、站平台，整合现有基层公共服务阵地资源，打造理论宣讲平台、教育服务平台、文化服务平台，统筹使用、协同运行。搭建学习、教育、宣传载体和平台，积极开展传思想、传道德、传文化等活动。统筹运用现有文化阵地和服务设施，实行线上线下互动呼应，提高村民群众参与度，搭建广大群众

"能参与""广参与""乐参与"的平台，通过丰富多彩的活动提升农民群众文化素养。创新宣传服务，通过村广播、村镇微信群、发放宣传单、绘制文化墙等形式广泛宣传，引导村民广泛参与新时代文明实践活动，推动新时代文明实践融入乡村生活。

（二）深入开展农村移风易俗活动

《乡村振兴促进法》明确规定，推进移风易俗，破除大操大办、铺张浪费等陈规陋习。应大力开展移风易俗、弘扬时代新风行动，破除陈规陋习、传播文明理念、涵育文明乡风。倡导科学文明健康的生活方式，宣传普及工作生活、社会交往、人际关系、公共场所等方面的文明礼仪规范。针对红白喜事大操大办、奢侈浪费、厚葬薄养等不良习气，广泛开展乡风评议，发挥村民议事会、道德评议会、红白理事会、禁毒禁赌协会等群众组织的作用。切实加强无神论宣传教育，引导农村群众自觉抵制腐朽落后文化侵蚀。大力弘扬科学精神，广泛普及科学知识。

（三）有效发挥村规民约重要作用

党中央高度重视发挥村规民约在乡村治理中的重要作用。习近平总书记多次就发挥村规民约作用，教育和引导贫困群众改变陈规陋习、树立文明新风等作出重要指示。《乡村振兴促进法》明确提出，要发挥村规民约积极作用。2018 年 12 月，民政部、中组部、中央文明办、农业农村部等 7 部门联合出台《关于做好村规民约和居民公约工作的指导意见》，明确村规民约的制定或修订工作应遵循坚持党的领导、坚持合法合规、坚持发扬民主、坚持价值引领、坚持因地制宜等五个原则；提出规范日常行为、维护公共秩序、保障群众权益、调解群众纠纷、引导民风民俗等重点内容；回应社会关切，提出要针对当前一些地方存在的滥办酒席，天价彩礼，薄养厚葬，攀比炫富，铺张浪费，"等靠要"懒汉行为，家庭暴力，拒绝赡养老人，侵犯妇女特别是出嫁、离婚、丧偶女性合法权益，涉黑涉恶，"黄赌毒"等突出问题进行抵制和约束。引导和鼓励村民委员会和其他村民自治组织依据村规民约出台具体约束性措施，对红白喜事大操大办、不赡养老人等进行治理，通过教育、规劝、奖惩等措施，引导村民遵守相关规定。通过有效发挥村规民约作用，推进移风易俗、成风化俗，不断改善农民精神风貌，提高乡村社会文明程度。

第二节　丰富乡村文化生活

【法律原文】

第三十一条　各级人民政府应当健全完善乡村公共文化体育设施网络和服务运行机制，鼓励开展形式多样的农民群众性文化体育、节日民俗等活动，充分利用广播电视、视听网络和书籍报刊，拓展乡村文化服务渠道，提供便利可及的公共文化服务。

各级人民政府应当支持农业农村农民题材文艺创作，鼓励制作反映农民生产生活和乡村振兴实践的优秀文艺作品。

一、法律主旨

本部分明确了各级政府推动乡村公共文化服务建设、丰富乡村文化生活的职责任务。

二、立法背景

丰富乡村文化生活，是乡村文化振兴的重要内容，是推进城乡公共服务均等化的必然要求，是提升农民群众精气神的有力抓手。近年来，国家颁布出台了《公共文化服务保障法》《"十三五"推进基本公共服务均等化规划》《关于加快构建现代公共文化服务体系的意见》等重要法律和文件，为改善乡村公共文化产品和服务供给提供了重要遵循。2019年中央一号文件提出，要提升农村文化体育等公共服务水平，加快推进农村基层综合性文化服务中心建设。2020年中央一号文件中又提出，要改善乡村公共文化服务，推动基本公共文化服务向乡村延伸，扩大乡村文化惠民工程覆盖面。鼓励城市文艺团体和文艺工作者定期送文化下乡。实施乡村文化人才培养工程，支持乡土文艺团组发展，扶持农村非遗传承人、民间艺人收徒传艺，发展优秀戏曲曲艺、少数民族文化、民间文化。保护好历史文化名镇（村）、传统村落、民族村寨、传统建筑、农业文化遗产、古树名木等。

近年来，各地按照中央要求，在丰富乡村文化生活方面进行了有益探索。一是健全公共文化服务体系。公共文化服务体系，是按照有标准、有网络、有内容、有人才的要求，发挥县级公共文化机构辐射作用，推进基层综合性文化服务中心建设，实现乡村两级公共文化服务全覆盖，提升服务效能。二是增加公共文化产品和服务供给。各地大力推进文化惠民，为农村地区提供更多、更好的公共文化产品和服务。开展"菜单式""订单式"服务。不断加强公共文化服务品牌建设，推动形成具有鲜明特色和社会影响力的农村公共文化服务项目。三是广泛开展群众性文化活动。大力开展农民群众乐于参与、便于参与的文化活动，让农民群众在多姿多彩、喜闻乐见的文化活动中获得精神滋养、增强精神力量。

各地乡村文化生活不断丰富，但同时也面临一些问题和挑战。比如，乡村文化设施等"硬件"依然短缺；乡村文化人才等"软件"配置不足；乡村文体活动质量有待提高，特别是针对留守儿童、农村老人等特殊群体开展的文化活动还有待进一步丰富。

三、法律解读

习近平总书记指出，实施乡村振兴战略要物质文明和精神文明一起抓，特别要注重提升农民精神风貌。要推动文化下乡，鼓励文艺工作者深入农村、贴近农民，推出具有浓郁乡村特色、充满正能量、深受农民欢迎的文艺作品。要整合乡村文化资源，广泛开展农民乐于参与的群众性文化活动。《乡村振兴促进法》将"鼓励开展形式多样的农民群众性文化体育、节日民俗等活动"等要求写入法律，并对健全完善乡村公共文化体育设施网络和服务运行机制等方面作出详细规定，为丰富乡村文化生活提供了法律依据。

（一）支持农村公共文化服务建设

《乡村振兴促进法》规定，各级人民政府应为乡村提供便利可及的公共文化服务。随着经济社会发展，应不断加大对农村公共文化服务和文化建设的投入，并建立以公共财政为主导的多元化投入机制。要扩大乡村文化惠民工程覆盖面，支持建设农村文化礼堂、文化广场，提升农村公共文化服务能力，推动基层公共文化服务优质均衡发展。

（二）健全公共文化服务体系

《乡村振兴促进法》规定，各级人民政府应当健全完善乡村公共文化体育设施网络和服务运行机制。各地应当不断完善公共文化服务网络，满足农民群众享受更好的读书看报、看电视、听广播、参加公共文化活动等基本公共文化服务需求，提升文化获得感。要加快构建农村广播电视现代传输覆盖体系，统筹推进基层综合性文化服务中心建设，在乡村统筹建设集宣传文化、党员教育、科技普及、普法教育、体育健身于一体的综合性文化服务中心。

（三）增加公共文化产品和服务供给

《乡村振兴促进法》规定，各级人民政府应当支持农业农村农民题材文艺创作，鼓励制作反映农民生产生活和乡村振兴实践的优秀文艺作品，为农村公共文化产品和服务供给提供了重要遵循。应当持续组织开展送文化下乡、送电影下乡、送戏曲下乡活动，把优秀精神文化产品和服务送到农民群众身边。应当大力推进文化惠民，为农村地区提供更多、更好的公共文化产品和服务。开展"菜单式""订单式"服务，更好地满足农民群众需求。不断加强公共文化服务品牌建设，推动形成具有鲜明特色和社会影响力的农村公共文化服务项目。

（四）广泛开展群众文化体育活动

《乡村振兴促进法》提出，鼓励开展形式多样的农民群众性文化体育、节日民俗等活动。应从农村实际出发，大力开展农民群众乐于参与、便于参与的文化活动，让农民群众在多姿多彩、喜闻乐见的文化活动中获得精神滋养、增强精神力量。经常组织开展地方戏曲汇演，支持举办乡村春晚等文化活动，不断激发乡村文化创造力。支持因地制宜组织开展农耕农趣农味农民体育活动，可以避开农忙时节，结合农时农事农季，创设、推广一批美丽乡村健康跑、乡村广场舞等农民体育活动，努力做到农体融合、文体融合，调动农民群众健身的积极性主动性，让农民愿参与、能参与、乐参与。

（五）支持农业农村农民题材文艺创作

加大三农题材文艺创作生产支持力度，引导文化艺术团体深入挖掘乡村振兴战略进程中的重大事件、重大成果、先进事迹、鲜活事例，以戏曲、曲艺、音乐、舞蹈等群众喜闻乐见的艺术形式为载体，创作推出一批展示当前乡村振兴重大成就、反映当代农民精神风貌的优秀文艺作品，丰富农民文化生活，凝聚乡村振兴力量。

第三节　保护传承农村优秀传统文化

【法律原文】

第三十二条　各级人民政府应当采取措施保护农业文化遗产和非物质文化遗产，挖掘优秀农业文化深厚内涵，弘扬红色文化，传承和发展优秀传统文化。

县级以上地方人民政府应当加强对历史文化名镇名村、传统村落和乡村风貌、少数民族特色村寨的保护，开展保护状况监测和评估，采取措施防御和减轻火灾、洪水、地震等灾害。

一、法律主旨

本部分明确了各级政府对农业文化遗产、历史文化名镇名村、传统村落等保护的职责任务，明确要求传承和发展优秀传统文化。

二、立法背景

乡村是根，文化是魂。乡村文化作为我国社会文化体系的重要组成部分，凝聚着乡土之美、人文之美，既需传承，也需发展。2014年，住房和城乡建设部、文化部等部门联合出台《关于切实加强中国传统村落保护的指导意见》，提出使列入中国传统村落名录的村落文化遗产得到基本保护。2018 年中央一号文件指出，切实保护好优秀农村优秀传统文化遗产，推动农村优秀传统文化遗产合理适度利用。深入挖掘农村优秀传统文化蕴含的优秀思想观念、人文精神、道德规范，充分发挥其在凝聚人心、教化群众、淳化民风中的重要作用。

2019 年中央一号文件指出，要切实保护好农村优秀传统文化遗产，要重视与发掘农业文化遗产的价值，让农业文化遗产活起来。2020 年中央一号文件又提出，应当保护好历史文化名镇（村）、传统村落、民族村寨、传统建筑、农业文化遗产、古树名木等，以庆丰收、迎小康为主题办好中国农民丰收节。

近年来，各地按照中央要求，在保护传承农村优秀传统文化方面进行了有益探索。一是加强农业文化遗产保护传承。农业文化遗产是我国农村优秀传统文化的重要组成部分，加强农业文化遗产保护传承是繁荣发展农村文化的重要内容。2012 年以来，农业农村部认定了 5 批 118 项中国重要农业文化遗产，其中 15 项被联合国粮农组织认定为全球重要农业文化遗产，数量居世界首位。二是加强传统村落保护。传统村落是指拥有物质形态和非物质形态文化遗产，具有较高的历史、文化、科学、艺术、社会、经济价值的村落。近年来，各地加强传统村落保护发展，保护和传承前人留下的历史文化遗产，助力增强国家和民族文化自信，保持中华文化的完整多样，促进了农村经济社会文化协调可持续发展。三是创新开展农耕、农趣、农味节庆活动。农耕、农趣、农味节庆活动被赋予了更多的含义，从以往单纯的庆祝或纪念型活动，演变成为助推当地经济效益与社会效益双丰收的活动，不同地方的农事节庆活动经过历史的演绎逐渐成为传统文化标识。

同时，在传承和发展农村优秀传统文化方面也面临一些问题和挑战。例如，随着工业化、城镇化快速发展，对传统村落保护重视不够，传统村落衰落、消失的现象日益加剧，传统村落遭到破坏、损坏现象时有发生。与此同时，市场化力量对乡愁乡韵的冲击远没有消失；农民主动参与保护传承农村优秀传统文化意识有待提升等。

三、法律解读

2013 年 12 月，习近平总书记在中央农村工作会议上强调指出，农村优秀传统文化是我国农业的宝贵财富，是中华文化的重要组成部分，不仅不能丢，而且要不断发扬光大。习近平总书记的重要讲话为保护传承优秀农村优秀传统文化指明了方向。乡村振兴促进法将保护农业文化遗产、传承和发展优秀传统文化等要求写入法律，并对历史文化名镇名村、传统村落和乡村风貌、少数民族特色村寨的保护等方面作出明确规定，为保护和传承农村优秀传统文化提供了法律遵循。

（一）实施农村优秀传统文化保护传承行动

划定乡村建设的历史文化保护线，保护好文物古迹、传统村落、民族村寨、传统建筑、农业遗迹等。开展中国重要农业文化遗产认定，优化空间布局和农业生产生态类型结构，加强遗产地核心要素系统性保护和活态传承发展。加强农业文化遗产展示宣传，大力推进转化创新，探索合理利用模式路径，依托农业文化遗产资源，发展休闲农业、农耕体验等农文旅结合新业态，让遗产地农民群众在保护传承利用农村优秀传统文化中增强获得感。

（二）完善保护传承农村优秀传统文化法律制度体系

《乡村振兴促进法》规定，各级人民政府应当采取措施保护农业文化遗产和非物质文化遗产，县级以上地方人民政府应当加强对历史文化名镇名村、传统村落和乡村风貌、少数民族特色村寨的保护，采取措施防御和减轻火灾、洪水、地震等灾害。将这些原则性规定落到实处，需要加快完善相关法律制度体系。要加快推进传统工艺保护、农业种业资源保护等方面法律法规的出台，研究制定有关传统村落保护、农业文化遗产保护等方面的法律法规。同时，在县级层面应健全保护和管理制度，明确管理部门，切实将农村优秀传统文化遗产保护和传承落到实处。

（三）加大传统村落保护力度

要把保护传统村落作为全面推进乡村振兴的重要任务，坚持保护优先、突出特色、合理利用、活态传承、共治共享。完善传统村落调查，建立国家和地方传统村落名录。健全传统村落保护制度框架和政策体系，提升传统村落可持续发展能力，既保留传统风貌和乡土味道，又满足农民对现代文明生活的向往和需要，实现保护、利用、传承的有机统一。通过吸引社会力量，实施"拯救老屋"行动，开展乡村遗产客栈示范项目，探索古村落古民居利用新途径，促进古村落的保护和振兴。尊重农民主体地位，打造特色传统村落乡村旅游品牌，调动原住民保护传统村落传统民居积极性。广泛开展"记住乡愁"等传统村落保护活动，通过"复活"整村风貌、挖掘资源优势、突出文化宣传，提升保护传统村落力度。加快建立传统村落保护发展管理制度和防火技术支撑体系，加快传统村落保护立法，更好统筹传统村落保护、发展和安全。开展传统村落保护状况监测评估，定期向社会公开发布监测评估报告，营造重视传统村落保护的社会氛围。

第四节　发展乡村特色文化产业

【法律原文】

第三十三条　县级以上地方人民政府应当坚持规划引导、典型示范，有计划地建设特色鲜明、优势突出的农业文化展示区、文化产业特色村落，发展乡村特色文化体育产业，推动乡村地区传统工艺振兴，积极推动智慧广电乡村建设，活跃繁荣农村文化市场。

一、法律主旨

本部分明确了县级以上地方人民政府发展农村文化体育产业，活跃繁荣农村文化市场的原则要求。

二、立法背景

发展乡村特色文化产业是乡村文化建设的重要内容，是活跃繁荣农村文化市场的重要抓手，是推进农村一二三产业融合的重要途径。2018年中央一号文件中提出，活跃繁荣农村文化市场，丰富农村文化业态，加强农村文化市场监管。2018年9月，中共中央、国务院印发的《规划》对发展乡村特色文化产业进行了顶层设计，明确提出加强规划引导、典型示范，挖掘培养乡土文化人才，建设一批特色鲜明、优势突出的农村优秀传统文化产业展示区，打造一批特色文化产业乡镇、文化产业特色村和文化产业群。2020年中央一号文件提出，要发展乡村特色文化产业。

近年来，各地按照中央要求，在发展乡村特色文化产业方面进行了有益探索。一是打造乡村特色文化产品和服务。以体验和展现乡村特色文化魅力为纽带，链接乡村生产、生活、民俗、农舍、休闲、养生、田野等元素，打造乡村特色文化产品，构建乡村特色文化产业链条，创造了新的价值增长空间。二是坚持突出地域特色。注重挖掘具有农耕特质、民族特色、地域特色的民间艺术、戏曲曲艺、手工技艺、民族服饰等文化产品，不断提高传统工艺品质，注重培育地域品牌，成为乡村文化产业发展亮点。三是坚持传统与现代融合。在传承传统工艺的同时，注重引进现代化理念和技术，例如通过直播生产过程等手段扩大乡村特色文化产品影响，焕发了乡村特色文化产业生机。

当前，乡村特色文化产业发展仍面临一些问题和挑战。例如，乡村文化产品需求旺盛，高质量产品供给不足；文化产品种类单一，难以满足多样化需求；一些地方发展乡村特色文化产业一哄而上，同质化问题严重。乡村振兴促进法在发展乡村特色文化产业方面作出了明确规定，为发展乡村特色文化产业提供了法律遵循。

三、法律解读

习近平总书记强调，要让活态的乡土文化传下去，深入挖掘民间艺术、戏曲曲艺、手工技艺、民族服饰、民俗活动等非物质文化遗产。要把保护传承和开发利用有机结合起来，把我国农耕文明优秀遗产和现代文明要素结合起来，赋予新的时代内涵。习近平总书记的重要指示精神为发展乡村特色文化产业指明了方向。乡村振兴促进法将发展乡村特色文化产业等写入法律并作出明确规定，为发展乡村特色文化产业提供了法律支撑。

（一）建设农村优秀传统文化展示区

坚持规划引领、典型示范，支持部分已认定的中国重要农业文化遗产地开展农村优秀传统文化展示区建设，开展中国重要农业文化遗产核心保护区边界划定，加强标识设置，通过组织专题展览、线上直播展示、教育培训等多种方式，加强农业文化遗产宣传推介和科学普及，提高公众遗产保护意识和文化自信，弘扬优秀农耕文化。支持有条件的乡村依托古遗址、历史建筑、古民居等历史文化资源，建设遗址博物馆、生态博物馆、户外博物馆等，通过对传统村落、街区建筑格局、整体风貌、生产生活等传统文化和生态环境的综合保护与展示，再现乡村文明发展轨迹。

（二）支持发展文化产业特色村落

结合美丽乡村建设，深入挖掘村落特色文化符号，盘活地方和民族特色文化资源，走特色化、差异化发展之路。开发传统节日文化用品和武术、戏曲、舞龙、舞狮、锣鼓等民间艺术及民俗表演节目，促进村落传统文化"活起来"。引导企业家、文化工作者、退休人员、文化志愿者等投身乡村文化建设，通过设立非物质文化遗产传习所、民间文化大师工作坊、乡村特色文化产业孵化基地，丰富传统村落文化业态。推动特色村落文化、旅游与其他产业深度融合、创新发展。

（三）支持发展乡村特色文化体育产业

创新财政支持政策，通过以奖代补等方式扶持乡村特色文化体育产业项目建设。参照有关规定，出台市场准入、资格认定、价格调节、财税优惠等政策，鼓励引导社会资本发展乡村特色文化体育产业。简化准入程序，减少审批环节，在立项审批、政府采购、投资核准、融资服务、土地使用、人才引进、资源分配等方面开辟"绿色通道"，优化营商环境，为乡村特色文化体育产业发展创造有利条件。

（四）振兴乡村传统工艺

实施中国传统工艺振兴计划帮助乡村群众掌握一门手艺或技术。支持具备条件的地区搭建平台，整合资源，提高传统工艺产品的设计、制作水平，培育具有市场影响力的地域品牌。

（五）推动智慧广电乡村建设

坚持整体规划、试点先行、分步实施，推动智慧广电乡村建设。提升有线电视网络承载能力。升级改造农村有线广播"村村响"系统，优化增加播出终端、可视化监控设备等，对接对农广播节目资源，丰富综合广播服务，保障应急广播服务，构建智慧乡村服务，推动疫情防控常态化宣传引导。完善村级智慧播控平台。优化网络配置，对接新时代文明实践中心平台、县级融媒体中心平台及省、市、县三级应急广播平台等，建成上下贯通、可管可控的农村数字 IP 云广播体系。创新运维机制，多渠道加强资金配套，确保系统"优质通""长期通"。

第五章　生态保护

乡村振兴，生态宜居是关键。良好的生态环境是农村的最大优势和宝贵财富，也是农村产业发展和农民生活提高的重要基础。加强农村突出环境问题综合治理，是推进乡村绿色发展，打造人与自然和谐共生发展新格局的前提。

第一节　健全和落实国家生态保护政策

【法律原文】

第三十四条　国家健全重要生态系统保护制度和生态保护补偿机制，实施重要生态系统保护和修复工程，加强乡村生态保护和环境治理，绿化美化乡村环境，建设美丽乡村。

第四十条　国家实行耕地养护、修复、休耕和草原森林河流湖泊休养生息制度。县级以上人民政府及其有关部门依法划定江河湖海限捕、禁捕的时间和区域，并可以根据地下水超采情况，划定禁止、限制开采地下水区域。

禁止违法将污染环境、破坏生态的产业、企业向农村转移。禁止违法将城镇垃圾、工业固体废物、未经达标处理的城镇污水等向农业农村转移。禁止向农用地排放重金属或者其他有毒有害物质含量超标的污水、污泥，以及可能造成土壤污染的清淤底泥、尾矿、矿渣等；禁止将有毒有害废物用作肥料或者用于造田和土地复垦。

地方各级人民政府及其有关部门应当采取措施，推进废旧农膜和农药等农业投入品包装废弃物回收处理，推进农作物秸秆、畜禽粪污的资源化利用，严格控制河流湖库、近岸海域投饵网箱养殖。

一、法律主旨

本部分是关于建立健全国家生态保护制度和补偿机制的规定。

二、立法背景

习近平生态文明思想是习近平新时代中国特色社会主义思想的重要组成部分，是习近平总书记立足新时代生态文明建设实践创造形成的重大理论成果，是建设社会主义生态文明的科学指引和强大思想武器，内涵丰富，意义深远。绿水青山就是金山银山，就是要尽最大可能维持经济发展与生态环境之间的精细平衡，走生态优先、绿色发展的农业农村现代化路径。

党的十七大报告第一次明确提出建设生态文明的要求。党的十八大以来，以习近平同志为核心的党中央推动全面深化改革，加快推进生态文明顶层设计和制度体系建设，党的十八大报告把生态文明建设纳入"五位一体"总体布局。党的十八届三中全会要求加快建立系统完整的生态文明制度体系。党的十八届四中全会提出用最严格的法律制度保护生态环境。党的十八届五中全会确立了包括绿色在内的新发展理念，提出完善生态文明制度体系。党的十九大报告指出，加快生态文明体制改革，建设美丽中国。党的十九届四中全会《中共中央关于坚持和完善中国特色社会主义制度　推进国家治理体系和治理能力现代化若干重大问题的决定》全面贯彻了党的十八大以来党中央关于生态文明建设的决策部署。

当前乡村环境问题主要来源于生产污染和生活污染。一是由长期以来乡镇企业和城市产业转移带来的积存的工业污染。二是由农业种养殖生产带来的农药化肥、秸秆农膜等废弃物污染。三是村民生活方式的变化，导致日常产生的生活污水和垃圾日益增多，由于环境污染治理资金、技术等投入不足，乡村的环境污染治理设施跟不上，使乡村环境污染面临消存量和遏增量双重压力。四是农村生态环境的问题。

三、法律解读

我国经济已进入高质量发展阶段，生态环境的支撑作用越来越明显。要正确处理生产生活和生态环境的关系，坚持节约资源和保护环境的基本国策，坚持节约优先、保护优先、自然恢复为主的方针，形成节约资源和保护环境的空间格局、产业结构、生产方式、生活方式。

（一）健全生态保护补偿机制

加大重点生态功能区转移支付力度，建立省以下生态保护补偿资金投入机制。完善重点领域生态保护补偿机制，鼓励地方因地制宜，探索通过赎买、租赁、置换、协议、混合所有制等方式加强重点区位森林保护，落实草原生态保护补助奖励政策，建立长江流域重点水域禁捕补偿制度，鼓励各地建立流域上下游等横向补偿机制。推动市场化、多元化生态补偿，建立健全用水权、排污权、碳排放权交易制度，形成森林、草原、湿地等生态修复工程参与碳汇交易的有效途径，探索实物补偿、服务补偿、设施补偿、对口支援、干部支持、共建园区、飞地经济等方式，提高补偿的针对性。

（二）制定休养生息制度

目前我国土地资源利用已近极限，农用地的环境承载力逐年下降。因此，2016 年中央一号文件中提到我国目前农业资源短缺、开发过度、污染加重。如何在资源环境硬约束下保障农产品有效供给和质量安全，提升农业可持续发展能力，是一个必须应对的重大挑战。夯实现代农业基础，加强资源保护和生态修复，推动农业绿色发展，提升地力，让过度开垦的土地休养生息，是应对该考验的解决办法之一。那么，该如何推进落实该项工作？依靠政府行政管制强行推进并不难，但是效果不理想，不符合民主、和谐的现代文明法治社会的要求。党的十八届三中全会指出，要实行生态补偿制度，改革生态环境保护管理体制，为现阶段我国的生态环境保护指明了道路。作为一种利益协调机制，生态补偿制度通过补偿因保护环境而丧失发展机会的人来协调经济效益和生态效益、生存权和发展权之间的冲突。因此，作为利益驱动、激励和协调机制的生态补偿制度对农用地的休养生息不失为一项重要而关键的措施和路径。

农用地休养是一种环境保护行为，是指按照相关规定和规律对土地进行休耕和保养。具体来说，休养的方式分为两种，一种是让一部分地力贫瘠、土壤污染退化严重的土地长期休耕退耕，退耕还林、退耕还草、退耕还湖，从而提升地力，最大化利用资源效益，以及让彻底不能进行耕种的土地退出农用地的范围；另一种是在短时间内将符合一定条件的土地，按照土壤侵蚀程度、地力程度在一段时间内进行循环的休耕和保养。让农用地休养生息，是提高土壤质量、提升地力、减少农业污染、减轻病虫害、改善动植物栖息地、保护生态环境的重要措施。在生态文明法治背景下，促进农业可持续发展，让农用地休养生息，有助于形成稳定的良好的生态系统，改善生态环境。

美国、英国、德国、墨西哥等国在解决产能过剩和环境保护的目标下，已经基本普及休耕制度，将农用地休养生息作为一项重要的土地修复措施。起初是政府使用强制手段，自上而下地普及农田休耕，给予相关财政补贴，后期慢慢引导农民自觉休耕。在1992年，欧盟实施了麦克萨里改革，其主要制度就是实施农田休耕制度，制定了一个政府强制与农民自愿相结合的农用地休养生息机制。欧盟的农用地资源可持续利用情况远远好过中国的农田现状，但欧盟却对农用地休养生息极其重视。在当前我国生态文明建设的大背景下，应该更加重视环境保护及自然资源可持续利用，广泛普及农用地休养生息制度。

（三）明确政府各方责任

2015 年出台的《党政领导干部生态环境损害责任追究办法（试行）》进一步细化了党委和政府主要领导成员的"责任清单"，注重将行为追责与后果追责相结合，并将终身追责作为基本原则。2015 年 1 月起，新修订的环境保护法正式施行，进一步强化了政府监督管理职责，落实企业主体责任，并规定了对环境违法行为进行按日连续计罚、查封扣押、行政拘留、限产停产等罚则。2018 年，按照《深化党和国家机构改革方案》，组建生态环境部，全面履行监督指导农业面源污染治理职责。至此，我国实现了农业与农村环境污染治理的统一监管。基层环保机构和队伍得到加强，全国乡镇环保机构和人员持续增加，部分地区逐步形成县、乡镇环保机构对农村环境保护齐抓共管的良好工作格局。近年来，国家大力推进环境监测、执法、宣传"三下乡"，开展农村集中式饮用水水源地保护、生活垃圾和污水处理、秸秆焚烧、畜禽养殖污染防治等专项执法检查行动，采取多种形式，宣传农村环保政策、工作进展和典型经验，普及农村环保知识，公众对农业农村环境保护的意识得到提升。2020 年出台的民法典，以专章规定环境污染和生态破坏责任，在全社会树立起环境有价、损害赔偿的理念，有效打击了非法排污和破坏生态等违法行为。

第二节　科学使用投入品，治理农业面源污染

【法律原文】

第三十五条　国家鼓励和支持农业生产者采用节水、节肥、节

药、节能等先进的种植养殖技术，推动种养结合、农业资源综合开发，优先发展生态循环农业。

各级人民政府应当采取措施加强农业面源污染防治，推进农业投入品减量化、生产清洁化、废弃物资源化、产业模式生态化，引导全社会形成节约适度、绿色低碳、文明健康的生产生活和消费方式。

第三十九条　国家对农业投入品实行严格管理，对剧毒、高毒、高残留的农药、兽药采取禁用限用措施。农产品生产经营者不得使用国家禁用的农药、兽药或者其他有毒有害物质，不得违反农产品质量安全标准和国家有关规定超剂量、超范围使用农药、兽药、肥料、饲料添加剂等农业投入品。

一、法律主旨

本部分是关于科学使用投入品、治理农业面源污染的规定。

二、立法背景

以绿色发展引领乡村振兴是一场深刻革命，健全以绿色生态为导向的农业政策支持体系，建立绿色低碳循环的农业产业体系，要加强农业面源污染防治，实现投入品减量化、生产清洁化、废弃物资源化、产业模式生态化。党的十八大以来，我国将生态文明建设纳入中国特色社会主义事业总体布局，使生态文明建设的战略地位更加明确。2015 年"创新、协调、绿色、开放、共享"的发展理念提出后，我国更加密集出台了农业绿色发展相关的政策文件，如《到 2020 年化肥使用量零增长行动方案》《到 2020 年农药使用量零增长行动方案》《关于创新体制机制推进农业绿色发展的意见》《农业农村污染治理攻坚战行动计划》《关于加快建立绿色生产和消费法规政策体系的意见》等，着力构建支撑农业绿色发展的政策体系，大力推动了生态文明建设和农业绿色发展。

近年来，在绿色发展理念和系列政策文件的指导下，我国农村生态环境逐步向好，重点领域取得积极成效。一是大力发展高效节水农业。各地牢固树立和贯彻落实新发展理念，坚持节水优先，因地制宜细化实化措施，2019 年，全国农田灌溉水有效利用系数达到 0.559，比 2013 年升高 0.036。二是大力推进化肥、农药减量增效。2016—2019 年，我国化肥、农药使用量连续 4 年保持负增长。同时，利用率明显提高，2020 年，三大主粮作物化肥利用率为 40.2%、农药利用率为 40.6%，分别比 2015 年提高 5 个和 4 个百分点。三是推进农作物秸秆综合利用。根据卫星监测数据，2019 年，全国秸秆焚烧火点数比 2015 年下降了 42%。截至 2020 年年底，全国秸秆综合利用率为 86%。四是推进畜禽粪污资源化利用。"十三五"期间，中央财政累计安排 296 亿元支持畜禽粪污资源化利用，实现了 585 个畜牧大县整县治理全覆盖，全国畜禽粪污综合利用率比 2015 年提高了 15 个百分点。五是高毒农业投入品使用日益规范。2019 年，《关于深化改革加强食品安全工作的意见》要求对仍在大田使用的 10 种高毒农药，按照"循序渐进、分步实施、多措并举"的原则，5 年内分期分批淘汰。

但与此同时，也必须正视乡村振兴进程中仍存在的一系列农业生态环境问题。一是化肥减量基础还不牢，总种植面积下降的表象掩盖了化肥施用强度的增加，以及区域种植结构调整所导致的局域化肥施用量增加。二是农药减量压力较大，我国粮食、农副产品供需紧平衡的矛盾仍将长期存在，为保证农产品供给，维持一定的农药施用量是不得不接受的选项。三是农业废弃物资源化利用的手段还不多，在农业废弃物资源化利用方面，主要依靠行政命令，重堵轻疏现象较为普遍。四是兽药产业监督压力仍较大。相关法规体系不完善、组织保障和技术监测体系不健全、行政审批及监管工作效率较低等成为兽药市场上假劣兽药泛滥的重要原因。

三、法律解读

"生态兴则文明兴，生态衰则文明衰"，加强乡村环境保护，促进乡村生态振兴，应在加强农业面源污染防治、大力推进产业生态化转型、鼓励引导绿色低碳消费、全力推动农产品质量安全监管、组织综合考核督导上持续发力，践行绿色发展理念，加强生态文明建设，实现乡村生态振兴。

（一）大力推动农业投入减量增效

推进农业绿色发展是贯彻新发展理念、推进农业供给侧结构性改革的必然要求，是加快农业现代化、促进农业可持续发展的重大举措。习近平总书记指出，推进农业绿色发展是农业发展观的一场深刻革命，推进农业绿色发展条件具备、要求紧迫。近年来，各地区各部门认真贯彻落实党中央国务院一系列决策部署，积极探索农业绿色发展新路，农业绿色发展取得明显成效，但在获得丰富农产品的同时，也造成了成本增加、环境污染、不可持续等问题。对此，要深刻认识绿色发展对纾解资源承载压力、治理农业农村环境污染、促进农业可持续发展的重大现实意义，着力解决制约"节本增效、质量安全、绿色环保"的相关问题，统筹推进节水、节肥、节药、节地、节能，促进农业节本增效、节约增收。具体而言，多措并举，开展农业面源污染防治工作。一是完善农业农村生态环境保护制度体系，构建农业绿色发展制度体系、农业农村污染防治制度体系和多元环保投入制度体系。二是着力实施好农业绿色发展重大行动，强化化肥农药减量增效、秸秆地膜综合利用。三是大力推动农业资源养护，加快发展节水农业、加强耕地质量保护与提升、强化农业生物资源保护。四是推进农业清洁生产，提高资源利用效率，转变农业增长方式，实现农业生产降本增效增收。

（二）多元举措发展生态循环农业

牢固树立节约集约循环利用的资源观，实现人与自然和谐共生，是落实可持续发展战略、建设生态文明的战略选择。习近平总书记多次强调，要"像保护眼睛一样保护生态环境，像对待生命一样对待生态环境"。必须要坚定不移地贯彻落实习近平总书记重要讲话精神，把建设生态循环农业放在大力推进农业现代化、加快转变农业发展方式的突出位置，推动现代农业走上可持续发展之路。生态循环农业作为现代农业发展的重要形态，既是农业发展理念的创新，又是相关政策、制度、技术的创新，是贯彻落实发展新理念、推进生态文明建设的关键。新时期发展生态循环农业，一要坚持种养结合。引导小农户发展绿色生态农业，推进种养循环、农牧结合，朝着高效种养业转型升级方向努力。特别是在部分粮食主产区，可按照稳粮、优经、扩饲的要求，加大粮改饲工作力度，围绕畜牧业发展，建设完善饲草料生产加工体系，坚持以养带种、以种促养，构建结合紧密、经济高效、生态持续的新型种养关系。二要推动农业资源综合开发，开展畜禽养殖废弃物资源化利用、农副资源综合开发、标准化清洁化生产等方面的建设，着力推进农业提质增效和可持续发展。三要大力推进产业生态化转型。打造现代生态农业产业体系，促进生态种植业、林业、畜牧业、渔业、生态农产品加工流通业、农业服务业转型升级和融合发展；健全现代生态农业生产体系，用现代物流装备武装农业，用现代科技服务农业，用现代生产方式改造农业，提升农业科技和装备水平；推进农业科技创新和成果应用，大力推进农业生产经营机械化和信息化，增强生态农业生产能力和抗风险能力。

（三）创新引领低碳生产生活方式

推动形成绿色发展方式和生活方式是贯彻新发展理念的必然要求，要努力实现经济社会发展和生态环境保护协同共进，为人民群众创造良好的生产生活环境。习近平总书记指出，人类发展活动必须尊重自然、顺应自然、保护自然。人因自然而生，人与自然是一种共生关系，推动形成绿色发展方式和生活方式，是发展观的一场深刻革命。具体而言，应鼓励引导绿色低碳消费，培育造就一批绿色生产、服务、消费主体，使得绿色发展的理念深入人心、深入实践。一是对生产者而言，要通过标准和规范促进投入品的绿色化，重点是培育一批认同农业绿色发展理念、有绿色生产技能的新型经营主体。二是对消费者而言，要加强生态文明宣传教育，强化公民环境意识，推动形成节约适度、绿色低碳、文明健康的生活方式和消费模式。三是对政府而言，要组织综合考核督导，根据《关于创新体制机制推进农业绿色发展的意见》要求，建立健全农业绿色发展评价指标，对各地农业绿色发展情况进行动态评价，并将评价结果纳入政绩考核范围。在有关项目和资金安排上，对推进农业绿色发展取得显著成效的地方予以倾斜，对推进农业绿色发展不力的进行问责，建立权责明晰、分工合理的环境保护责任体系。

（四）管好农业投入品确保质量安全

农业投入品是农业生产必不可少的要素，抓好农业投入品的监督管理工作在农业生产中发挥着基础和保障性作用，要充分认识依法加强农产品质量安全监管工作的重要意义。习近平总书记指出，食品安全源头在农产品，基础在农业。要坚持不懈地抓好农产品质量和食品安全监管，切实做到"产出来"和"管出来"两手抓、两手硬。具体而言，全力推动农产品质量安全监管，严格执行农药兽药、饲料添加剂等农业投入品的生产和使用规定，严禁使用国家明令禁止的农业投入品，严格落实定点经营和实名购买制度。将高毒农药禁用范围逐步扩大到所有食用农产品。落实农业生产经营记录制度、农业投入品使用记录制度，指导农户严格执行农药安全间隔期、兽药休药期有关规定，防范农药兽药残留超标。进一步按照农业供给侧结构性改革、农业绿色发展和乡村振兴战略的要求，瞄准农药和兽药调结构、提质量、保安全的目标，坚持问题导向，强弱项、补短板，强化科技创新、管理创新和机制创新。

第三节　改善乡村生态环境

【法律原文】

第三十六条　各级人民政府应当实施国土综合整治和生态修复，加强森林、草原、湿地等保护修复，开展荒漠化、石漠化、水土流失综合治理，改善乡村生态环境。

一、法律主旨

本部分是关于改善乡村生态环境的相关规定。

二、立法背景

习近平同志强调，建设好生态宜居的美丽乡村，让广大农民在乡村振兴中有更多获得感、幸福感。建设生态宜居的美丽乡村，是实施乡村振兴战略的一项重要任务。改革开放 40 多年来，我国农村经济社会发展取得巨大成就，但农村环境治理仍是一个难题、一块短板。城乡环境治理水平差距依然较大，垃圾围村、污水横流、粪污遍地等脏乱差现象在部分地区还比较突出，与亿万农民群众对美好生活向往的需求仍存在差距。为此，习近平总书记曾多次就农村人居环境、污水和垃圾治理、畜禽养殖污染防治等作出重要批示指示和具体部署。

党的十八大以来，党中央、国务院把生态文明建设和生态环境保护摆在更加重要的战略位置，中国生态环境保护政策改革创新加速，生态环境保护政策体系建设取得重大进展，为深入推进生态文明建设提供了重要动力机制。《中华人民共和国国民经济和社会发展第十四个五年规划和 2035 年远景目标纲要》坚持系统观念，坚持绿水青山就是金山银山理念，对推动绿色发展、促进人与自然和谐共生作出了全面部署。党的十九届五中全会把生态文明建设实现新进步作为"十四五"时期经济社会发展主要目标之一，提出到 2035 年广泛形成绿色生产生活方式，碳排放达峰后稳中有降，生态环境根本好转，美丽中国建设目标基本实现。要准确把握新时代新阶段生态环境保护对纪检监察机关提出的新任务、新要求，坚定政治方向、把准职能定位、展现担当作为，围绕现代化建设大局发挥监督保障执行、促进完善发展的作用，为开启生态文明建设新征程提供坚强保证。

三、法律解读

良好生态环境是最公平的公共产品，是最普惠的民生福祉，是乡村发展的宝贵财富和最大优势。"十四五"时期是我国农村环境保护向纵深推进的攻坚时期，是在全面建成小康社会基础上，不断深化各项治理举措和持续提升农村生态环境质量的重要时期，也是实现 2035 年美丽中国愿景的关键时期。这一时期，我国农村环境保护要以习近平生态文明思想为总的指导方针，结合国家实施乡村振兴战略，以改善农村环境质量、提高农村环境治理体系和治理能力现代化水平为核心，以解决农民群众身边最紧迫、最直接、最突出的生态环境问题为导向，聚焦农村生态、农业生产、农民生活三大重点领域，统筹城乡污染治理体制机制，推动建立党委领导、政府主导、农民主体、企业和社会支持的多元共治体系，打好升级版的农村污染防治攻坚战，持续提升农村生态文明建设水平。

（一）统筹山水林田湖草系统治理，优化生态安全屏障体系

大力实施大规模国土绿化行动，全面建设三北、长江等重点防护林体系，扩大退耕还林还草，巩固退耕还林还草成果，推动森林质量

精准提升。稳定扩大退牧还草实施范围，继续推进草原防灾减灾、严重退化沙化草原治理等工程。保护和恢复乡村河湖、湿地生态系统，积极开展农村水生态修复，连通河湖水系，恢复河塘行蓄能力，推进退田还湖还湿、退圩退垸还湖。大力推进荒漠化、石漠化、水土流失综合治理，实施生态清洁小流域建设，推进绿色小水电改造。加快国土综合整治，实施农村土地综合整治重大行动，推进农用地和低效建设用地整理以及历史遗留损毁土地复垦。加强矿产资源开发集中地区，特别是重有色金属矿区地质环境和生态修复，以及损毁山体、矿山废弃地修复。加快近岸海域综合治理，实施蓝色海湾整治行动和自然岸线修复。实施生物多样性保护重大工程，提升各类重要保护地保护管理能力。加强野生动植物保护，强化外来入侵物种风险评估、监测预警与综合防控。开展重大生态修复工程气象保障服务，探索实施生态修复型人工增雨工程。

（二）健全重要生态系统保护制度

随着我国综合国力的不断增强和广大农民对高品质生活需求的不断提升，"十四五"时期有望成为我国加快推进农村生态环境保护工作的窗口期。面对农村环境保护的形势与挑战，要坚持底线思维，保持战略定力，持续加强新时期农村环境保护思路创新研究，力争在长效制度、治理体系和治理能力、组织方式、科技创新、绿色惠民等关键领域实现突破，为美丽中国建设奠定坚实基础。在乡村振兴战略中着力推进农村环境治理。进一步将农村生态环境治理作为实施乡村振兴战略和全国生态环境保护"十四五"规划的重要内容，建立污水与垃圾收集处理、畜禽粪污资源化综合利用、水环境特别是饮用水水源地保护、自然生态特别是各级各类自然资源地保护、农药化肥减量化施用和村民生态环境保护意识提升等农村生态环境评价与目标责任体系，将其列入对各级党委、政府和部门生态文明建设和环境保护目标责任制的重要考核内容。同时，落实农村生态环境统一监管执法责任制，为推进美丽乡村建设提供政策和制度保障。

完善天然林和公益林保护制度，进一步细化各类森林和林地的管控措施或经营制度。完善草原生态监管和定期调查制度，严格实施草原禁牧和草畜平衡制度，全面落实草原经营者生态保护主体责任。完善荒漠生态保护制度，加强沙区天然植被和绿洲保护。全面推行河长制、湖长制，鼓励将河长湖长体系延伸至村一级。推进河湖饮用水水源保护区划定和立界工作，加强对水源涵养区、蓄洪滞涝区、滨河滨湖带的保护。严格落实自然保护区、风景名胜区、地质遗迹等各类保护地的保护制度，支持有条件的地方结合国家公园体制试点，探索对居住在核心区域的农牧民实施生态搬迁试点。

（三）加大环境治理力度

目前，乡村生态环境保护仍然存在一些短板和问题。一是缺乏统筹规划引领。如一些地区对农业产业发展及其污染治理缺乏全面统筹规划，已开展的村庄规划编制对特色民俗旅游资源整合不到位，缺乏对环境承载能力的科学评估和选址规划，导致民俗旅游设施生态环境问题突出；垃圾集中投放点规划不科学，相关措施不配套，部分农村垃圾未进入收集转运体系，对规模以下经营性养殖户的污染治理也缺乏规范指导。二是缺乏投入保障机制。一方面，没有将农村生态环境治理资金纳入各级财政资金支持的重要科目，有治理设施建设而无设施运行维护资金预算、有污染处理设施建设而无配套污水管网或垃圾收集转运系统建设资金预算等现象较为普遍；另一方面，在推进农村生态环境治理市场化改革方面，社会资本参与度低，治理资金投入不足。三是缺乏技术标准支撑。目前，适合广大农村地区且成熟的污染治理和农业废弃物资源化技术仍显缺乏，一些地方简单引用城市污染治理的环境排放标准体系，或是选用的治理技术繁复，难以消化掌握，大大影响了农村治污设施运行的有效性、稳定性和经济性。

一些生态环境脆弱的地区，通过恢复生态，走出了一条农民增收、生态良好的路子。比如河南光山县，利用荒山推广油茶种植，既搞活了农村经济，又改善了生态环境；广西百色市露美村，通过美丽乡村建设，留住了村民，也迎来了商机。实践证明，生态环境质量越来越好的地方，会吸引越来越多的人来投资兴业，生态优势释放出了绿色发展新动能，后劲十足，不仅改善了人居环境，也改善了群众生活。

第四节　改善农村人居环境

【法律原文】

第三十七条　各级人民政府应当建立政府、村级组织、企业、农民等各方面参与的共建共管共享机制，综合整治农村水系，因地制宜推广卫生厕所和简便易行的垃圾分类，治理农村垃圾和污水，加强乡村无障碍设施建设，鼓励和支持使用清洁能源、可再生能源，持续改善农村人居环境。

第三十八条　国家建立健全农村住房建设质量安全管理制度和相关技术标准体系，建立农村低收入群体安全住房保障机制。建设农村住房应当避让灾害易发区域，符合抗震、防洪等基本安全要求。

县级以上地方人民政府应当加强农村住房建设管理和服务，强化新建农村住房规划管控，严格禁止违法占用耕地建房；鼓励农村住房设计体现地域、民族和乡土特色，鼓励农村住房建设采用新型建造技术和绿色建材，引导农民建设功能现代、结构安全、成本经济、绿色环保、与乡村环境相协调的宜居住房。

一、法律主旨

本部分是关于改善农村人居环境，建设美丽宜居乡村的规定。

二、立法背景

近年来，党中央高度重视农村人居环境质量提升，作出了一系列重大决策部署，《农村人居环境整治三年行动方案》（以下简称《三年行动方案》）目标任务落实取得了阶段性成效。"十三五"以来，中央财政累计安排农村环境整治专项资金 258 亿元，共完成 13.6 万个建制村环境整治。然而，农村人居环境整治各个领域的管理仍然存在短板，一是政府、村级组织、企业、农民等各方面参与的共建共管共享机制仍然有待加强。二是长效机制没有完全建立，不少地区在探索专业化、市场化环境管护机制方面作出了积极尝试，并取得了良好的成效，但是长效机制建立仍需要完善。三是缺乏适合干旱、寒冷等特殊条件地区的产品和技术，一些产品缺乏相应的标准规范，质量参差不齐。有的地方简单套用城市的技术模式，成本高，"水土不服"；有的照搬照抄其他地方的做法，没有因地制宜进行技术改良，"一种技术模式套到底"；有的新技术、新产品未经试验示范就推广。四是规划、施工、管理等专业技术力量缺乏，科研队伍体系不健全，素质能力还未完全适应工作需要。

党的十九大以来，住房和城乡建设部门继续加强农村危房改造，做好农村住房建设指导管理，着力提高农村住房建设水平，提升农村住房品质，扎实推动农村住房建设，引导农民建设功能现代、结构安全、成本经济、绿色环保、与乡村环境相协调的宜居住房。全面实施脱贫攻坚农村危房改造以来，790 万户、2568 万贫困群众的危房得到改造；同步支持 1075 万户农村低保户、分散供养特困人员、贫困残疾人家庭等贫困群体改造危房；全国 2341.6 万户建档立卡贫困户实现住房安全有保障。但是目前仍然存在部分短板，如存在危房改造后旧的宅基地放弃造成的土地资源浪费严重、有些农户建新不拆旧形成了安全隐患、建设管理及监管滞后影响农房的质量问题、对当前农村住房需求趋势把握不准等问题。

三、法律解读

（一）建立政府、村级组织、企业、农民等各方面参与的共建共管共享机制

农村人居环境是全面建成小康社会的突出短板，是建设生态宜居美丽乡村的关键部分，也是实施乡村振兴战略的重要内容。农村人居环境整治包括诸多方面，要充分发挥政府、村级组织、企业、农民等多个主体的优势和特点，建立各方面参与的共建共管共享机制。借鉴浙江"千万工程"经验，加强顶层设计，推动农村垃圾治理由国家试点向常规化、规范化转变。发挥好政府引导作用，加大政策指导、资金支持和组织发动等力度，持续推进农村人居环境整治。将农户农村人居环境治理要求逐步纳入村规民约，逐步提升农户的主人翁意识，不断加强农村人居环境整治提升检查督导的力度。发挥基层党组织、村民理事会等村级组织的作用，调动农民参与农村人居环境整治的积极性和主动性。发挥企业的作用，充分发挥市场参与的作用。由于农村人居环境整治中的污水处理、垃圾处理等是具有外部性的公共物品，在完全市场竞争中，必然会出现失灵的现象，现有政府主导的治理和资金投入根本无法满足需求。需要确定各个环节的市场化程度，利用市场的效率并辅以政府激励、引导和监督机制。充分发挥农民主体作用。农村人居环境整治主要依靠农民，应指导各地加大宣传发动力度，运用贴近群众生活的方式，通过政策鼓励、宣传教育等，引导群众主动参与，形成长效治理机制。

（二）因地制宜推广卫生厕所和简便易行的垃圾分类

农村厕所革命是改善农村人居环境的重要环节。习近平总书记强调，厕所问题不是小事情，是城乡文明建设的重要方面，要把这项工作作为乡村振兴战略的一项具体工作来推进，努力补齐这块影响群众生活品质的短板。继续强化分类指导、强化工作部署、强化政策支持、

强化技术支撑、强化宣传发动。以县为单位分类推进农村户厕改造，实施农村厕所革命整村推进奖补政策。近年来，各地认真落实中央决策部署，因地制宜，有力有序扎实推进农村厕所革命。目前，全国农村卫生厕所普及率超过 68％，2018 年以来，全国累计改造农村户厕 4000 多万户。下一步，将扎实推进农村户用卫生厕所建设改造，引导农村新建住房配套建设卫生厕所，人口规模较大的村庄配套建设公共卫生厕所，强化管理维护，逐步扩大厕所粪污无害化处理和资源化利用覆盖面。

农村生活垃圾治理是乡村生态振兴的重要基础和农村人居环境整治的重点任务之一。住房和城乡建设部印发的《关于组织推荐农村生活垃圾分类和资源化利用示范县的通知》指导督促 100 个农村生活垃圾分类和资源化利用示范县探索可复制可推广的经验，各地积极探索农村生活垃圾分类，开展试点示范。近年来，各级政府采取了一系列有力有效措施，全面推进农村生活垃圾治理，成效显著。目前，农村生活垃圾收运处置体系已覆盖全国 90％以上的行政村，全国排查出的 2.4 万个非正规垃圾堆放点中，99％已完成整治。在全国 100 个垃圾分类示范县中，有 80％的乡镇、64％的行政村已经实行垃圾分类，实行垃圾分类的行政村数量超过 10 万个，垃圾减量达 1/3 以上。通过宣传推介，农村居民生活垃圾分类意识逐步提高，形成了浙江金华"二次四分法"、上海崇明区"户分户投、村收村、镇运镇处"、北京王平镇"农村垃圾源头分类、资源化利用"等一批典型先进的农村生活垃圾分类处理模式。继续推进农村生活垃圾收运处置体系建设，集中整治非正规垃圾堆放点，积极探索推动农村生活垃圾分类，持续推进农村生活垃圾资源回收利用体系建设。

（三）治理农村垃圾和污水

针对农村生活垃圾治理，遵循减量化、无害化和资源化的整体思路，并加大生活垃圾处理技术研发力度。因地制宜推进差异化的垃圾处理体系，针对经济基础较好且距离县城不远的农村，可以推行"户分类、村收集、镇转运、县处理"模式；在经济欠发达且垃圾集中处理较困难的地区，采取"就近"原则，能够转运县或镇一级处理的，交由县或镇处理，偏远山区且交通不便的，要在村内实现无害化处理。

农村生活污水具有流量小、浓度低、收集困难、缺乏规划、建设模式分散等特点，加之中西部地区村庄分布较为分散，农村生活污水的集中管理存在较大困难。同时，农村污水治理技术要求高、一次性投入大、维护运营成本高。近年来，各地区各部门认真贯彻中央决策部署，因地制宜梯次推进农村生活污水治理工作。下一步，应指导各地以污水减量化、分类就地处理、循环利用为导向，做好改厕与污水治理的有效衔接，继续统筹推进农村生活污水治理工作，完善农村生活污水治理标准规范，不断开展黑臭水体治理，并加快探索治理模式和长效机制。

（四）鼓励和支持使用清洁能源、可再生能源

农村能源是发展农业生产、保证农民生活、创造社会财富不可缺少的要素和源泉，是关系到中国农民生产、生活和区域生态环境的大事，是农业结构调整的有效途径。合理开发利用农村可再生能源、鼓励使用清洁能源有利于治理农业面源污染，优化农村环境，统筹城乡协调，体现农村能源综合利用的环境效益、生态效益和社会效益。我国地域辽阔，可再生能源丰富，发展潜力巨大，小水电、风能、太阳能、生物质能等可再生能源主要分布在广大的农村地区。下一步，将鼓励和支持使用清洁能源、可再生能源，着力开发清洁、可再生能源，逐步改善农村能源结构，因地制宜发展低成本的清洁、可再生能源，加快推进能源技术进步和推广，促进农村能源清洁低碳转型。

（五）建立健全农村住房建设质量安全管理制度和相关技术标准体系，建立农村低收入群体安全住房保障机制

乡村建设工程质量安全管理是乡村建设工程活动的核心内容，直接影响着工程的质量安全以及人民群众的生命财产安全。随着城镇化

进程的不断加快和社会主义新农村建设的深入推进，乡村建设项目不断增多，投资规模不断增长，工程质量安全事故也日益增多。国家有关部门和各地区应该依据建筑法、建设工程质量管理条例、建设工程安全生产管理条例等法律法规，结合实际，制定农村住房建设质量安全管理制度和相关技术标准体系，加强乡村建设工程质量和安全监督管理，保障人民群众生命和财产安全。

农村住房安全保障对象主要是农村低收入群体，包括农村易返贫致贫户、农村低保户、农村分散供养特困人员以及因病、因灾、因意外事故等刚性支出较大或收入大幅缩减导致基本生活出现严重困难的家庭等。为巩固拓展脱贫攻坚成果，接续推进乡村振兴，需要建立农村低收入群体安全住房保障机制，对农村低保边缘家庭和未享受过农村住房保障政策支持且依靠自身力量无法解决住房安全问题的其他脱贫户给予支持。将符合条件的保障对象纳入农村危房改造支持范围，根据房屋危险程度和农户改造意愿选择加固改造、拆除重建或选址新建等方式，解决住房安全问题，实现巩固拓展脱贫攻坚成果同乡村振兴有效衔接，探索建立农村低收入群体住房保障长效机制。住房和城乡建设部会同有关部门制定加强建档立卡贫困户等重点对象危房改造工作系列政策文件，编制了农房等级鉴定技术导则。各地对建档立卡贫困户住房进行逐一评定，逐户建立危房改造台账，确保贫困群众不漏一户、不落一人。

（六）建设农村住房应当避让灾害易发区域，符合抗震、防洪等基本安全要求

做好抗震防洪是保证乡村建设工程质量的重要内容。建设农村住房应当避让灾害易发区域，严格执行选址意见书制度，加强对农民住房建设选址的安全把关，防止农民在地震断裂带及滑坡、泥石流易发地段建房。严格执行开工许可制度，落实先设计后施工的原则，切实加强对地震、台风多发区的农民住房设计安全审查。从宣传教育、规划选址、落实抗震防洪规范标准、给予补贴鼓励等多方面推进，加强

对乡村建设工程执行抗震防洪的监督管理和技术指导，切实提高乡村建设工程的抗震防洪水平。

（七）县级以上地方人民政府应当加强农村住房建设管理和服务，强化新建农村住房规划管控，严格禁止违法占用耕地建房

县级以上地方人民政府应当加强农村住房建设管理和服务，县级国土空间规划和村庄规划要为农村村民住宅建设用地预留空间，有条件、有需求的村庄要按照"一村一图一表一则"的要求加快编制"多规合一"的实用性村庄规划。农村村民住宅建设应当符合市县及乡（镇）国土空间规划、村庄规划，严格控制占用耕地。

（八）引导农民建设功能现代、结构安全、成本经济、绿色环保、与乡村环境相协调的宜居住房

村民建房，应当使用符合国家和省规定标准的建筑材料、建筑构（配）件和设备，鼓励使用绿色节能的建筑材料和技术，采用装配式建筑。绿色人居住房在建造流程上采用的装配式建筑模式，在工厂端完成房屋的构件制造，运输到现场完成装配，工业化的批量生产既提升了效率，在严格的质量管控下，又保证了房屋建材的质量。装配式的建造流程可大大缩短建房周期，降低房屋建造的人工成本和建材成本。农村整体住房条件和居住环境得到显著改善。北方地区结合农村危房改造，积极开展建筑节能示范，对墙体、屋面、门窗等围护结构进行节能改造，提高了室温和居住舒适度，有效缓解了农村地区能源消耗和环境污染。广西、贵州等地结合农村危房改造，同步实施卫生厕所改造和人畜分离，有效改善了农户居住卫生条件，减少了疾病传播的潜在风险。许多地方结合农村危房改造，推进村内道路、绿化、安全供水、垃圾污水治理等设施建设，改善了农村人居环境。各级政府应当进一步加强地方农村建筑特色风貌塑造，推广体现地域特点、民族风情、文化特色和乡土风格的农房设计方案，引导农民建设功能合理、结构安全、绿色环保、与乡村环境相协调的宜居住房。

第六章 组织建设

组织振兴是乡村振兴的重要内容。要把夯实基层基础作为固本之策，建立健全党委领导、政府负责、民主协商、社会协同、公众参与、法治保障、科技支撑的现代乡村社会治理体制，健全以党组织为核心的组织体系，以农村基层党组织建设为主线，突出政治功能，提升组织力，全面加快农村基层群众性自治组织建设、经济组织建设和社会组织建设，推动乡村组织振兴，打造充满活力、和谐有序的善治乡村。

第一节 完善乡村社会治理体制和治理体系

【法律原文】

第四十一条 建立健全党委领导、政府负责、民主协商、社会协同、公众参与、法治保障、科技支撑的现代乡村社会治理体制和自治、法治、德治相结合的乡村社会治理体系，建设充满活力、和谐有序的善治乡村。

地方各级人民政府应当加强乡镇人民政府社会管理和服务能力建设，把乡镇建成乡村治理中心、农村服务中心、乡村经济中心。

一、法律主旨

本部分是调整完善乡村社会治理体制和治理体系的规定。

二、立法背景

习近平总书记强调，创新乡村治理体系，走乡村善治之路。经过长期的探索实践，我们党对社会治理的认识上升到了一个新的高度，治理理念、治理主体、治理方式、治理范围、治理重点等方面在不断发展和升华。一是党的领导作用不断加强。2018 年党中央对《中国共产党农村基层组织工作条例》进行了修订，2019 年党中央出台《中国共产党农村工作条例》。二是乡村治理主体由一元向多元转变。改革开放以后，政府、市场和社会三重体系日臻完善，传统治理方式已不能满足经济和社会的发展要求，由政府、市场与社会组成的多元主体共同治理的社会共治模式初步形成。三是治理体系由自治向"三治"结合发展。党的十九大报告首次提出健全自治、法治、德治相结合的乡村治理体系，2018 年中央一号文件对三者的关系做了详细阐述，乡村治理体系正在逐步完善。四是治理方式和手段不断创新。现代化治理手段与传统治理方式逐步结合，大数据、互联网、积分制等各种新方式、新手段已经在乡村治理中得到创新应用。

改革开放以来，我国构建起党领导下以村民自治为基础的乡村治理格局，农村社会大局稳定，社会形势总体良好。但与实施乡村振兴战略的要求相比，我国乡村治理体制机制还存在不适应的地方。城乡融合发展的体制机制有待健全，农村基础设施在建设和管理上与城镇还有较大差距，农村社会事业和公共服务仍然滞后，影响了农民群众的获得感和幸福感。农村基层组织体系有待健全，一些地方农村基层组织软弱涣散，不能有效组织和带动农民，影响了农民群众的归属感和向心力。农村德治仍需要实化，一些农村的社会风气不正，黄赌毒、封建迷信、大操大办、奢侈攀比之风有所抬头；农村社会秩序维护存在薄弱环节，一些基层干部和农民法治意识淡薄，一些地方的治安形势不容乐观，影响了农民群众的安全感和满意度。

三、法律解读

（一）建立健全现代乡村社会治理体制

完善党委领导、政府负责、民主协商、社会协同、公众参与、法治保障、科技支撑的社会治理体系，是推进乡村治理体系和治理能力现代化的必然要求。在完善的、现代化的乡村治理体系中，坚持党委领导是根本，完善政府负责是前提，开展民主协商是渠道，实行社会协同是依托，动员公众参与是基础，推动法治保障是条件，加强科技支撑是手段，七位一体，有机联系，不可分割。构建农村党委领导体制，要发挥党委总揽全局、协调各方的领导作用，加强对乡村治理工作的领导，及时研究解决乡村治理重大问题。构建政府负责体制，政府要全面正确履行职责，将该由政府管理的农村社会事务管好、管到位。要坚持和完善多元主体协商机制，丰富有事好商量、遇事多商量、做事先商量、众人的事情由众人商量的制度化实践，找到人民群众意愿和要求的最大公约数。要充分发挥群团组织、各类社会组织的作用，鼓励和支持其参与乡村治理，加强政府与群团组织、社会组织的分工、协作以及不同社会组织的相互配合。引领和推动村民参与乡村治理，有效实现人民当家作主，保障人民依法实行自我管理、自我服务、自我教育、自我监督，确保乡村治理过程人民参与、治理成效人民评判、治理成果人民共享。加强乡村治理相关法律法规和有关政策制度的制定完善工作，善于运用法治思维和法治方式化解矛盾、破解难题、促进和谐，充分发挥法治对乡村治理的引领、规范和保障作用。要充分运用现代科技和信息化手段，统筹推进大数据、云计算和物联网等各种信息数据的集成运用，为提升乡村治理整体效能、不断提高现代治理水平提供有力支撑。

（二）推动自治、法治、德治有机结合

以自治增活力。村民委员会组织法提出的自我管理、自我服务、自我教育、自我监督的目标，要依靠自治加以实现。自治是村民的自我治理，是培养农民群众自我意识、自律能力的重要内容。通过自治，能够促进农民群众从治理的对象向治理的主体转型，从而激发农民群众参与乡村治理的积极性、主动性，最终实现共建、共享、共治格局。增强村民自治组织能力，有效拓展村民参与乡村治理的渠道，加强自治组织规范化建设，丰富村民参与村级公共事务的平台。丰富村民的议事协商形式，创新协商议事形式和活动载体，健全村级议事协商制度，鼓励农村开展各类协商活动，形成民事民议、民事民办、民事民管的多层次基层协商格局。

以法治强保障。乡村在社会发展过程中，社会结构变化较大、利益分化十分明显，法治手段能够为化解农民群众内部的矛盾提供坚实的保障，维护农村社会的安定有序。法治是以制度安排和规则程序，通过正式规则对人们的行为加以规范，能够增强农民群众自觉遵守法律的能动性。完善调解、仲裁、行政裁决、行政复议、诉讼等有机衔接、相互协调的多元化纠纷解决机制。充分发挥人民法庭在乡村治理中的作用，加强村法律顾问工作，健全乡村基本公共法律服务体系。规范农村基层行政执法程序，严格按照法定职责和权限执法，将政府涉农事项纳入法治化轨道。深入开展农村法治宣传教育和"法律进乡村"活动，培育一批"法治带头人"。

以德治扬正气。德治通过社会舆论、风俗习惯、内心信念等，正面引导人们的价值取向和发展方向，要重视培育农民群众对乡土人情、道德规范的情感认同。德治具有明显的引导、教化作用，有助于激发农民群众对诚实守信、遵守规则、弘扬公序良俗的内在需求，发挥道德的引领、规范和约束作用，推动社会主义核心价值观落细落小落实，全面推行移风易俗，依靠群众因地制宜制定村规民约。深入实

施公民道德建设工程，加强社会公德、职业道德、家庭美德和个人品德教育。广泛开展农村道德模范、最美邻里、身边好人等选树活动，开展乡风评议，弘扬道德新风。因地制宜广泛开展乡村文化体育活动，挖掘文化内涵。

自治、法治、德治既相互独立又紧密联系，三者共同构成了乡村治理的有机整体、完整体系，要健全党组织领导的自治、法治、德治相结合的乡村治理体系。法治和德治都需要在自治的基础上落实。法治是乡村治理体系的保障，自治、德治都要在法律的框架下进行；以德治教化和道德约束支撑自治、法治，有利于提升自治与法治的效能。综合运用自治、法治、德治，多个层面共同发力，充分发挥其系统功能、整体效果，统筹乡村治理各要素、各流程，集中资源，有效实现乡村治理的愿景目标，推动乡村治理能力现代化。

（三）强化乡镇的服务功能

乡镇处于上接城市、下连农村的关键节点位置，在推进乡村振兴中具有重要的"火车头"作用。地方各级人民政府应当加强乡镇人民政府社会管理和服务能力建设，加快乡镇政府职能转变，不断增强乡镇的服务功能，提升服务效能。

增强乡镇在乡村治理中的作用。完善乡村的治理制度，乡镇党委要落实抓农村基层党组织建设和乡村治理的直接责任，加强对乡镇和村各类组织、各项工作的领导，乡镇党委书记和乡镇党委领导班子要包村联户，及时研究解决农村基层党建、乡村治理和群众生产生活等方面的问题。乡镇政府要强化社会治安、食品安全、道路交通安全、矛盾纠纷化解等方面的监督和管理，有效化解农村社会的矛盾隐患。

增强乡镇提供公共服务的功能。要加强乡镇公共服务和基础设施的规划建设，不断完善农村义务教育、医疗卫生、社会保险、劳动就业、文化体育等基本公共服务。要加强乡镇中小学、乡镇卫生院、农技推广站等条件建设，形成区域性服务中心。要推动推进"放管服"改革和"最多跑一次"改革向基层延伸，整合乡镇和县级部门派驻乡镇机构承担的职能相近、职责交叉的工作事项，建立集综合治理、市场监管、综合执法、公共服务等于一体的统一平台，实行"一门式办理、一站式服务"。加大乡镇基本公共服务投入，推进乡镇现有公共服务资源的优化整合，推动优质公共服务资源向农村延伸。

增强乡镇促进乡村经济发展的作用。乡镇承担乡村经济发展的重要职能，具有空间经济的属性。要支持农产品批发市场、加工流通企业向镇域集聚，发展乡村产业经济，推动农村一二三产业的有效融合与有机衔接，打造加工在镇、基地在村、增收在户的乡村经济发展模式。支持在乡镇发展农资供应、土地托管、统防统治、烘干收储等生产性服务业，发展餐饮休闲、物流配送、养老托幼等生活性服务业。同时，要支持乡镇发展劳动密集型产业，有条件的地方可以建设产业集群，构建乡村经济发展的新增长点，促进乡村经济繁荣、充满活力。

第二节　加强党的全面领导

【法律原文】

第四十二条　中国共产党农村基层组织，按照中国共产党章程和有关规定发挥全面领导作用。村民委员会、农村集体经济组织等应当在乡镇党委和村党组织的领导下，实行村民自治，发展集体所有制经济，维护农民合法权益，并应当接受村民监督。

一、法律主旨

本部分是调整加强农村基层党组织建设、发挥农村党组织领导作用和农村党员先锋模范作用的规定。

二、立法背景

习近平总书记反复强调，党管农村工作是我们的传统，这个传统不能丢；农村基层党组织是农村各个组织和各项工作的领导核心；无论农村社会结构如何变化、各类经济社会组织如何发育成长，农村基层党组织的领导地位不能动摇、战斗堡垒作用不能削弱。这些重要论述，继承了党领导三农工作的优良传统，深刻阐述了加强基层党组织建设的极端重要性，抓住了乡村振兴的基础和关键。新形势下农村基层党建工作开展得怎么样，直接影响到农村基层党组织的凝聚力、影响力、战斗力。农村基层党组织是党直接联系群众的纽带，是党的理论和路线方针政策的直接执行者，是推进乡村振兴战略走好"最后一公里"的关键。全国农村基层党组织、农村党员广泛分布在乡村大地，具有团结带领亿万农民创造美好幸福生活的强大组织力。在推动实施乡村振兴战略的进程中，必须把农村基层党组织建设摆在更加突出的位置来抓，充分发挥党组织的战斗堡垒作用和党员的先锋模范作用。

当前，农村基层党组织建设总体上是坚强的、有战斗力的，但也还存在一些问题，如仍有少数农村基层党组织软弱涣散，部分农村基层党组织动员能力弱，带领群众脱贫致富能力不强；部分农村基层党员干部能力不足，作风不实，宣传政策不及时，执行政策不精准，落实政策不到位，甚至优亲厚友、"雁过拔毛"。要紧紧围绕坚持和完善党的领导制度体系，全面加强农村基层党组织建设。

三、法律解读

（一）加强农村基层党组织建设

近年来，各级组织部门及有关部门积极落实中央要求，采取有效措施，持续开展软弱涣散基层党组织整顿，党的农村基层组织不断夯实加强，巩固了战斗堡垒地位。

要落实村党组织5年任期规定，因地制宜推动全国村"两委"换届与县乡换届同步进行，实行乡镇和村换届整体统筹、上下衔接、协同联动。要持续整顿软弱涣散的村党组织，按照"增加先进支部、提升中间支部、整顿后进支部"的要求，以县为单位全面排查，不设比例、逐个整顿、应整尽整。要合理设置农村党组织结构，党员数量较多的村，可以设置党委或党总支，下面再分设党支部；党员数量较少的村，可以和邻近村设立联合党支部。城中村、城乡结合部、外来流动人口聚集地等区域人口流动频繁，党建工作难度大，要创新完善属地化管理的有效途径，把非本地户籍的党员凝聚到基层党组织周围。

（二）加强农村基层党组织对村级各类组织的领导

2018年，中共中央修订《中国共产党农村基层组织工作条例》，对加强和改进党的农村基层组织建设，夯实党在农村的执政基础发挥了重要作用；2019年，中共中央颁布《中国共产党农村工作条例》，这是首次专门制定关于农村工作的党内法规，党管农村组织更加有力，党管农村工作更加全面，党管农村人才更加强化，党领导农村工作的组织体系、制度体系和工作机制更加健全。《乡村振兴促进法》第四十二条明确规定，中国共产党农村基层组织，按照中国共产党章程和有关规定发挥全面领导作用。村民委员会、农村集体经济组织等应当在乡镇党委和村党组织的领导下，实行村民自治，发展集体所有制经济，维护农民合法权益，并应当接受村民监督。进一步突出了党对乡村振兴工作的领导。

村看村、户看户、农民看支部。农村党组织是团结带领群众建设社会主义新农村的坚强堡垒，是农村各个组织和各项工作的领导。要加强和改善村党组织对村级各类组织的领导，建立健全以基层党组织为领导、村民自治组织和村务监督组织为基础、集体经济组织和农民合作组织为纽带、其他经济社会组织为补充的村级组织体系。推行农村基层党组织通过法定程序担任村民委员会主任，以及村"两委"班子成员交叉任职。要扩大农村基层党组织覆盖面，可以根据需要，在农业企业、农民合作社、社会组织等成立党组织。

（三）加强基层党组织带头人队伍建设

火车跑得快，全靠车头带。基层党组织强不强，关键看带头人。要培养千千万万名优秀的农村基层党组织书记，注重培养选拔有干劲、会干事、作风正派、办事公道的同志，加大力度，从本村致富能手、外出经商务工人员、高校毕业生、退伍军人等优秀党员干部中培养选拔。要注重提升现任党组织书记的能力和水平，加强面向基层党支部书记的培训，实施村党组织带头人整体优化提升行动。加强村级后备力量储备，确保源头活水。加大从优秀村党组织书记中选拔乡镇领导干部、考录乡镇公务员、招聘乡镇事业编制人员的力度，调动村干部干事创业的积极性。

健全村"两委"成员候选人由县级组织、民政部门会同有关部门进行资格联审机制，全面排查清理受过刑事处罚、存在"村霸"和涉黑涉恶等问题的村干部。建立选派第一书记机制，2015 年中央组织部、中央农村工作领导小组办公室（以下简称中央农办）、国务院扶贫办联合印发《关于做好选派机关优秀干部到村任第一书记工作的通知》，明确党组织软弱涣散村和建档立卡贫困村要做到全覆盖。2021年中办印发《关于向重点乡村持续选派驻村第一书记和工作队的意见》，对脱贫村、易地扶贫搬迁安置村（社区），继续选派第一书记和工作队，将乡村振兴重点帮扶县的脱贫村作为重点，加大选派力度。

（四）发挥党员在乡村振兴中的先锋模范作用

要充分利用好、发挥好农村党员干部的先锋模范作用，组织党员在议事决策中宣传党的主张，执行党组织决定，在应对急难险重任务和重大考验时能够挺身而出，成为群众的主心骨。要探索创新党员联系群众的方式方法，发扬党联系群众、动员群众的优良传统，开展党员户挂牌、承诺践诺、设岗定责、志愿服务等活动，推动党员在乡村振兴中的带头示范，带动群众全面参与，引导农民群众自觉听党话、感党恩、跟党走。

第三节　加强农村基层群众性自治组织建设

【法律原文】

第四十五条　乡镇人民政府应当指导和支持农村基层群众性自治组织规范化、制度化建设，健全村民委员会民主决策机制和村务公开制度，增强村民自我管理、自我教育、自我服务、自我监督能力。

一、法律主旨

本部分是加强农村自治组织建设、完善管理制度的规定。

二、立法背景

习近平总书记强调，要以党的领导统揽全局，创新村民自治的有效实现形式，推动社会治理和服务重心向基层下移。要丰富基层民主协商的实现形式，发挥村民监督作用，让农民自己"说事、议事、主事"，做到村里的事村民商量着办。

基层群众自治制度是我国一项基本政治制度。1980年广西河池市宜州区屏南乡合寨村率先通过选举成立村民委员会，成为"村民自治第一村"。1982年，宪法以国家根本大法的形式，确立了基层乡村自治制度。1987年，第一部村民委员会组织法（试行）颁布，进一步明确了农村自治组织的行为准则和制度规范。村民自治制度自20世纪80年代逐步兴起，经过近40年的发展，成为社会主义民主在农村最广泛的实践形式之一，为乡村治理奠定了坚实的组织基础。

改革开放以来，在基层探索的基础上，我国建立了党领导下的村民自治制度，有效实现了村民的自我管理、自我教育和自我服务，奠定了乡村治理的组织基础。但随着形势的发展，村民自治也面临一些突出矛盾和问题。比如，一些村干部年龄老化、思想僵化、能力弱化，不能有效为村民提供服务；一些村委会不依法行使职权，擅自决定应由村民会议或村民代表会议决定的事项，变"执行者"为"决策者"；乡、村两级的指导与被指导关系演变成领导与被领导的关系，村委会偏离了群众性自治组织的属性。为了维护农民在乡村治理中的主体地位，提升农民群众参与的积极性和能力，激发参与乡村振兴的内生动力，要采取针对性措施，深入推进村民自治制度，探索村民自治有效实现形式。

三、法律解读

（一）增强村民自治组织能力

2016 年，中办、国办发布《关于以村民小组或自然村为基本单元的村民自治试点方案》，民政部等 6 部门联合确认了 24 个国家级试点单位，江苏等省开展了省级试点。2018 年，村民委员会组织法修改发布，进一步明确了村民委员会任期等规定。要完善村民（代表）会议制度，推进民主选举、民主协商、民主决策、民主管理、民主监督实践。加强自治组织规范化建设，丰富村民参与村级公共事务平台。充分发挥村民委员会、群防群治力量在公共事务和公益事业办理、民间纠纷调解、治安维护协助等方面的作用。

（二）丰富村民议事协商形式

随着我国中西部农村大量人口向城镇迁移，东部沿海、城市近郊外来人口大量涌入，农村社会结构发生深刻变动，传统村庄的封闭性和稳定性被打破，需要处理好农村"走出去"与"留下来"、"老村民"与"新村民"的关系，搭建符合新形势的议事协商机制。2015年，中办、国办印发《关于加强城乡社区协商的意见》，提出要明确协商内容，确定协商主体，拓展协商形式，规范协商程序，运用协商成果。

健全村级议事协商制度，创新议事协商形式，丰富议事协商载体，依托村民会议、村民代表会议、村民议事会、村民理事会、村民监事会等搭建多种形式的议事平台。全面推行民情恳谈会、事务协调会、工作听证会、成效评议等制度，引导村民主动关心、支持乡村发展，有序参与到乡村建设和管理中来，增强村民的"主人翁"意识。

（三）规范村民自治组织运行机制

实施村务公开和民主管理，是完善村民自治、发展社会主义民主的重要内容，是促进农村党风廉政建设、密切党群干群关系的有效途径。中办、国办《关于在农村普遍实行村务公开和民主管理制度的通知》下发和村民委员会组织法施行以来，全国农村普遍实行了村务公开和民主管理制度。2004 年，中办、国办印发《关于健全和完善村务公开和民主管理制度的意见》，对村务公开的内容、形式、机制等提出了更加具体的要求。各地采取多种形式公开村级事务，有些地方通过村委会公示栏公开公示党务、村务、财务，有些地方则依靠互联网和手机软件实现了实时公开。

自我监督是村民自治的重要环节，村务监督委员会是村民对村务进行民主监督的机制创新。2004 年，我国第一个村务监督委员会诞生在浙江省武义县后陈村。2017 年，中办、国办印发《关于建立健全村务监督委员会的指导意见》，建立健全村务监督委员会制度，明确了人员组成、职责权限、工作方式和管理考核等方面的内容，并提出村务监督委员会要重点加强村务决策和公开、村级财产管理、村工程项目建设、惠农政策措施落实、农村精神文明建设及其他应当监督的情况。目前，全国行政村基本全部建立了村务监督委员会。

建立健全以法律法规、政策制度、自治章程等为主要内容的自治制度体系，依法保障村民自治制度有序推进。推行以民主选举、民主决策、民主管理、民主监督、民主协商和党务公开、村务公开、财务公开为主要内容的"五民主三公开"制度建设。不断完善村务公开的形式、内容和程序，建立健全村务质询、民主评议村干部、财务审计等制度，保障村民的知情权、参与权、决策权和监督权。梳理村级事务公开清单，健全村务档案管理制度，推广村级事务"阳光公开"监管平台。规范村级会计委托代理制，加强农村集体经济组织审计监督，开展村干部任期和离任经济责任审计。

（四）发挥村规民约的自律规范作用

村规民约是村民自我管理、自我服务、自我教育、自我监督的行为规范，对引导农民群众有序参与村庄事务、加强乡村治理、弘扬公序良俗起到了积极作用。2017 年，民政部面向全国开展优秀村规民约征集活动，评选推广了一批优秀的村规民约。2018 年，民政部、中央组织部、农业农村部等 7 个部门联合发布《关于做好村规民约和居民公约工作的指导意见》，提出到 2020 年全国所有村普遍制定或修订形成务实管用的村规民约，指导各地要加强村党组织领导和把关，明确了村规民约一般应包括规范日常行为、维护公共秩序、保障群众权益、调解群众纠纷、引导民风民俗 5 方面内容，制定修订程序一般应包括征集民意、拟定草案、提请审核、审议表决、备案公布 5 个步骤。

要不断指导完善村规民约细化、实化、具体化，发挥道德规范明导向、正民心、树新风的积极作用，将民主法治精神与传统道德力量有机融合，发挥村规民约在乡村基层治理的关键作用。制定村规民约，要因地制宜、突出特色、符合实际、务实管用，也要防止违背法律政策的有关规定，违背公序良俗。要加强审核把关，确保制定程序、内容条款、实施奖惩过程合法合规，注重发掘各地在村规民约制定和施行过程中，采取多种措施保证村规民约合理合法的典型案例，加强宣传推广。

第四节　加强农村经济组织建设

【法律原文】

　　第四十六条　各级人民政府应当引导和支持农村集体经济组织发挥依法管理集体资产、合理开发集体资源、服务集体成员等方面的作用，保障农村集体经济组织的独立运营。

　　县级以上地方人民政府应当支持发展农民专业合作社、家庭农场、农业企业等多种经营主体，健全农业农村社会化服务体系。

一、法律主旨

　　本部分是调整农村经济组织建设、促进农村集体经济发展的规定。

二、立法背景

　　习近平总书记强调，积极发展农民股份合作，赋予集体资产股份权能改革试点的目标方向，是探索赋予农民更多财产权利，明晰产权归属，完善各项权能，激活农村各类生产要素潜能，建立符合市场经济要求的农村集体经济运营新机制。农村经济组织是实现乡村产业振兴的重要载体。目前，全国农村集体经济组织的数量已经超过 29 万个，全国家庭农场超过 100 万家，农民合作社 224 万家，农业产业化龙头企业 8 万多家，农业社会化服务组织超过 90 万家，在促进小农户与现代农业发展有机衔接、推动农业现代化和乡村振兴中发挥了重要的引领作用。当前，我国农村经济组织培育虽取得显著成效，但依旧存在发展不平衡、不充分、实力不强等问题，面临的诸多短板和制约依然突出，难以满足乡村振兴和农业农村现代化的要求。从自身发展水平看，农村集体经济组织整体实力不强，家庭农场仍处于起步发展阶段，部分农民合作社运行不够规范，社会化服务组织服务能力不足、服务领域拓展不够，基础设施落后、经营规模偏小、集约化水平不高、产业链条不完整、经营理念不够先进等问题依然存在。从外部环境看，各类新型农业经营主体和服务主体融资难、融资贵、风险高等问题仍然突出，财税、金融、用地等扶持政策不够具体，倾斜力度不够，各地农业农村部门指导服务能力亟待提升。

三、法律解读

（一）壮大农村集体经济组织

从实际出发、探索发展新型集体经济的有效形式，立足区位条件和资源禀赋，确定主导产业和经营发展模式，注意选择那些有基础条件、有组织能力、有辐射带动作用的村率先发展起来。突破单一农业发展限制，通过一二三产业融合发展，拓展经营性收入来源。建立紧密的利益联结机制和风险防控机制，积极引导社会资本、技术、人才等要素向农村流动，发展乡村产业，实现资源变资产、资金变股金、农民变股东，让农民分享更多产业增值收益。激活农村资源要素，推动农村集体产权规范流转和交易。深化农村集体产权制度改革，全面开展农村集体经济组织成员身份确认工作，规范成员名册管理和成员证书发放，全面开展村级集体经济组织的登记赋码和证书发放工作，指导有集体经营性资产的村镇规范开展股份合作制改革，做到应改尽改，加强农村集体资产管理，巩固全国农村集体资产清产核资成果，严格按照农村集体资产归属确权，并依法由农村集体经济组织代表行使所有权。

（二）推动新型农业经营主体高质量发展

一是加快培育家庭农场。根据产业特点和自身经营管理能力，引导家庭农场重点发展现代种养业，打造规模适度、生产集约、效益良好的生产单元，使之成为专业化、集约化、绿色化农业生产的基础力量。深入实施家庭农场培育计划，把符合条件的规模经营户纳入家庭农场名录。创建一批示范家庭农场和家庭农场示范县，引导组建一批家庭农场协会或联盟。

二是促进农民合作社质量提升。鼓励农民合作社重点开展农资供应、技术服务、仓储保鲜、产品销售等业务，推动农民合作社提升素质和能力，使之成为组织带领广大农户参与国内外市场竞争的中坚力量。开展农民合作社规范提升行动，推进国家、省、市、县示范社四级联创，加大对运行规范的农民合作社的扶持力度。鼓励发展多种形式的适度规模经营。支持农民合作社由种养业向产加销一体化拓展，引导建立合作社联合社，搭建社企对接服务平台。加强农民合作社服务中心和县乡农民合作社辅导员队伍建设。

三是做大做强龙头企业。引导龙头企业重点发展农产品精深加工、技术创新、品牌培育和市场拓展，健全与农户的利益联结机制，使之成为生产高附加值产品、引领现代农业的骨干力量。继续认定农业产业化国家重点龙头企业，支持有条件的企业牵头组建农业产业化联合体。

（三）加快发展农业专业化社会化服务主体

加快推进农业专业化、社会化服务发展，培育壮大农业专业化、社会化服务组织，按照主体多元、功能互补、竞争充分、融合发展的原则，加快培育农业服务型企业、服务专业户、农民专业合作社、农村集体经济组织等各类农业社会化服务主体。支持发展面向小农户和粮食等大宗农产品薄弱环节的生产托管，不断扩大生产托管对小农户的覆盖面。推动农业社会化服务从产中作业环节向产前、产后等环节及金融保险等配套服务延伸，逐步提高农业社会化服务在农业全产业链及农林牧渔各产业的覆盖面。创新服务模式，创建一批农业专业化社会化服务示范基地和示范主体。推进资源整合，建设区域性农业全产业链综合服务中心。加强服务价格指导，坚持市场定价原则，防止价格欺诈和垄断。强化服务合同监管，推广使用示范合同文本，推动规范服务行为，确保服务质量，保障农户权益。推动地方建立社会化服务组织名录库，加强服务组织动态监测。

第五节　加强农村社会组织建设

【法律原文】

第四十七条　县级以上地方人民政府应当采取措施加强基层群团组织建设，支持、规范和引导农村社会组织发展，发挥基层群团组织、农村社会组织团结群众、联系群众、服务群众等方面的作用。

一、法律主旨

本部分是调整农村社会组织建设、发挥社会组织联系群众作用的规定。

二、立法背景

习近平总书记强调，加强和创新农村社会管理，要以保障和改善农村民生为优先方向，树立系统治理、依法治理、综合治理、源头治理的理念，确保广大农民安居乐业、农村社会安定有序。农村社会组织是由农村居民发起成立，在农村开展为民服务、公益慈善、邻里互助、文体娱乐和农村生产技术服务等活动的社会组织。农村社会组织与传统的以亲情为纽带的互助合作不完全相同，社会组织是建立在组织规则基础上的，社会组织不仅在互助功能上弥补了过去的不足，而且在组织规则上也将重构农村社会关系，改变人们多年以来对亲情互助的依赖，提高农民对规则的认识。培育发展农村社会组织，对加强社区治理体系建设、推动社会治理重心向基层下移、打造共建共治共享的社会治理格局具有重要作用。

当前，农村群团组织、社会组织没有得到足够重视，群团组织作用不明显，社会组织发展缓慢。农村社会组织的种类和数量都远远不够，发展规范性差，分布不均衡。农民群体民主意识淡薄，对政府的依赖性较大，自我组建农村社会组织参与乡村治理的主动性和积极性不高。

三、法律解读

（一）加强基层群团组织建设

积极推动农村基层治理创新，以加强农村基层群团组织建设为着力点，广泛拓宽农村妇女、青年等群体参与农村基层治理的多元化渠道，创造更加广阔的空间。统筹基层群团组织资源配置，深化群团组织改革，推动改革不断向基层延伸，健全联系妇女、青年等群体的组织体系，强化基层群团组织的政治功能、社会功能，改革创新体制机制，支持群团组织承担农村公共服务职能。

（二）加快农村社会组织培育

充分认识农村社会组织在乡村振兴战略中的重要作用，加快形成适应农民群众需要的农村社会组织，把农村社会组织的培育发展情况作为乡村振兴的重要内容，把加强农村社会组织培育落到实处。根据乡村建设情况，引导在文化、教育、农业等多方面加强农村社会组织建设，不断壮大农村社会组织的志愿服务队伍，引导社会组织有序参与乡村治理体系建设，在巩固脱贫攻坚成果、就业创业、生产互助、卫生健康、文化体育、社会治安、纠纷调解、生活救助、减灾救灾、留守人员关爱等方面发挥作用。

（三）提升社会组织专业服务能力

农村社会组织的发展离不开专业人才等社会力量的支持，积极引进高校毕业生、优秀人才参与到农村社会组织的建设中来，在劳动保障、政策补贴等方面给予倾斜。加强农村社会组织的专业人才培养，不断健全教育培训体系，通过业务培训提升专业素养，弥补现阶段人员不足、素质较低的人力资源短板。引导社会组织间加强交流合作，依靠更加精准的供求信息，为村民提供针对性更强的产品和服务。不断提升农村社会组织成员的法治精神、内省精神，以理性平和的方式加强与政府部门的交流合作，保证组织健康发展。发挥典型示范作用，加强重点公益性社会组织的宣传，不断提升农村社会组织的品牌影响力，形成以点带面、上下合力的发展局面。

（四）营造社会组织良好发展环境

提高农民群众的民主意识和参与意识，向农民群众宣传新思想、新观念，提高农民参与农村社会组织建设和发展的积极性与主动性。不断理顺政府与社会组织的关系，积极拓宽农村社会组织的发展空间。给予农村社会组织平等公正的发展地位与空间，拓宽政府和农村社会组织协商对话的渠道，不断培育信任、增进合作。通过政府购买公共服务的方式，支持农村社会组织独立自主地发展，给予发展较好、成长较快的社会组织一定的税费减免、优惠补助等政策，以多种途径、多种方式保障组织运转经费，使农村社会组织变得更具吸引力，引导更多的农民参与其中。

（五）引导社会组织规范发展

加快社会组织的立法工作，对农村社会组织的性质、权利义务、审批流程、监管细则、不同类型的发展培育等问题作出具体规定，构建全面、多层次的农村社会组织法律体系。鼓励各地通过出台管理条例的方式规范社会组织的发展。大力弘扬法治精神，加强普法教育，将农村社会组织的发展纳入法治轨道中来，避免不规范发展带来的负面影响。构建社会组织监督系统，将组织、人事、财务公开化、透明化，自觉接受社会公众的监督。探索建立农村社会组织第三方评估机制，客观公正地开展评估工作，不断提升农村社会组织质量。不断完善农村社会组织的内部自治机制，借鉴自律管理的典型经验，不断实现行业内部互律。

第六节　加强法治乡村建设

【法律原文】

第四十八条　地方各级人民政府应当加强基层执法队伍建设，鼓励乡镇人民政府根据需要设立法律顾问和公职律师，鼓励有条件的地方在村民委员会建立公共法律服务工作室，深入开展法治宣传教育和人民调解工作，健全乡村矛盾纠纷调处化解机制，推进法治乡村建设。

第四十九条　地方各级人民政府应当健全农村社会治安防控体系，加强农村警务工作，推动平安乡村建设；健全农村公共安全体系，强化农村公共卫生、安全生产、防灾减灾救灾、应急救援、应急广播、食品、药品、交通、消防等安全管理责任。

一、法律主旨

本部分是调整农村基层执法、农村矛盾纠纷调处化解、平安乡村建设的规定。

二、立法背景

习近平总书记强调，加强法治乡村建设是实施乡村振兴战略、推进全面依法治国的基础性工作。要教育引导农村广大干部群众办事依法、遇事找法、解决问题用法、化解矛盾靠法，积极推进法治乡村建设。加快推进法治乡村建设对于全面推进乡村振兴具有重大意义，中央对法治乡村建设进行了一系列决策和部署。党的十九大报告提出，加强农村基层基础工作，健全自治、法治、德治相结合的乡村治理体系。2018年中央一号文件提出，坚持法治为本，树立依法治理理念，强化法律在维护农民权益、规范市场运行、农业支持保护、生态环境治理、化解农村社会矛盾等方面的权威地位。2019年中央一号文件提出，推进农村基层依法治理，建立健全公共法律服务体系，加强农业综合执法。2020年中央一号文件提出，持续整治侵害农民利益的行为，妥善化解土地承包、征地拆迁、农民工工资、环境污染等方面的矛盾。2020年，中央全面依法治国委员会印发的《关于加强法治乡村建设的意见》提出，坚持以社会主义核心价值观为引领，着力推进乡村依法治理，教育引导农村干部群众办事依法、遇事找法、解决问题用法、化解矛盾靠法，走出一条符合中国国情、体现新时代特征的中国特色社会主义法治乡村之路，为全面依法治国奠定坚实基础。2021年中央一号文件提出，创建民主法治示范村，培育农村学法用法示范户，加强乡村人民调解组织队伍建设，推动就地化解矛盾纠纷。

与全面依法治国的要求相比较，农村法治建设总体仍然薄弱，还存在很多滞后的方面。一些农民群众法治意识、法治观念依然淡薄，"讲人情、讲关系"的思想普遍存在，"遇事找人"成为习惯；农民群众存在用法难的现象，一些农村基层干部存在不学法、不懂法，以言代法、以权压法现象；一些偏远农村，还存在以家族势力对抗基层政权、干涉执法司法的个别现象。这些现象反映了当前全面推进依法治国的任务还很紧迫，加快建设法治农村刻不容缓。

三、法律解读

（一）强化农村矛盾纠纷化解

认真贯彻中央政策精神，妥善化解矛盾纠纷，提高农民依法维权意识，增强基层干部依法办事能力，从源头预防和减少农村矛盾纠纷。依法办理涉农信访事项，注重从政策层面预防和化解信访反映的普遍性、倾向性问题，切实维护农民群众、农村集体经济组织和新型农业经营主体等的合法权益。坚持法律效果、政治效果、社会效果有机统一，注重以法为据、以理服人、以情感人，加大农业执法过程中调处化解涉农矛盾纠纷的力度。坚持发展新时代"枫桥经验"，做到"小事不出村、大事不出乡"。完善调解、仲裁、行政裁决、行政复议、诉讼等有机衔接、相互支撑、相互协调的多元化纠纷解决机制，增强调处化解合力。应完善村级调解机制，健全"个人＋集体"调解模式，依靠道德约束力、舆论影响力和情感感染力，实现定分止争。完善分级处置机制，根据矛盾纠纷的性质、涉及人数、财产数额等情况，细化类型、分级归类、分层处置。对轻微矛盾纠纷，由调解员或村级调委会直接调处；对重大矛盾纠纷，县、乡有关部门提前入村指导或直接处置；对确不适宜调解的矛盾纠纷，应做好导入诉讼和协助起诉工作。落实深化行政复议体制改革要求，推进行政复议规范化、专业化、信息化建设，依法公正办理复议案件。

（二）强化农村执法队伍建设

进一步深化行政执法改革，要切实加强组织领导，落实工作责任，确保改革举措落地生效。要着力破解农业综合行政执法面临的突出问题，牢牢把握农业综合行政执法工作定位，推动改革攻坚、职责履行、机制创新和能力提升，在促进执法改革、提高执法效能、建设高素质执法队伍等方面扎实开展工作。合理配置执法力量资源，整合基层审批服务执法力量，推进行政执法权限和力量向基层延伸下沉。扎实实施农业综合行政执法能力提升行动，聚焦执法办案主责主业，以学助练、以查提技、以案强兵，在实战中练兵、在练兵中提升，努力扎实开展农业行政执法大练兵活动，加大网络培训力度，推动各省组建执法指导小组，强化办案指导，打造一支专业化、职业化、现代化的农业执法队伍。严格实施行政执法人员持证上岗和资格管理制度，坚持从严管理，以"负面清单"形式划清行政执法行为的"红线"，做到严格、规范、公正、文明执法。

（三）加强农村法律宣传

要站在全面依法治国的战略高度上，进一步提高对普法工作的认识。2021 年 6 月，中共中央、国务院转发了《中央宣传部、司法部关于开展法治宣传教育的第八个五年规划（2021—2025 年）》，各地要推动涉农系统联动，形成农村法治宣传合力。创新普法内容，注重运用新技术分析各类人群不同的法治需求，提高普法产品供给的精准性和有效性。拓展普法网络平台，建立新媒体普法集群和矩阵，形成多级互动传播，建设统一信息平台，及时更新数据，免费向公众开放。创新普法方法手段，促进单向式传播向互动式、服务式、场景式传播转变，增强受众的参与感、体验感、获得感，使普法更接地气，更为群众喜闻乐见，建设融"报、网、端、微、屏"于一体的全媒体法治传播体系，使互联网变成普法创新发展的最大增量。深入开展"民主法治示范村（社区）"创建，加强动态管理，提高创建质量，促进乡村社会既充满活力又和谐有序，推动全面依法治国各项措施在乡村基层落地生根，培育农村学法用法示范户，持续发挥农村用法示范户的带动作用。

（四）加强农村法律公共服务供给

鼓励有条件的地方建立村级公共法律服务工作室，积极制定村级公共法律服务工作室建设规范标准，运用"互联网＋"等信息化手段，创新工作方式，倡导一体化管理、一条龙服务。不断完善村级公共法律服务工作室的职责，为农民群众提供法律咨询、法律援助、公证服务、司法鉴定、安置帮教等法律服务。在提供公共法律服务的全过程中开展法治宣传，帮助农民群众依法调解村内的各类矛盾纠纷，稳步提升村民知法、学法、懂法、用法意识。实施农村"法律明白人"培养工程，培育一批以村干部、人民调解员为重点的"法治带头人"。

（五）加强平安乡村建设

乡村社会安全有序是农民群众美好生活和社会发展的前提与保障。加强农村社会治安防控体系建设，落实平安建设领导责任制，加强基础性制度、设施、平台建设。优化总体规划，充分发挥大数据、云计算、人工智能等信息技术在社会治安防控中的作用，增强农村地区基础信息采集，完善治安防控信息平台建设。加强对农村矫正对象、刑满释放人员等特殊人群的服务管理。加强农民群众拒毒防毒宣传教育，依法打击整治毒品违法犯罪活动。完善经费保障、技术保障、队伍建设、基层基础建设，建立健全农村地区扫黑除恶常态化机制。依法加大对农村非法宗教活动、邪教活动的打击力度，制止利用宗教、邪教干预农村公共事务，大力整治农村乱建宗教活动场所、滥塑宗教造像。加强农村警务工作，大力推行"一村一辅警"，扎实开展智慧农村警务室建设，完善定期走访群众、摸排各类违法线索、化解矛盾纠纷、开展治安防范宣传、协助破获各类案件、协助交通安全管理等工作制度，充分发挥辅警职责。

农村公共安全涉及内容主要包括农村公共卫生、安全生产、防灾减灾救灾、应急救援、应急广播、食品、药品、交通、消防等，每项内容都与农民群众的人身和财产安全密切相关，农村公共安全服务是一项长期性的工作，是各级人民政府履职的一项基本任务。健全农村公共安全体系，强化安全管理责任，已经成为农村地区亟待解决的问题。要加强农村安全隐患的源头治理防控，建立完善党委和政府主导、基层群众参与、社会协同的协调机制，互通信息、共享资源、形成合力，加强对农村公共安全的源头治理。要建立预警和防范管理机制，建立健全农村公共安全分级预警制度，对重点对象、重点问题、重点区域进行全面、彻底、细致排查，全面掌握信息，形成科学预警。加强对重点区域的监管，对农村集贸市场、交通站点等区域经常开展明察暗访，定期开展专项整治，推动网格化、精细化管理。

第七节　健全农村干部队伍培养机制

【法律原文】

第四十三条　国家建立健全农业农村工作干部队伍的培养、配备、使用、管理机制，选拔优秀干部充实到农业农村工作干部队伍，采取措施提高农业农村工作干部队伍的能力和水平，落实农村基层干部相关待遇保障，建设懂农业、爱农村、爱农民的农业农村工作干部队伍。

第四十四条　地方各级人民政府应当构建简约高效的基层管理体制，科学设置乡镇机构，加强乡村干部培训，健全农村基层服务体系，夯实乡村治理基础。

一、法律主旨

本部分是加强农村干部队伍培养、提高基层干部能力水平和保障相关待遇的规定。

二、立法背景

习近平总书记强调，农村政策千条万条，最终都得靠基层干部来落实；农村基层干部常年风里来雨里去，同农民直接打交道，是推动农村发展、维护社会稳定的基本力量。推动乡村振兴战略落地实施，离不开广大农村干部的积极带动和参与。随着农业农村现代化进程的加快，对农村干部队伍的能力和素质要求越来越高。农村干部队伍建设水平稳步提高。各地持续推动村党组织书记从本村致富能手、外出务工经商返乡人员、本乡本土大学毕业生、退役军人党员中培养选拔。积极实施"头雁"工程，选派优秀党员干部，到软弱涣散村、集体经济薄弱村担任党组织第一书记，强化基层党组织书记后备力量队伍。以财政投入为主的稳定的村级组织运转经费保障机制不断健全，为农村干部队伍提供了有效保障。农村基层政治生态不断优化，选人用人标准导向突出能力，想干事的有机会、能干事的有舞台、干成事的有位子成为农村干部队伍建设的主流标准，积极营造争先创新、争先赶超的氛围。

当前农村干部队伍建设与乡村振兴还有一定差距。不少地区干部队伍人员老龄化，农村有能力的年轻人大多外出务工经商，有的村党组织发展青年党员都面临困难。一些村干部有着丰富的基层工作经验，但理论水平有限，难以通过正规的公务员考试进入乡镇政府工作，养老等保障体系比较缺失。基层组织干部工作任务繁重，上级部署的各项工作都有硬性考核指标和专项督查，检查评比数量多，考核压力越大，被问责追责的压力也较大。乡村基层组织负责人文化水平和业务素质不高，不少村干部还只有初中甚至小学文化程度，管理理念落后，知识结构较为单一。为进一步提升乡村振兴各项工作民主化、法治化、科学化水平，亟须建立机制，加快农业农村干部队伍培养。

三、法律解读

（一）健全农业农村干部队伍的培养机制

国家建立健全农业农村工作干部队伍的培养、配备、使用、管理机制。深化农业农村干部发展体制机制改革，建立回引机制，拓宽选人视野，从优秀退役军人、返乡创业人士、致富带头人中培养选拔致富能人进入基层队伍。不断提高干部教育培训质量，结合"三会一课"、主题党日等创新学习教育方式，全面提升干部政治素养和理论水平，通过"传、帮、带"方式提升年轻干部、后备部综合素质，培养履职尽责、实干担当精神。要不拘一格选拔使用优秀年轻干部，搭建发展平台，对优秀年轻干部及时推荐、提拔、重用。强化干部教育管理和约束监督，确保干部走得稳、行得远、知敬畏、存戒惧、守底线。

建设懂农业、爱农村、爱农民的农业农村工作干部队伍。农业生产的地域性、周期性、季节性特征比较突出，城乡二元结构造成农村建设和发展滞后，随着经济社会发展，农民利益诉求日趋多样，农村基层干部要及时分析三农的发展变化规律，掌握新动向、新趋势。农业农村干部要懂农业，深入学习农业专业知识和政策法规，充分了解农业生产体系、产业体系、经营体系，掌握推进农业高质量发展所需要的本领。农业农村干部要爱农村，擅于学会利用农村优势，加快农村建设，改善农村环境，不怕克服困难，消除消极思想，增强使命感和责任感。农业农村干部要爱农民，全心全意为农民群众服务，理解、包容、爱护农民群众，促进农民全面发展，团结形成合力，在各项工作中积极调动农民群众的积极性、主动性和创造性。

（二）丰富乡村干部培训方式

强化"头雁工程""雁阵工程""雏雁计划"等育人抓手。实施乡村治理人才能力提升系列工程，加强农村基层组织负责人的培养和锻炼，实施村级组织负责人队伍优化提升行动，培养一支有激情、会干事的"带头人"队伍。推动部门联合，共同搭建农业农村干部政治素质和综合业务能力提升教育平台，完善农业农村干部培训的整体方案，开展农业农村干部技能需求调查，完善培训后续跟踪评价，提高培训效果。结合村"两委"换届，深入开展村级干部轮训，逐步扩大轮训范围。

（三）提高农村干部队伍待遇保障

长期以来，农村基层干部承担大量工作，但待遇较低，社会保障相对不足等问题亟须改善。各地需要研究稳步提高乡村基层干部待遇，逐渐改善其工作生活条件。完善乡镇公务员和事业编制人员年终奖金和年度绩效工资政策，稳步提高收入水平，逐步提高乡镇工作补贴标准，重点向艰苦边远地区倾斜。实行村干部报酬与工作绩效挂钩，以基本报酬加绩效考核奖励报酬方式发放。乡镇（街道）干部、事业编制人员基本养老保险、医疗保险、失业保险、工伤保险、生育保险和住房公积金，以及离任村干部生活补助等，要统筹解决、逐步提高。

（四）营造激发农村干部队伍潜力的基层管理体制

按照重心下移、权责一致和按需下放的原则，进一步明确乡镇权力实施主体，将面广量大、基本管理迫切需要、具备承接条件的审批服务事项和执法权限赋予乡镇，进一步扩大乡镇"一站式""一窗口"政务服务，建立健全乡镇级执法队伍。鼓励探索一人多岗、一人多能等机制，整合下派人员、"三支一扶"、西部志愿者等工作人员，促使基层事情有人办，推动实现人员精简、管理统一、服务高效的目标。对乡镇现行机构设置、组织架构、联络机制、干部管理等进行改革，整合机构重叠交叉繁杂问题，明确工作职责，避免乡镇工作人员相互推诿、执行不力等问题，提高乡镇职能机构工作的实际运行效果。减少内部管理层级，减少不必要的落实和传导，促进干部勇于担当，形成齐抓共管格局。

第七章　城乡融合

实现城乡融合发展，是社会主义建设和发展的内在要求。实施乡村振兴战略，促进乡村振兴，必须重塑城乡关系，走城乡融合发展之路。

习近平总书记指出，推进城乡发展一体化，是工业化、城镇化、农业现代化发展到一定阶段的必然要求，是国家现代化的重要标志。实施乡村振兴战略、加快农业农村现代化不能就乡村论乡村，必须走城乡融合发展的道路，强化以工补农、以城带乡，推动形成工农互促、城乡互补、协调发展、共同繁荣的新型工农城乡关系，强化制度供给，打通城乡要素市场化配置体制机制障碍，推动城乡要素平等交换、双向流动。进而充分实现乡村资源要素内在价值，挖掘乡村多种功能，改变农村要素单向流出格局，增强农业农村发展活力。据此，乡村振兴促进法就城乡融合设专章，就城乡融合发展中的重点问题作出规定。

第一节　城乡融合发展的基本要求

【法律原文】

第五十条　各级人民政府应当协同推进乡村振兴战略和新型城镇化战略的实施，整体筹划城镇和乡村发展，科学有序统筹安排生态、农业、城镇等功能空间，优化城乡产业发展、基础设施、公共服务设施等布局，逐步健全全民覆盖、普惠共享、城乡一体的基本公共服务体系，加快县域城乡融合发展，促进农业高质高效、乡村宜居宜业、农民富裕富足。

一、法律主旨

本部分是关于乡村振兴统筹规划的规定。

二、立法背景

长期以来，受城乡二元结构影响，城乡发展差距不断拉大的趋势没有得到根本扭转。近年来，党中央坚持把解决好三农问题作为全党工作的重中之重，农业基础地位得到显著加强，农村社会事业得到明显改善，统筹城乡发展、城乡关系调整取得重大进展。但由于欠账过多、基础薄弱，中国城乡发展不平衡不协调的矛盾依然比较突出，加快推进城乡发展一体化意义更加凸显、要求更加紧迫。党的十六大首次明确提出了"统筹城乡经济社会发展"方略，党的十七大提出，要建立以工促农、以城带乡长效机制，形成城乡经济社会发展一体化新格局，党的十八大进一步明确提出城乡一体化发展是解决三农问题的根本途径，党的十九大提出建立健全城乡融合发展体制机制和政策体系。

乡村振兴战略规划中进一步明确，要顺应城乡融合发展趋势，重塑城乡关系，更好激发农村内部发展活力，优化农村外部发展环境，推动人才、土地、资本等要素双向流动，为乡村振兴注入新动能。"十四五"规划中再次明确，深化农村改革，健全城乡融合发展机制，推动城乡要素平等交换、双向流动，对融合发展提出明确要求。

三、法律解读

(一)正确认识城市和乡村的关系,统筹城镇和乡村发展

习近平总书记指出,城镇建设和新农村建设,是推进城乡发展一体化的两个同等重要的方面,不可偏废。2011 年 9 月,习近平总书记在天津调研时强调:要进一步完善城镇化战略及相关政策,优化城镇布局和结构,增强城镇集聚产业、承载人口、辐射带动区域发展的能力,推进新型城镇化与新农村建设互动发展、共同提高。2013 年 7 月,习近平总书记在湖北考察时指出,即使城镇化程度达到了 70%,也还有四五亿人在农村。农村绝不能成为荒芜的农村、留守的农村、记忆中的故园。他这一讲话实质上指出,乡村永远还是乡村,城镇化不是要消灭乡村,城乡一体化不是把乡村建成与城市同质化的一部分,而是实现城市与乡村、工业和农业的差异化、协调发展。习近平总书记在中共中央政治局第二十二次集体学习时指出,要继续推进新农村建设,使之与新型城镇化协调发展、互惠一体,形成双轮驱动。城镇化是中国现代化的必由之路,是一个持久的战略。习近平总书记强调,要注意保护乡村文化与生态,建设一批具有较高水平、能够百世流芳的名村庄。习近平总书记在党的十九大报告中强调,实施乡村振兴战略,要坚持农业、农村优先发展,按照产业兴旺、生态宜居、乡风文明、治理有效、生活富裕的总要求,建立健全城乡融合发展体制机制和政策体系,加快推进农业农村现代化。

现代化是由现代城市和现代乡村共同构成的。城镇和乡村是互促互进、共生共存的。没有乡村的发展,城镇化就会缺乏根基。城镇化是现代化的必由之路,是保持经济持续健康发展的强大引擎,是解决农业、农村、农民问题的重要途径,更是促进社会全面进步的必然要求。能否处理好城乡关系,关乎社会主义现代化建设全局。农业是国民经济的基础,在粮食安全、农产品供给、产业培育、市场贡献、生态贡献及其他功能方面具有不可替代的作用。不管城镇化发展到什么

程度，农村人口还会是一个相当大的规模，这既是发展机遇也是发展挑战。坚持让大中小城市和小城镇协调发展，农村居民在生产条件、生活质量、公共服务和相关权益等方面总体上与城镇居民相当，坚持公共财政向城乡居民均等化覆盖，使农民真正具有自由选择进城还是留乡的经济社会基础，将城乡失衡、区域失调的非均衡发展战略调整为城乡协调、区域协调发展的均衡发展战略。

（二）坚持乡村振兴战略与新型城镇化战略同步实施、统筹发展

新型城镇化战略自提出以来，坚持全面深入推进以人为核心的新型城镇化建设，贯彻落实"创新、协调、绿色、开放、共享"的发展理念，从聚焦"走出一条新路"到明确城市发展"路线图"，从提出解决"三个1亿人"目标到新型城镇化试点，描绘出一幅以人为本、四化同步、优化布局、生态文明、文化传承的中国特色新型城镇化宏伟蓝图。实施新型城镇化战略，是实现发展社会主义的宏伟目标，走中国特色社会发展道路，建设社会主义强国的必由之路，有利于统筹城乡区域协调发展，逐步缩小区域差距，有利于转变经济发展方式，促进结构优化升级，促进一二三产业协调发展。新型城镇化战略的实施为乡村振兴战略的实施奠定了现实基础，提供了良好的制度保障。2013年3月，习近平总书记在参加十二届全国人大一次会议江苏代表团座谈时指出，搞城镇化，不能单兵突进，而是要协同作战，做到工业化和城镇化良性互动、城镇化和农业现代化相互协调。2013年11月，党的十八届三中全会关于全面深化改革的决定明确作出了"城乡二元结构是制约城乡发展一体化的主要障碍"的判断，并提出"必须健全体制机制，形成以工促农、以城带乡、工农互惠、城乡一体的新型工农城乡关系，让广大农民平等参与现代化进程、共同分享现代化成果"。2015年4月，习近平总书记在中共中央政治局第二十二次集体学习时强调指出，要把工业和农业、城市和乡村作为一个整体统筹谋划，促进城乡在规划布局、要素配置、产业发展、公共服务、生态保护等方面相互

融合和共同发展。着力点是通过建立城乡融合的体制机制，逐步实现城乡居民基本权益平等化、城乡公共服务均等化、城乡居民收入均衡化、城乡要素配置合理化，以及城乡产业发展融合化。在党的十九大报告中，习近平总书记又提出了两个融合发展，即"建立健全城乡融合发展体制机制和政策体系"和"促进农村一二三产业融合发展"。这有利于更好地推动城市人才、技术、资金等发展要素下乡，更好地实现以工促农、工农互惠发展。

在做好乡村振兴相关工作的过程中，不应孤立地就乡村发展乡村，应当要整体规划城镇和乡村发展，注重乡村振兴战略和新型城镇化战略的协同推进。不能顾此失彼，有所偏废。

（三）明确城乡融合发展的基本手段和目标

城乡规划是推进城乡一体化发展的基本手段。搞好城乡规划，对于有效配置城乡公共资源、促进城乡经济社会协调发展具有十分重要的意义。在推进城乡融合发展进程中，习近平总书记历来高度重视发挥规划的先导作用。1985 年，时任正定县委书记的习近平同志亲自主导和部署制定了《正定县经济技术、社会发展总体规划》，提出了正定经济"三步走"发展目标和"对外开放、对内搞活、依托城市、开发智力、发展经济、致富人民"的发展方针。2004 年，习近平同志主持，在全国率先制定出台了第一个省级层面的城乡发展一体化纲要，即《浙江省统筹城乡发展推进城乡一体化纲要》。2007 年，习近平同志在上海松江区调研时强调指出，统筹城乡发展，要充分发挥规划先导作用，从产业、基础设施、人口、社会事业发展等各个方面促进城乡一体化发展。2013 年 12 月，中央城镇化工作会议提出，城镇建设，要实事求是确定城市定位、科学规划和务实行动，避免走弯路。2015 年 4 月，他在中共中央政治局第二十二次集体学习时指出，要完善规划体制，通盘考虑城乡发展规划编制，一体设计，多规合一，切实解决规划上城乡脱节、重城市轻农村的问题。对此，中共中央国务院《关于加快推进生态文明建设的意见》进一步提出，完善县域村庄规划，强化规划的科学性和约束力，要维护城乡规划的权威性、严肃性，杜绝大拆大建。

为科学规范城乡发展，本法明确了城乡融合发展中对于城乡发展空间、布局的要求。即根据有关土地利用总体规划，以及城乡规划的法律规定，依据国土空间规划编制体系。依法批准的国土空间规划是各类开发、保护、建设活动的基本依据。已经编制国土空间规划的，不再编制土地利用总体规划和城乡规划。同时，相关法律还明确，编制国土空间规划应当坚持生态优先，绿色、可持续发展，科学有序统筹安排生态、农业、城镇等功能空间，优化国土空间结构和布局，提升国土空间开发、保护的质量和效率。本法在此基础上，将涉及乡村发展内容的规划编制要求进一步明确，即以优化城乡产业发展、基础设施、公共服务设施等布局为具体实施内容，以健全全民覆盖、普惠共享、城乡一体的基本公共服务体系为目标，以县域城乡融合为着力点、突破口，谋划顶层设计，破除城乡分割的体制弊端，加快打通城乡要素平等交换、双向流动的制度性通道。最终实现农业高质高效、乡村宜居宜业、农民富裕富足。

第二节　依法编制村庄规划

【法律原文】

第五十一条　县级人民政府和乡镇人民政府应当优化本行政区域内乡村发展布局，按照尊重农民意愿、方便群众生产生活、保持乡村功能和特色的原则，因地制宜安排村庄布局，依法编制村庄规划，分类有序推进村庄建设，严格规范村庄撤并，严禁违背农民意愿、违反法定程序撤并村庄。

一、法律主旨

本条是关于因地制宜编制乡村规划，分类推进实施乡村振兴的规定。

二、立法背景

乡村振兴的全面、高质量实现，离不开科学有序的规划编制。乡村振兴规划的编制，作为乡村振兴的基础性工作，对于整体规划的实现发挥着引领和刚性控制的作用。党中央提出乡村振兴战略伊始，明确各地区各部门细化乡村振兴地方规划和专项规划或方案的要求，特别强调和注意规划的编制及其作用的发挥。其中就村庄规划专门提出明确要求，即应当在各类规划统筹管理和衔接的基础上，分类进行，突出地方特色，根据发展现状和需要分类有序推进乡村振兴。

三、法律解读

（一）村庄规划编制的责任主体

党中央明确要求在乡村振兴战略实施过程中以县为单位抓紧编制或修编村庄布局规划，县级党委和政府要统筹推进乡村规划工作。同时，城乡规划法也明确规定，乡、镇人民政府组织编制乡规划、村庄规划，报上一级人民政府审批。因此，本条规定，村庄布局安排和规划编制的主体为县级人民政府和乡镇人民政府。

（二）村庄规划编制的原则

本条进一步明确县级人民政府和乡镇人民政府在规划布局村庄发展中的责任及应当坚持的原则。首先应当尊重农民意愿、方便群众生产生活、保持乡村功能和特色。广大农民群众是乡村振兴的主力军，只有积极发挥村民"共谋共建共治共享"主体作用，才能充分调动他们的积极性、主动性、创造性，最大限度激发广大农民参与乡村振兴建设的热情和激情。因此应当把尊重农民意愿放在规划布局的首位。同时，要确保村庄乡村功能和特色的发挥，使得乡村发展不离本源。通盘考虑土地利用、产业发展、居民点建设、人居环境整治、生态保护和历史文化传承，注重保持乡土风貌。

其次，确保乡村规划内容全面，统筹考虑乡村多重功能。乡规划、村庄规划的内容应当包括规划区范围，住宅、道路、供水、排水、供电、垃圾收集、畜禽养殖场所等农村生产、生活服务设施、公益事业等各项建设的用地布局、建设要求，以及对耕地等自然资源和历史文化遗产保护、防灾减灾等的具体安排。乡规划还应当包括本行政区域内的村庄发展布局。按照先规划后建设的原则，通盘考虑土地利用、产业发展、居民点建设、人居环境整治、生态保护和历史文化传承，注重保持乡土风貌，编制多规合一的实用性村庄规划。对有条件、有需求的村庄尽快实现村庄规划全覆盖。对暂时没有编制规划的村庄，严格按照县乡两级国土空间规划中确定的用途管制和建设管理要求进行建设。编制村庄规划要立足现有基础，保留乡村特色风貌，不搞大拆大建。在此基础上，自然资源部进一步明确，集聚提升类等建设需求量大的村庄加快编制，城郊融合类的村庄可纳入城镇控制性详细规划统筹编制，搬迁撤并类的村庄原则上不单独编制。避免脱离实际追求村庄规划全覆盖。

再次，规划的编制应当依法进行，即应做到内容合法、程序合法。城乡规划法明确规定，镇人民政府组织编制的镇总体规划，在报上一级人民政府审批前，应当先经镇人民代表大会审议，代表的审议意见交由本级人民政府研究处理。村庄规划在报送审批前，应当经村民会议或者村民代表会议讨论同意。对具备条件的村庄，要加快推进城镇基础设施和公共服务向农村延伸；对自然历史文化资源丰富的村庄，要统筹兼顾保护与发展；对生存条件恶劣、生态环境脆弱的村庄，要加大力度实施生态移民搬迁。乡规划、村庄规划应当从农村实际出发，尊重村民意愿，体现地方和农村特色。

"十四五"期间，乡村建设将摆到社会主义现代化建设的重要位置。推进合村并居、村庄撤并可以在一定程度上提高土地使用效率、能集中供给公共服务提高村民生活质量、满足城市发展用地需求、筹措资金等。但在实践中，有些地区出现了利用增减挂钩扩大建设用地规模、突破周转指标、违背农民意愿大拆大建等问题。党中央长期关注地方的村庄撤并工作。针对村庄撤并过程中出现和存在的问题，本法明确规定，严格规范村庄撤并，严禁违背农民意愿、违反法定程序撤并村庄。乡村建设是为农民而建，要因地制宜、稳扎稳打，不刮风搞运动。严格规范村庄撤并，不得违背农民意愿强迫农民上楼，把好事办好、把实事办实。

第三节　统筹乡村基础设施建设

【法律原文】

第五十二条　县级以上地方人民政府应当统筹规划、建设、管护城乡道路以及垃圾污水处理、供水供电供气、物流、客运、信息通信、广播电视、消防、防灾减灾等公共基础设施和新型基础设施，推动城乡基础设施互联互通，保障乡村发展能源需求，保障农村饮用水安全，满足农民生产生活需要。

一、法律主旨

本条是关于加强乡村基础设施建设的规定。

二、立法背景

在长期实行的城乡二元结构体制下，因服务于国家工业化、城镇化的需要，我国基础设施建设的重心在城镇，乡村建设严重滞后，导致城乡基础设施和公共服务水平差距较大。在广大的农村地区，氟斑牙和氟骨症等因水质差引发的疾病比较常见；由于电网建设不足或者老化，农村断电的现象经常发生；由于清洁能源供应不足，不少生态脆弱地带的稀疏林木被砍伐光；城市居民走的是水泥路、柏油路，而农村居民走的则是"晴天一把刀、雨天一锅粥"的泥泞道路，农民出行很不方便。党的十八大以来，乡村建设全面提速，农村基础设施条件迅速改善，农村生产生活条件明显改善，城乡建设差距扩大的趋势得到有效遏制。目前，我国农村基础设施实现了长足发展，截至2020年年底全国95％以上的村庄开展了清洁行动，农村生活垃圾收运处置体系覆盖90％的行政村，农村水电路气房等基础设施建设都实现了历史性变化，农村科教文卫体等公共服务都取得了巨大成就。但与全面建成小康社会的要求相比，与广大农民群众的期待相比，农村基础设施建设和公共服务发展仍然存在不少差距，是农民群众最真切的民生痛点。比如高寒地区和严重缺水地区农村改厕技术和模式还不成熟，仅有30％的村生活污水实现集中或部分集中处理，通硬化路的自然村不足40％，村内道路建设需求强烈，农村安全饮水尚未实现全覆盖，截至2019年，全国仍有12％的行政村生活垃圾没有得到集中收集和处理；约1/4的村庄生活污水未得到处理；拥有卫生厕所的农户比例仅为60％。截至2020年年底，虽然拥有卫生厕所的农户比例有所上升，达到68％，但现代化建设的短板仍然在农业农村，我国农村基础设施还不能适应实施乡村振兴战略、推进现代化国家建设的需要。

三、法律解读

（一）全面加强乡村基础设施建设

当前城乡发展不协调的突出表现在于基础设施和公共服务水平差距过大，特别是在偏远乡镇，基础设施配套薄弱的问题尤为明显。在按照"产业兴旺、生态宜居、乡风文明、治理有效、生活富裕"总要求，推进乡村振兴战略实施过程中，要不忘农村基础设施这个短板。要以水利、道路、农村能源和通信等生产或生活基础设施为关注重点，统筹抓好配套建设，逐步构建全域覆盖、城乡一体的基础设施服务网络。

习近平总书记2013年12月在中央城镇化工作会议上发表的讲话中指出，在人口城镇化问题上，我们要有足够的历史耐心。他在2013年12月中央农村工作会议的讲话中指出，必须看到，我国幅员辽阔，人口众多，大部分国土面积是农村，即使将来城镇化水平到了70%，还会有四五亿人生活在农村。为此，要继续推进社会主义新农村建设，为农民建设幸福家园和美丽乡村。在2017年12月的中央农村工作会议上，习近平总书记就实施乡村振兴战略作重要讲话时，再次阐述了他的这一观点。2019年3月，习近平总书记在参加十三届全国人大二次会议河南代表团审议时指出要"加大投入力度，创新投入方式，引导和鼓励各类社会资本投入农村基础设施建设，逐步建立全域覆盖、普惠共享、城乡一体的基础设施服务网络"。习近平总书记对这一问题的判断和重视是一贯的。

乡村振兴战略规划中明确，继续把基础设施建设重点放在农村，持续加大投入力度，加快补齐农村基础设施短板，促进城乡基础设施互联互通，推动农村基础设施提档升级，着力改善农村交通物流设施条件，加强农村水利基础设施网络建设，构建农村现代能源体系，夯实乡村信息化基础。

"十四五"规划中提出"实施乡村建设行动"，把乡村建设作为"十四五"时期全面推进乡村振兴的重点任务，摆在了社会主义现代化建设的重要位置。"乡村建设行动"的提出，充分展现了"十四五"时期我国三农工作的着力点，即在城乡基础设施的协调性和公共服务水平的均等化上铆足劲、做足功，用好乡村建设空间，形成城乡大市场互补互促的国内大循环，加快构建新发展格局。

（二）加强乡村基础设施建设的主要内容

全面改善乡村硬件基础设施，增强城乡基础设施的协调性，用整体性、一体化思维合理规划城乡建设空间布局，着力推进农业基础设施现代化，不断夯实国家粮食安全的基础，加快推进城乡一体化发展。需要坚持统筹推进的方式方法。一方面，加强传统基础设施建设，加快补齐目前存在的突出短板，重点抓好农村交通运输、农田水利、农村饮水、乡村物流、宽带网络等基础设施建设。另一方面，推进新型基础设施建设，为乡村经济社会数字化转型发展提供有力支撑。在乡村建设行动中，对于水、电、路、气、通信、广播电视等传统基础设施，应加快推动提挡升级，逐渐形成布局合理、城乡互通的基础设施体系，满足农村居民对高质量农业生产、高品质美好生活的现实需要。同时，应按照美丽乡村的建设规划合理布局，因地制宜推进农村改厕、生活垃圾处理和污水治理，不断改善农村人居环境、村容村貌，让广大农村地区的绿水青山更好造福百姓。此外，还要加快数字乡村建设，实施数字乡村战略，弥合城乡新基建鸿沟，着力发挥数字信息技术在农村释放的普惠效应和溢出效应，进一步夯实乡村振兴的基础。

在构建以国内大循环为主体、国内国际双循环相互促进的新发展格局背景下，尤其要充分利用好乡村建设这个投资发展机遇，广泛调动社会资本投资农村重点工程的积极性，激活农村集体资产，力争在"十四五"时期使农村基础设施和基本公共服务水平有较大改善，进一步夯实乡村振兴基础。促进农业从单一产业向三产融合发展，扩大国民经济循环的格局和体系，畅通城乡联动的国内经济大循环，实现国民经济高质量发展。

第四节　发展农村社会事业

【法律原文】

第五十三条　国家发展农村社会事业，促进公共教育、医疗卫生、社会保障等资源向农村倾斜，提升乡村基本公共服务水平，推进城乡基本公共服务均等化。

国家健全乡村便民服务体系，提升乡村公共服务数字化智能化水平，支持完善村级综合服务设施和综合信息平台，培育服务机构和服务类社会组织，完善服务运行机制，促进公共服务与自我服务有效衔接，增强生产生活服务功能。

一、法律主旨

本部分是关于发展农村社会事业，提高公共服务水平的规定。

二、立法背景

党的十八大以来，我国农村公共服务水平大幅提升，然而公共服务仍然是乡村发展明显的短板，公共服务资源亟待向乡村社区基层"下沉"。推动城乡基本公共服务均等化，注重从形式上的普惠向实质上的公平转变。全面提升农村地区公共服务水平，应切实解决与农村居民利益直接相关的问题，增强公共服务在城市、县城、小城镇和乡村之间的同步性，提高乡村公共服务的有效供给，尤其是乡村对于公共医疗卫生、社会保障、社区养老等社会性公共服务的需求，推进城乡基本公共服务标准统一、制度并轨，不断增强人民的获得感、幸福感、安全感。

三、法律解读

（一）以基本公共服务均等化为目标全面发展农村社会事业

党中央一直高度重视农村社会事业的发展，强调将社会事业发展的重点放在农村。经过多年的努力奋斗，农村科教文卫体等公共服务都取得了巨大成就。但与城市社会事业的发展相比较还有一定的发展差距。应城乡居民共享社会发展成果需要，以城乡基本公共服务均等化为重点，发展好农村社会事业，推进城乡基本公共服务标准统一、制度并轨，实现从形式上的普惠向实质上的公平转变。要牢固树立农村公共服务优先导向，以普惠性、保基本、均等化、可持续为方向。在实施乡村全面振兴的过程中，补齐农村社会事业发展的短板。这其中以公共教育、医疗卫生和社会保障等领域为重点。据此，本法规定，国家发展农村社会事业，促进公共教育、医疗卫生、社会保障等资源向农村倾斜，提升乡村基本公共服务水平，推进城乡基本公共服务均等化。同时还就统筹城乡社会保障制度列专条规定。

（二）促进农村公共教育和医疗卫生事业发展

相较于城市教育而言，我国农村公共教育仍然存在服务差距较大、教育资源配置不均、教育质量良莠不齐等问题。同时，户籍制度改革、计划生育政策调整、人口（含学生）流动也给城乡义务教育学校规划布局和城镇学位供给带来了巨大的挑战。城乡教育发展不均衡并非孤立存在，而是相互依存、相互影响、相互制约的。因此，要解决城乡教育问题，就必须统筹推进城乡义务教育一体化改革发展，通过促进基本公共教育服务均等化来一体解决。必须切实用好教育投入，统筹做好城乡义务教育学校布局工作，科学合理制定布局规划，有效配置教育资源；统筹推进义务教育学校标准化建设，完善各类学校建设标准，明确标准化建设内容，集中力量解决好城镇大班额和乡村薄弱校问题；统筹抓好城乡教师队伍建设，实行乡村教师收入分配倾斜制度；统筹义务教育经费投入使用，依法落实义务教育经费稳定增长的要求，加强项目经费统筹使用，优化支出结构，做到软硬件兼顾，特别是要加大对软件的支持力度；着力补上农村学前教育发展不足；统筹解决特殊群体平等接受义务教育问题等。

进入 21 世纪，我国农村医疗卫生事业进入了一个全新的发展阶段。一是农民获得基本医疗保障。从农村新型合作医疗体制试点的推进，到不断成熟，再到有序提高筹资标准，农民参加合作医疗或基本医疗保障制度实现全覆盖。二是公共卫生服务得到全面加强。政府启动实施国家基本公共卫生服务项目，人均基本公共卫生服务经费补助标准、服务内容逐步扩展。适当提高了城乡居民基本医疗保险财政补助和个人缴费标准，合理提高了农村低保等社会救助水平。三是县、乡、村三级医疗卫生服务网建设全面加强。按照中央的要求，下一步将继续全面推进健康乡村建设，提升村卫生室标准化建设和健康管理水平，推动乡村医生向执业（助理）医师转变，采取派驻、巡诊等方式提高基层卫生服务水平。提升乡镇卫生院医疗服务能力，选建一批中心卫生院。加强县级医院建设，持续提升县级疾控机构应对重大疫情及突发公共卫生事件能力。加强县域紧密型医共体建设，实行医保总额预算管理。加强妇幼、老年人、残疾人等重点人群健康服务。

（三）健全乡村便民服务体系

为适应和满足农民群众日益增长的美好生活需要，本条还规定，国家健全乡村便民服务体系，提升乡村公共服务数字化智能化水平，支持完善村级综合服务设施和综合信息平台，培育服务机构和服务类社会组织，完善服务运行机制，促进公共服务与自我服务有效衔接，增强生产生活服务功能。以乡村学校、医院、图书馆、超市等建设为重点，着力推进农民生活设施便利化，不断改善农村居住环境。推动"互联网＋"社区向农村延伸，提高村级综合服务信息化水平，逐步实现信息发布、民情收集、议事协商、公共服务等村级事务网上运行。加快乡村规划管理信息化，推动乡村规划上图入库、在线查询、实时跟踪。推进农村基础设施建设、农村公共服务供给等在线管理。要发挥多种新型组织形式，积极培育各类服务机构和社会类服务组织，通过服务机制的建立健全，不断完善公共服务与乡村居民自我服务的有效衔接，提升乡村生产生活服务功能。

第五节　统筹城乡社会保障

【法律原文】

第五十四条　国家完善城乡统筹的社会保障制度，建立健全保障机制，支持乡村提高社会保障管理服务水平；建立健全城乡居民基本养老保险待遇确定和基础养老金标准正常调整机制，确保城乡居民基本养老保险待遇随经济社会发展逐步提高。

国家支持农民按照规定参加城乡居民基本养老保险、基本医疗保险，鼓励具备条件的灵活就业人员和农业产业化从业人员参加职工基本养老保险、职工基本医疗保险等社会保险。

国家推进城乡最低生活保障制度统筹发展，提高农村特困人员供养等社会救助水平，加强对农村留守儿童、妇女和老年人以及残疾人、困境儿童的关爱服务，支持发展农村普惠型养老服务和互助性养老。

一、法律主旨

本部分是关于完善城乡统筹的社会保障制度的规定。

二、立法背景

让农民生活有保障，是以人为本的科学发展观的要求，是实现中国梦的必然要求，也是实现城乡经济社会一体化发展的现实要求。随着我国经济的持续增长和政府财力的增强，建立完整的农村社会保障制度提上了日程。2007年10月召开的党的十七大明确提出，到2020年要实现"覆盖城乡居民的社会保障体系基本建立，人人享有基本生活保障"的目标。在此基础上，近年来，特别是党的十八大以来，国家加快了农村社会保障制度建设，城乡居民共享改革发展成果，农村社会保障水平大幅提高。当前，城乡二元结构仍然存在，社会保障领域也呈现出二元化的发展状态，城市与乡村社会保障体系各自运行，大部分农村地区社会保障制度明显落后于城市，保障水平、保障内容等方面均存在着明显的差异，农村社会保障体系与农村社会发展相比相对滞后，外出务工人员参加城市社会保障门槛高，完善社会保障机制制度需要在法律层面进一步规范。随着经济社会的不断发展，我国逐渐形成了以新型农村合作医疗制度、农村最低生活保障制度、新型农村社会保险制度为主体的农村社会保障制度。随着政府财政实力的增强，以及支出向民生领域的倾斜，健全完善城乡统筹的社会保障制度、细化保障机制和内容成为可能，"覆盖城乡居民的社会保障体系基本建立，人人享有基本生活保障"的目标逐步确立。

农村社会保障体系是面向农村、农民的社会保障，是保障农村社会稳定、经济发展的关键，也是构建和谐社会的必然要求，对于提升广大农村居民的幸福感，固本强基有着重要意义。

三、法律解读

（一）统筹城乡社会保障制度的主要内容

党中央明确提出加强农村社会保障体系建设的要求，并进一步细化有关内容，即完善统一的城乡居民基本医疗保险制度和大病保险制度，做好农民重特大疾病救助工作。巩固城乡居民医保全国异地就医联网直接结算。完善城乡居民基本养老保险制度，建立城乡居民基本养老保险待遇确认和基础养老金标准正常调整机制。统筹城乡社会救助体系，完善最低生活保障制度，做好农村社会救助兜底工作。将进城落户农业转移人口全部纳入城镇住房保障体系。构建多层次农村养老保障体系，创新多元化照料服务模式。健全农村留守儿童和妇女、老年人以及困境儿童关爱服务体系。加强和改善农村残疾人服务。本条内容通过三个层次和三个方面的规定，搭建起农村社会保障制度的平台。

（二）进一步明确相关保障制度的法律地位

本条在现行政策和实践的基础上，在第一款明确了相关制度和机制的确立，即国家完善城乡统筹的社会保障制度，建立健全保障机制，支持乡村提高社会保障管理服务水平；建立健全城乡居民基本养老保险待遇确定和基础养老金标准正常调整机制，确保城乡居民基本养老保险待遇随经济社会发展逐步提高。

（三）进城务工人员社会保障的特别规定

针对进城务工农民参加城市社会保障作出了明确规定，打通城乡社会保障之间的屏障，即国家支持农民按照规定参加城乡居民基本养老保险、基本医疗保险，鼓励具备条件的灵活就业人员和农业产业化从业人员参加职工基本养老保险、职工基本医疗保险等社会保险。

（四）对农村特殊群体保障和相关产业发展的支持

针对农村特殊群体和养老服务业的发展进一步明确，国家推进城乡最低生活保障制度统筹发展，提高农村特困人员供养等社会救助水平，加强对农村留守儿童、妇女和老年人以及残疾人、困境儿童的关爱服务，支持发展农村普惠型养老服务和互助性养老。

第六节　健全城乡就业创业服务

【法律原文】

第五十五条　国家推动形成平等竞争、规范有序、城乡统一的人力资源市场，健全城乡均等的公共就业创业服务制度。

县级以上地方人民政府应当采取措施促进在城镇稳定就业和生活的农民自愿有序进城落户，不得以退出土地承包经营权、宅基地使用权、集体收益分配权等作为农民进城落户的条件；推进取得居住证的农民及其随迁家属享受城镇基本公共服务。

国家鼓励社会资本到乡村发展与农民利益联结型项目，鼓励城市居民到乡村旅游、休闲度假、养生养老等，但不得破坏乡村生态环境，不得损害农村集体经济组织及其成员的合法权益。

一、法律主旨

本部分是关于均等的城乡就业市场和鼓励从事多元产业创业发展的规定。

二、立法背景

改革开放以来，我国城乡人力资源市场经历了一个从分割向统筹发展的渐进式一体化过程。党的十七大报告从加快推进经济社会建设的高度，明确要求"建立统一规范的人力资源市场，形成城乡劳动者平等就业的制度"。国务院机构改革明确提出，建立统一规范的人力资源市场，促进人力资源合理流动和有效配置。

近年来农村到城镇的人口数量每年都在增加，但是制度性的迁移障碍并没有消失。就业市场中还存在着城乡分割。农村进城务工人员不能享受到均等的公共服务，甚至在就业机会、工作环境上存在着歧视问题。如何协调处理好城乡之间的人力资源供需关系，保障好进城务工人员的合法权益，是构建城乡间发展良性互动关系，实现城乡深度融合的重要方面。

三、法律解释

（一）统筹城乡人力资源市场

统筹城乡劳动就业，加快建立城乡统一的人力资源市场，是党中央针对制约城乡人力资源流动的问题作出的决策部署。就业促进法也明确规定，农村劳动者进城就业享有与城镇劳动者平等的劳动权利，不得对农村劳动者进城就业设置歧视性限制。据此，本法第一款在现行政策基础上进一步明确规定，国家推动形成平等竞争、规范有序、城乡统一的人力资源市场，健全城乡均等的公共就业创业服务制度。即一方面，要积极采取措施，进一步冲破城乡隔离、地区封锁的格局，充分发挥市场在配置劳动力资源中的基础性作用，加快建立和完善城乡劳动者平等的就业制度，促进劳动力跨城乡、跨地区合理流动。特别是继续清理和废除针对农民工进城就业的歧视性规定和不合理限制。加强农民转移就业培训，完善覆盖城乡的公共就业服务体系。另一方面，支持乡村创新创业。鼓励外出农民工、高校毕业生、退伍军人、城市各类人才返乡下乡创新创业，支持建立多种形式的创业支撑服务平台，完善乡村创新创业支持服务体系。落实好减税降费政策，鼓励地方设立乡村就业创业引导基金，加快解决用地、信贷等困难。加强创新创业孵化平台建设，支持创建一批返乡创业园，支持发展小微企业。合理引导农民工流向，进而保障城乡人力资源可以自由、高效地流动。

（二）保护进城就业农民合法财产权益

随着大量农村劳动力向城镇转移，为鼓励符合条件、有意愿的农民在城镇落户，同时解除进城落户农民的后顾之忧，在现有法律规定的基础上，进一步保护好进城落户农民应当享有的三项基本财产权益，明确已取得居住证的农民及其家属的相关权益，本条第二款明确规定，县级以上地方人民政府应当采取措施促进在城镇稳定就业和生活的农民自愿有序进城落户，不得以退出土地承包经营权、宅基地使用权、集体收益分配权等作为农民进城落户的条件；推进取得居住证的农民及其随迁家属享受城镇基本公共服务。

（三）拓宽乡村就业创业渠道

2019 年，中共中央、国务院《关于建立健全城乡融合发展体制机制和政策体系的意见》中要求，统筹推进农村劳动力转移就业和就地创业就业。规范招工用人制度，消除一切就业歧视，健全城乡均等的公共就业创业服务制度，为让农民合理分享全产业链增值收益，实践中国家采取提供基础设施建设便利、简化申办手续等多种措施鼓励社会多方面力量，大力开发农业多种功能，延长产业链、提升价值链、完善利益链，通过保底分红、股份合作、利润返还等多种形式，让农民合理分享全产业链增值收益。特别是结合农村生态资源丰富的优势，结合中华传统优秀文化，实施休闲农业和乡村旅游精品工程，开展适应城乡居民需要的休闲旅游、餐饮民宿、文化体验、健康养生、养老服务等产业。发展乡村共享经济、创意农业、特色文化产业。本条第三款将这一做法完善下来，明确国家鼓励社会资本到乡村发展与农民利益联结型项目，鼓励城市居民到乡村旅游、休闲度假、养生养老等，但不得破坏乡村生态环境，不得损害农村集体经济组织及其成员的合法权益。

第七节　促进城乡产业协同发展

【法律原文】

第五十六条　县级以上人民政府应当采取措施促进城乡产业协同发展，在保障农民主体地位的基础上健全联农带农激励机制，实现乡村经济多元化和农业全产业链发展。

一、法律主旨

本部分是关于城乡产业协同发展的规定。

二、立法背景

为了应对我国发展所面临的国内外环境的变化，2020年5月14日，中央政治局常务委员会会议提出构建国内国际双循环相互促进的新发展格局，此后，习近平总书记在多个场合论及加快构建新发展格局问题。党的十九届五中全会对构建"双循环"新发展格局进一步作出重大战略部署。根据党中央的要求，构建"双循环"新发展格局的一个重要任务是畅通国内产业循环，提高我国产业链现代化水平，降低产业链核心技术和核心环节对外依赖程度，实现从全球价值链"低端嵌入"向"高端嵌入"转变。这意味着未来我国要下大力气加强产业的国内价值链建设，在强化核心环节的同时，提升产业链本地化水平，以此应对我国产业发展所面临的外部不确定性，并成功攀上全球价值链高端。推进城市群产业协同发展是完成上述任务的重要途径。而更加注重城乡区域循环，以新型城镇化和乡村振兴战略为抓手，培育区域发展新增长极和动力源，促进形成优势互补、高质量发展的区域经济布局，城乡间的产业协同发展，是实现"双循环"的重要内容。

当前，乡村产业发展面临难得机遇，新一轮产业革命和技术革命方兴未艾，生物技术、人工智能在农业中广泛应用，5G、云计算、物联网、区块链等与农业交互联动，新产业新业态新模式不断涌现，引领乡村产业转型升级。同时，乡村产业发展面临一些挑战。经济全球化的不确定性增大。新冠肺炎疫情对世界经济格局产生冲击，全球供应链调整重构，国际产业分工深度演化，对我国乡村产业链构建带来较大影响。资源要素瓶颈依然突出。资金、技术、人才向乡村流动仍有诸多障碍，资金稳定投入机制尚未建立，人才激励保障机制尚不完善，社会资本下乡动力不足。乡村网络、通信、物流等设施薄弱。发展方式较为粗放。创新能力总体不强，外延扩张特征明显。目前，农产品加工业与农业总产值比为 2.3∶1，远低于发达国家 3.5∶1 的水平。农产品加工转化率为 67.5%，比发达国家低近 18 个百分点。产业链条延伸不充分。第一产业向后端延伸不够，第二产业向两端拓展不足，第三产业向高端开发滞后，利益联结机制不健全，小而散、小而低、小而弱问题突出，乡村产业转型升级任务艰巨。

三、法律解释

（一）乡村经济多元化和农业全产业链发展的实现路径

乡村经济内涵丰富、类型多样，农业全产业链发展提升农业价值，乡村特色产业拓宽产业门类，休闲农业拓展农业功能，乡村新型服务业丰富业态类型，是提升农业、繁荣农村、富裕农民的产业。近年来，农村创新创业环境不断改善，新产业新业态大量涌现，乡村产业发展取得了积极成效。但存在产业链条较短、融合层次较浅、要素活力不足等问题，亟待加强引导、加快发展。2019 年，中共中央、国务院《关于建立健全城乡融合发展体制机制和政策体系的意见》强调，在实现城乡产业融合发展，壮大乡村产业的过程中，应当以完善利益联结机制为核心，发展植根于农业农村，由当地农民主办，发展有地域特色和乡村价值的产业体系。这就要求在促进城乡产业融合的过程中，始终坚持把农民更多分享增值收益作为基本出发点，增强农民参与融合的能力，创新收益分享模式，也提出了要坚持守住底线、防范风险，特别是守住土地所有制性质不改变、耕地红线不突破、农民利益不受损底线，守住生态保护红线，守住乡村文化根脉。从而实现本条规定的在保障农民主体地位的基础上健全联农带农激励机制，实现乡村经济多元化和农业全产业链发展。

近年来，各地在促进乡村产业发展中积累了宝贵经验。注重布局优化，在县域内统筹资源和产业，探索形成县城、中心镇（乡）、中心村层级分工明显的格局。注重产业融合，发展二三产业，延伸产业链条，促进主体融合、业态融合和利益融合。注重创新驱动，开发新技术，加快工艺改进和设施装备升级，提升生产效率。注重品牌引领，推进绿色兴农、品牌强农，培育农产品区域公用品牌和知名加工产品品牌，创响乡土特色品牌，提升品牌溢价。注重联农带农，建立多种形式的利益联结机制，让农民更多分享产业链增值收益。

乡村经济多元化发展路径。应当在农业生产现代化取得新进步的基础上，充分发挥深层优势和潜力，实现城乡产业的有效互补。使用城市的科技特别是农业科技来改造乡村的传统农业，利用城市的工业来延长乡村的农业产业链条，利用城市的互联网产业等服务业来丰富农村的产业业态。形成城市先进技术带动农村发展，农村优势资源促进城市发展的良性互动模式，做大做强现有特色经济部门。乡村产业应当走多元化发展的道路，即以现代农业为基础，农村一二三产业融合发展、乡村文化旅游等新产业新业态为重要补充，实现乡村经济多元化和农业全产业链发展。为打造城乡产业发展的通路，本条明确了县级以上人民政府促进城乡产业协同发展的法定职责，即县级以上人民政府应当采取措施促进城乡产业协同发展。据此，县级以上人民政府应当采取切实措施，为城乡产业协同、融合发展创造良好的制度空间，搭建良好的政策平台。

在《关于建立健全城乡融合发展体制机制和政策体系的意见》

中，还明确要搭建城乡产业协同发展平台，培育发展城乡产业协同发展先行区，推动城乡要素跨界配置和产业有机融合。同时，还将城乡产业协同发展平台作了具象化，引导社会资本重点培育一批国家城乡融合典型项目，形成示范带动效应。这是考虑到，我国城乡产业的发展水平差异很大，在很多地区，一边是大城市的先进制造业和现代服务业，一边是乡村的传统农业。未来的乡村经济是多元化的，是以现代农业为基础，以农村一二三产业融合发展、乡村文化旅游等新产业新业态为重要补充。

（二）健全联农带农激励机制

如何坚持农民主体、共享发展，党中央提出了指导性意见，首先要提高农民参与程度。鼓励农民以土地、林权、资金等多种要素为纽带，开展多种形式的合作与联合，强化和提升农民作为市场主体的平等地位。引导农村集体经济组织挖掘集体土地、房屋等资源和资产的潜力，积极参与产业融合发展。要积极培育社会化服务组织，为农民参与产业融合创造良好的条件。其次，要创新收益分享的模式。不断探索多种利益联结方式，让农户能够分享加工、销售环节的收益。鼓励多种形式的共同营销，让农户更多分享产业链增值收益。建立稳定的订单和契约关系，明确资本参与利润分配比例的上限。再次，要通过强化政策扶持引导，探索将农户参与程度和利润分配比例，作为享受财政投入或者政策支持的依据。

第八节　加强进城农民工就业权益保障

【法律原文】

第五十七条　各级人民政府及其有关部门应当采取措施鼓励农

民进城务工，全面落实城乡劳动者平等就业、同工同酬，依法保障农民工工资支付和社会保障权益。

一、法律主旨

本部分关于城乡劳动者平等就业的规定。

二、立法背景

进城务工农民为输入地的经济发展所做出的贡献有目共睹，他们分布在城镇的各个生产、经营领域，其就业结构与城镇劳动力也有明显的差别，更大程度上与城镇劳动力就业形成了互补关系，解决了城镇经济社会发展的很多现实问题。农民进城务工伴随着我国经济发展的历程呈现出阶段性的特征，存在的问题是动态变化的。但受长期城乡二元体制的影响，城乡之间的资源配置失衡，劳动力市场分割问题影响农民进城务工平等就业，在一定时期内还将存在。进城务工农民获取就业信息的渠道单一、能力较弱，大多数农民工聚集在收入水平较低、工作强度较大的低端行业，在就业的第一个环节就处于不利地位。农民工不能与城市劳动者以同等的身份进行竞争，在合法权益没有得到保障的前提下匆匆就业，无暇斟酌就业条件的情况下被动工作，依然有部分未签订劳动合同。这些不仅损害他们的自由择业权，也为未来相关劳动权益的保障带来不确定性。客观上进城务工农民与城市劳动力同工不同酬、同工不同权的现象仍然存在，即使与其他劳动者从事同样的工作，在工资收入、工作时间和权益保障等方面也有明显差别。

三、法律解释

（一）保障农民工平等就业权益

2019年，中共中央、国务院《关于建立健全城乡融合发展体制机制和政策体系的意见》中要求，完善促进农民工资性收入增长环境。健全农民工劳动权益保护机制，落实农民工与城镇职工平等就业制度。努力增加就业岗位和创业机会。提高新生代农民工职业技能培训的针对性和有效性，健全农民工输出输入地劳务对接机制。总体上看，进城务工农民工平等就业的政策环境正在日趋完善，劳动法、劳动合同法、就业促进法等一系列相关法律的出台，劳动领域包括广大农民工在内的劳动者的权利受到比以往更加强有力的法律保障。各级政府也通过调整户籍政策、完善劳动保障措施、提高社会保障水平、解决住房等生活保障相关措施，提升对进城务工农民合法权益的保障水平。

为保障好乡村振兴、城乡融合过程中的进城务工农民合法权益，本条明确规定，应当采取措施鼓励农民进城务工，全面落实城乡劳动者平等就业、同工同酬。同时还特别提出，应当依法保障农民工工资支付和社会保障权益。

（二）治理拖欠农民工工资

党的十八大以来，党中央、国务院十分关注欠薪治理工作，各地各有关部门积极努力，工作取得显著成效，拖欠农民工工资多发高发的态势得到了明显遏制。但是，由于一些行业生产组织方式不规范，用人单位主体责任、属地政府和部门监管责任落实不到位等原因，拖欠农民工工资问题屡治不绝。国务院聚焦拖欠农民工工资主要领域的突出问题，围绕保障农民工工资支付出台了保障农民工工资支付条例。这一条例为保障农民工工资支付提供了有力的法治保障，坚持源头治理、系统治理、综合治理，建立健全欠薪零容忍的制度体系，以监管有效的工作格局，惩处有力的执法机制为目标，为保障进城务工农民及时足额获得工资薪金。各地各部门各用工主体应当严格落实条例有关规定，不能让进城务工农民流汗还流泪。

（三）提升农民工社会保障水平

为提升进城务工农民的社会保障水平，社会保险法明确规定"进城务工的农村居民依照本法规定参加社会保险。"从而明确赋予了进城务工农民参加社会保险的权利。以养老保险为例，国家主导设立基本养老保险、新型农村社会养老保险和城镇居民社会养老保险，农民进入社会保障没有门槛，也确保了农民工社保权益的可持续，真正实现广覆盖、保基本目标。确立社会保险跨地区转移的操作制度。个人跨统筹地区就业的，其基本养老保险关系随本人转移，缴费年限累计计算。个人达到法定退休年龄时，基本养老金分段计算、统一支付。职工跨统筹地区就业的，其失业保险关系随本人转移，缴费年限累计计算。这些规定与农民工流动就业对保险可转移性的需求相适应。同时，法律还确立农民工社会保险权益实现的保障制度等。这些制度的确定都为提升进城务工农民各类社会保险覆盖率和质量提供了良好的保障，也为进城务工农民在城镇的稳定就业提供了良好的制度空间。

第八章　扶持措施

乡村振兴战略的全面推进离不开社会各界的大力支持，需从财政、金融、保险、土地、支持保护政策等方面建立健全乡村振兴扶持政策体系。要通过加大财政投入保障力度，构建新型农业支持保护体系，强化农村金融支撑，保障乡村振兴合理用地需求等扶持措施，形成政府、市场、社会协同高效推进乡村振兴的良好局面。

第一节　健全财政投入和农业
支持保护政策体系

【法律原文】

第五十八条　国家建立健全农业支持保护体系和实施乡村振兴战略财政投入保障制度。县级以上人民政府应当优先保障用于乡村振兴的财政投入，确保投入力度不断增强、总量持续增加、与乡村振兴目标任务相适应。

省、自治区、直辖市人民政府可以依法发行政府债券，用于现代农业设施建设和乡村建设。

各级人民政府应当完善涉农资金统筹整合长效机制，强化财政资金监督管理，全面实施预算绩效管理，提高财政资金使用效益。

第六十条　国家按照增加总量、优化存量、提高效能的原则，构建以高质量绿色发展为导向的新型农业补贴政策体系。

一、法律主旨

本部分是关于财政投入保障制度的规定。确立了各地政府财政投入的法律责任和义务，明确了以高质量绿色发展为导向的新型农业补贴政策体系。

二、立法背景

财政是国家调控社会资源配置的重要手段，对于经济社会发展具有重要影响。财政投入是农业农村建设特别是基础设施建设的重要资金来源，健全财政农业投入机制是加快乡村振兴战略实施的重要保障。

但是长期以来，受城乡分割体制的影响，乡村基础设施建设和公共服务主要由村级组织和农民自身承担，通过三提五统和一事一议的方式筹集资金来解决，财政投入在乡村发展中严重缺位。进入21世纪以来，在以工补农、以城带乡基本方针的指导下，国家逐步改革城乡分割的二元体制，大幅度增加对农业农村基础设施建设和公共服务领域的投入，并逐步在立法上明确了农业、教育的财政投入责任。《中华人民共和国农业法》明确规定，国家逐步提高农业投入的总体水平。中央和县级以上地方财政每年对农业总投入的增长幅度应当高于其财政经常性收入的增长幅度，从法律上明确了各地财政对于农业投入的责任和义务，逐步构建了财政对于农业投入稳步增长的制度保障。2019年，国家财政用于农林水的支出达到2.286万亿元。2006年修订的《中华人民共和国义务教育法》对于财政投入责任也进行了明确规定，义务教育经费投入实行国务院和地方各级人民政府根据职责共同负担，省（自治区、直辖市）人民政府负责统筹落实的体制。农村义务教育所需经费，由各级人民政府根据国务院的规定分项目、按比例分担。同时要求，县级人民政府编制预算，除向农村地区学校和薄弱学校倾斜外，应当均衡安排义务教育经费。这就从法律上基本确立了各地财政对于乡村地区教育的投入责任和义务，为教育经费提供了法律保障。但是由于经济发展水平和诸多因素的限制，财政对于农业农村建设投入的全面保障机制始终没有建立，成为制约农业农村发展的重要因素。

步入 21 世纪以来，随着国家财政对于农业投入的不断增加，我国农业支持保护制度也不断完善，逐步形成了以提高农业综合生产能力、保障农民收入和促进农业可持续发展为主要目标的生产扶持和生态保护政策体系。2016 年以来，我国推进农业供给侧结构性改革，积极探索以竞争力导向的农业补贴政策体系，强化高质量绿色发展导向。

党的十九大以来，国家实施乡村振兴战略，确立了农业农村优先发展的总方针，明确要求资金要素优先投向农业农村，公共服务优先安排农业农村。2018 年《关于实施乡村振兴战略的意见》提出，建立健全实施乡村振兴战略财政投入保障制度，公共财政更大力度向三农倾斜。同时，文件要求，优化财政供给结构，加快建立涉农资金统筹整合长效机制，充分发挥财政资金的引导作用，撬动金融和社会资本更多投向乡村振兴。2020 年中央一号文件进一步要求，加大中央和地方财政三农投入力度，中央预算内投资继续向农业农村倾斜。各地应有序扩大用于支持乡村振兴的专项债券发行规模。2021 年中央一号文件提出，制定落实提高土地出让收益用于农业农村比例考核办法，确保按规定提高用于农业农村的比例。各地区各部门要进一步完善涉农资金统筹整合长效机制。支持地方政府发行一般债券和专项债券用于现代农业设施建设和乡村建设行动。这一系列文件为财政投入农业农村提供了政策依据，也推动了各级财政对农业农村建设投入的持续增加。

乡村振兴促进法是第一次以法律的形式明确了县级以上人民政府财政在乡村振兴战略中的法律责任和义务，为财政支持农村基础设施建设和公共服务提供了法律依据，为构建以财政投入为主导的乡村基础设施建设投入机制奠定了基础。

三、法律解读

本法对于各级政府财政支持乡村振兴战略的制度构建、投入总量、投入方式、投入结构、投入效率提出了明确要求，为建立健全乡村振兴财政保障机制、完善农业补贴政策体系指明了方向。

（一）健全财政支持乡村振兴的体制机制

健全的机制是各级财政投入乡村振兴的制度保障。本法要求：国家建立健全农业支持保护体系和实施乡村振兴战略财政投入保障制度。乡村振兴的财政投入保障制度主要包括资金投入总量增长机制、资金来源渠道安排、主要领域财政资金要求以及相关监督考核等方面的内容。目前，尽管国家财政对于乡村振兴投入大幅度增加，对于推动农业农村发展发挥了显著作用，但对财政支持乡村振兴的总体性制度安排缺乏法律法规的支撑，仅仅是农业、义务教育等少数领域中，通过专门法律对于财政投入责任予以明确。下一步，完善财政支持乡村振兴的法律制度建设，需要通过三个层面来推进。一是根据乡村振兴促进法的要求，修订财政预算领域的法律法规，将乡村振兴纳入相应科目，保障相应的资金来源。二是修订农业、教育、医疗卫生、道路交通、人居环境等各领域的相关法律法规，明确各级财政对于相关领域的投入责任和义务，为农业农村基础设施和公共服务提供资金保障。三是研究制定专门条例，明确各级财政对于农业支持保护和乡村建设的投入总量、投入结构、投入方式的要求，为农业农村发展提供基本保障。

（二）持续加大对乡村振兴的财政投入总量

财政资金是农业农村基础设施和公共服务的主要资金来源，也对金融和社会资本进入农业农村具有重要的引导作用，持续加大财政对于乡村振兴的投入是乡村振兴战略实施的重要前提和保障。本法明确要求：县级以上人民政府应当优先保障用于乡村振兴的财政投入，确保投入力度不断增强、总量持续增加、与乡村振兴目标任务相适应。落实法律要求，实现乡村振兴的财政投入总量持续增长，应该从三个层面落实：一是各级财政对于乡村振兴的资金总量要保持只增不减。乡村振兴是一个长期的系统工程，不是一朝一夕，需要久久为功，需要各级财政持续增加投入。二是各级财政对于乡村振兴的投入增幅应高于财政收入的同期增幅。这是落实农业农村优先发展总方针的要求。受长期城乡分割体制的影响，农业农村建设投入严重不足，成为农业农村现代化的短板弱项。只有对乡村振兴的财政投入增幅超过财政收入增幅，才能逐步优化调整财政支出，落实资金要素优先向农业农村投入的要求。三是财政对农业农村投入强度要不断提高。随着乡村振兴战略的全面推进，纳入财政负担单位的基础设施和公共服务的范围不断拓展。强化财政对农业农村发展的财政投入保障，不仅要求投入总量和增幅不断增加，而且能够满足农业农村目标和任务的要求，真正发挥财政资金对乡村振兴的保障作用。

（三）完善财政涉农资金整合机制

长期以来，财政涉农资金多头管理、交叉重复、使用分散突出，成为影响财政支农资金使用效果的瓶颈。2016 年，国务院办公厅印发《关于支持贫困县开展统筹整合使用财政涉农资金试点的意见》，在贫困县以重点扶贫项目为平台，统筹整合使用财政涉农资金，提高资金使用精准度和效益，为脱贫攻坚目标如期完成奠定了基础。2017年，国务院印发《关于探索建立涉农资金统筹整合长效机制的意见》，在全国范围内开展支农资金整合部署，以"大专项＋任务清单"的管理模式，按照"渠道不乱、用途不变、集中投入、形成合力"的原则，赋予地方相机施策和统筹资金的自主权，统筹安排各类功能互补、用途衔接的涉农资金，提升资金使用效益。本法从法律上明确了各级人民政府完善涉农财政资金统筹整合机制的责任和义务。主要包括了三个层面的内容：一是要按照国务院相关要求，建立健全本级涉农财政资金整合的制度，为各类资金的统筹利用提供长效机制；二是完善涉农财政资金使用的监督管理办法，通过科学评估、公开公示、动态监控等方式，减少资金跑冒滴漏，保障资金分配和使用过程公平合理；三是健全全面绩效管理制度。通过对涉农财政资金建立覆盖全过程、全环节的绩效管理制度，开展全面绩效考核和评价，推动提高资金的使用效益。

（四）拓展财政支农资金来源渠道

稳定的资金来源渠道是保障乡村振兴财政投入的有效方式。改革开放以来，我国不断探索拓展财政支农的资金来源和渠道，保障了农业农村投入资金的持续增加。20 世纪 80 年代末期，为了进一步加大对农业的投入，国家财政开征了耕地占用税，并以此为主要来源建立了农业发展基金，使得农业综合开发成为农业基本建设的重要方式；20 世纪 90 年代后期，通过发行国债来筹集基本建设资金，为农业基本建设提供了资金来源渠道；2006 年国家将燃油税的部分收入对种粮农民实行农资综合补贴，为种粮补贴制度提供了稳定的资金保障。2020 年中办、国办印发《关于调整完善土地出让收入使用范围优先支持乡村振兴的意见》，对土地出让收益用于农业农村的比例做出明确要求，为乡村振兴新增了财政资金来源。随着乡村振兴战略的全面推进，需要财政投入大幅度增加，对于进一步扩展资金来源提出了更高的要求。需要从四个层面完善和拓宽财政支农资金保障机制。一是要完善现有财政支农资金的来源和渠道，将相关政策文件纳入相关的法律和法规，为资金来源提供法制保障。二是细化关于土地出让金收益和建设用地增减挂钩指标调剂收益主要用于乡村振兴的制度安排，利用土地出让金纳入税务部门征收改革的有利时机，建立用于农业农村部分的保障机制。三是研究未来碳汇收入重点用于农业农村的制度和办法。四是健全地方政府发行乡村振兴债券的管理制度，在强化地方债务防控的基础上，拓宽乡村振兴资金来源渠道。

（五）加快建立以绿色生态为导向的农业补贴制度

全面落实以绿色生态为导向的农业补贴制度改革方案，推进农业由增产导向转向提质导向。调整优化农业补贴政策，支持农民调整产品结构、产业结构和产业布局，提升农产品质量安全水平，增加绿色优质农产品供给。建立健全耕地、草原、渔业水域等重点农业生态系统的生态补偿政策体系，完善生态保护成效与资金分配挂钩的激励约束机制。积极推进耕地轮作休耕，实现农业"休养生息"。探索农业突出环境问题治理和农业废弃物综合利用的有效扶持政策，重点解决耕地重金属污染、地膜污染，推进农作物秸秆综合利用和畜禽粪污资源化利用，支持化肥、农药减量增效和绿色防控。大力支持农业高效节约用水。加大在粮食主产区、干旱地区和生态脆弱地区的节水灌溉工程建设力度，加强现有大中型灌区骨干工程续建配套节水灌溉技术。积极推行农艺节水保墒技术，改进耕作方式，调整种植结构，推广抗旱品种，扩大保护性耕作面积。稳步推进农业水价综合改革，建立与节水成效、调价幅度、财力状况相匹配的农业用水精准补贴机制。

第二节　强化金融支持乡村振兴

【法律原文】

第六十五条　国家建立健全多层次、广覆盖、可持续的农村金融服务体系，完善金融支持乡村振兴考核评估机制，促进农村普惠金融发展，鼓励金融机构依法将更多资源配置到乡村发展的重点领域和薄弱环节。

政策性金融机构应当在业务范围内为乡村振兴提供信贷支持和其他金融服务，加大对乡村振兴的支持力度。

商业银行应当结合自身职能定位和业务优势，创新金融产品和服务模式，扩大基础金融服务覆盖面，增加对农民和农业经营主体的信贷规模，为乡村振兴提供金融服务。

农村商业银行、农村合作银行、农村信用社等农村中小金融机构应当主要为本地农业农村农民服务，当年新增可贷资金主要用于当地农业农村发展。

第六十六条 国家建立健全多层次农业保险体系，完善政策性农业保险制度，鼓励商业性保险公司开展农业保险业务，支持农民和农业经营主体依法开展互助合作保险。

县级以上人民政府应当采取保费补贴等措施，支持保险机构适当增加保险品种，扩大农业保险覆盖面，促进农业保险发展。

一、法律主旨

本部分是关于健全农村金融体系和农业保险体系的规定。

二、立法背景

习近平总书记强调，金融活，经济活；金融稳，经济稳。农村金融是我国金融体系的重要组成部分，农村金融状况在很大程度上影响着乡村振兴的成败。近年来，国家出台了一系列政策鼓励金融支持三农发展。各类金融机构适应新形势需要，在开拓农村市场、发展普惠金融方面开展了广泛探索，金融资源从农村向城市的单向流动向城乡之间的双向流动转变，农村金融服务的覆盖面和方便程度大幅度提升，为促进农业生产、农村经济发展和农民增收发挥了重要作用。但是，农村金融支持体系还不健全，全面推进乡村振兴的资金供求矛盾仍然突出，贷款难贷款贵的问题没有得到根本性解决，农村金融机构同质化服务还不能满足新型经营主体和小农户的多样化需求，全面推进乡村振兴，特别是乡村建设行动、农村人居环境提升、乡村产业融合发展等都离不开金融的支持。依法强化金融支持乡村振兴，可以牢牢把握金融服务实体经济的本质要求，健全农村金融支持体系，明确相关金融机构的职能和定位，推动农村金融产品和服务的创新。

三、法律解读

（一）建立健全有效的农村金融服务体系

随着全面推进乡村振兴战略的实施，乡村呈现出发展的新态势，对金融产品和服务提出了更高的要求。新时期必须紧紧围绕乡村振兴的重点工作，建立健全多层次、广覆盖、可持续的农村金融服务体系，推动金融服务转向更高质量发展，使金融的有效供给与全面推进乡村振兴释放出的需求相匹配，更好地服务乡村振兴战略。"多层次"就是要在农村地区形成以银行业金融机构为主，包括保险、证券、担保、小贷公司等在内的多个层次金融服务机构，增强乡村振兴的金融供给能力；"广覆盖"就是引导金融机构的网点深入乡村，增设网点、布设便民服务设备，满足农户和各类新型经营主体在存款、贷款、汇款和保险等方面的金融服务需求；"可持续"就是金融机构按照职能定位，既要符合商业逻辑，又要体现社会责任，根据乡村振兴实际需求创新产品，"点上出彩"与"面上开花"相结合，在支持基础设施建设、农村新产业新业态发展、农村改革多方面同时发力，持续为乡村提供金融服务。

为了引导更多金融资源配置到农村经济社会发展的重点领域和薄弱环节，进一步加强和改进农村金融服务，根据本法"完善金融支持乡村振兴考核评估机制"规定，中国人民银行、中国银保监会联合发布了《金融机构服务乡村振兴考核评估办法》，于2021年7月4日正式实施，明确了评估对象、评估指标和方法、评估程序、评估结果和运用等具体内容，以定量和定性相结合的考核指标评估金融机构服务乡村振兴的情况，强调对新型农业经营主体、小农户等的支持，体现了金融服务乡村振兴的新实践新要求，突出了金融对乡村振兴重点领域和薄弱环节的支持。强调金融管理部门要把评估结果作为履行货币政策工具运用、市场准入管理、金融监管评级、机构审批设立、业务范围调整等宏观调控和金融监管职能的重要参考，督促引导金融机构加大对乡村振兴支持力度，更好地满足多样化金融需求。

（二）进一步明确金融机构的支农责任

近年来，我国农村金融机构快速发展，类型不断丰富，初步形成了政策性、商业性、合作性金融相结合的农村金融体系。在实施乡村振兴战略中，乡村振兴的各项任务对农村金融服务组织体系、金融产品和服务方式提出了更高的要求，本法进一步明确了各类金融机构的职能定位，强调要发挥好各自的优势，提供适当的农村金融服务。

政策性金融机构应当在业务范围内为乡村振兴提供信贷支持和其他金融服务，加大对乡村振兴的支持力度。国家开发银行、中国农业发展银行等政策性金融机构要发挥资金规模优势，重点支持农业农村基础设施建设；中国农业发展银行要继续发挥好在粮棉油收储中的主导作用，加大对多元主体入市收购支持力度；政策性金融机构可以探索以批发贷款方式与商业性金融机构合作支农。

商业银行应当结合自身职能定位和业务优势，创新金融产品和服务模式，扩大基础金融服务覆盖面，增加对小农户和新型农业经营主体的信贷规模，为乡村振兴提供金融服务。国有商业银行、股份制商业银行、中国邮政储蓄银行，城市商业银行、民营银行等要明确支农责任，坚持农业农村优先发展理念，进一步加大三农领域信贷投放。持续优化重点支持领域的信贷政策，强化对县域支行信贷分类授权，重视培育多方合作的县域风险分担金融生态。严防脱实向虚，重点在支持农村产业发展上发力，切实加大对农户和农业经营主体的信贷支持力度，充分考虑其贷款周期、贷款额度等个性化的需求，有针对性地创新金融服务产品，缓解融资难、融资贵的问题。

农村商业银行、农村合作银行、农村信用社、村镇银行等农村中小金融机构应当主要为本地农业农村农民服务，当年新增可贷资金主要用于当地农业农村发展。农商行、农信社等合作性金融机构要发挥机构网点优势，进一步下沉服务重心，把支持三农作为主战场，不离农不脱农，支持农村中小企业、新型农业经营主体和农户发展生产。继续发挥好村镇银行、资金互助社、小贷公司等新型农村金融机构的作用，积极稳妥推进农民合作社内部信用合作，规范运营管理，形成对传统金融机构职能的有益补充，填补农村金融服务的空白。牢牢坚守支农支小定位，进一步提升服务三农和民营小微企业的能力；大力发展以人为核心的全方位普惠金融，全面连接每个家庭和有需求的小微企业。

（三）加强金融产品和服务的创新

推进农村金融产品和服务方式创新是深化农村金融改革、加强和改进农村金融服务、促进信贷结构优化调整的重要内容，对于全面推进乡村振兴具有重要意义。

本法强调，商业银行应当结合自身职能定位和业务优势，创新金融产品和服务模式，扩大基础金融服务覆盖面，增加对农民和农业经营主体的信贷规模，为乡村振兴提供金融服务。由于近几年我国在农村信用体系建设、金融科技发展和农村集体产权制度改革等方面取得了一定的成果，因此，本法着力引导农村金融产品创新。一是鼓励以资金需求主体的信用为基础的产品创新，基于相对完备的信用体系，创新信贷产品。二是鼓励农村产权作为抵押的产品创新，结合农村产权交易的情况，创新农村产权抵押融资额度、方式等。三是鼓励服务特色产业链的产品创新，引导金融机构创新产品为整条产业链提供资金支持。四是鼓励数字金融产品的创新，在确保风险可控的前提下，创新数字金融产品，服务农村各类经营主体。五是鼓励开展针对性、差异化的信贷产品，开发劳务经济、返乡创业、妇女创业等小额贷款。

健全完善支持乡村振兴的金融服务方式，尽快开辟金融服务乡村振兴的"绿色通道",提高金融服务的质量和效率。瞄准全面推进乡村振兴战略的海量资金需求,着重创新精细化、差异化服务方式,优化业务审批流程,提高信贷投放效率,借助云计算、大数据、人工智能等技术手段,推进农村金融数字化服务转型,提高金融服务三农的效率、质量和水平。

创新农村金融服务方式,尽力满足新型农业经营主体、涉农中小企业和农户的融资需求。采取灵活方式确定承贷主体,确保其合理信贷需求得到有效满足。重点支持新型农业经营主体购买农业生产资料、购置农机具、从事农田整理、农田水利、大棚等基础设施建设维修等农业生产用途,支持发展多种形式规模经营。

(四) 完善政策性农业保险制度

习近平总书记强调,越是面对风险挑战,越要稳住农业。从世界百年未有之大变局看,必须稳住农业基本盘、守好三农基础,这是应变局、开新局的"压舱石",农业保险是基础的基础。在国家政策大力推动下,我国农业保险经历了21世纪以来的快速发展,已经成为应对风险挑战、保障国家粮食安全、促进农业农村现代化的重要手段之一。2020年,全国农业保险实现保费收入814.93亿元,共计为1.89亿户次农户提供风险保障4.13万亿元,已向5181.86万户次受灾农户支付赔款616.59亿元,成为农户灾后重建和恢复生产生活的重要资金来源。"农业保险+信贷"优化了农村金融环境,农业保险财政补贴的杠杆效应大大提升。在国际舞台上,我国农业保险保费规模跃居全球第一,我国农业保险的实践为发展中国家也提供了"中国方案"。为进一步推进农业保险的发展,2019年,财政部、农业农村部、中国银保监会、国家林草局等四部门联合印发《关于加快农业保险高质量发展的指导意见》,提出通过提高农业保险服务能力、优化农业保险运行机制、加强农业保险基础设施建设等多方面举措,推动农业保险高质量发展,更好地满足三农领域日益增长的风险保障需求。

本法强调，国家建立健全多层次农业保险体系，完善政策性农业保险制度。在农业保险体系的建设上，中国已经有 30 多家商业保险公司经营农业保险业务。随着 2020 年底中国农业再保险股份有限公司的成立，多层次的农业保险体系基本建立，但是还需要进一步完善包括保险公估等在内的相关制度。必须坚持农业保险的政策性属性，重视财政的作用，按照"政府引导，市场运作，自主自愿，协同推进"的原则，不断完善农业保险的财政补贴制度，支持保险机构建立健全基层服务体系，优化保险机构布局，切实改善农险服务；建立财政支持的多方参与、风险共担、多层分散的农业保险大灾风险分散机制。

为了推进农业保险工作的落实落地，本法规定，鼓励商业性保险公司开展农业保险业务，支持农民和农业经营主体依法开展互助合作保险。商业性保险公司通过经营机制和保险产品的创新，与银行、担保、期货等联合起来，共同为农户提供保险和金融服务，提高商业保险公司开展农业保险业务的积极性。开展互助合作保险实际上就是要鼓励互助合作，把保险公司与投保主体的需求有机结合起来，提高农民和各类农业经营主体参与农业保险的积极性，共同推进农业保险的发展。

本法还强调，县级以上人民政府应当采取保费补贴等措施，支持保险机构适当增加保险品种，扩大农业保险覆盖面，促进农业保险发展。习近平总书记指出，农业保险一定要搞好，财政要支持农民参加保险。本法规定，地方财政要开辟专门的预算用于农业保险的保费补贴，为农业保险可持续性和安全性提供保障。习近平总书记在 2020 年的中央农村工作会议上指出，要扩大完全成本和收入保险范围。完全成本保险金额覆盖了物质与服务费用、人工成本和土地成本等农业生产总成本；收入保险金额体现农产品价格和产量，覆盖农业生产产值。本法就是要支持保险机构结合各地发展实际，增加保险品种，扩大覆盖面，提高服务能力，实现农业保险的"扩面、提标、增品"，以农业保险的高质量发展推动乡村振兴战略的实施。财政部、农业农村部、银保监会 2021 年共同印发了《关于开展三大粮食作物完全成本保险和收入保险试点工作的通知》，将在 13 个粮食主产省份的逐渐开展试点。农业保险保障水平将进一步提升，转型升级速度将进一步加快。

第三节　调整完善土地出让收入使用范围

【法律原文】

第六十一条　各级人民政府应当坚持取之于农、主要用之于农的原则，按照国家有关规定调整完善土地使用权出让收入使用范围，提高农业农村投入比例，重点用于高标准农田建设、农田水利建设、现代种业提升、农村供水保障、农村人居环境整治、农村土地综合整治、耕地及永久基本农田保护、村庄公共设施建设和管护、农村教育、农村文化和精神文明建设支出，以及与农业农村直接相关的山水林田湖草沙生态保护修复、以工代赈工程建设等。

一、法律主旨

本部分是关于调整完善土地使用权出让收入使用范围的法律规定。

二、立法背景

土地出让收入是地方政府性基金预算收入的重要组成部分。长期以来，土地增值收益取之于农、主要用之于城，有力推动了工业化、城镇化快速发展，但直接用于农业农村比例偏低，对农业农村发展的支持作用发挥不够。有关统计表明，从 2013 年到 2018 年全国的土地出让收入累计高达 28 万亿，扣除成本性支出以后，土地出让收益是 5.4 万亿元，占到了土地出让收入的 19.2％。土地出让支出用于农业农村资金合计是 1.85 万亿元，仅占土地出让收益的 34.4％，占土地出让收入的 6.6％，用在城市建设的比例比农村要高得多。

党中央、国务院高度重视土地出让收入支持农业农村发展问题，2018 年、2019 年、2020 年和 2021 年中央一号文件都对调整完善土地出让收入使用范围，提高用于农业农村的比例提出了明确要求，这充分体现了中央对于建立稳定可靠的实施乡村振兴战略资金来源的高度重视。习近平总书记指出，要解决土地增值收益长期"取之于农、用之于城"的问题。为深入贯彻习近平总书记重要指示精神，落实党中央、国务院有关决策部署，拓宽实施乡村振兴战略资金来源，2020 年 9 月中办、国办印发了《关于调整完善土地出让收入使用范围优先支持乡村振兴的意见》，对稳步提高土地出让收入用于农业农村比例、集中支持乡村振兴重点任务作出了安排部署。

《乡村振兴促进法》将"调整完善土地使用权出让收入使用范围，提高农业农村投入比例"等要求写入法律，并对土地出让收入重点使用领域做出详细规定，从法律层面保障提高土地出让收入用于农业农村的比例，对确保乡村振兴资金投入起到了重要的作用。

三、法律解读

（一）调整土地出让收入使用范围的总体要求

调整完善土地出让收入使用范围，要坚持农业农村优先发展，按照"取之于农、主要用之于农"的要求，调整土地出让收益城乡分配格局，稳步提高土地出让收入用于农业农村比例，集中支持乡村振兴重点任务，加快补上三农发展短板，为实施乡村振兴战略提供有力支撑。总体目标是从"十四五"第一年开始，各省（自治区、直辖市）分年度稳步提高土地出让收入用于农业农村比例；到"十四五"期末，以省（自治区、直辖市）为单位核算，土地出让收益用于农业农村比例达到50％以上。

（二）调整土地出让收入使用范围的原则

调整土地出让收入使用范围要坚持以下工作原则：

一是坚持优先保障、务求实效。既要在存量调整上做文章，也要在增量分配上想办法，确保土地出让收入用于支持乡村振兴的力度不断增强，为实施乡村振兴战略建立稳定可靠的资金来源。

二是坚持积极稳妥、分步实施。统筹考虑各地财政实力、土地出让收入规模、农业农村发展需求等情况，明确全国总体目标，各省（自治区、直辖市）确定分年度目标和实施步骤，合理把握改革节奏。

三是坚持统筹使用、规范管理。统筹整合土地出让收入用于农业农村的资金，与实施乡村振兴战略规划相衔接，聚焦补短板、强弱项，健全管理制度，坚持精打细算，加强监督检查，防止支出碎片化，提高资金使用整体效益。

（三）土地出让收入用于农业农村比例的计提方式

以省（自治区、直辖市）为单位确定计提方式，各省（自治区、直辖市）可结合本地实际，从以下两种方式中选择一种组织实施：一是按照当年土地出让收益用于农业农村的资金占比逐步达到50％以上计提，若计提数小于土地出让收入8％的，则按不低于土地出让收入8％计提；二是按照当年土地出让收入用于农业农村的资金占比逐步达到10％以上计提。严禁以已有明确用途的土地出让收入作为偿债资金来源发行地方政府专项债券。各省（自治区、直辖市）可对所辖市、县设定差异化计提标准，但全省（自治区、直辖市）总体上要实现土地出让收益用于农业农村比例逐步达到50％以上的目标要求。北京、上海等土地出让收入高、农业农村投入需求小的少数地区，可根据实际需要确定提高土地出让收入用于农业农村的具体比例。党中央将根据实际支出情况考核各省（自治区、直辖市）土地出让收入用于农业农村比例是否达到要求，具体考核办法由财政部另行制定。

（四）土地出让收入用于农业农村支出的统计口径

从土地出让收益中计提的农业土地开发资金、农田水利建设资金、教育资金等，以及市、县政府缴纳的新增建设用地土地有偿使用费中，实际用于农业农村的部分，计入土地出让收入用于农业农村的支出。允许省级政府按照现行政策继续统筹土地出让收入用于支持"十三五"易地扶贫搬迁融资资金偿还。允许将已收储土地的出让收入，继续通过计提国有土地收益基金用于偿还因收储土地形成的地方政府债务，并作为土地出让成本性支出计算核定。各地应当依据土地管理法等有关法律法规及政策规定，合理把握土地征收、收储、供应节奏，保持土地出让收入和收益总体稳定，统筹处理好提高土地出让收入用于农业农村比例与防范化解地方政府债务风险的关系。

（五）土地出让收入用于农业农村支出的使用权限

建立市县留用为主、中央和省级适当统筹的资金调剂机制。土地出让收入用于农业农村的资金主要由市、县政府安排使用，重点向县级倾斜，赋予县级政府合理使用资金自主权。省级政府可从土地出让收入用于农业农村的资金中统筹一定比例资金，在所辖各地区间进行调剂，重点支持粮食主产和财力薄弱县（市、区、旗）乡村振兴。省级统筹办法和具体比例由各省（自治区、直辖市）自主确定。中央财政继续按现行规定统筹农田水利建设资金的20%、新增建设用地土地有偿使用费的30%，向粮食主产区、中西部地区倾斜。

（六）土地出让收入用于农业农村资金的使用范围

允许各地根据乡村振兴实际需要，打破分项计提、分散使用的管理方式，整合使用土地出让收入中用于农业农村的资金，重点用于高标准农田建设、农田水利建设、现代种业提升、农村供水保障、农村人居环境整治、农村土地综合整治、耕地及永久基本农田保护、村庄公共设施建设和管护、农村教育、农村文化和精神文明建设支出，以及与农业农村直接相关的山水林田湖草沙生态保护修复、以工代赈工程建设等。加强土地出让收入用于农业农村资金与一般公共预算支农投入之间的统筹衔接，持续加大各级财政通过原有渠道用于农业农村的支出力度，避免对一般公共预算支农投入产生挤出效应，确保对农业农村投入切实增加。

（七）土地出让收入用于农业农村资金的核算

根据改革目标要求，进一步完善土地出让收入和支出核算办法，加强对土地出让收入用于农业农村支出的监督管理。规范土地出让收入管理，严禁变相减免土地出让收入，确保土地出让收入及时足额缴入国库。严格核定土地出让成本性支出，不得将与土地前期开发无关的基础设施和公益性项目建设成本纳入成本核算范围，虚增土地出让成本，缩减土地出让收益。

第四节　保障乡村振兴用地合理需求

【法律原文】

第六十七条　县级以上地方人民政府应当推进节约集约用地，提高土地使用效率，依法采取措施盘活农村存量建设用地，激活农村土地资源，完善农村新增建设用地保障机制，满足乡村产业、公共服务设施和农民住宅用地合理需求。

县级以上地方人民政府应当保障乡村产业用地，建设用地指标应当向乡村发展倾斜，县域内新增耕地指标应当优先用于折抵乡村产业发展所需建设用地指标，探索灵活多样的供地新方式。

经国土空间规划确定为工业、商业等经营性用途并依法登记的集体经营性建设用地，土地所有权人可以依法通过出让、出租等方式交由单位或者个人使用，优先用于发展集体所有制经济和乡村产业。

一、法律主旨

本部分是关于如何保障乡村振兴各类用地的法律规定。

二、立法背景

实施乡村振兴战略，实现"产业兴旺、生态宜居、乡风文明、治理有效、生活富裕"，离不开土地制度的支撑保障。习近平总书记多次强调，农村土地制度改革关乎城镇化、农业现代化进程，要始终把维护好、实现好、发展好农民权益作为出发点和落脚点，坚持土地公有制性质不改变、耕地红线不突破、农民利益不受损三条底线，在试点基础上有序推进。集体经营性建设用地入市、宅基地制度改革，是党的十八届三中全会部署的重大改革事项，中央一号文件多次对农村土地制度改革提出明确要求。按照中央部署，2015年有关部门经全国人大授权启动了新一轮农村土地制度改革试点，形成了一批可复制、可推广的经验成果。2019年新修正的土地管理法对农村宅基地、集体经营性建设用地相关制度规定进行了完善，并以法律形式予以确认。乡村振兴促进法对农村建设用地如何保障乡村振兴用地合理需求以法律形式进行了明确。

三、法律解读

（一）保障乡村振兴建设用地合理需求

党中央、国务院高度重视乡村振兴合理建设用地需求。2020年中央一号文件明确要求，在符合国土空间规划前提下，通过村庄整治、土地整理等方式节余的农村集体建设用地优先用于发展乡村产业项目。新编县乡级国土空间规划应安排不少于10%的建设用地指标，重点保障乡村产业发展用地。省级制订土地利用年度计划时，应安排至少5%新增建设用地指标保障乡村重点产业和项目用地。乡村振兴促进法对盘活和保障乡村振兴建设用地做出了明确规定。

一是大力盘活农村存量建设用地。在充分尊重农民意愿的前提下，可依据国土空间规划，以乡镇或村为单位开展全域土地综合整治，盘活农村存量建设用地，腾挪空间用于支持农村产业融合发展和乡村振兴。探索在农民集体依法妥善处理原有用地相关权利人的利益关系后，将符合规划的存量集体建设用地，按照农村集体经营性建设用地入市。在符合国土空间规划前提下，鼓励对依法登记的宅基地等农村建设用地进行复合利用，发展乡村民宿、农产品初加工、电子商务等农村产业。

二是拓展集体建设用地使用途径。农村集体经济组织兴办企业或者与其他单位、个人以土地使用权入股、联营等形式共同举办企业的，应当持有关批准文件，向县级以上地方人民政府自然资源主管部门提出申请，按照省（自治区、直辖市）规定的批准权限，由县级以上地方人民政府批准；其中，涉及占用农用地的，应当办理农用地转用审批手续。

三是完善乡村振兴建设用地保障机制。优化城乡建设用地布局，切实落实"将年度新增建设用地计划指标确定一定比例用于支持农村新产业新业态"的既有政策。审慎改进城乡建设用地增减挂钩和耕地占补平衡操作办法，为乡村振兴留出用地空间，不要急于把农村建设用地腾挪到城市、把欠发达地区建设用地腾挪到发达地区。探索盘活农村闲置宅基地的有效途径，在不以买卖农村宅基地为出发点的前提下，积极探索有效利用农村闲置宅基地的具体办法。

（二）保障乡村产业发展用地

产业兴旺是乡村振兴的重要内容和基本前提，确保乡村产业发展用地需求是实现产业兴旺的重要保障。要完善乡村产业发展用地政策体系，明确用地类型和供地方式，实行分类管理。

首先，保障设施农业用地需求。随着农业现代化水平不断提升，设施农业生产日益增多，用地面临新的情况和需求。为改进设施农业用地管理，建立长效机制，促进现代农业健康发展，2019 年 12 月 17 日，自然资源部、农业农村部出台了《关于设施农业用地管理有关问题的通知》，明确了设施农业用地地类划分、用地规模、用地管理方式、服务监管等方面的支持政策。在设施农业用地使用方面，设施农业属于农业内部结构调整，可以使用一般耕地，不需落实占补平衡。种植设施不破坏耕地耕作层的，可以使用永久基本农田，不需补划；破坏耕地耕作层，但由于位置关系难以避让永久基本农田的，允许使用永久基本农田但必须补划。养殖设施原则上不得使用永久基本农田，涉及少量永久基本农田确实难以避让的，允许使用但必须补划。设施农业用地不再使用的，必须恢复原用途。设施农业用地被非农建设占用的，应依法办理建设用地审批手续，原地类为耕地的，应落实占补平衡。在设施农业建设标准方面，各类设施农业用地规模由各省（自治区、直辖市）自然资源主管部门会同农业农村主管部门根据生产规模和建设标准合理确定。其中，看护房执行"大棚房"问题专项清理整治整改标准，养殖设施允许建设多层建筑。在设施农业用地监督管理方面，市、县自然资源主管部门会同农业农村主管部门负责设施农业用地日常管理。国家、省级自然资源主管部门和农业农村主管部门负责通过各种技术手段进行设施农业用地监管。设施农业用地由农村集体经济组织或经营者向乡镇政府备案，乡镇政府定期汇总情况后汇交至县级自然资源主管部门。涉及补划永久基本农田的，须经县级自然资源主管部门同意后方可动工建设。

其次，保障农村一二三产业融合发展用地需求。乡村振兴战略实施以来，各地农村产业融合发展形式日趋丰富、力度不断加大、效益逐渐显现，为实现乡村产业兴旺奠定了良好基础。为顺应农村产业发展规律，保障农村一二三产业融合发展合理用地需求，为农村产业发展壮大留出用地空间，2021年1月，自然资源部、国家发展改革委、农业农村部出台了《关于保障和规范农村一二三产业融合发展用地的通知》。在产业融合发展用地范围方面，农村一二三产业融合发展用地是以农业农村资源为依托，拓展农业农村功能，延伸产业链条，涵盖农产品生产、加工、流通、就地消费等环节，用于农产品加工流通、农村休闲观光旅游、电子商务等混合融合的产业用地，土地用途可确定为工业用地、商业用地、物流仓储用地等。在引导农村产业在县域范围内统筹布局方面，要把县域作为城乡融合发展的重要切入点，科学编制国土空间规划，因地制宜合理安排建设用地规模、结构和布局及配套公共服务设施、基础设施，有效保障农村产业融合发展用地需要。规模较大、工业化程度高、分散布局配套设施成本高的产业项目要进产业园区；具有一定规模的农产品加工要向县城或有条件的乡镇城镇开发边界内集聚；直接服务种植养殖业的农产品加工、电子商务、仓储保鲜冷链、产地低温直销配送等产业，原则上应集中在行政村村庄建设边界内；利用农村本地资源开展农产品初加工、发展休闲观光旅游而必须的配套设施建设，可在不占用永久基本农田和生态保护红线、不突破国土空间规划建设用地指标等约束条件、不破坏生态环境和乡村风貌的前提下，在村庄建设边界外安排少量建设用地，实行比例和面积控制，并依法办理农用地转用审批和供地手续。具体用地准入条件、退出条件等由各省（自治区、直辖市）制定，并可根据休闲观光等产业的业态特点和地方实际探索供地新方式。在优化用地审批和规划许可流程方面，在村庄建设边界外，具备必要的基础设施条件、使用规划预留建设用地指标的农村产业融合发展项目，在不占用永久基本农田、严守生态保护红线、不破坏历史风貌和影响自然环境安全的前提下，可暂不做规划调整；市县要优先安排农村产业融合发展新增建设用地计划，不足的由省（自治区、直辖市）统筹解决；办理用地审批手续时，可不办理用地预审与选址意见书；除依法应当以招标拍卖挂牌等方式公开出让的土地外，可将建设用地批准和规划许可手续合并办理，核发规划许可证书，并申请办理不动产登记。在强化用地监管方面，要落实最严格的耕地保护制度，坚决制止耕地"非农化"行为，严禁违规占用耕地进行农村产业建设，防止耕地"非粮化"，不得造成耕地污染。农村产业融合发展用地不得用于商品住宅、别墅、酒店、公寓等房地产开发，不得擅自改变用途或分割转让转租。各级自然资源主管部门将农村产业融合发展用地情况纳入国土空间基础信息平台和国土空间规划"一张图"进行动态监管，并结合国土变更调查进行年度评估。

（三）满足乡村公共服务设施用地需求

乡村公共服务设施用地属于农村集体所有，用于乡村公益和公共服务设施建设的农村集体公用土地，从用途划分，包括乡村行政管理设施用地、乡村教育机构设施用地、乡村文体科技设施用地、乡村医疗保健设施用地、乡村社会福利设施用地、乡村集贸市场设施用地等。

国家高度重视保障乡村公共服务设施用地需求。2017 年，前国土资源部、国家发展改革委联合印发《关于深入推进农业供给侧结构性改革做好农村产业融合发展用地保障的通知》，明确提出各地区在编制和实施土地利用总体规划中，要适应现代农业和农村产业融合发展需要，优先安排农村基础设施和公共服务用地，做好农业产业园、科技园、创业园用地安排。乡（镇）土地利用总体规划可以预留少量（不超过 5%）规划建设用地指标，用于零星分散的单独选址农业设施、乡村旅游设施等建设。2021 年，自然资源部、国家发展改革委、农业农村部联合印发《关于保障和规范农村一二三产业融合发展用地的通知》，明确提出把县域作为城乡融合发展的重要切入点，科学编制国土空间规划，因地制宜合理安排建设用地规模、结构和布局及配套公共服务设施、基础设施，有效保障农村产业融合发展用地需要。

（四）农村集体经营性建设用地入市

2019 年新修正的《土地管理法》第六十三条明确规定，土地利用总体规划、城乡规划确定为工业、商业等经营性用途，并经依法登记的集体经营性建设用地，土地所有权人可以通过出让、出租等方式交由单位或者个人使用，并应当签订书面合同，载明土地界址、面积、动工期限、使用期限、土地用途、规划条件和双方其他权利义务。这是我国法律制度首次明确允许集体经营性建设用地入市流转，从法律上为农村土地进入市场流转、进而为构建城乡统一的建设用地市场扫清了制度障碍，是集体建设用地管理中的一项重大制度创新。乡村振兴促进法在原有土地管理法相关条款基础上，进一步对集体经营性建设用地入市的用途进行了明确，即"优先用于发展集体所有制经济和乡村产业"，突出了优先用于乡村振兴的具体要求。

集体经营性建设用地入市须以"符合规划和用途管制"为前提依法推进，要合理界定集体经营性建设用地入市范围和条件，尤其是对开发边界以内和跨开发边界的集体经营性建设用地入市范围、数量、用途等应作出明确规定。要优先推进存量集体经营性建设用地入市，以存量再开发为主，有序推进集体经营性建设用地出让、租赁、入股改革，促进农村土地高质量利用。因地制宜推动集体经营性建设用地出让、租赁、入股等多元化交易模式创新，因业制宜推动不同产业用地类型合理转换，按照法律要求优先支持集体所有制经济和乡村产业。要积极探索建立集体经营性建设用地增值收益分配机制，加快探索城乡统一的建设用地基准地价、标定地价制度，形成与市场价格挂钩的动态调整机制，加快建立城乡一体的建设用地交易市场、交易规则和服务体系。

第五节　巩固拓展脱贫攻坚成果
同乡村振兴有效衔接

【法律原文】

第五十九条　各级人民政府应当采取措施增强脱贫地区内生发展能力，建立农村低收入人口、欠发达地区帮扶长效机制，持续推进脱贫地区发展；建立健全易返贫致贫人口动态监测预警和帮扶机制，实现巩固拓展脱贫攻坚成果同乡村振兴有效衔接。

国家加大对革命老区、民族地区、边疆地区实施乡村振兴战略的支持力度。

一、法律主旨

本部分主要在全面脱贫基础上，对巩固拓展脱贫攻坚成果、有效衔接乡村振兴战略作出相关规定，持续推进脱贫地区发展。

二、立法背景

当前，我国取得了脱贫攻坚战的全面胜利，实现了现行标准下9899万农村贫困人口全部脱贫，832个贫困县全部摘帽，12.8万个贫困村全部出列，区域性整体贫困得到解决，完成了消除绝对贫困的艰巨任务。但应清醒地看到，区域发展不平衡、城乡差距较大、脱贫地区可持续发展能力差等问题依然较为突出，制约了乡村的全面振兴。

党中央、国务院高度重视脱贫攻坚成果同乡村振兴的有效衔接。2018年至2021年中央一号文件均提出要做好巩固脱贫攻坚成果同实施乡村振兴战略的衔接工作。2020 年 3 月，习近平总书记在决战决胜脱贫攻坚座谈会上强调，要接续推进全面脱贫与乡村振兴有效衔接，"理清工作思路，推动减贫战略和工作体系平稳转型，统筹纳入乡村振兴战略，建立长短结合、标本兼治的体制机制。

2020 年 12 月，中共中央、国务院印发《关于实现巩固拓展脱贫攻坚成果同乡村振兴有效衔接的意见》，明确要建立健全巩固拓展脱贫攻坚成果长效机制，健全农村低收入人口常态化帮扶机制，加快推进脱贫地区乡村产业、人才、文化、生态、组织等全面振兴。2021 年《乡村振兴促进法》将"实现巩固拓展脱贫攻坚成果同乡村振兴有效衔接"写入法律，彰显了国家推进脱贫地区全面乡村振兴的决心。今年是加快农业农村现代化的开局之年，各级人民政府应当采取行之有效的措施，真正实现巩固拓展脱贫攻坚成果同乡村振兴有效衔接。

三、法律解读

（一）健全监测和帮扶机制，稳固脱贫成效

要建立健全防止返贫监测和帮扶机制，建立防返贫长效机制，确保脱贫基础更加稳固、成效更可持续。一是提高政策风险防范化解能力。对各种风险源进行系统研判，加强动态监测、实时预警。对脱贫不稳定户、边缘易致贫户，以及因病因灾因意外事故等刚性支出较大或收入大幅缩减导致基本生活出现严重困难户，开展定期检查、动态管理，重点监测其收入支出状况、"两不愁三保障"及饮水安全状况，合理确定监测标准。建立健全易返贫致贫人口快速发现和响应机制，分层分类及时纳入帮扶政策范围，实行动态清零。在经济风险防范上，推动产业政策从差异化、选择性向普惠化、功能性转换，完善风险补偿机制和风险防控机制，处理好严格规范管理与改革创新之间的平衡，推动金融更好服务乡村振兴；在社会风险防范上，推动特惠性政策、阶段性帮扶举措向普惠性、常态化民生政策转换，完善农村社

会保障和公共服务，构建全覆盖、兜底线、可持续的社会保障网，提高保障效率和水平。二是做好机制衔接。坚持和完善驻村第一书记和工作队、东西部协作、对口支援、社会帮扶等制度，根据形势和任务变化进行动态完善。借鉴行业扶贫、专项扶贫、社会扶贫"三位一体"的经验，构建多元参与、通力合作的乡村振兴大协作大推进格局。在考核机制上，要建立市县党政班子和领导干部推进乡村振兴战略的绩效考核制度，并将考核结果作为干部任用、选拔的重要标准。脱贫攻坚建立了第三方评估、省际交叉考核、市际交叉考核等一整套考核评估体系，要借鉴脱贫攻坚所形成的较为成熟的评价机制，建立合理的阶段性考核指标体系，对衔接效果进行考核。三是加强常态化帮扶。对易返贫致贫人口要加强监测，做到早发现、早干预、早帮扶，守住防止规模性返贫底线。调整帮扶机制，将降低贫困发生率的减贫目标转变为建立防止返贫机制，将提高收入为主的工作方式转变为解决多维贫困，将解决农村绝对贫困为主的工作理念转变为解决城乡相对贫困。要探索建立促进相对贫困人口就业、实现持续增收的长效机制，缓解相对贫困的包容性社会发展和绿色发展机制，完善收入再分配政策、拉平收入差距的城乡一体化作用机制，完善多重社会保障、防止返贫机制，"政府主导、社会参与、市场促进"的贫困治理整体性工作机制，健全全社会协同扶贫机制，干预代际贫困传递的阻断性机制，金融扶贫长效机制等。

（二）增强内生动力，促进接续发展

产业、人才和有效的投入机制是激发脱贫地区内生动力，持续推进脱贫地区发展的重要保障。一是构建产业体系。注重产业后续长期培育，尊重市场规律和产业发展规律，提高产业市场竞争力和抗风险能力。因地制宜发展壮大特色产业，将生态优势、区位优势转化为产业优势，增强区域发展动能，提高市场竞争力。综合平衡脱贫产业存量与振兴产业增量需求，结合本土农业生产传统，明确优势主导产业方向，避免盲目照搬、跟风不适合自身条件的产业布局。二是培育人才队伍。把本土人才资源当作重要支撑，利用好"乡情"纽带，充分激发乡村现有人才的活力。依托新型经营主体培育工程和乡土人才培训进行人力资本开发，实现内部人才重塑。加强农村基层干部培训，提高基层干部统筹抓好脱贫攻坚与乡村振兴的能力和素质。引进懂科技、懂管理、懂市场、懂法律的现代化人才，在全社会广泛吸引专家学者、高校毕业生等参与乡村振兴工作，鼓励各类人才向乡村流动集聚。三是完善投入机制。过渡期内在保持财政支持政策总体稳定的前提下，根据巩固拓展脱贫攻坚成果同乡村振兴有效衔接的需要和财力状况，合理安排财政投入规模，优化支出结构，调整支持重点。继续发挥政府投入的主导作用、金融资金的协同作用和社会资金的补充作用，确保资金投入与提高脱贫质量、巩固脱贫成果、实现乡村振兴相匹配。强化资金"整合"，发挥规划统筹引领作用，把脱贫攻坚、公共事业发展和涉农资金等多方投入统筹起来，充分发挥资金整合规模合力效益；强化资金"撬动"，借鉴创新脱贫攻坚的资金筹措方式，通过以奖代补、贴息、担保等方式，引导金融和社会资本更多地投向乡村振兴事业。

（三）加大支持力度，缓解区域发展差距

中共中央、国务院《关于实现巩固拓展脱贫攻坚成果同乡村振兴有效衔接的意见》明确提出，支持革命老区、民族地区、边疆地区巩固脱贫攻坚成果和乡村振兴。针对革命老区、民族地区、边疆地区，要进一步加大国家支持力度，促进这些地区顺利实施乡村振兴战略。一是财政支撑方面，要进一步完善和规范中央财政对地方的转移支付制度，重点帮助革命老区、民族地区、边疆地区解决财力不足问题。二是在基础设施建设和公共服务方面，继续加大对脱贫地区基础设施建设的支持力度，重点谋划建设一批高速公路、客货共线铁路、水利、电力、机场、通信网络等区域性和跨区域重大基础设施建设工程。要继续加大国家对欠发达地区基础设施建设和公共服务的支持力度，加快革命老区、民族地区、边疆地区、贫困地区的社会发展。要

加大对欠发达地区建设基本农田、农田水利、县乡村公路、人畜饮水、小流域治理等农村小型基础设施工程建设，使脱贫地区农民获得更多收入，脱贫地区的生产生活条件得到改善。三是在帮扶机制上，按照应减尽减原则，在西部地区处于边远或高海拔、自然环境相对恶劣、经济发展基础薄弱、社会事业发展相对滞后的脱贫县中，确定一批国家乡村振兴重点帮扶县，从财政、金融、土地、人才、基础设施建设、公共服务等方面给予集中支持，增强其区域发展能力。要继续借助东西协作、对口帮扶等模式，加强对欠发达地区产业、教育、人才、医疗等多方位的持续支撑，增强其顺利实施乡村振兴的内在动力。

第九章　监督检查

实施乡村振兴战略是一项复杂的系统工程，在发挥农民主体作用，引导社会力量参与的同时，要充分发挥政府的引领、组织、推动和服务作用。在乡村振兴促进法中设立监督检查专章，通过建立健全目标责任制和考核评价机制，实施报告和监督检查制度，使各级政府及有关部门在推进乡村振兴战略过程中明确目标、有的放矢、强化责任，从而使乡村振兴战略推进落地落实。

第一节　目标责任制和考核评价制度

【法律原文】

第六十八条　国家实行乡村振兴战略实施目标责任制和考核评价制度。上级人民政府应当对下级人民政府实施乡村振兴战略的目标完成情况等进行考核，考核结果作为地方人民政府及其负责人综合考核评价的重要内容。

一、立法主旨

本部分是关于国家实行乡村振兴战略实施目标责任制和考核评价制度的规定。

二、立法背景

2018 年中央一号文件中提出，要完善党的农村工作领导机制，建立乡村振兴战略的领导责任制，提出"党政一把手是第一责任人，五级书记抓乡村振兴"，建立市县的实绩考核并将考核结果作为选拔任用领导干部的重要依据。《规划》规定，要加强乡村振兴战略规划实施考核监督和激励约束。将《规划》实施成效纳入地方各级党委和政府及有关部门的年度绩效考评内容，考核结果作为有关领导干部年度考核、选拔任用的重要依据，确保完成各项目标任务。

《中国共产党农村工作条例》《中国共产党农村基层组织工作条例》也明确提出上级党委和政府应当对下级党委和政府主要负责人、农村基层党组织书记履责情况开展督查考核，实行市县党政领导班子和领导干部推进乡村振兴战略实绩考核制度，并将考核结果作为对党政领导班子和有关领导干部的综合考核评价的重要依据。

三、法律解读

（一）完善乡村振兴目标责任制

坚持党的领导，更好履行各级政府职责，凝聚全社会力量，扎实有序推进乡村振兴。各级人民政府承担促进乡村振兴的推动责任，县级以上地方人民政府应当考核下级人民政府及其负责人完成乡村振兴目标的情况。

《乡村振兴促进法》第九条明确规定，国家建立健全中央统筹、省负总责、市县乡抓落实的乡村振兴工作机制。并要求各级人民政府应当将乡村振兴促进工作纳入国民经济和社会发展规划，并建立乡村振兴考核评价制度、工作年度报告制度和监督检查制度。

机制的建立健全需要组织职能和岗位责权的配置与调整以及相应的规章制度保障。目标责任制通过工作目标设计，将组织的整体目标逐级分解，明确权责利，形成协调统一的目标体系。在乡村振兴工作中采取目标责任制管理模式有利于强化地方各级党委和政府在实施乡村振兴战略中的主体责任，进一步夯实乡村振兴的部门责任，推动各级干部主动担当作为，促进中央统筹、省负总责、市县乡抓落实的工作机制有效运转，扎实有序地推进乡村振兴。

目标责任制和考核评价制度的实施正是为了更好督促政府在落实乡村振兴促进工作中的责任。在推进乡村振兴过程中建立科学的目标责任制和考核评价制度，通过任务层层分解和考核督查问责，提高各级党委和政府的重视程度，避免不作为和慢作为，同时防止个别地区在推进过程中出现一刀切、乱作为等情况。乡村振兴战略实施三年多来，各地按照中央的有关要求都成立了乡村振兴工作领导小组，如2018年湖南省成立了乡村振兴领导小组，由党组书记、主任担任组长，在领导小组设立四个工作组，负责乡村治理、产业振兴、农村改革等相关工作。福建省成立了乡村振兴战略领导小组，并在省委农办设立办公室的同时，设立专项小组，由省直牵头单位主要负责人（省委部门分管领导）担任专项小组组长，负责制定工作方案并统筹推进专项重点任务落实，并要求市县乡比照省委做法成立乡村振兴战略领导小组。

在脱贫攻坚期间，中办、国办印发了《脱贫攻坚责任制实施办法》，形成了中央统筹、省总负责、市县落实的工作机制，构建了责任清晰、各负其责、合力攻坚的责任体系。在推进乡村振兴中可借鉴脱贫攻坚的做法，建立乡村振兴目标责任制、五大振兴和乡村建设的推进机制，进一步夯实乡村振兴各地各部门责任。由党中央、国务院负责统筹制定乡村振兴大政方针，协调全局性重大问题以及全国性重大问题；省级党委和政府负责本区域内的乡村振兴工作，并确保层层落实，省级主要负责人每年向中央报告工作进展情况；市级负责本区域内跨县项目，对乡村振兴工作进行督促、检查和监督，县级则承担了乡村振兴的主体责任，负责乡村振兴工作的实施规划，优化配置，组织落实各项政策措施等主要工作。

（二）实施乡村振兴战略实绩考核评价制度

地方政府承担促进乡村振兴的推动责任，县级以上地方人民政府应当考核下级人民政府及其负责人完成乡村振兴目标的情况。在推进乡村振兴过程中，实绩考核可以为乡村振兴提供导向，结合地区发展现状，建立科学考核评价制度，统筹考核农村经济建设、政治建设、文明建设、生态文明建设和党政建设等方面的成效，为实现乡村的五大振兴提供保障；通过实绩考核可以有效地聚焦年度或阶段性的重点任务，在考核指标的权重设置上可以通过对重点任务的倾斜，保障重要举措的顺利完成；实绩考核也可以压实责任主体，通过任务层层分解和考核督查问责，提高各级政府的重视程度，避免不作为和慢作为，同时防止个别地区在推进过程中出现一刀切、乱作为等情况。

本法规定了考核评价制度，上级人民政府应当对下级人民政府进行考核。2019年以来，中央农办相继印发《关于建立推进乡村振兴战略实绩考核制度的意见》《关于进一步做好实施乡村振兴战略实绩考核工作的通知》等文件，加快形成和完善乡村振兴战略绩效考核工作体系，打造全面推进乡村振兴的"指挥棒"，督促各地落实推进乡村振兴各项措施，根据意见安排，31个省（自治区、直辖市）建立了乡村振兴实绩考核制度实施细则，开展了省级对市县乡村振兴实绩考核工作。从2019年开始，中办、国办将推进乡村振兴战略实绩考核列入督查事项，要求抓紧建立健全实施乡村振兴战略实绩考核制度，推进考核范围全覆盖。中央农办已连续两年开展乡村振兴督查，推进乡村振兴任务重点落实。

在地方实践中，以湖南省岳阳市和安徽省合肥市为例，岳阳市在2020年出台了《实施乡村振兴战略实绩考核方案》，考核责任单位共同制定了2020年全市实施乡村振兴战略实绩考核评分细则。细则共有35项，总分值为300分。其中，粮食稳面积、稳产量占15分，包括粮食生产面积、早稻播种面积占10分，粮食产量占5分；农业优势特色千亿产业占15分，包括政策支持占2分，全产业链产值占3分，建设现代农业产业园占2.5分，区域公用品牌、特色农产品品牌的培育打造占 4.5 分，农产品质量安全监管占 3 分；生猪产能恢复占 10 分，包括生猪稳产保供工作任务完成情况占 7 分，政策措施落实情况占 3 分；农产品加工业占 10 分，包括农产品加工业销售收入增长率占 3 分，农产品加工业产值与农业产值之比占 3 分，新增规模以上农业产业化龙头企业占 2 分，新增年销售额 10 亿元以上企业占 2 分；高标准农田建设占 10 分；农产品冷链物流建设占 10 分；农业机械化和设施农业占 5 分；农业科技创新载体建设占 5 分；农民合作社和家庭农场建设占 5 分；农村厕所革命占 15 分；农村生活垃圾治理占 10 分；村庄规划编制占 5 分等。

而合肥市则将乡村振兴战略实绩考核任务按类别分解到各有关部门，由部门根据职责出台相应的考核细则，如合肥市医疗保障局出台《合肥市 2020 年乡村振兴战略实绩考核——"农村基本医疗保障"考核细则》，实行百分制，将考核指标确定为：医保脱贫攻坚（25 分）；城乡居民医保政策落实（25 分）；深化医保支付方式改革（15 分）；异地就医直接结算（15 分）；城乡居民医保参保情况（20 分）。合肥市水务局出台《实施乡村振兴战略农村饮水安全工作考核细则》，同样实行百分制度，将考核指标确定为：农村饮水安全工作年度任务完成情况（30 分）；农村供水工程管护情况（35 分）；监督检查及投诉举报情况（35 分）。

第二节　评估制度

【法律原文】

　　第六十九条　国务院和省、自治区、直辖市人民政府有关部门建立客观反映乡村振兴进展的指标和统计体系。县级以上地方人民政府应当对本行政区域内乡村振兴战略实施情况进行评估。

一、立法主旨

本部分明确了国务院和省（自治区、直辖市）人民政府有关部门建立客观反映乡村振兴进展指标和统计体系的职责。

二、立法背景

在脱贫攻坚战取得了全面胜利后，我国继续推进乡村振兴发展，巩固脱贫攻坚成果。在脱贫攻坚战中，中央制定《省级党委和政府扶贫开发工作成效考核办法》，国务院扶贫开发领导小组制定《东西部扶贫协作成效评价办法》《中央单位定点扶贫工作成效评价办法》，组织省际间的交叉考核、第三方评估、扶贫资金绩效评价等，实行最为严格的评估，助力脱贫攻坚战胜利。评估制度可以对阶段性的工作进行评价，通过评估数据也可对未来一段时间内的工作进行有针对性的部署。《乡村振兴促进法》要求建立乡村振兴工作进展指标和统计体系，并且据此对乡村振兴的实施情况进行评估。通过对标对表的评估形式，可以有效贯彻落实乡村振兴促进法规定的各项具体工作，通过评估制度指数这一科学手段测度乡村振兴工作的进展程度以及发展水平，以发挥其引导作用。

三、法律解读

（一）乡村振兴进展指标

各地乡村具有多样性、差异性，需要结合实际，因地制宜建立科学客观反映乡村振兴进展的指标和统计体系。

党中央高度重视乡村振兴战略的实施，《规划》作出了"三步走"的战略部署：到2020年，乡村振兴取得重要进展，制度框架和政策体系基本形成；到2035年，乡村振兴取得决定性进展，农业农村现代化基本实现；到 2050 年，乡村全面振兴，农业强、农村美、农民富全面实现。并在《规划》中明确了到 2022 年乡村振兴的重点任务，提出了 22 项具体指标，其中约束性指标 3 项、预期性指标 19 项，涉及产业兴旺、生态宜居、乡风文明、治理有效、生活富裕五个方面。由于地域的多样性导致了评价标准的差异，不同地区在同一目标上的绝对指标数值不具有可比性，因此，需要建立既能够综合反映某一个地区乡村振兴整体进展的，又能够方便不同地区互相比较的综合性评价体系。

《乡村振兴促进法》在第四条第（五）款中将"根据乡村的历史文化、发展现状、区位条件、资源禀赋、产业基础分类推进"作为本法的原则之一。各乡村应发挥基层首创精神，着力发展自己的优势，走差异化发展的特色乡村振兴之路。

对于乡村振兴主要进展指标，应考察其相对进度。探索采取相对指标的方式，以主要产出的增量作为考核的关键指标。

在地方实践中，地方根据自身实际情况适当调整评价指标体系，如以浙江省湖州市为例，其将目标值设定为 5 个一级指标、14 个二级指标、34 个三级指标。发挥湖州城乡协调发展和生态环境优势，统筹城乡经济、社会、生态、文化发展，以全域建设美丽乡村为重点，加快推进城乡融合发展，全面推进乡村振兴。由此可见，评价指标体系中的一级指标作为整个乡村振兴评价的主导思想应得到体现和坚持，并结合自身的特点有所侧重，细致规划。

通过建立科学的、完善的乡村振兴进展评价体系，有利于形成更加富有动力、因地制宜、统筹协调的乡村振兴新格局。

（二）乡村振兴发展评估

《乡村振兴促进法》第六十九条规定，县级以上地方人民政府应当对本行政区域内乡村振兴战略实施情况进行评估。

要确保乡村振兴各项目标任务的完成，就必须加强乡村振兴战略规划的定期跟踪评估，通过考核评估层层压实各地各部门推进乡村振兴的责任。根据《规划》确定的粮食综合生产能力、畜禽粪污综合利用率以及具备条件的建制村通硬化路比例，3 项约束性指标以及重大工程、项目、政策和重要改革任务在评估中都要明确进度要求。在确定乡村振兴发展指标的基础上，依据各项指标对乡村振兴发展工作开展评估，从而可以得到一个相对全面、客观、真实、有效的评估结果。在脱贫攻坚过程中，有一些成熟且行之有效的评估模式，如第三方评估机制等，在乡村振兴中可以借鉴，也可在必要时邀请相关领域的专家，提升评估的公开性、公正性和透明性。对乡村振兴战略实施情况进行评估，能够了解和掌握国家有关乡村振兴促进各项政策措施落实情况、国家机关履行职责的情况、有关部门和单位推进工作情况以及乡村振兴推进中面临的实际困难和问题等，从而引导促进有关部门和单位不断改进工作。也可将实施乡村振兴战略的评估结果作为选拔任用领导干部、评先奖优、资金分配、项目安排、试点选定、问责追责的重要依据。

为了贯彻落实乡村振兴工作，2021 年 5 月 31 日，中国人民银行、银保监会联合发布了《金融机构服务乡村振兴考核评估办法》，将金融机构服务乡村振兴考核评估指标分为定量和定性两类，其中，定量指标权重 75％，定性指标权重 25％。评估定量指标包括贷款总量、贷款结构、贷款比重、金融服务和资产质量五类，定性指标包括政策实施、制度建设、金融创新、金融环境、外部评价五类。并将评估等次分优秀、良好、一般、勉励四档，定期将评估结果抄送农业农村部等相关部门，评估结果作为央行和银保监会开展工作的重要参考依据。

第三节　报告制度

【法律原文】

　　第七十条　县级以上各级人民政府应当向本级人民代表大会或

者其常务委员会报告乡村振兴促进工作情况。乡镇人民政府应当向本级人民代表大会报告乡村振兴促进工作情况。

　　第七十一条　地方各级人民政府应当每年向上一级人民政府报告乡村振兴促进工作情况。

一、立法主旨

　　本部分是关于各级人民政府向同级人民代表大会或其常委会以及上级人民政府报告乡村振兴促进工作的规定。

二、立法背景

　　政府工作报告是各级政府回顾阶段性工作，设定当前工作任务，以及加强政府自身建设的一种方式。听取、审查报告是上级政府监督下级政府、各级政府监督其工作部门执行情况的主要方式。定期的报告制度也与本法第六十八条规定的目标责任制相对应，特别是在推进乡村振兴的各项工作中必须落实报告制度。向本级人民代表大会或其常务委员会报告也是实现人大对乡村振兴工作监督的重要途径。人大监督是宪法和法律规定的一项重要制度，是外部监督的一种重要手段。发挥人大监督在乡村振兴中的重要作用，有助于本级人民政府在乡村工作中更好规范自身的行为，通过向人大报告也可适时调整工作中出现的问题。《中国共产党农村工作条例》第二十九条规定，各省（自治区、直辖市）党委和政府每年向党中央、国务院报告乡村振兴战略实施情况，省以下各级党委和政府每年向上级党委和政府报告乡村振兴战略实施情况。

三、法律解读

（一）人大监督

各级政府作为同级人大的执行机关需要向人大报告工作，听取政府的工作报告是人大行使监督权的一种方式。《中华人民共和国各级人民代表大会常务委员会监督法》第八条规定，各级人民代表大会常务委员会每年选择若干关系改革发展、稳定大局和群众切身利益、社会普遍关注的重大问题，有计划地安排听取和审议本级人民政府、人民法院和人民检察院的专项工作报告。

《乡村振兴促进法》第九条第二款规定，各级人民政府应当将乡村振兴促进工作纳入国民经济和社会发展规划，并建立乡村振兴考核评价制度、工作年度报告制度和监督检查制度。

政府向人大报告工作，不仅包括年度的全国人民代表大会，还包括人大常委会会议。所不同的是，在全国人民代表大会上报告的是政府全面的、主要的工作，平时在人大常委会会议上报告的是政府专项工作报告，人大可以通过听取和审议政府的乡村振兴专项工作报告，对乡村工作中比较集中的问题提出意见或建议，这对于政府更好地改进工作大有裨益。根据《中华人民共和国地方各级人民代表大会和地方各级人民政府组织法》规定，县级以上人大才设常委会，乡镇一级人大不设常委会。因此，《乡村振兴促进法》第七十条规定，乡镇人民政府应当向本级人民代表大会报告乡村振兴促进工作情况。

乡村振兴促进专项工作报告的意义在于，一方面汇报年度或半年的乡村振兴促进工作情况以及工作进展，让人大了解当地的乡村振兴工作的具体情况、未来的规划，以及本级政府在其中所起到的作用；另一方面，也要发挥人大监督的作用，人大在听取报告的同时也可就群众集中反映的问题提出意见或建议。

（二）向上级政府报告

上下级政府之间存在组织隶属关系，因而下一级政府应当向上一级政府报告工作。《乡村振兴促进法》第七十一条规定，地方各级人民政府应当每年向上一级人民政府报告乡村振兴促进工作情况。

将乡村振兴工作纳入下级政府向上一级政府报告的范畴，很有意义：其一，有利于提高政府在乡村工作中的公信力；其二，有利于对政府促进乡村振兴工作进行监督；其三，有利于对政府开展乡村振兴工作的阶段性总结，推动下一步工作开展。

《中国共产党农村工作条例》第二十九条也规定了各级党委、政府向上一级党委和政府报告乡村振兴战略实施情况。当前，根据中央农办《关于建立推进乡村振兴战略实绩考核制度的意见》《关于进一步做好实施乡村振兴战略实绩考核工作的通知》等文件精神要求，每年3月底前，各省级党委农村工作领导小组办公室要将乡村振兴战略的考核工作情况、考核结果以及对考核的运用情况报送至中央农办，中央农办每年汇总全国的乡村振兴战略实施情况向党中央、国务院报告，省以下各级党委和政府每年向上级党委和政府报告乡村振兴战略实施情况。

（三）协调推进机制

国家发展和改革委员会、农业农村部会同有关部门建立了规划实施协调推进机制，定期跟踪规划确定的重点任务和重大工程、行动、计划进展情况，调度汇总各相关部门乡村振兴规划实施情况，每年向党中央、国务院报告规划实施进展。

在2019年，各部门联合向党中央、国务院提交了《乡村振兴战略规划实施报告（2018—2019年)》，报告内容包括规划实施和实践探索两篇，详细说明乡村振兴战略规划的实施情况，特别是围绕规划提出的82项重大工程、重大行动、重大计划，分项反映实施进展情况，并将各省汇报的乡村振兴工作情况汇总，总结乡村振兴典型范例，进行深入报道。为全国下一步乡村振兴战略的深入推进提供可资借鉴的经验，积蓄更多力量，凝聚更多共识，营造推进乡村振兴战略的良好舆论氛围。

2021 年 7 月，农业农村部、国家发展和改革委员会同有关部门出版发布了《乡村振兴战略规划实施报告（2020 年）》，总结了《规划》确定的重点任务和重大工程、行动和计划推进的情况。

第四节　监督检查制度

【法律原文】

第七十一条　县级以上人民政府定期对下一级人民政府乡村振兴促进工作情况开展监督检查。

第七十二条　县级以上人民政府发展改革、财政、农业农村、审计等部门按照各自职责对农业农村投入优先保障机制落实情况、乡村振兴资金使用情况和绩效等实施监督。

一、立法主旨

本部分规定对乡村振兴工作的一般监督检查制度以及专项监督检查制度。

二、立法背景

政府内部监督是推动职责落实的重要方式，无论在监督的适用范围上，还是监督手段的灵活运用上，都有其他监督形式所无法比拟的优越条件。更好实现层层压实责任，级级传导压力，这是在乡村振兴工作中设置一般检查监督制度的原因。2018—2021 年，中央一号文件均强调对考核结果的应用，将考核结果作为选任领导干部的重要依据，并建立约谈机制。

此外，在推进乡村振兴发展的战略中，农业农村优先发展优先保障机制是否落实，乡村振兴资金是否切实发挥作用至关重要。设立相关的专项监督，构建良好的财政运行机制，对建立实施乡村战略的财政投入和保障制度，调整和优化财政收支规模和结构，提高资金的配置和管理的效率。因此，在第八章确立了扶持政策的财政支持基础上，《乡村振兴促进法》第七十二条规定，县级以上人民政府发展改革、财政、农业农村、审计等部门按照各自职责对农业农村投入优先保障机制落实情况、乡村振兴资金使用情况和绩效等实施监督。这对资金的投入使用设立相应的专项监督提供了法律依据。

三、法律解读

（一）开展乡村振兴实施情况督查

本法规定了县级以上人民政府定期对下一级政府的乡村振兴工作开展监督检查。强化乡村振兴督查，创新完善督查方式，及时发现和解决存在的问题，推动政策举措落实落地。

在乡村振兴工作中要求建立考核评估机制，考核不是目的而是一种手段，要加强对考核结果的应用。2018 年中央一号文件中指出要将考核结果作为选拔任用领导干部的重要依据，在 2019 年中央一号文件中指出要"严格督查考核，加强乡村统计监测工作；加强考核结果应用"，在 2021 年中央一号文件《中共中央　国务院关于全面推进乡村振兴加快农业农村现代化的意见》中提出要加强党委农村工作领导小组和工作机构建设，要求强化其督促检查等职能，定期调度工作进展。并强调要健全乡村振兴考核落实机制，加强对考核结果的应用，注重提拔使用乡村振兴实绩突出的市县党政领导干部，而对考核排名落后、履职不力的市县党委和政府主要负责同志进行约谈，建立常态化约谈机制。在《中国共产党农村工作条例》第三十一条中规定了在地方各级党政领导班子和主要负责人对农村工作履职不力或工作滞后的，上级党委应当约谈下级党委，本级党委应当约谈同级有关部门。

要将脱贫攻坚的成果加以巩固，并纳入乡村振兴的考核。也可借鉴在脱贫攻坚工作中的经验做法，比如在扶贫工作中，湖北省实行年考核制，将考核结果分为 A（优）、B（良）、C（中）、D（差）四个等级，进入 A、B 等级的以省级名义通报表扬，并在财政专项资金分配和项目安排上给予奖励和倾斜，对连续三年为 A 等级的党委、政府主要领导予以表彰和提拔重用，而考核结果为 C、D 的则对其党委、政府主要领导进行约谈，并督促整改，连续两年为 D 的，其党委、政府主要领导会按干部管理权限进行组织调整。

（二）开展部门监督

1. 发展改革部门监督

根据职责分工，发展改革部门负责提出农村经济和生态保护与建设发展战略、体制改革及有关政策建议，协调有关重大问题；衔接平衡农业、林业、草原、水利、气象、生态及有关农村基础设施等发展规划、计划和政策。负责安排中央预算内投资，按照权限审批、核准、审核重大项目。因此，发展改革部门对中央预算内投资负有监督检查职责。就具体工作层面，发展改革部门应严格审查项目申请人的资质，尤其要加强事中事后监管。如郴州市发展和改革委员会（以下简称发改委）密切关注国家和省里关于乡村振兴战略实施，在 2019 年市发改委农口在 4 月份就已经争取中央、省里各类资金 2.69 亿元，支持农村人居环境整治、主要支流治理、农村饮水安全巩固提升等 10 个专项。郴州市发改委确保农口已申报年度投资建议计划最大限度落实，争取更多的政策、项目和资金支持农业农村工作高质量发展。

2. 财政部门监督

（1）推动全面实施财政涉农资金绩效管理。建立健全以结果导向配置涉农资金的绩效管理机制，逐步将绩效管理涵盖所有财政涉农资金项目。建立全过程预算绩效管理链条，明确每一个环节的目标，细化预算、加强执行过程监管、及时开展完成后的绩效评价。如扬州市在涉农资金绩效管理上，科学设置绩效目标，及时对绩效目标完成情况进行评价，并将评价结果作为今后安排项目资金的依据之一，着力提高资金的使用效益。

（2）切实加强财政涉农资金监管。财政部与农业农村部、水利部、国家林业和草原局建立涉农资金统筹整合的会商协调机制。并且全面实施行业内涉农资金整合，优化涉农资金管理体系，合理划分任务清单，并会同有关部门对各地各部门涉农资金统筹整合情况开展督察，成立了由财政部、发展改革委、农业农村部、水利部、国家林业和草原局等部门组成的重点督察组，对9个重点省份开展督察。

（3）深入推进财政涉农资金管理内控建设。加强对涉农资金的管理，建立及时有效的风险应对机制，并通过数字化信息对涉农方面的重大项目开展情况实施监控。加强涉农资金管理制度和内控制度建设，建立健全及时有序的风险应对机制，运用信息技术手段对重大业务开展监控。推动涉农资金业务内控建设向基层财政延伸，形成一级抓一级、层层抓落实的局面。

3. 农业农村部门监督

根据《乡村振兴促进法》的规定，农业农村部门负责乡村振兴促进工作的统筹协调、宏观指导和监督检查。在专项监督中，农业农村部门也要发挥其特有作用。要对农业农村投入优先保障机制落实情况进行监督。具体来看，即监督是否把实现乡村振兴作为共同意志、共同行动，做到认识统一、步调一致，在干部配备上是否优先考虑，在要素配置上是否优先满足，在资金投入上是否优先保障，在公共服务上是否优先安排，是否突出农业农村短板弱项。

在乡村振兴资金使用情况方面，农业农村部门强化监督。农业生产发展等专项资金实行"大专项＋任务清单"的管理模式，除去约束性任务的资金不可以统筹，各省对其他资金在本专项的支出范围和任务清单内都可以统筹安排，因此，在促进乡村振兴过程中，应当全面落实预算信息公开的要求，做到公开、透明、可被监督。并且应当加强对乡村振兴发展资金分配、使用、管理情况的监督检查工作，及时纠正问题，根据财政计划开展监督检查，并形成监管报告。而乡村振兴发展资金的使用管理也应实行绩效评价制度，其结果作为资金分类的重要依据。

4. 审计部门监督

审计监督是宪法和审计法赋予的基本职责，具有独立性、权威性、公正性的特点。审计部门依法独立检查被审计单位与农业财政投资相关的会计和财务收支资料及资产，监督被审计单位财政、财务收支的真实性、合法性和效益型，使农业财政投资在公共财政的体制框架下，发挥对农业发展的重要作用，为农业发展保驾护航。在对乡村振兴发展资金审计监督过程中，要从投入到使用、从管理到绩效对其进行全过程的审查监督，保障资金专款专用，注重效益。

第五节　法律责任

【法律原文】

第七十三条　各级人民政府及其有关部门在乡村振兴促进工作中不履行或者不正确履行职责的，依照法律法规和国家有关规定追究责任，对直接负责的主管人员和其他直接责任人员依法给予处分。

违反有关农产品质量安全、生态环境保护、土地管理等法律法规的，由有关主管部门依法予以处罚；构成犯罪的，依法追究刑事责任。

一、立法主旨

本部分是关于法律责任的规定。

二、立法背景

乡村振兴促进法草案第一次审议稿专设法律责任一章，在审议过程中，有的常委委员和部门提出，本法作为促进法，着重点在促进，通过建立健全法律制度和政策措施，促进乡村全面振兴和城乡融合发展，不取代农业法等其他涉农法律，况且草案法律责任一章所列行为，其他法律已作出处罚规定的，本法不宜重复规定。确有必要的，作出衔接性规定；其他法律规定不完善的，作出补充性规定。为此，将法律责任的内容整合后并入监督检查一章中。

三、法律解读

促进型法律的功能发挥和机制运行是实现经济社会发展的重要方式和手段，是国家立法机关为了促进一些基础性、薄弱性或具有特别价值或潜力的群体、区域或行业、产业的发展而制定的。也就是说，促进型法律的内核保护和规范的是"发展促进权"，即要求相关主体依法履行促进责任、同时不得滥用权利、亦不得放弃权利。促进型立法在立法思想、主要内容以及调整手段等方面都与传统的管理型立法具有显著的区别。与管理型立法中常用的惩罚和规制手段相比，促进型立法更加强调通过正面引导、鼓励、倡议和扶持等措施来推动特定领域或行业的发展。

乡村振兴促进法第一次审议稿中设了法律责任一章。之后经研究讨论，认为这部法律，着重点在促进，更强调通过正面引导、鼓励、倡议和扶持等措施促进乡村全面振兴和城乡融合发展。同时也考虑其他涉农法律，已经有规定的，可适用其他法律作出衔接规定，不一定再作规定。因此，把相关法律责任的内容合并到监督检查一章，在七十三条对法律责任作了概括性、衔接性规定，没有设专章规定法律责任。

乡村振兴促进法对政府及其相关负责人员在乡村振兴促进工作中设定了相应的责任和义务。全文共51处提到"政府应当"，都是为政府设定的法定义务。这些义务涵盖了维护农民权益、保护耕地和保障粮食安全、引导新型农业产业发展、完善农民返乡就业扶持政策、建立农民收入稳定增长机制、统筹农村教育和医疗工作、组织开展新时代文明实践活动、健全完善农村公共文化体育实施运行机制、保护农业文化遗产、农业面源污染防治、国土综合整治和生态修复、改善农村人居环境、农村住房管理和服务、构建简约高效的农村基层管理体制、指导支持村民自治、支持农民合作社和集体经济组织发展、加强群团组织和执法队伍建设、优化乡村发展布局、统筹乡村公共基础设施、促进城乡产业协同发展以及建立和落实乡村振兴扶持各项措施等等。上述规定为各级政府在促进乡村振兴过程中的责任承担奠定了基础。

本法第七十三条第一款规定，各级人民政府及其有关部门在乡村振兴工作中不履行或不正确履行职责的，依照法律法规和国家有关规定追究责任，对直接负责的主管人员和其他直接责任人员依法给予处分。

首先，法律规定的各级政府职责具有强制性，监督检查制度就是法律强制性和约束力的重要体现；其次，本法中规定的考核评价制度、评估制度、报告制度、监督制度是对政府及其有关部门的行为进行约束的重要手段，法律法规和国家有关规定应当履行的职责没有履行的，需要承担相应的责任，如对政府及其有关部门予以通报批评、责令其做出检查等；对直接负责的主管人员和其他直接责任人员，可以依据《公务员法》《行政机关公务员处分条例》《监察法》《公职人员政务处分法》《中国共产党问责条例》等予以处分。

第七十三条第二款规定，违反农产品质量安全、生态环境保护、土地管理等法律法规的，由有关主管部门依法予以处罚；构成犯罪的，依法追究刑事责任。这就是说，对农产品质量安全、环境保护、土地管理或者其他方面有关违法行为，分别按照相关法律法规来处理。如涉及违反农产品质量安全情况，则需要适用《农产品质量安全法》中法律责任的规定。又比如污染环境或破坏生态的行为，则需要援用《环境保护法》等相关法律法规对其进行处罚。

再比如，第三十九条规定，国家对农业投入品实行严格管理，对剧毒、高毒、高残留的农药、兽药采取禁用限用措施。农产品生产经营者不得使用国家禁用的农药、兽药或者其他有毒有害物质，不得违反农产品质量安全标准和国家有关规定超剂量、超范围使用农药、兽药、肥料、饲料添加剂等农业投入品。

违反第三十九条规定的行为，则需要具体适用《农药管理条例》《兽药管理条例》《饲料和饲料添加剂管理条例》等有关农业投入品的法律法规规定。第七十三条第二款规定，构成犯罪的，依法追究刑事责任，这是与刑法的衔接，即一旦当事人的违法行为有严重社会危害性构成犯罪的，则应当依据罪刑法定原则适用《刑法》中关于刑事责任的具体规定。

附录

附录1 中华人民共和国乡村振兴促进法

（2021 年 4 月 29 日第十三届全国人民代表大会
常务委员会第二十八次会议通过）

第一章 总 则

第一条 为了全面实施乡村振兴战略，促进农业全面升级、农村全面进步、农民全面发展，加快农业农村现代化，全面建设社会主义现代化国家，制定本法。

第二条 全面实施乡村振兴战略，开展促进乡村产业振兴、人才振兴、文化振兴、生态振兴、组织振兴，推进城乡融合发展等活动，适用本法。

本法所称乡村，是指城市建成区以外具有自然、社会、经济特征和生产、生活、生态、文化等多重功能的地域综合体，包括乡镇和村庄等。

第三条 促进乡村振兴应当按照产业兴旺、生态宜居、乡风文明、治理有效、生活富裕的总要求，统筹推进农村经济建设、政治建设、文化建设、社会建设、生态文明建设和党的建设，充分发挥乡村在保障农产品供给和粮食安全、保护生态环境、传承发展中华民族优秀传统文化等方面的特有功能。

第四条 全面实施乡村振兴战略，应当坚持中国共产党的领导，贯彻创新、协调、绿色、开放、共享的新发展理念，走中国特色社会主义乡村振兴道路，促进共同富裕，遵循以下原则：

（一）坚持农业农村优先发展，在干部配备上优先考虑，在要素配置上优先满足，在资金投入上优先保障，在公共服务上优先安排；

（二）坚持农民主体地位，充分尊重农民意愿，保障农民民主权利和其他合法权益，调动农民的积极性、主动性、创造性，维护农民根本利益；

（三）坚持人与自然和谐共生，统筹山水林田湖草沙系统治理，推动绿色发展，推进生态文明建设；

（四）坚持改革创新，充分发挥市场在资源配置中的决定性作用，更好发挥政府作用，推进农业供给侧结构性改革和高质量发展，不断解放和发展乡村社会生产力，激发农村发展活力；

（五）坚持因地制宜、规划先行、循序渐进，顺应村庄发展规律，根据乡村的历史文化、发展现状、区位条件、资源禀赋、产业基础分类推进。

第五条 国家巩固和完善以家庭承包经营为基础、统分结合的双层经营体制，发展壮大农村集体所有制经济。

第六条 国家建立健全城乡融合发展的体制机制和政策体系，推动城乡要素有序流动、平等交换和公共资源均衡配置，坚持以工补农、以城带乡，推动形成工农互促、城乡互补、协调发展、共同繁荣的新型工农城乡关系。

第七条 国家坚持以社会主义核心价值观为引领，大力弘扬民族精神和时代精神，加强乡村优秀传统文化保护和公共文化服务体系建设，繁荣发展乡村文化。

每年农历秋分日为中国农民丰收节。

第八条 国家实施以我为主、立足国内、确保产能、适度进口、科技支撑的粮食安全战略，坚持藏粮于地、藏粮于技，采取措施不断提高粮食综合生产能力，建设国家粮食安全产业带，完善粮食加工、流通、储备体系，确保谷物基本自给、口粮绝对安全，保障国家粮食安全。

国家完善粮食加工、储存、运输标准，提高粮食加工出品率和利用率，推动节粮减损。

第九条 国家建立健全中央统筹、省负总责、市县乡抓落实的乡村振兴工作机制。

各级人民政府应当将乡村振兴促进工作纳入国民经济和社会发展规划，并建立乡村振兴考核评价制度、工作年度报告制度和监督检查制度。

第十条 国务院农业农村主管部门负责全国乡村振兴促进工作的统筹协调、宏观指导和监督检查；国务院其他有关部门在各自职责范围内负责有关的乡村振兴促进工作。

县级以上地方人民政府农业农村主管部门负责本行政区域内乡村振兴促进工作的统筹协调、指导和监督检查；县级以上地方人民政府其他有关部门在各自职责范围内负责有关的乡村振兴促进工作。

第十一条 各级人民政府及其有关部门应当采取多种形式，广泛宣传乡村振兴促进相关法律法规和政策，鼓励、支持人民团体、社会组织、企事业单位等社会各方面参与乡村振兴促进相关活动。

对在乡村振兴促进工作中作出显著成绩的单位和个人，按照国家有关规定给予表彰和奖励。

第二章 产业发展

第十二条 国家完善农村集体产权制度，增强农村集体所有制经济发展活力，促进集体资产保值增值，确保农民受益。

各级人民政府应当坚持以农民为主体，以乡村优势特色资源为依托，支持、促进农村一二三产业融合发展，推动建立现代农业产业体系、生产体系和经营体系，推进数字乡村建设，培育新产业、新业态、新模式和新型农业经营主体，促进小农户和现代农业发展有机衔接。

第十三条 国家采取措施优化农业生产力布局，推进农业结构调整，发展优势特色产业，保障粮食和重要农产品有效供给和质量安全，推动品种培优、品质提升、品牌打造和标准化生产，推动农业对外开放，提高农业质量、效益和竞争力。

国家实行重要农产品保障战略，分品种明确保障目标，构建科学合理、安全高效的重要农产品供给保障体系。

第十四条 国家建立农用地分类管理制度，严格保护耕地，严格控制农用地转为建设用地，严格控制耕地转为林地、园地等其他类型农用地。省、自治区、直辖市人民政府应当采取措施确保耕地总量不减少、质量有提高。

国家实行永久基本农田保护制度，建设粮食生产功能区、重要农产品生产保护区，建设并保护高标准农田。

地方各级人民政府应当推进农村土地整理和农用地科学安全利用，加强农田水利等基础设施建设，改善农业生产条件。

第十五条 国家加强农业种质资源保护利用和种质资源库建设，支持育种基础性、前沿性和应用技术研究，实施农作物和畜禽等良种培育、育种关键技术攻关，鼓励种业科技成果转化和优良品种推广，建立并实施种业国家安全审查机制，促进种业高质量发展。

第十六条 国家采取措施加强农业科技创新，培育创新主体，构建以企业为主体、产学研协同的创新机制，强化高等学校、科研机构、农业企业创新能力，建立创新平台，加强新品种、新技术、新装备、新产品研发，加强农业知识产权保护，推进生物种业、智慧农业、设施农业、农产品加工、绿色农业投入品等领域创新，建设现代农业产业技术体系，推动农业农村创新驱动发展。

国家健全农业科研项目评审、人才评价、成果产权保护制度，保障对农业科技基础性、公益性研究的投入，激发农业科技人员创新积极性。

第十七条 国家加强农业技术推广体系建设，促进建立有利于农业科技成果转化推广的激励机制和利益分享机制，鼓励企业、高等学校、职业学校、科研机构、科学技术社会团体、农民专业合作社、农业专业化社会化服务组织、农业科技人员等创新推广方式，开展农业技术推广服务。

第十八条 国家鼓励农业机械生产研发和推广应用，推进主要农作物生产全程机械化，提高设施农业、林草业、畜牧业、渔业和农产品初加工的装备水平，推动农机农艺融合、机械化信息化融合，促进机械化生产与农田建设相适应、服务模式与农业适度规模经营相适应。

国家鼓励农业信息化建设，加强农业信息监测预警和综合服务，推进农业生产经营信息化。

第十九条　各级人民政府应当发挥农村资源和生态优势，支持特色农业、休闲农业、现代农产品加工业、乡村手工业、绿色建材、红色旅游、乡村旅游、康养和乡村物流、电子商务等乡村产业的发展；引导新型经营主体通过特色化、专业化经营，合理配置生产要素，促进乡村产业深度融合；支持特色农产品优势区、现代农业产业园、农业科技园、农村创业园、休闲农业和乡村旅游重点村镇等的建设；统筹农产品生产地、集散地、销售地市场建设，加强农产品流通骨干网络和冷链物流体系建设；鼓励企业获得国际通行的农产品认证，增强乡村产业竞争力。

发展乡村产业应当符合国土空间规划和产业政策、环境保护的要求。

第二十条　各级人民政府应当完善扶持政策，加强指导服务，支持农民、返乡入乡人员在乡村创业创新，促进乡村产业发展和农民就业。

第二十一条　各级人民政府应当建立健全有利于农民收入稳定增长的机制，鼓励支持农民拓宽增收渠道，促进农民增加收入。

国家采取措施支持农村集体经济组织发展，为本集体成员提供生产生活服务，保障成员从集体经营收入中获得收益分配的权利。

国家支持农民专业合作社、家庭农场和涉农企业、电子商务企业、农业专业化社会化服务组织等以多种方式与农民建立紧密型利益联结机制，让农民共享全产业链增值收益。

第二十二条　各级人民政府应当加强国有农（林、牧、渔）场规划建设，推进国有农（林、牧、渔）场现代农业发展，鼓励国有农（林、牧、渔）场在农业农村现代化建设中发挥示范引领作用。

第二十三条 各级人民政府应当深化供销合作社综合改革，鼓励供销合作社加强与农民利益联结，完善市场运作机制，强化为农服务功能，发挥其为农服务综合性合作经济组织的作用。

第三章 人才支撑

第二十四条 国家健全乡村人才工作体制机制，采取措施鼓励和支持社会各方面提供教育培训、技术支持、创业指导等服务，培养本土人才，引导城市人才下乡，推动专业人才服务乡村，促进农业农村人才队伍建设。

第二十五条 各级人民政府应当加强农村教育工作统筹，持续改善农村学校办学条件，支持开展网络远程教育，提高农村基础教育质量，加大乡村教师培养力度，采取公费师范教育等方式吸引高等学校毕业生到乡村任教，对长期在乡村任教的教师在职称评定等方面给予优待，保障和改善乡村教师待遇，提高乡村教师学历水平、整体素质和乡村教育现代化水平。

各级人民政府应当采取措施加强乡村医疗卫生队伍建设，支持县乡村医疗卫生人员参加培训、进修，建立县乡村上下贯通的职业发展机制，对在乡村工作的医疗卫生人员实行优惠待遇，鼓励医学院校毕业生到乡村工作，支持医师到乡村医疗卫生机构执业、开办乡村诊所、普及医疗卫生知识，提高乡村医疗卫生服务能力。

各级人民政府应当采取措施培育农业科技人才、经营管理人才、法律服务人才、社会工作人才，加强乡村文化人才队伍建设，培育乡村文化骨干力量。

第二十六条 各级人民政府应当采取措施，加强职业教育和继续教育，组织开展农业技能培训、返乡创业就业培训和职业技能培训，培养有文化、懂技术、善经营、会管理的高素质农民和农村实用人才、创新创业带头人。

第二十七条 县级以上人民政府及其教育行政部门应当指导、支持高等学校、职业学校设置涉农相关专业，加大农村专业人才培养力度，鼓励高等学校、职业学校毕业生到农村就业创业。

第二十八条　国家鼓励城市人才向乡村流动，建立健全城乡、区域、校地之间人才培养合作与交流机制。

县级以上人民政府应当建立鼓励各类人才参与乡村建设的激励机制，搭建社会工作和乡村建设志愿服务平台，支持和引导各类人才通过多种方式服务乡村振兴。

乡镇人民政府和村民委员会、农村集体经济组织应当为返乡入乡人员和各类人才提供必要的生产生活服务。农村集体经济组织可以根据实际情况提供相关的福利待遇。

第四章　文化繁荣

第二十九条　各级人民政府应当组织开展新时代文明实践活动，加强农村精神文明建设，不断提高乡村社会文明程度。

第三十条　各级人民政府应当采取措施丰富农民文化体育生活，倡导科学健康的生产生活方式，发挥村规民约积极作用，普及科学知识，推进移风易俗，破除大操大办、铺张浪费等陈规陋习，提倡孝老爱亲、勤俭节约、诚实守信，促进男女平等，创建文明村镇、文明家庭，培育文明乡风、良好家风、淳朴民风，建设文明乡村。

第三十一条　各级人民政府应当健全完善乡村公共文化体育设施网络和服务运行机制，鼓励开展形式多样的农民群众性文化体育、节日民俗等活动，充分利用广播电视、视听网络和书籍报刊，拓展乡村文化服务渠道，提供便利可及的公共文化服务。

各级人民政府应当支持农业农村农民题材文艺创作，鼓励制作反映农民生产生活和乡村振兴实践的优秀文艺作品。

第三十二条　各级人民政府应当采取措施保护农业文化遗产和非物质文化遗产，挖掘优秀农业文化深厚内涵，弘扬红色文化，传承和发展优秀传统文化。

县级以上地方人民政府应当加强对历史文化名镇名村、传统村落和乡村风貌、少数民族特色村寨的保护，开展保护状况监测和评估，采取措施防御和减轻火灾、洪水、地震等灾害。

第三十三条 县级以上地方人民政府应当坚持规划引导、典型示范,有计划地建设特色鲜明、优势突出的农业文化展示区、文化产业特色村落,发展乡村特色文化体育产业,推动乡村地区传统工艺振兴,积极推动智慧广电乡村建设,活跃繁荣农村文化市场。

第五章 生态保护

第三十四条 国家健全重要生态系统保护制度和生态保护补偿机制,实施重要生态系统保护和修复工程,加强乡村生态保护和环境治理,绿化美化乡村环境,建设美丽乡村。

第三十五条 国家鼓励和支持农业生产者采用节水、节肥、节药、节能等先进的种植养殖技术,推动种养结合、农业资源综合开发,优先发展生态循环农业。

各级人民政府应当采取措施加强农业面源污染防治,推进农业投入品减量化、生产清洁化、废弃物资源化、产业模式生态化,引导全社会形成节约适度、绿色低碳、文明健康的生产生活和消费方式。

第三十六条 各级人民政府应当实施国土综合整治和生态修复,加强森林、草原、湿地等保护修复,开展荒漠化、石漠化、水土流失综合治理,改善乡村生态环境。

第三十七条 各级人民政府应当建立政府、村级组织、企业、农民等各方面参与的共建共管共享机制,综合整治农村水系,因地制宜推广卫生厕所和简便易行的垃圾分类,治理农村垃圾和污水,加强乡村无障碍设施建设,鼓励和支持使用清洁能源、可再生能源,持续改善农村人居环境。

第三十八条 国家建立健全农村住房建设质量安全管理制度和相关技术标准体系,建立农村低收入群体安全住房保障机制。建设农村住房应当避让灾害易发区域,符合抗震、防洪等基本安全要求。

县级以上地方人民政府应当加强农村住房建设管理和服务,强化新建农村住房规划管控，严格禁止违法占用耕地建房；鼓励农村住房设计体现地域、民族和乡土特色，鼓励农村住房建设采用新型建造技术和绿色建材，引导农民建设功能现代、结构安全、成本经济、绿色环保、与乡村环境相协调的宜居住房。

第三十九条　国家对农业投入品实行严格管理，对剧毒、高毒、高残留的农药、兽药采取禁用限用措施。农产品生产经营者不得使用国家禁用的农药、兽药或者其他有毒有害物质，不得违反农产品质量安全标准和国家有关规定超剂量、超范围使用农药、兽药、肥料、饲料添加剂等农业投入品。

第四十条　国家实行耕地养护、修复、休耕和草原森林河流湖泊休养生息制度。县级以上人民政府及其有关部门依法划定江河湖海限捕、禁捕的时间和区域，并可以根据地下水超采情况，划定禁止、限制开采地下水区域。

禁止违法将污染环境、破坏生态的产业、企业向农村转移。禁止违法将城镇垃圾、工业固体废物、未经达标处理的城镇污水等向农业农村转移。禁止向农用地排放重金属或者其他有毒有害物质含量超标的污水、污泥，以及可能造成土壤污染的清淤底泥、尾矿、矿渣等；禁止将有毒有害废物用作肥料或者用于造田和土地复垦。

地方各级人民政府及其有关部门应当采取措施，推进废旧农膜和农药等农业投入品包装废弃物回收处理，推进农作物秸秆、畜禽粪污的资源化利用，严格控制河流湖库、近岸海域投饵网箱养殖。

第六章　组织建设

第四十一条　建立健全党委领导、政府负责、民主协商、社会协同、公众参与、法治保障、科技支撑的现代乡村社会治理体制和自治、法治、德治相结合的乡村社会治理体系，建设充满活力、和谐有序的善治乡村。

地方各级人民政府应当加强乡镇人民政府社会管理和服务能力建

设，把乡镇建成乡村治理中心、农村服务中心、乡村经济中心。

第四十二条 中国共产党农村基层组织，按照中国共产党章程和有关规定发挥全面领导作用。村民委员会、农村集体经济组织等应当在乡镇党委和村党组织的领导下，实行村民自治，发展集体所有制经济，维护农民合法权益，并应当接受村民监督。

第四十三条 国家建立健全农业农村工作干部队伍的培养、配备、使用、管理机制，选拔优秀干部充实到农业农村工作干部队伍，采取措施提高农业农村工作干部队伍的能力和水平，落实农村基层干部相关待遇保障，建设懂农业、爱农村、爱农民的农业农村工作干部队伍。

第四十四条 地方各级人民政府应当构建简约高效的基层管理体制，科学设置乡镇机构，加强乡村干部培训，健全农村基层服务体系，夯实乡村治理基础。

第四十五条 乡镇人民政府应当指导和支持农村基层群众性自治组织规范化、制度化建设，健全村民委员会民主决策机制和村务公开制度，增强村民自我管理、自我教育、自我服务、自我监督能力。

第四十六条 各级人民政府应当引导和支持农村集体经济组织发挥依法管理集体资产、合理开发集体资源、服务集体成员等方面的作用，保障农村集体经济组织的独立运营。

县级以上地方人民政府应当支持发展农民专业合作社、家庭农场、农业企业等多种经营主体，健全农业农村社会化服务体系。

第四十七条 县级以上地方人民政府应当采取措施加强基层群团组织建设，支持、规范和引导农村社会组织发展，发挥基层群团组织、农村社会组织团结群众、联系群众、服务群众等方面的作用。

第四十八条 地方各级人民政府应当加强基层执法队伍建设，鼓励乡镇人民政府根据需要设立法律顾问和公职律师，鼓励有条件的地方在村民委员会建立公共法律服务工作室，深入开展法治宣传教育和人民调解工作，健全乡村矛盾纠纷调处化解机制，推进法治乡村建设。

第四十九条　地方各级人民政府应当健全农村社会治安防控体系，加强农村警务工作，推动平安乡村建设；健全农村公共安全体系，强化农村公共卫生、安全生产、防灾减灾救灾、应急救援、应急广播、食品、药品、交通、消防等安全管理责任。

第七章　城乡融合

第五十条　各级人民政府应当协同推进乡村振兴战略和新型城镇化战略的实施，整体筹划城镇和乡村发展，科学有序统筹安排生态、农业、城镇等功能空间，优化城乡产业发展、基础设施、公共服务设施等布局，逐步健全全民覆盖、普惠共享、城乡一体的基本公共服务体系，加快县域城乡融合发展，促进农业高质高效、乡村宜居宜业、农民富裕富足。

第五十一条　县级人民政府和乡镇人民政府应当优化本行政区域内乡村发展布局，按照尊重农民意愿、方便群众生产生活、保持乡村功能和特色的原则，因地制宜安排村庄布局，依法编制村庄规划，分类有序推进村庄建设，严格规范村庄撤并，严禁违背农民意愿、违反法定程序撤并村庄。

第五十二条　县级以上地方人民政府应当统筹规划、建设、管护城乡道路以及垃圾污水处理、供水供电供气、物流、客运、信息通信、广播电视、消防、防灾减灾等公共基础设施和新型基础设施，推动城乡基础设施互联互通，保障乡村发展能源需求，保障农村饮用水安全，满足农民生产生活需要。

第五十三条　国家发展农村社会事业，促进公共教育、医疗卫生、社会保障等资源向农村倾斜，提升乡村基本公共服务水平，推进城乡基本公共服务均等化。

国家健全乡村便民服务体系，提升乡村公共服务数字化智能化水平，支持完善村级综合服务设施和综合信息平台，培育服务机构和服务类社会组织，完善服务运行机制，促进公共服务与自我服务有效衔接，增强生产生活服务功能。

第五十四条 国家完善城乡统筹的社会保障制度，建立健全保障机制，支持乡村提高社会保障管理服务水平；建立健全城乡居民基本养老保险待遇确定和基础养老金标准正常调整机制，确保城乡居民基本养老保险待遇随经济社会发展逐步提高。

国家支持农民按照规定参加城乡居民基本养老保险、基本医疗保险，鼓励具备条件的灵活就业人员和农业产业化从业人员参加职工基本养老保险、职工基本医疗保险等社会保险。

国家推进城乡最低生活保障制度统筹发展，提高农村特困人员供养等社会救助水平，加强对农村留守儿童、妇女和老年人以及残疾人、困境儿童的关爱服务，支持发展农村普惠型养老服务和互助性养老。

第五十五条 国家推动形成平等竞争、规范有序、城乡统一的人力资源市场，健全城乡均等的公共就业创业服务制度。

县级以上地方人民政府应当采取措施促进在城镇稳定就业和生活的农民自愿有序进城落户，不得以退出土地承包经营权、宅基地使用权、集体收益分配权等作为农民进城落户的条件；推进取得居住证的农民及其随迁家属享受城镇基本公共服务。

国家鼓励社会资本到乡村发展与农民利益联结型项目，鼓励城市居民到乡村旅游、休闲度假、养生养老等，但不得破坏乡村生态环境，不得损害农村集体经济组织及其成员的合法权益。

第五十六条 县级以上人民政府应当采取措施促进城乡产业协同发展，在保障农民主体地位的基础上健全联农带农激励机制，实现乡村经济多元化和农业全产业链发展。

第五十七条 各级人民政府及其有关部门应当采取措施鼓励农民进城务工，全面落实城乡劳动者平等就业、同工同酬，依法保障农民工工资支付和社会保障权益。

第八章　扶持措施

第五十八条　国家建立健全农业支持保护体系和实施乡村振兴战略财政投入保障制度。县级以上人民政府应当优先保障用于乡村振兴的财政投入，确保投入力度不断增强、总量持续增加、与乡村振兴目标任务相适应。

省、自治区、直辖市人民政府可以依法发行政府债券，用于现代农业设施建设和乡村建设。

各级人民政府应当完善涉农资金统筹整合长效机制，强化财政资金监督管理，全面实施预算绩效管理，提高财政资金使用效益。

第五十九条　各级人民政府应当采取措施增强脱贫地区内生发展能力，建立农村低收入人口、欠发达地区帮扶长效机制，持续推进脱贫地区发展；建立健全易返贫致贫人口动态监测预警和帮扶机制，实现巩固拓展脱贫攻坚成果同乡村振兴有效衔接。

国家加大对革命老区、民族地区、边疆地区实施乡村振兴战略的支持力度。

第六十条　国家按照增加总量、优化存量、提高效能的原则，构建以高质量绿色发展为导向的新型农业补贴政策体系。

第六十一条　各级人民政府应当坚持取之于农、主要用之于农的原则，按照国家有关规定调整完善土地使用权出让收入使用范围，提高农业农村投入比例，重点用于高标准农田建设、农田水利建设、现代种业提升、农村供水保障、农村人居环境整治、农村土地综合整治、耕地及永久基本农田保护、村庄公共设施建设和管护、农村教育、农村文化和精神文明建设支出，以及与农业农村直接相关的山水林田湖草沙生态保护修复、以工代赈工程建设等。

第六十二条　县级以上人民政府设立的相关专项资金、基金应当按照规定加强对乡村振兴的支持。

国家支持以市场化方式设立乡村振兴基金，重点支持乡村产业发展和公共基础设施建设。

县级以上地方人民政府应当优化乡村营商环境，鼓励创新投融资方式，引导社会资本投向乡村。

第六十三条 国家综合运用财政、金融等政策措施，完善政府性融资担保机制，依法完善乡村资产抵押担保权能，改进、加强乡村振兴的金融支持和服务。

财政出资设立的农业信贷担保机构应当主要为从事农业生产和与农业生产直接相关的经营主体服务。

第六十四条 国家健全多层次资本市场，多渠道推动涉农企业股权融资，发展并规范债券市场，促进涉农企业利用多种方式融资；丰富农产品期货品种，发挥期货市场价格发现和风险分散功能。

第六十五条 国家建立健全多层次、广覆盖、可持续的农村金融服务体系，完善金融支持乡村振兴考核评估机制，促进农村普惠金融发展，鼓励金融机构依法将更多资源配置到乡村发展的重点领域和薄弱环节。

政策性金融机构应当在业务范围内为乡村振兴提供信贷支持和其他金融服务，加大对乡村振兴的支持力度。

商业银行应当结合自身职能定位和业务优势，创新金融产品和服务模式，扩大基础金融服务覆盖面，增加对农民和农业经营主体的信贷规模，为乡村振兴提供金融服务。

农村商业银行、农村合作银行、农村信用社等农村中小金融机构应当主要为本地农业农村农民服务，当年新增可贷资金主要用于当地农业农村发展。

第六十六条 国家建立健全多层次农业保险体系，完善政策性农业保险制度，鼓励商业性保险公司开展农业保险业务，支持农民和农业经营主体依法开展互助合作保险。

县级以上人民政府应当采取保费补贴等措施，支持保险机构适当增加保险品种，扩大农业保险覆盖面，促进农业保险发展。

第六十七条 县级以上地方人民政府应当推进节约集约用地，提高土地使用效率，依法采取措施盘活农村存量建设用地，激活农村土地资源，完善农村新增建设用地保障机制，满足乡村产业、公共服务设施和农民住宅用地合理需求。

县级以上地方人民政府应当保障乡村产业用地，建设用地指标应当向乡村发展倾斜，县域内新增耕地指标应当优先用于折抵乡村产业发展所需建设用地指标，探索灵活多样的供地新方式。

经国土空间规划确定为工业、商业等经营性用途并依法登记的集体经营性建设用地，土地所有权人可以依法通过出让、出租等方式交由单位或者个人使用，优先用于发展集体所有制经济和乡村产业。

第九章　监督检查

第六十八条　国家实行乡村振兴战略实施目标责任制和考核评价制度。上级人民政府应当对下级人民政府实施乡村振兴战略的目标完成情况等进行考核，考核结果作为地方人民政府及其负责人综合考核评价的重要内容。

第六十九条　国务院和省、自治区、直辖市人民政府有关部门建立客观反映乡村振兴进展的指标和统计体系。县级以上地方人民政府应当对本行政区域内乡村振兴战略实施情况进行评估。

第七十条　县级以上各级人民政府应当向本级人民代表大会或者其常务委员会报告乡村振兴促进工作情况。乡镇人民政府应当向本级人民代表大会报告乡村振兴促进工作情况。

第七十一条　地方各级人民政府应当每年向上一级人民政府报告乡村振兴促进工作情况。

县级以上人民政府定期对下一级人民政府乡村振兴促进工作情况开展监督检查。

第七十二条　县级以上人民政府发展改革、财政、农业农村、审计等部门按照各自职责对农业农村投入优先保障机制落实情况、乡村振兴资金使用情况和绩效等实施监督。

第七十三条　各级人民政府及其有关部门在乡村振兴促进工作

中不履行或者不正确履行职责的，依照法律法规和国家有关规定追究责任，对直接负责的主管人员和其他直接责任人员依法给予处分。

违反有关农产品质量安全、生态环境保护、土地管理等法律法规的，由有关主管部门依法予以处罚；构成犯罪的，依法追究刑事责任。

第十章 附 则

第七十四条 本法自 2021 年 6 月 1 日起施行。

附录 2　关于《中华人民共和国乡村振兴促进法（草案）》的说明

　　为保障乡村振兴战略的有效贯彻实施，落实 2018 年中央一号文件提出的"强化乡村振兴法治保障，抓紧研究制定乡村振兴法的有关工作，把行之有效的乡村振兴政策法定化，充分发挥立法在乡村振兴中的保障和推动作用"的要求，十三届全国人大常委会将制定乡村振兴促进法列入立法规划，并明确由全国人大农业与农村委员会牵头起草。农业与农村委员会高度重视，及时组织国家发展改革委、农业农村部、财政部等成立乡村振兴促进法起草领导小组和工作小组，抓紧开展起草工作，先后到部分省（自治区、直辖市）开展调研，深入听取地方政府、基层干部和农民群众的意见建议；广泛征求全国人大代表、中央和国务院有关部门、各省（自治区、直辖市）人大、有关研究机构的意见。经过深入分析研究，认真吸纳各方面意见，反复修改完善，形成了中华人民共和国乡村振兴促进法（草案）。

一、立法的指导思想和原则

　　起草乡村振兴促进法的指导思想是，深入贯彻习近平新时代中国特色社会主义思想，深入贯彻党的十九大和十九届二中、三中、四中全会精神，贯彻新发展理念，紧紧围绕统筹推进"五位一体"总体布局和协调推进"四个全面"战略布局要求，坚持农业农村优先发展，为加快推进农业农村现代化，走中国特色社会主义乡村振兴道路提供有力的法治保障。

　　起草工作遵循以下原则：一是坚持党管农村工作，毫不动摇地坚持和加强党对农村工作的领导，确保党在农村工作中始终总揽全局、协调各方，为乡村振兴提供坚强有力的政治保障；二是坚持农业农村优先发展，立足于发挥好乡村在保障国家粮食安全和农产品供给、保护生态和环境、传承发展中华优秀传统文化等方面的独特功能，从法律制度上促进实现乡村全面振兴和城乡融合发展；三是坚持问题导向，着重针对实施乡村振兴战略面临的薄弱环节和突出问题，做好顶层设计，规范和健全制度措施、体制机制和政策体系；四是坚持因地制宜、尊重规律，充分考虑乡村振兴的阶段性特征和不同地区发展水平的差异，注重法律制度的强制性和规范性，同时为分阶段、因地制宜推进乡村振兴留下空间；五是坚持立足国情，从我国农业农村发展实际出发，适当参考借鉴境外乡村振兴的有益经验，建立健全中国特色乡村振兴法律制度。

党的十九大报告提出实施乡村振兴战略以来，党中央、国务院先后出台了关于实施乡村振兴战略的意见（2018年中央一号文件）、乡村振兴战略规划（2018—2022年）、中国共产党农村基层组织工作条例等。起草乡村振兴促进法的着力点是，把党中央关于乡村振兴的重大决策部署，包括乡村振兴的任务、目标、要求和原则等，转化为法律规范，确保乡村振兴战略部署得到落实，确保各地不松懈、不变调、不走样，持之以恒、久久为功促进乡村振兴；把党中央、国务院确定的促进乡村振兴的政策措施，特别是坚持农业农村优先发展、健全城乡融合发展的体制机制、建立新型城乡关系方面的政策，通过立法确定下来。

在起草过程中，还注意总结地方创造的实践证明行之有效、可复制可推广的乡村振兴经验，上升为法律规范；同时认真研究、参考我国现行有效的其他促进类法律的立法经验，强化法律规范的可操作性。

二、草案的主要内容

草案分为十一章，依次为总则、产业发展、人才支撑、文化传承、生态保护、组织建设、城乡融合、扶持措施、监督检查、法律责任、附则，共七十六条。

（一）关于调整对象和适用范围

如何确定本法的调整对象，特别是乡村振兴中乡村的范围，起草过程中有不同看法，不仅学术理论界与实务部门对乡村的概念存在不同认识，而且不同发展水平的地区对乡村的界定也有差别，例如城郊村、城中村、建制镇等是否属于乡村的范围、是否适用本法。考虑到本法属于促进法，法律的适用范围可为各地区从当地实际情况和工作需要出发保留一定尺度。为此，统筹考虑法律规范的统一性和各地乡村发展的不同情况，参照乡村振兴战略规划（2018—2022）的界定，草案规定，实施乡村振兴战略，开展促进乡村产业振兴、人才振兴、文化振兴、生态振兴、组织振兴，推进城乡融合发展等活动，适用本法。同时明确本法所称乡村，是指城市建成区以外具有自然、社会、经济特征和生产、生活、生态、文化等多重功能的地域综合体，包括乡（民族乡、镇）、村（含行政村、自然村）等。（第二条）

（二）关于五大振兴

实现乡村全面振兴应当按照产业兴旺、生态宜居、乡风文明、治理有效、生活富裕的总要求，统筹推进农村经济建设、政治建设、文化建设、社会建设、生态文明建设。习近平总书记指出，要坚持乡村全面振兴，抓重点、补短板、强弱项，实现乡村产业振兴、人才振兴、文化振兴、生态振兴、组织振兴，推动农业全面升级、农村全面进步、农民全面发展。总书记强调的五大振兴，是乡村全面振兴的核心内涵和主要抓手。

因此，草案第二章至第六章分别以五大振兴为主要内容，着重从产业发展、人才支撑、文化传承、生态保护、组织建设等方面，将党中央有关方针政策和地方实践中的成功经验，通过立法形式确定下来，明确相关政策措施，完善相关制度，保障乡村全面振兴。特别是着重围绕发展壮大农村集体经济、培育新型农业经营主体、促进农业转型升级、不断提高农业科技水平、严格保护耕地、保障粮食等主要农产品供给、改善乡村生态和人居环境、提高乡村文明程度和思想道德建设水平、传承和发展中华优秀传统文化、建立健全乡村社会治理体系、加强基层组织建设等方面，作出相应规定。

（三）关于城乡融合

实施乡村振兴战略，必须重塑城乡关系，走城乡融合发展之路。要坚持好农村基本制度，坚守好底线，保护好农民利益，更好激发农村内部发展活力；同时，要着力统筹城乡基础设施建设，促进城乡基本公共服务均等化，优化农村外部发展环境，缩小城乡发展差距。对此，草案规定：国家坚持农村土地集体所有制，完善农村集体产权制度，巩固和完善农村基本经营制度，健全乡村治理制度；建立健全城乡融合发展的体制机制和政策体系，推动形成工农互促、城乡互补、全面融合、共同繁荣的新型工农城乡关系（第八条）。还专设一章，规定各级人民政府应当协同推进乡村振兴战略和新型城镇化战略，促进农村一二三产业融合发展和城乡一体化发展；县级以上人民政府应当推进城乡统一规划，因地制宜安排村庄布局，完善城乡基本公共服务体系，提高乡村居民社会保障水平，推动人口、土地、资本等要素在城乡间有序流动，采取措施促进城乡产业协同发展，实现乡村经济多元化和农业全产业链发展，建立健全有利于农民收入持续稳定增长的机制（第七章）。

（四）关于扶持政策

实施乡村振兴战略，坚持农业农村优先发展，必须强化乡村振兴的扶持措施。党的十八大以来，党中央持续加大强农惠农富农政策力度，出台了一系列切实有效的政策措施，有力促进了农业农村发展。2018年中央一号文件明确提出，实施乡村振兴战略，必须解决钱从哪里来的问题，要健全投入保障制度，确保财政投入持续增长，拓宽资金筹集渠道，创新投融资机制，提高金融服务水平，加快形成财政优先保障、金融重点倾斜、社会积极参与的多元投入格局，确保投入力度不断增强、总量持续增加。为此，草案专设扶持措施一章，将党中央强农惠农富农政策上升为法律规范，分别就财政投入、农业补贴、土地出让收入、资金基金、融资担保、资本市场、金融服务、农业保险、用地保障，以及社会资本参与乡村振兴等作出规定，从政策

扶持上落实农业农村优先发展。(第八章)

在征求意见过程中，地方和全国人大代表普遍提出，扶持措施的规定应当明确、过硬一些。经与有关部门反复沟通研究，考虑到乡村振兴是一个长期过程，不同阶段可能需要对具体政策措施加以适当调整，而且，在财政、税收、金融等方面，依据法律规定和中央有关要求，不宜也难以对扶持措施作出非常具体的规定。因此，草案对扶持措施作了较为明确的规定，能具体尽量具体，难以具体的作出原则规定。地方可以根据本地区实际情况，因地因时制定更具有针对性的扶持措施。

（五）关于监督检查

为确保乡村振兴各项工作有效开展，层层压实推进乡村振兴的责任，草案设监督检查一章，多层次、多角度地落实乡村振兴相关方面的责任。草案明确，建立实施乡村振兴战略的目标责任制和考核评价制度，地方党委和人民政府承担促进乡村振兴的主体责任，县级以上地方党委和人民政府应当以适当方式考核本级党委和人民政府相关部门负责人、下级党委和人民政府及其负责人完成乡村振兴目标情况，考核结果作为有关领导班子和领导干部综合考核评价的重要内容（第六十六条）。草案还规定，各省（自治区、直辖市）党委和政府每年向党中央、国务院报告乡村振兴战略实施情况，省级以下各级党委和政府每年向上级党委和政府报告乡村振兴战略实施情况。国务院和县级以上地方各级人民政府应当向本级人民代表大会或者其常务委员会报告乡村振兴促进工作进展情况。乡（民族乡、镇）人民政府应当向本级人民代表大会报告乡村振兴促进工作进展情况（第六十八条）。此外，草案还明确了各级审计、财政、发展改革、农业农村等部门以及县级以上人民政府的监督检查职责（第六十九条、第七十条）。

三、本法与农业法等涉农法律的关系

本法作为促进法，着重点在促进，通过建立健全法律制度和政策措施，促进乡村全面振兴和城乡融合发展，不取代农业法等其他涉农法律。因此，草案的条文与农业法等涉农法律的规定尽量不重复，确有必要的，作出衔接性规定（如第七十四条）；其他法律规定不完善的，作出补充性规定（如第五十三条第二款、五十五条第二款）。同时，条文的表述也注意与其他涉农法律协调一致。

附录3　全国人民代表大会宪法和法律委员会关于《中华人民共和国乡村振兴促进法（草案）》修改情况的汇报

全国人民代表大会常务委员会：

　　常委会第十九次会议对乡村振兴促进法草案进行了初次审议。会后，法制工作委员会将草案印发各省（区、市）人大、中央有关部门和部分全国人大代表、基层立法联系点、高等院校、研究机构征求意见，并在中国人大网全文公布草案，征求社会公众意见。宪法和法律委员会、农业与农村委员会、法制工作委员会联合召开座谈会，听取中央有关部门、全国人大代表、专家学者的意见。宪法和法律委员会到陕西调研，听取意见。法制工作委员会多次就草案的有关问题与农业与农村委员会、农业农村部交换意见，共同研究。宪法和法律委员会于12月8日召开会议，根据常委会组成人员的审议意见和各方面意见对草案进行了逐条审议。农业与农村委员会、司法部、农业农村部有关负责同志列席了会议。12月11日，宪法和法律委员会召开会议，再次进行了审议。现将草案主要问题修改情况汇报如下：

　　一、一些常委委员和地方、专家、社会公众建议，在本法的立法宗旨中更加充分地体现党中央关于全面推进乡村振兴战略实施的目标任务，将草案第四条的内容合并到第一条中。宪法和法律委员会经研究，建议将草案第一条与第四条合并，修改为：为了全面实施乡村振兴战略，促进农业全面升级、农村全面进步、农民全面发展，加快农业农村现代化，全面建设社会主义现代化国家，制定本法。

　　二、一些常委委员和地方、部门、专家建议进一步突出党对乡村振兴工作的领导和实施乡村振兴战略应遵循的原则；同时，党内法规对党组织及其负责人的职权职责和相关工作机制已有规定的，本法可予以归并、集中表述。宪法和法律委员会经研究，建议对草案作以下修改：一是，将第三条和第五条合并，规定：全面实施乡村振兴战略，应当坚持中国共产党的领导，贯彻创新、协调、绿色、开放、共享的新发展理念，走中国特色社会主义乡村振兴道路；同时，对实施乡村振兴战略应遵循的原则进行充实完善。二是，将第四十条第二款和第四十一条合并，修改为：村民委员会和农村集体经济组织等应当在乡镇党委和村党组织的领导下，实行村民自治，发展集体经济，维护农民合法权益。中国共产党农村基层组织，按照中国共产党章程和有关规定发挥全面领导作用。

三、有的常委委员和部门、专家建议增加节约粮食、反对粮食浪费的内容。宪法和法律委员会经研究，建议在草案第十四条有关保障粮食安全规定的基础上，增加一款规定：国家完善粮食加工、储存、运输标准，推动节粮减损，提高粮食加工出品率和利用率，防止和减少粮食浪费。

四、有的常委委员和部门建议在草案中充实深化供销合作社综合改革、发挥其为农服务作用的规定。宪法和法律委员会经研究，建议增加一条规定：各级人民政府应当深化供销合作社综合改革，鼓励供销合作社加强与农民利益联结，完善市场运作机制，强化为农服务功能，发挥其为农服务综合性合作经济组织的作用。

五、一些常委委员和地方、部门、专家建议增加有关加强乡村无障碍设施建设和农村建房管理的内容。宪法和法律委员会经研究，建议对草案作以下修改：一是，在第三十六条中增加"加强乡村无障碍设施建设"的规定。二是，在第三十七条第二款中增加"强化新建农村住房规划管控，严格禁止违法占用耕地建房"的规定。

六、有的常委会组成人员和地方、专家建议增加巩固脱贫攻坚成果、建立脱贫攻坚与乡村振兴衔接机制的内容。宪法和法律委员会经研究，建议将草案第五十六条修改为：各级人民政府应当采取措施增强脱贫地区内生发展能力，持续推进脱贫地区发展，健全防止返贫监测和帮扶机制，建立解决相对贫困的长效机制，实现巩固拓展脱贫攻坚成果同乡村振兴有效衔接。

七、有的常委委员和部门提出，草案法律责任一章所列行为，其他法律已作出处罚规定的，本法不宜重复规定。宪法和法律委员会经研究，建议将草案第十章法律责任的内容整合后并入第九章监督检查中。

此外，还对草案作了一些文字修改。

草案二次审议稿已按上述意见作了修改，宪法和法律委员会建议提请本次常委会会议继续审议。

草案二次审议稿和以上汇报是否妥当，请审议。

全国人民代表大会宪法和法律委员会

2020 年 12 月 22 日

附录4　全国人民代表大会宪法和法律委员会关于《中华人民共和国乡村振兴促进法(草案)》审议结果的报告

全国人民代表大会常务委员会：

　　常委会第二十四次会议对乡村振兴促进法草案进行了二次审议。会后，法制工作委员会在中国人大网全文公布草案二次审议稿征求社会公众意见。宪法和法律委员会、法制工作委员会到北京、山东等地调研，听取地方意见，并多次就草案二次审议稿的有关问题与有关方面交换意见，共同研究。宪法和法律委员会于3月26日召开会议，根据常委会组成人员的审议意见和各方面意见，对草案进行了审议。全国人大农业与农村委员会、司法部、农业农村部有关负责同志列席了会议。4月20日，宪法和法律委员会召开会议，再次进行了审议。宪法和法律委员会认为，为贯彻落实党中央决策部署，全面推进乡村振兴战略的实施，制定本法是必要的，草案经过两次审议修改，已经比较成熟。同时，提出以下主要修改意见：

　　一、根据一些常委委员的意见，宪法和法律委员会建议，在草案二次审议稿第三条中增加规定：充分发挥乡村在保障农产品供给和粮食安全、保护生态环境、传承发展中华民族优秀传统文化等方面的特有功能。

　　二、有的常委委员和有关部门建议，在总则中突出乡村文化振兴的内容，并增加中国农民丰收节的规定。宪法和法律委员会经研究，建议在总则中增加一条规定：国家坚持以社会主义核心价值观为引领，大力弘扬民族精神和时代精神，加强乡村优秀传统文化保护和公共文化服务体系建设，繁荣发展乡村文化。每年农历秋分日为中国农民丰收节。

三、一些常委委员和地方、部门建议，在本法中进一步强调保障国家粮食安全的重要性，并增加防止耕地"非农化、非粮化"以及保障种子安全等内容。宪法和法律委员会经研究，建议对草案二次审议稿作以下修改：一是，将保障国家粮食安全的内容移至总则，并在保障国家粮食安全应当坚持的原则中增加"坚持藏粮于地、藏粮于技"。二是，增加规定：国家实行重要农产品保障战略，构建科学合理、安全高效的重要农产品供给保障体系；严格控制农用地转为建设用地，严格控制耕地转为林地、园地等其他类型农用地。三是，增加一条保障种子安全的专门规定，包括：加强农业种质资源保护利用和种质资源库建设，实施育种关键技术攻关，鼓励种业科技成果转化推广，建立并实施种业国家安全审查机制，促进种业高质量发展等。

四、根据一些常委会组成人员和地方、部门的意见，宪法和法律委员会建议，充实支持乡村产业发展的内容，在草案二次审议稿中增加以下规定：一是，促进乡村产业发展应当坚持以农民为主体，以乡村优势特色资源为依托。二是，推动品种培优、品质提升、品牌打造和标准化生产。三是，构建以企业为主体、产学研协同的创新机制，建设现代农业产业技术体系。四是，引导新型经营主体通过特色化、专业化经营，合理配置生产要素，促进乡村产业深度融合。

五、根据一些常委会组成人员和地方、部门的意见，宪法和法律委员会建议，充实乡村人才队伍建设的内容，在草案二次审议稿中增加以下规定：一是，健全乡村人才工作体制机制、培养本土人才、引导城市人才下乡、推动专业人才服务乡村。二是，加大乡村教师培养力度、对乡村教师在职称评定等方面给予优待、支持医师到乡村医疗卫生机构执业、培育乡村法律服务人才、培养农村创新创业带头人。

六、根据一些常委会组成人员和地方、部门的意见，宪法和法律委员会建议，充实支持城乡融合发展的政策措施，对草案二次审议稿作以下修改：一是，突出城乡融合发展的目标，即：促进农业高质高效、乡村宜居宜业、农民富裕富足。二是，增加规定：按照方便群众生产生活、保持乡村功能和特色的原则，因地制宜安排村庄布局，依法编制村庄规划，分类有序推进村庄建设，严格规范村庄撤并，严禁违背农民意愿、违反法定程序撤并村庄。三是，增加规定：国家推进城乡最低生活保障制度统筹发展，提高农村特困人员供养等社会救助水平，加强对农村留守儿童、妇女和老年人以及困境儿童的关爱服务，支持发展农村普惠型养老服务和互助性养老。

七、根据一些常委会组成人员和地方、部门的意见，宪法和法律委员会建议，充实乡村振兴支持保障措施的内容，在草案二次审议稿中增加以下规定：一是，省、自治区、直辖市人民政府可以依法发行政府债券，用于现代农业设施建设和乡村建设。二是，建立农村低收入人口、欠发达地区帮扶机制，建立健全易返贫致贫人口动态监测预警机制。

此外，还对草案二次审议稿作了一些文字修改。

4月12日，法制工作委员会召开会议，邀请部分全国人大代表、专家学者、基层立法联系点、基层人民政府、农民专业合作社、农业企业、村干部和农民等方面的代表，就草案主要内容的可行性、法律出台时机、法律实施的社会效果和可能出现的问题等进行评估。普遍认为，草案贯彻落实党中央决策部署，把行之有效的乡村振兴政策法定化，为促进农业全面升级、农村全面进步、农民全面发展提供有力法律支撑，主要内容的针对性和可操作性较强，建议尽快通过实施。与会人员还对草案提出了一些具体修改意见，有的意见已经采纳。

草案三次审议稿已按上述意见作了修改，宪法和法律委员会建议提请本次常委会会议审议通过。

草案三次审议稿和以上报告是否妥当，请审议。

全国人民代表大会宪法和法律委员会

2021年4月26日

附录5　全国人民代表大会宪法和法律委员会
关于《中华人民共和国乡村振兴促进法
(草案三次审议稿)》修改意见的报告

全国人民代表大会常务委员会：

　　本次常委会会议于4月26日下午对乡村振兴促进法草案三次审议稿进行了分组审议。普遍认为，草案已经比较成熟，建议进一步修改后，提请本次常委会会议表决通过。同时，有些常委会组成人员还提出了一些修改意见。宪法和法律委员会于4月27日上午召开会议，逐条研究了常委会组成人员的审议意见，对草案进行了审议。农业与农村委员会、司法部、农业农村部有关负责同志列席了会议。宪法和法律委员会认为，草案是可行的，同时，提出以下修改意见：

　　一、有的常委委员建议，在草案三次审议稿中增加加强乡村振兴普法宣传、支持社会广泛参与的内容。宪法和法律委员会经研究，建议在草案三次审议稿第十一条中增加一款规定：各级人民政府及其有关部门应当采取多种形式，广泛宣传乡村振兴促进相关法律法规和政策，鼓励、支持人民团体、社会组织、企事业单位等社会各方面参与乡村振兴促进相关活动。

　　二、在审议中，常委会组成人员针对乡村产业振兴、人才振兴、文化振兴、生态振兴、组织振兴等提出了一些具体修改意见。宪法和法律委员会建议，根据常委会组成人员的审议意见，对草案三次审议稿作以下修改：一是增加持续改善农村学校办学条件，支持开展网络远程教育，支持县乡村医疗卫生人员参加培训、进修，支持医师到乡村普及医疗卫生知识等规定；二是将第四章章名"文化传承"修改为"文化繁荣"，在有关条款中增加提倡诚实守信、促进男女平等等规定；三是增加加强乡村环境治理，因地制宜推广简便易行的垃圾分类，鼓励和支持使用清洁能源、可再生能源等规定；四是增加推进数字乡村建设，加快县域城乡融合发展，提升乡村基本公共服务水平，加强对残疾人的关爱服务，保障农民工社会保障权益等规定；五是增加规定，村民委员会、农村集体经济组织等应当接受村民监督，村庄规划、建设应当尊重农民意愿。

三、有的常委委员提出，促进乡村振兴应当十分重视革命老区、民族地区、边疆地区的发展，加大支持力度。宪法和法律委员会经研究，建议采纳上述意见，在草案三次审议稿第五十九条中增加一款专门规定。

经与有关部门研究，建议将本法的施行时间确定为 2021 年 6 月 1 日。

此外，根据常委会组成人员的审议意见，还对草案三次审议稿作了一些文字修改。

草案修改稿已按上述意见作了修改，宪法和法律委员会建议本次常委会会议审议通过。

草案修改稿和以上报告是否妥当，请审议。

全国人民代表大会宪法和法律委员会

2021 年 4 月 28 日

附录6　中共中央　国务院关于实施乡村振兴战略的意见（2018年中央一号文件）

实施乡村振兴战略，是党的十九大作出的重大决策部署，是决胜全面建成小康社会、全面建设社会主义现代化国家的重大历史任务，是新时代三农工作的总抓手。现就实施乡村振兴战略提出如下意见。

一、新时代实施乡村振兴战略的重大意义

党的十八大以来，在以习近平同志为核心的党中央坚强领导下，我们坚持把解决好三农问题作为全党工作重中之重，持续加大强农惠农富农政策力度，扎实推进农业现代化和新农村建设，全面深化农村改革，农业农村发展取得了历史性成就，为党和国家事业全面开创新局面提供了重要支撑。5年来，粮食生产能力跨上新台阶，农业供给侧结构性改革迈出新步伐，农民收入持续增长，农村民生全面改善，脱贫攻坚战取得决定性进展，农村生态文明建设显著加强，农民获得感显著提升，农村社会稳定和谐。农业农村发展取得的重大成就和三农工作积累的丰富经验，为实施乡村振兴战略奠定了良好基础。

农业农村农民问题是关系国计民生的根本性问题。没有农业农村的现代化，就没有国家的现代化。当前，我国发展不平衡不充分问题在乡村最为突出，主要表现在：农产品阶段性供过于求和供给不足并存，农业供给质量亟待提高；农民适应生产力发展和市场竞争的能力不足，新型职业农民队伍建设亟需加强；农村基础设施和民生领域欠账较多，农村环境和生态问题比较突出，乡村发展整体水平亟待提升；国家支农体系相对薄弱，农村金融改革任务繁重，城乡之间要素合理流动机制亟待健全；农村基层党建存在薄弱环节，乡村治理体系和治理能力亟待强化。实施乡村振兴战略，是解决人民日益增长的美好生活需要和不平衡不充分的发展之间矛盾的必然要求，是实现"两

个一百年"奋斗目标的必然要求，是实现全体人民共同富裕的必然要求。

在中国特色社会主义新时代，乡村是一个可以大有作为的广阔天地，迎来了难得的发展机遇。我们有党的领导的政治优势，有社会主义的制度优势，有亿万农民的创造精神，有强大的经济实力支撑，有历史悠久的农耕文明，有旺盛的市场需求，完全有条件有能力实施乡村振兴战略。必须立足国情农情，顺势而为，切实增强责任感使命感紧迫感，举全党全国全社会之力，以更大的决心、更明确的目标、更有力的举措，推动农业全面升级、农村全面进步、农民全面发展，谱写新时代乡村全面振兴新篇章。

二、实施乡村振兴战略的总体要求

（一）指导思想。全面贯彻党的十九大精神，以习近平新时代中国特色社会主义思想为指导，加强党对三农工作的领导，坚持稳中求进工作总基调，牢固树立新发展理念，落实高质量发展的要求，紧紧围绕统筹推进"五位一体"总体布局和协调推进"四个全面"战略布局，坚持把解决好三农问题作为全党工作重中之重，坚持农业农村优先发展，按照产业兴旺、生态宜居、乡风文明、治理有效、生活富裕的总要求，建立健全城乡融合发展体制机制和政策体系，统筹推进农村经济建设、政治建设、文化建设、社会建设、生态文明建设和党的建设，加快推进乡村治理体系和治理能力现代化，加快推进农业农村现代化，走中国特色社会主义乡村振兴道路，让农业成为有奔头的产业，让农民成为有吸引力的职业，让农村成为安居乐业的美丽家园。

（二）目标任务。按照党的十九大提出的决胜全面建成小康社会、分两个阶段实现第二个百年奋斗目标的战略安排，实施乡村振兴战略的目标任务是：

到 2020 年，乡村振兴取得重要进展，制度框架和政策体系基本形成。农业综合生产能力稳步提升，农业供给体系质量明显提高，农村一二三产业融合发展水平进一步提升；农民增收渠道进一步拓宽，城乡居民生活水平差距持续缩小；现行标准下农村贫困人口实现脱贫，贫困县全部摘帽，解决区域性整体贫困；农村基础设施建设深入推进，农村人居环境明显改善，美丽宜居乡村建设扎实推进；城乡基本公共服务均等化水平进一步提高，城乡融合发展体制机制初步建立；农村对人才吸引力逐步增强；农村生态环境明显好转，农业生态服务能力进一步提高；以党组织为核心的农村基层组织建设进一步加强，乡村治理体系进一步完善；党的农村工作领导体制机制进一步健全；各地区各部门推进乡村振兴的思路举措得以确立。

到 2035 年，乡村振兴取得决定性进展，农业农村现代化基本实现。农业结构得到根本性改善，农民就业质量显著提高，相对贫困进一步缓解，共同富裕迈出坚实步伐；城乡基本公共服务均等化基本实现，城乡融合发展体制机制更加完善；乡风文明达到新高度，乡村治理体系更加完善；农村生态环境根本好转，美丽宜居乡村基本实现。

到 2050 年，乡村全面振兴，农业强、农村美、农民富全面实现。

（三）基本原则

——坚持党管农村工作。毫不动摇地坚持和加强党对农村工作的领导，健全党管农村工作领导体制机制和党内法规，确保党在农村工作中始终总揽全局、协调各方，为乡村振兴提供坚强有力的政治保障。

——坚持农业农村优先发展。把实现乡村振兴作为全党的共同意志、共同行动，做到认识统一、步调一致，在干部配备上优先考虑，在要素配置上优先满足，在资金投入上优先保障，在公共服务上优先安排，加快补齐农业农村短板。

——坚持农民主体地位。充分尊重农民意愿，切实发挥农民在乡村振兴中的主体作用，调动亿万农民的积极性、主动性、创造性，把维护农民群众根本利益、促进农民共同富裕作为出发点和落脚点，促进农民持续增收，不断提升农民的获得感、幸福感、安全感。

——坚持乡村全面振兴。准确把握乡村振兴的科学内涵，挖掘乡村多种功能和价值，统筹谋划农村经济建设、政治建设、文化建设、社会建设、生态文明建设和党的建设，注重协同性、关联性，整体部署，协调推进。

——坚持城乡融合发展。坚决破除体制机制弊端，使市场在资源配置中起决定性作用，更好发挥政府作用，推动城乡要素自由流动、平等交换，推动新型工业化、信息化、城镇化、农业现代化同步发展，加快形成工农互促、城乡互补、全面融合、共同繁荣的新型工农城乡关系。

——坚持人与自然和谐共生。牢固树立和践行绿水青山就是金山银山的理念，落实节约优先、保护优先、自然恢复为主的方针，统筹山水林田湖草系统治理，严守生态保护红线，以绿色发展引领乡村振兴。

——坚持因地制宜、循序渐进。科学把握乡村的差异性和发展走势分化特征，做好顶层设计，注重规划先行、突出重点、分类施策、典型引路。既尽力而为，又量力而行，不搞层层加码，不搞一刀切，不搞形式主义，久久为功，扎实推进。

三、提升农业发展质量，培育乡村发展新动能

乡村振兴，产业兴旺是重点。必须坚持质量兴农、绿色兴农，以农业供给侧结构性改革为主线，加快构建现代农业产业体系、生产体系、经营体系，提高农业创新力、竞争力和全要素生产率，加快实现由农业大国向农业强国转变。

（一）夯实农业生产能力基础。深入实施藏粮于地、藏粮于技战略，严守耕地红线，确保国家粮食安全，把中国人的饭碗牢牢端在自己手中。全面落实永久基本农田特殊保护制度，加快划定和建设粮食生产功能区、重要农产品生产保护区，完善支持政策。大规模推进农村土地整治和高标准农田建设，稳步提升耕地质量，强化监督考核和地方政府责任。加强农田水利建设，提高抗旱防洪除涝能力。实施国家农业节水行动，加快灌区续建配套与现代化改造，推进小型农田水利设施达标提质，建设一批重大高效节水灌溉工程。加快建设国家农业科技创新体系，加强面向全行业的科技创新基地建设。深化农业科技成果转化和推广应用改革。加快发展现代农作物、畜禽、水产、林木种业，提升自主创新能力。高标准建设国家南繁育种基地。推进我国农机装备产业转型升级，加强科研机构、设备制造企业联合攻关，进一步提高大宗农作物机械国产化水平，加快研发经济作物、养殖业、丘陵山区农林机械，发展高端农机装备制造。优化农业从业者结构，加快建设知识型、技能型、创新型农业经营者队伍。大力发展数字农业，实施智慧农业林业水利工程，推进物联网试验示范和遥感技术应用。

（二）实施质量兴农战略。制定和实施国家质量兴农战略规划，建立健全质量兴农评价体系、政策体系、工作体系和考核体系。深入推进农业绿色化、优质化、特色化、品牌化，调整优化农业生产力布局，推动农业由增产导向转向提质导向。推进特色农产品优势区创建，建设现代农业产业园、农业科技园。实施产业兴村强县行动，推行标准化生产，培育农产品品牌，保护地理标志农产品，打造一村一品、一县一业发展新格局。加快发展现代高效林业，实施兴林富民行动，推进森林生态标志产品建设工程。加强植物病虫害、动物疫病防控体系建设。优化养殖业空间布局，大力发展绿色生态健康养殖，做大做强民族奶业。统筹海洋渔业资源开发，科学布局近远海养殖和远洋渔业，建设现代化海洋牧场。建立产学研融合的农业科技创新联盟，加强农业绿色生态、提质增效技术研发应用。切实发挥农垦在质量兴农中的带动引领作用。实施食品安全战略，完善农产品质量和食品安全标准体系，加强农业投入品和农产品质量安全追溯体系建设，健全农产品质量和食品安全监管体制，重点提高基层监管能力。

（三）构建农村一二三产业融合发展体系。大力开发农业多种功能，延长产业链、提升价值链、完善利益链，通过保底分红、股份合作、利润返还等多种形式，让农民合理分享全产业链增值收益。实施农产品加工业提升行动，鼓励企业兼并重组，淘汰落后产能，支持主产区农产品就地加工转化增值。重点解决农产品销售中的突出问题，加强农产品产后分级、包装、营销，建设现代化农产品冷链仓储物流体系，打造农产品销售公共服务平台，支持供销、邮政及各类企业把服务网点延伸到乡村，健全农产品产销稳定衔接机制，大力建设具有广泛性的促进农村电子商务发展的基础设施，鼓励支持各类市场主体创新发展基于互联网的新型农业产业模式，深入实施电子商务进农村综合示范，加快推进农村流通现代化。实施休闲农业和乡村旅游精品工程，建设一批设施完备、功能多样的休闲观光园区、森林人家、康养基地、乡村民宿、特色小镇。对利用闲置农房发展民宿、养老等项目，研究出台消防、特种行业经营等领域便利市场准入、加强事中事后监管的管理办法。发展乡村共享经济、创意农业、特色文化产业。

（四）构建农业对外开放新格局。优化资源配置，着力节本增效，提高我国农产品国际竞争力。实施特色优势农产品出口提升行动，扩大高附加值农产品出口。建立健全我国农业贸易政策体系。深化与"一带一路"沿线国家和地区农产品贸易关系。积极支持农业走出去，培育具有国际竞争力的大粮商和农业企业集团。积极参与全球粮食安全治理和农业贸易规则制定，促进形成更加公平合理的农业国际贸易秩序。进一步加大农产品反走私综合治理力度。

（五）促进小农户和现代农业发展有机衔接。统筹兼顾培育新型农业经营主体和扶持小农户，采取有针对性的措施，把小农生产引入现代农业发展轨道。培育各类专业化市场化服务组织，推进农业生产全程社会化服务，帮助小农户节本增效。发展多样化的联合与合作，提升小农户组织化程度。注重发挥新型农业经营主体带动作用，打造区域公用品牌，开展农超对接、农社对接，帮助小农户对接市场。扶持小农户发展生态农业、设施农业、体验农业、定制农业，提高产品档次和附加值，拓展增收空间。改善小农户生产设施条件，提升小农户抗风险能力。研究制定扶持小农生产的政策意见。

四、推进乡村绿色发展，打造人与自然和谐共生发展新格局

乡村振兴，生态宜居是关键。良好生态环境是农村最大优势和宝贵财富。必须尊重自然、顺应自然、保护自然，推动乡村自然资本加快增值，实现百姓富、生态美的统一。

（一）统筹山水林田湖草系统治理。把山水林田湖草作为一个生命共同体，进行统一保护、统一修复。实施重要生态系统保护和修复工程。健全耕地草原森林河流湖泊休养生息制度，分类有序退出超载的边际产能。扩大耕地轮作休耕制度试点。科学划定江河湖海限捕、禁捕区域，健全水生生态保护修复制度。实行水资源消耗总量和强度双控行动。开展河湖水系连通和农村河塘清淤整治，全面推行河长制、湖长制。加大农业水价综合改革工作力度。开展国土绿化行动，推进荒漠化、石漠化、水土流失综合治理。强化湿地保护和恢复，继续开展退耕还湿。完善天然林保护制度，把所有天然林都纳入保护范围。扩大退耕还林还草、退牧还草，建立成果巩固长效机制。继续实施三北防护林体系建设等林业重点工程，实施森林质量精准提升工程。继续实施草原生态保护补助奖励政策。实施生物多样性保护重大工程，有效防范外来生物入侵。

（二）加强农村突出环境问题综合治理。加强农业面源污染防治，开展农业绿色发展行动，实现投入品减量化、生产清洁化、废弃物资源化、产业模式生态化。推进有机肥替代化肥、畜禽粪污处理、农作物秸秆综合利用、废弃农膜回收、病虫害绿色防控。加强农村水环境治理和农村饮用水水源保护，实施农村生态清洁小流域建设。扩大华北地下水超采区综合治理范围。推进重金属污染耕地防控和修复，开展土壤污染治理与修复技术应用试点，加大东北黑土地保护力度。实施流域环境和近岸海域综合治理。严禁工业和城镇污染向农业农村转移。加强农村环境监管能力建设，落实县乡两级农村环境保护主体责任。

（三）建立市场化多元化生态补偿机制。落实农业功能区制度，加大重点生态功能区转移支付力度，完善生态保护成效与资金分配挂钩的激励约束机制。鼓励地方在重点生态区位推行商品林赎买制度。健全地区间、流域上下游之间横向生态保护补偿机制，探索建立生态产品购买、森林碳汇等市场化补偿制度。建立长江流域重点水域禁捕补偿制度。推行生态建设和保护以工代赈做法，提供更多生态公益岗位。

（四）增加农业生态产品和服务供给。正确处理开发与保护的关系，运用现代科技和管理手段，将乡村生态优势转化为发展生态经济的优势，提供更多更好的绿色生态产品和服务，促进生态和经济良性循环。加快发展森林草原旅游、河湖湿地观光、冰雪海上运动、野生动物驯养观赏等产业，积极开发观光农业、游憩休闲、健康养生、生态教育等服务。创建一批特色生态旅游示范村镇和精品线路，打造绿色生态环保的乡村生态旅游产业链。

五、繁荣兴盛农村文化，焕发乡风文明新气象

乡村振兴，乡风文明是保障。必须坚持物质文明和精神文明一起抓，提升农民精神风貌，培育文明乡风、良好家风、淳朴民风，不断提高乡村社会文明程度。

（一）加强农村思想道德建设。以社会主义核心价值观为引领，坚持教育引导、实践养成、制度保障三管齐下，采取符合农村特点的有效方式，深化中国特色社会主义和中国梦宣传教育，大力弘扬民族精神和时代精神。加强爱国主义、集体主义、社会主义教育，深化民族团结进步教育，加强农村思想文化阵地建设。深入实施公民道德建设工程，挖掘农村传统道德教育资源，推进社会公德、职业道德、家庭美德、个人品德建设。推进诚信建设，强化农民的社会责任意识、规则意识、集体意识、主人翁意识。

（二）传承发展提升农村优秀传统文化。立足乡村文明，吸取城市文明及外来文化优秀成果，在保护传承的基础上，创造性转化、创新性发展，不断赋予时代内涵、丰富表现形式。切实保护好优秀农耕文化遗产，推动优秀农耕文化遗产合理适度利用。深入挖掘农耕文化蕴含的优秀思想观念、人文精神、道德规范，充分发挥其在凝聚人心、教化群众、淳化民风中的重要作用。划定乡村建设的历史文化保护线，保护好文物古迹、传统村落、民族村寨、传统建筑、农业遗迹、灌溉工程遗产。支持农村地区优秀戏曲曲艺、少数民族文化、民间文化等传承发展。

（三）加强农村公共文化建设。按照有标准、有网络、有内容、有人才的要求，健全乡村公共文化服务体系。发挥县级公共文化机构辐射作用，推进基层综合性文化服务中心建设，实现乡村两级公共文化服务全覆盖，提升服务效能。深入推进文化惠民，公共文化资源要重点向乡村倾斜，提供更多更好的农村公共文化产品和服务。支持三农题材文艺创作生产，鼓励文艺工作者不断推出反映农民生产生活尤其是乡村振兴实践的优秀文艺作品，充分展示新时代农村农民的精神面貌。培育挖掘乡土文化本土人才，开展文化结对帮扶，引导社会各界人士投身乡村文化建设。活跃繁荣农村文化市场，丰富农村文化业态，加强农村文化市场监管。

（四）开展移风易俗行动。广泛开展文明村镇、星级文明户、文明家庭等群众性精神文明创建活动。遏制大操大办、厚葬薄养、人情攀比等陈规陋习。加强无神论宣传教育，丰富农民群众精神文化生活，抵制封建迷信活动。深化农村殡葬改革。加强农村科普工作，提高农民科学文化素养。

六、加强农村基层基础工作，构建乡村治理新体系

乡村振兴，治理有效是基础。必须把夯实基层基础作为固本之策，建立健全党委领导、政府负责、社会协同、公众参与、法治保障的现代乡村社会治理体制，坚持自治、法治、德治相结合，确保乡村社会充满活力、和谐有序。

（一）加强农村基层党组织建设。扎实推进抓党建促乡村振兴，突出政治功能，提升组织力，抓乡促村，把农村基层党组织建成坚强战斗堡垒。强化农村基层党组织领导核心地位，创新组织设置和活动方式，持续整顿软弱涣散村党组织，稳妥有序开展不合格党员处置工作，着力引导农村党员发挥先锋模范作用。建立选派第一书记工作长效机制，全面向贫困村、软弱涣散村和集体经济薄弱村党组织派出第一书记。实施农村带头人队伍整体优化提升行动，注重吸引高校毕业生、农民工、机关企事业单位优秀党员干部到村任职，选优配强村党组织书记。健全从优秀村党组织书记中选拔乡镇领导干部、考录乡镇机关公务员、招聘乡镇事业编制人员制度。加大在优秀青年农民中发展党员力度。建立农村党员定期培训制度。全面落实村级组织运转经费保障政策。推行村级小微权力清单制度，加大基层小微权力腐败惩处力度。严厉整治惠农补贴、集体资产管理、土地征收等领域侵害农民利益的不正之风和腐败问题。

（二）深化村民自治实践。坚持自治为基，加强农村群众性自治组织建设，健全和创新村党组织领导的充满活力的村民自治机制。推动村党组织书记通过选举担任村委会主任。发挥自治章程、村规民约的积极作用。全面建立健全村务监督委员会，推行村级事务阳光工程。依托村民会议、村民代表会议、村民议事会、村民理事会、村民监事会等，形成民事民议、民事民办、民事民管的多层次基层协商格局。积极发挥新乡贤作用。推动乡村治理重心下移，尽可能把资源、服务、管理下放到基层。继续开展以村民小组或自然村为基本单元的村民自治试点工作。加强农村社区治理创新。创新基层管理体制机制，整合优化公共服务和行政审批职责，打造"一门式办理"、"一站式服务"的综合服务平台。在村庄普遍建立网上服务站点，逐步形成完善的乡村便民服务体系。大力培育服务性、公益性、互助性农村社会组织，积极发展农村社会工作和志愿服务。集中清理上级对村级组织考核评比多、创建达标多、检查督查多等突出问题。维护村民委员会、农村集体经济组织、农村合作经济组织的特别法人地位和权利。

（三）建设法治乡村。坚持法治为本，树立依法治理理念，强化法律在维护农民权益、规范市场运行、农业支持保护、生态环境治理、化解农村社会矛盾等方面的权威地位。增强基层干部法治观念、法治为民意识，将政府涉农各项工作纳入法治化轨道。深入推进综合行政执法改革向基层延伸，创新监管方式，推动执法队伍整合、执法力量下沉，提高执法能力和水平。建立健全乡村调解、县市仲裁、司法保障的农村土地承包经营纠纷调处机制。加大农村普法力度，提高农民法治素养，引导广大农民增强尊法学法守法用法意识。健全农村公共法律服务体系，加强对农民的法律援助和司法救助。

（四）提升乡村德治水平。深入挖掘乡村熟人社会蕴含的道德规范，结合时代要求进行创新，强化道德教化作用，引导农民向上向善、孝老爱亲、重义守信、勤俭持家。建立道德激励约束机制，引导农民自我管理、自我教育、自我服务、自我提高，实现家庭和睦、邻里和谐、干群融洽。广泛开展好媳妇、好儿女、好公婆等评选表彰活动，开展寻找最美乡村教师、医生、村官、家庭等活动。深入宣传道德模范、身边好人的典型事迹，弘扬真善美，传播正能量。

（五）建设平安乡村。健全落实社会治安综合治理领导责任制，大力推进农村社会治安防控体系建设，推动社会治安防控力量下沉。深入开展扫黑除恶专项斗争，严厉打击农村黑恶势力、宗族恶势力，严厉打击黄赌毒盗拐骗等违法犯罪。依法加大对农村非法宗教活动和境外渗透活动打击力度，依法制止利用宗教干预农村公共事务，继续整治农村乱建庙宇、滥塑宗教造像。完善县乡村三级综治中心功能和运行机制。健全农村公共安全体系，持续开展农村安全隐患治理。加强农村警务、消防、安全生产工作，坚决遏制重特大安全事故。探索以网格化管理为抓手、以现代信息技术为支撑，实现基层服务和管理精细化精准化。推进农村"雪亮工程"建设。

七、提高农村民生保障水平，塑造美丽乡村新风貌

乡村振兴，生活富裕是根本。要坚持人人尽责、人人享有，按照抓重点、补短板、强弱项的要求，围绕农民群众最关心最直接最现实的利益问题，一件事情接着一件事情办，一年接着一年干，把乡村建设成为幸福美丽新家园。

（一）优先发展农村教育事业。高度重视发展农村义务教育，推动建立以城带乡、整体推进、城乡一体、均衡发展的义务教育发展机制。全面改善薄弱学校基本办学条件，加强寄宿制学校建设。实施农村义务教育学生营养改善计划。发展农村学前教育。推进农村普及高中阶段教育，支持教育基础薄弱县普通高中建设，加强职业教育，逐步分类推进中等职业教育免除学杂费。健全学生资助制度，使绝大多数农村新增劳动力接受高中阶段教育、更多接受高等教育。把农村需要的人群纳入特殊教育体系。以市县为单位，推动优质学校辐射农村薄弱学校常态化。统筹配置城乡师资，并向乡村倾斜，建好建强乡村教师队伍。

（二）促进农村劳动力转移就业和农民增收。健全覆盖城乡的公共就业服务体系，大规模开展职业技能培训，促进农民工多渠道转移就业，提高就业质量。深化户籍制度改革，促进有条件、有意愿、在城镇有稳定就业和住所的农业转移人口在城镇有序落户，依法平等享受城镇公共服务。加强扶持引导服务，实施乡村就业创业促进行动，大力发展文化、科技、旅游、生态等乡村特色产业，振兴传统工艺。培育一批家庭工场、手工作坊、乡村车间，鼓励在乡村地区兴办环境友好型企业，实现乡村经济多元化，提供更多就业岗位。拓宽农民增收渠道，鼓励农民勤劳守法致富，增加农村低收入者收入，扩大农村中等收入群体，保持农村居民收入增速快于城镇居民。

（三）推动农村基础设施提挡升级。继续把基础设施建设重点放在农村，加快农村公路、供水、供气、环保、电网、物流、信息、广播电视等基础设施建设，推动城乡基础设施互联互通。以示范县为载体全面推进"四好农村路"建设，加快实施通村组硬化路建设。加大成品油消费税转移支付资金用于农村公路养护力度。推进节水供水重大水利工程，实施农村饮水安全巩固提升工程。加快新一轮农村电网改造升级，制定农村通动力电规划，推进农村可再生能源开发利用。实施数字乡村战略，做好整体规划设计，加快农村地区宽带网络和第四代移动通信网络覆盖步伐，开发适应三农特点的信息技术、产品、应用和服务，推动远程医疗、远程教育等应用普及，弥合城乡数字鸿沟。提升气象为农服务能力。加强农村防灾减灾救灾能力建设。抓紧研究提出深化农村公共基础设施管护体制改革指导意见。

（四）加强农村社会保障体系建设。完善统一的城乡居民基本医疗保险制度和大病保险制度，做好农民重特大疾病救助工作。巩固城乡居民医保全国异地就医联网直接结算。完善城乡居民基本养老保险制度，建立城乡居民基本养老保险待遇确定和基础养老金标准正常调整机制。统筹城乡社会救助体系，完善最低生活保障制度，做好农村社会救助兜底工作。将进城落户农业转移人口全部纳入城镇住房保障体系。构建多层次农村养老保障体系，创新多元化照料服务模式。健全农村留守儿童和妇女、老年人以及困境儿童关爱服务体系。加强和改善农村残疾人服务。

（五）推进健康乡村建设。强化农村公共卫生服务，加强慢性病综合防控，大力推进农村地区精神卫生、职业病和重大传染病防治。完善基本公共卫生服务项目补助政策，加强基层医疗卫生服务体系建设，支持乡镇卫生院和村卫生室改善条件。加强乡村中医药服务。开展和规范家庭医生签约服务，加强妇幼、老人、残疾人等重点人群健康服务。倡导优生优育。深入开展乡村爱国卫生运动。

（六）持续改善农村人居环境。实施农村人居环境整治三年行动计划，以农村垃圾、污水治理和村容村貌提升为主攻方向，整合各种资源，强化各种举措，稳步有序推进农村人居环境突出问题治理。坚持不懈推进农村"厕所革命"，大力开展农村户用卫生厕所建设和改造，同步实施粪污治理，加快实现农村无害化卫生厕所全覆盖，努力补齐影响农民群众生活品质的短板。总结推广适用不同地区的农村污水治理模式，加强技术支撑和指导。深入推进农村环境综合整治。推进北方地区农村散煤替代，有条件的地方有序推进煤改气、煤改电和新能源利用。逐步建立农村低收入群体安全住房保障机制。强化新建农房规划管控，加强"空心村"服务管理和改造。保护保留乡村风貌，开展田园建筑示范，培养乡村传统建筑名匠。实施乡村绿化行动，全面保护古树名木。持续推进宜居宜业的美丽乡村建设。

八、打好精准脱贫攻坚战，增强贫困群众获得感

乡村振兴，摆脱贫困是前提。必须坚持精准扶贫、精准脱贫，把提高脱贫质量放在首位，既不降低扶贫标准，也不吊高胃口，采取更加有力的举措、更加集中的支持、更加精细的工作，坚决打好精准脱贫这场对全面建成小康社会具有决定性意义的攻坚战。

（一）瞄准贫困人口精准帮扶。对有劳动能力的贫困人口，强化产业和就业扶持，着力做好产销衔接、劳务对接，实现稳定脱贫。有序推进易地扶贫搬迁，让搬迁群众搬得出、稳得住、能致富。对完全或部分丧失劳动能力的特殊贫困人口，综合实施保障性扶贫政策，确保病有所医、残有所助、生活有兜底。做好农村最低生活保障工作的动态化精细化管理，把符合条件的贫困人口全部纳入保障范围。

（二）聚焦深度贫困地区集中发力。全面改善贫困地区生产生活条件，确保实现贫困地区基本公共服务主要指标接近全国平均水平。以解决突出制约问题为重点，以重大扶贫工程和到村到户帮扶为抓手，加大政策倾斜和扶贫资金整合力度，着力改善深度贫困地区发展条件，增强贫困农户发展能力，重点攻克深度贫困地区脱贫任务。新增脱贫攻坚资金项目主要投向深度贫困地区，增加金融投入对深度贫困地区的支持，新增建设用地指标优先保障深度贫困地区发展用地需要。

（三）激发贫困人口内生动力。把扶贫同扶志、扶智结合起来，把救急纾困和内生脱贫结合起来，提升贫困群众发展生产和务工经商的基本技能，实现可持续稳固脱贫。引导贫困群众克服等靠要思想，逐步消除精神贫困。要打破贫困均衡，促进形成自强自立、争先脱贫的精神风貌。改进帮扶方式方法，更多采用生产奖补、劳务补助、以工代赈等机制，推动贫困群众通过自己的辛勤劳动脱贫致富。

（四）强化脱贫攻坚责任和监督。坚持中央统筹省负总责市县抓落实的工作机制，强化党政一把手负总责的责任制。强化县级党委作为全县脱贫攻坚总指挥部的关键作用，脱贫攻坚期内贫困县县级党政正职要保持稳定。开展扶贫领域腐败和作风问题专项治理，切实加强扶贫资金管理，对挪用和贪污扶贫款项的行为严惩不贷。将2018年作为脱贫攻坚作风建设年，集中力量解决突出作风问题。科学确定脱贫摘帽时间，对弄虚作假、搞数字脱贫的严肃查处。完善扶贫督查巡查、考核评估办法，除党中央、国务院统一部署外，各部门一律不准再组织其他检查考评。严格控制各地开展增加一线扶贫干部负担的各类检查考评，切实给基层减轻工作负担。关心爱护战斗在扶贫第一线的基层干部，制定激励政策，为他们工作生活排忧解难，保护和调动他们的工作积极性。做好实施乡村振兴战略与打好精准脱贫攻坚战的有机衔接。制定坚决打好精准脱贫攻坚战三年行动指导意见。研究提出持续减贫的意见。

九、推进体制机制创新，强化乡村振兴制度性供给

实施乡村振兴战略，必须把制度建设贯穿其中。要以完善产权制度和要素市场化配置为重点，激活主体、激活要素、激活市场，着力增强改革的系统性、整体性、协同性。

（一）巩固和完善农村基本经营制度。落实农村土地承包关系稳定并长久不变政策，衔接落实好第二轮土地承包到期后再延长 30 年的政策，让农民吃上长效"定心丸"。全面完成土地承包经营权确权登记颁证工作，实现承包土地信息联通共享。完善农村承包地"三权分置"制度，在依法保护集体土地所有权和农户承包权前提下，平等保护土地经营权。农村承包土地经营权可以依法向金融机构融资担保、入股从事农业产业化经营。实施新型农业经营主体培育工程，培育发展家庭农场、合作社、龙头企业、社会化服务组织和农业产业化联合体，发展多种形式适度规模经营。

（二）深化农村土地制度改革。系统总结农村土地征收、集体经营性建设用地入市、宅基地制度改革试点经验，逐步扩大试点，加快土地管理法修改，完善农村土地利用管理政策体系。扎实推进房地一体的农村集体建设用地和宅基地使用权确权登记颁证。完善农民闲置宅基地和闲置农房政策，探索宅基地所有权、资格权、使用权"三权分置"，落实宅基地集体所有权，保障宅基地农户资格权和农民房屋财产权，适度放活宅基地和农民房屋使用权，不得违规违法买卖宅基地，严格实行土地用途管制，严格禁止下乡利用农村宅基地建设别墅大院和私人会馆。在符合土地利用总体规划前提下，允许县级政府通过村土地利用规划，调整优化村庄用地布局，有效利用农村零星分散的存量建设用地；预留部分规划建设用地指标用于单独选址的农业设施和休闲旅游设施等建设。对利用收储农村闲置建设用地发展农村新产业新业态的，给予新增建设用地指标奖励。进一步完善设施农用地政策。

（三）深入推进农村集体产权制度改革。全面开展农村集体资产清产核资、集体成员身份确认，加快推进集体经营性资产股份合作制改革。推动资源变资产、资金变股金、农民变股东，探索农村集体经济新的实现形式和运行机制。坚持农村集体产权制度改革正确方向，发挥村党组织对集体经济组织的领导核心作用，防止内部少数人控制和外部资本侵占集体资产。维护进城落户农民土地承包权、宅基地使用权、集体收益分配权，引导进城落户农民依法自愿有偿转让上述权益。研究制定农村集体经济组织法，充实农村集体产权权能。全面深化供销合作社综合改革，深入推进集体林权、水利设施产权等领域改革，做好农村综合改革、农村改革试验区等工作。

（四）完善农业支持保护制度。以提升农业质量效益和竞争力为目标，强化绿色生态导向，创新完善政策工具和手段，扩大"绿箱"政策的实施范围和规模，加快建立新型农业支持保护政策体系。深化农产品收储制度和价格形成机制改革，加快培育多元市场购销主体，改革完善中央储备粮管理体制。通过完善拍卖机制、定向销售、包干销售等，加快消化政策性粮食库存。落实和完善对农民直接补贴制度，提高补贴效能。健全粮食主产区利益补偿机制。探索开展稻谷、小麦、玉米三大粮食作物完全成本保险和收入保险试点，加快建立多层次农业保险体系。

十、汇聚全社会力量，强化乡村振兴人才支撑

实施乡村振兴战略，必须破解人才瓶颈制约。要把人力资本开发放在首要位置，畅通智力、技术、管理下乡通道，造就更多乡土人才，聚天下人才而用之。

（一）大力培育新型职业农民。全面建立职业农民制度，完善配套政策体系。实施新型职业农民培育工程。支持新型职业农民通过弹性学制参加中高等农业职业教育。创新培训机制，支持农民专业合作社、专业技术协会、龙头企业等主体承担培训。引导符合条件的新型职业农民参加城镇职工养老、医疗等社会保障制度。鼓励各地开展职业农民职称评定试点。

（二）加强农村专业人才队伍建设。建立县域专业人才统筹使用制度，提高农村专业人才服务保障能力。推动人才管理职能部门简政放权，保障和落实基层用人主体自主权。推行乡村教师"县管校聘"。实施好边远贫困地区、边疆民族地区和革命老区人才支持计划，继续实施"三支一扶"、特岗教师计划等，组织实施高校毕业生基层成长计划。支持地方高等学校、职业院校综合利用教育培训资源，灵活设置专业（方向），创新人才培养模式，为乡村振兴培养专业化人才。扶持培养一批农业职业经理人、经纪人、乡村工匠、文化能人、非遗传承人等。

（三）发挥科技人才支撑作用。全面建立高等院校、科研院所等事业单位专业技术人员到乡村和企业挂职、兼职和离岗创新创业制度，保障其在职称评定、工资福利、社会保障等方面的权益。深入实施农业科研杰出人才计划和杰出青年农业科学家项目。健全种业等领域科研人员以知识产权明晰为基础、以知识价值为导向的分配政策。探索公益性和经营性农技推广融合发展机制，允许农技人员通过提供增值服务合理取酬。全面实施农技推广服务特聘计划。

（四）鼓励社会各界投身乡村建设。建立有效激励机制，以乡情乡愁为纽带，吸引支持企业家、党政干部、专家学者、医生教师、规划师、建筑师、律师、技能人才等，通过下乡担任志愿者、投资兴业、包村包项目、行医办学、捐资捐物、法律服务等方式服务乡村振兴事业。研究制定管理办法，允许符合要求的公职人员回乡任职。吸引更多人才投身现代农业，培养造就新农民。加快制定鼓励引导工商资本参与乡村振兴的指导意见，落实和完善融资贷款、配套设施建设补助、税费减免、用地等扶持政策，明确政策边界，保护好农民利益。发挥工会、共青团、妇联、科协、残联等群团组织的优势和力量，发挥各民主党派、工商联、无党派人士等积极作用，支持农村产业发展、生态环境保护、乡风文明建设、农村弱势群体关爱等。实施乡村振兴"巾帼行动"。加强对下乡组织和人员的管理服务，使之成为乡村振兴的建设性力量。

（五）创新乡村人才培育引进使用机制。建立自主培养与人才引进相结合，学历教育、技能培训、实践锻炼等多种方式并举的人力资源开发机制。建立城乡、区域、校地之间人才培养合作与交流机制。全面建立城市医生教师、科技文化人员等定期服务乡村机制。研究制定鼓励城市专业人才参与乡村振兴的政策。

十一、开拓投融资渠道，强化乡村振兴投入保障

实施乡村振兴战略，必须解决钱从哪里来的问题。要健全投入保障制度，创新投融资机制，加快形成财政优先保障、金融重点倾斜、社会积极参与的多元投入格局，确保投入力度不断增强、总量持续增加。

（一）确保财政投入持续增长。建立健全实施乡村振兴战略财政投入保障制度，公共财政更大力度向三农倾斜，确保财政投入与乡村振兴目标任务相适应。优化财政供给结构，推进行业内资金整合与行业间资金统筹相互衔接配合，增加地方自主统筹空间，加快建立涉农资金统筹整合长效机制。充分发挥财政资金的引导作用，撬动金融和社会资本更多投向乡村振兴。切实发挥全国农业信贷担保体系作用，通过财政担保费率补助和以奖代补等，加大对新型农业经营主体支持力度。加快设立国家融资担保基金，强化担保融资增信功能，引导更多金融资源支持乡村振兴。支持地方政府发行一般债券用于支持乡村振兴、脱贫攻坚领域的公益性项目。稳步推进地方政府专项债券管理改革，鼓励地方政府试点发行项目融资和收益自平衡的专项债券，支持符合条件、有一定收益的乡村公益性项目建设。规范地方政府举债融资行为，不得借乡村振兴之名违法违规变相举债。

（二）拓宽资金筹集渠道。调整完善土地出让收入使用范围，进一步提高农业农村投入比例。严格控制未利用地开垦，集中力量推进高标准农田建设。改进耕地占补平衡管理办法，建立高标准农田建设等新增耕地指标和城乡建设用地增减挂钩节余指标跨省域调剂机制，将所得收益通过支出预算全部用于巩固脱贫攻坚成果和支持实施乡村振兴战略。推广一事一议、以奖代补等方式，鼓励农民对直接受益的乡村基础设施建设投工投劳，让农民更多参与建设管护。

（三）提高金融服务水平。坚持农村金融改革发展的正确方向，健全适合农业农村特点的农村金融体系，推动农村金融机构回归本源，把更多金融资源配置到农村经济社会发展的重点领域和薄弱环节，更好满足乡村振兴多样化金融需求。要强化金融服务方式创新，防止脱实向虚倾向，严格管控风险，提高金融服务乡村振兴能力和水平。抓紧出台金融服务乡村振兴的指导意见。加大中国农业银行、中国邮政储蓄银行三农金融事业部对乡村振兴支持力度。明确国家开发银行、中国农业发展银行在乡村振兴中的职责定位，强化金融服务方式创新，加大对乡村振兴中长期信贷支持。推动农村信用社省联社改革，保持农村信用社县域法人地位和数量总体稳定，完善村镇银行准入条件，地方法人金融机构要服务好乡村振兴。普惠金融重点要放在乡村。推动出台非存款类放贷组织条例。制定金融机构服务乡村振兴考核评估办法。支持符合条件的涉农企业发行上市、新三板挂牌和融资、并购重组，深入推进农产品期货期权市场建设，稳步扩大"保险＋期货"试点，探索"订单农业＋保险＋期货（权）"试点。改进农村金融差异化监管体系，强化地方政府金融风险防范处置责任。

十二、坚持和完善党对三农工作的领导

实施乡村振兴战略是党和国家的重大决策部署，各级党委和政府要提高对实施乡村振兴战略重大意义的认识，真正把实施乡村振兴战略摆在优先位置，把党管农村工作的要求落到实处。

（一）完善党的农村工作领导体制机制。各级党委和政府要坚持工业农业一起抓、城市农村一起抓，把农业农村优先发展原则体现到各个方面。健全党委统一领导、政府负责、党委农村工作部门统筹协调的农村工作领导体制。建立实施乡村振兴战略领导责任制，实行中央统筹省负总责市县抓落实的工作机制。党政一把手是第一责任人，五级书记抓乡村振兴。县委书记要下大气力抓好三农工作，当好乡村振兴"一线总指挥"。各部门要按照职责，加强工作指导，强化资源要素支持和制度供给，做好协同配合，形成乡村振兴工作合力。切实加强各级党委农村工作部门建设，按照《中国共产党工作机关条例（试行）》有关规定，做好党的农村工作机构设置和人员配置工作，充分发挥决策参谋、统筹协调、政策指导、推动落实、督导检查等职能。各省（自治区、直辖市）党委和政府每年要向党中央、国务院报告推进实施乡村振兴战略进展情况。建立市县党政领导班子和领导干部推进乡村振兴战略的实绩考核制度，将考核结果作为选拔任用领导干部的重要依据。

（二）研究制定中国共产党农村工作条例。根据坚持党对一切工作的领导的要求和新时代三农工作新形势新任务新要求，研究制定中国共产党农村工作条例，把党领导农村工作的传统、要求、政策等以党内法规形式确定下来，明确加强对农村工作领导的指导思想、原则要求、工作范围和对象、主要任务、机构职责、队伍建设等，完善领导体制和工作机制，确保乡村振兴战略有效实施。

（三）加强三农工作队伍建设。把懂农业、爱农村、爱农民作为基本要求，加强三农工作干部队伍培养、配备、管理、使用。各级党委和政府主要领导干部要懂三农工作、会抓三农工作，分管领导要真正成为三农工作行家里手。制定并实施培训计划，全面提升三农干部队伍能力和水平。拓宽县级三农工作部门和乡镇干部来源渠道。把到农村一线工作锻炼作为培养干部的重要途径，注重提拔使用实绩优秀的干部，形成人才向农村基层一线流动的用人导向。

（四）强化乡村振兴规划引领。制定国家乡村振兴战略规划（2018－2022年），分别明确至2020年全面建成小康社会和2022年召开党的二十大时的目标任务，细化实化工作重点和政策措施，部署若干重大工程、重大计划、重大行动。各地区各部门要编制乡村振兴地方规划和专项规划或方案。加强各类规划的统筹管理和系统衔接，形成城乡融合、区域一体、多规合一的规划体系。根据发展现状和需要分类有序推进乡村振兴，对具备条件的村庄，要加快推进城镇基础设施和公共服务向农村延伸；对自然历史文化资源丰富的村庄，要统筹兼顾保护与发展；对生存条件恶劣、生态环境脆弱的村庄，要加大力度实施生态移民搬迁。

（五）强化乡村振兴法治保障。抓紧研究制定乡村振兴法的有关工作，把行之有效的乡村振兴政策法定化，充分发挥立法在乡村振兴中的保障和推动作用。及时修改和废止不适应的法律法规。推进粮食安全保障立法。各地可以从本地乡村发展实际需要出发，制定促进乡村振兴的地方性法规、地方政府规章。加强乡村统计工作和数据开发应用。

（六）营造乡村振兴良好氛围。凝聚全党全国全社会振兴乡村强大合力，宣传党的乡村振兴方针政策和各地丰富实践，振奋基层干部群众精神。建立乡村振兴专家决策咨询制度，组织智库加强理论研究。促进乡村振兴国际交流合作，讲好乡村振兴中国故事，为世界贡献中国智慧和中国方案。

让我们更加紧密地团结在以习近平同志为核心的党中央周围，高举中国特色社会主义伟大旗帜，以习近平新时代中国特色社会主义思想为指导，迎难而上、埋头苦干、开拓进取，为决胜全面建成小康社会、夺取新时代中国特色社会主义伟大胜利作出新的贡献！

附录7 中共中央 国务院关于坚持农业农村优先发展做好三农工作的若干意见（2019年中央一号文件）

今明两年是全面建成小康社会的决胜期，三农领域有不少必须完成的硬任务。党中央认为，在经济下行压力加大、外部环境发生深刻变化的复杂形势下，做好三农工作具有特殊重要性。必须坚持把解决好三农问题作为全党工作重中之重不动摇，进一步统一思想、坚定信心、落实工作，巩固发展农业农村好形势，发挥三农压舱石作用，为有效应对各种风险挑战赢得主动，为确保经济持续健康发展和社会大局稳定、如期实现第一个百年奋斗目标奠定基础。

做好三农工作，要以习近平新时代中国特色社会主义思想为指导，全面贯彻党的十九大和十九届二中、三中全会以及中央经济工作会议精神，紧紧围绕统筹推进"五位一体"总体布局和协调推进"四个全面"战略布局，牢牢把握稳中求进工作总基调，落实高质量发展要求，坚持农业农村优先发展总方针，以实施乡村振兴战略为总抓手，对标全面建成小康社会三农工作必须完成的硬任务，适应国内外复杂形势变化对农村改革发展提出的新要求，抓重点、补短板、强基础，围绕"巩固、增强、提升、畅通"深化农业供给侧结构性改革，坚决打赢脱贫攻坚战，充分发挥农村基层党组织战斗堡垒作用，全面推进乡村振兴，确保顺利完成到2020年承诺的农村改革发展目标任务。

一、聚力精准施策，决战决胜脱贫攻坚

（一）不折不扣完成脱贫攻坚任务。咬定既定脱贫目标，落实已有政策部署，到2020年确保现行标准下农村贫困人口实现脱贫、贫困县全部摘帽、解决区域性整体贫困。坚持现行扶贫标准，全面排查解决影响"两不愁三保障"实现的突出问题，防止盲目拔高标准、吊高胃口，杜绝数字脱贫、虚假脱贫。加强脱贫监测。进一步压实脱贫攻坚责任，落实最严格的考核评估，精准问责问效。继续加强东西部扶贫协作和中央单位定点扶贫。深入推进抓党建促脱贫攻坚。组织开展常态化约谈，发现问题随时约谈。用好脱贫攻坚专项巡视成果，推动落实脱贫攻坚政治责任。

（二）主攻深度贫困地区。瞄准制约深度贫困地区精准脱贫的重点难点问题，列出清单，逐项明确责任，对账销号。重大工程建设项目继续向深度贫困地区倾斜，特色产业扶贫、易地扶贫搬迁、生态扶贫、金融扶贫、社会帮扶、干部人才等政策措施向深度贫困地区倾斜。各级财政优先加大"三区三州"脱贫攻坚资金投入。对"三区三州"外贫困人口多、贫困发生率高、脱贫难度大的深度贫困地区，也要统筹资金项目，加大扶持力度。

（三）着力解决突出问题。注重发展长效扶贫产业，着力解决产销脱节、风险保障不足等问题，提高贫困人口参与度和直接受益水平。强化易地扶贫搬迁后续措施，着力解决重搬迁、轻后续帮扶问题，确保搬迁一户、稳定脱贫一户。加强贫困地区义务教育控辍保学，避免因贫失学辍学。落实基本医疗保险、大病保险、医疗救助等多重保障措施，筑牢乡村卫生服务网底，保障贫困人口基本医疗需求。扎实推进生态扶贫，促进扶贫开发与生态保护相协调。坚持扶贫与扶志扶智相结合，加强贫困地区职业教育和技能培训，加强开发式扶贫与保障性扶贫统筹衔接，着力解决"一兜了之"和部分贫困人口等靠要问题，增强贫困群众内生动力和自我发展能力。切实加强一线精准帮扶力量，选优配强驻村工作队伍。关心关爱扶贫干部，加大工作支持力度，帮助解决实际困难，解除后顾之忧。持续开展扶贫领域腐败和作风问题专项治理，严厉查处虚报冒领、贪占挪用和优亲厚友、吃拿卡要等问题。

（四）巩固和扩大脱贫攻坚成果。攻坚期内贫困县、贫困村、贫困人口退出后，相关扶贫政策保持稳定，减少和防止贫困人口返贫。

研究解决收入水平略高于建档立卡贫困户的群众缺乏政策支持等新问题。坚持和推广脱贫攻坚中的好经验好做法好路子。做好脱贫攻坚与乡村振兴的衔接，对摘帽后的贫困县要通过实施乡村振兴战略巩固发展成果，接续推动经济社会发展和群众生活改善。总结脱贫攻坚的实践创造和伟大精神。及早谋划脱贫攻坚目标任务 2020 年完成后的战略思路。

二、夯实农业基础，保障重要农产品有效供给

（一）稳定粮食产量。毫不放松抓好粮食生产，推动藏粮于地、藏粮于技落实落地，确保粮食播种面积稳定在 16.5 亿亩。稳定完善扶持粮食生产政策举措，挖掘品种、技术、减灾等稳产增产潜力，保障农民种粮基本收益。发挥粮食主产区优势，完善粮食主产区利益补偿机制，健全产粮大县奖补政策。压实主销区和产销平衡区稳定粮食生产责任。严守 18 亿亩耕地红线，全面落实永久基本农田特殊保护制度，确保永久基本农田保持在 15.46 亿亩以上。建设现代气象为农服务体系。强化粮食安全省长责任制考核。

（二）完成高标准农田建设任务。巩固和提高粮食生产能力，到 2020 年确保建成 8 亿亩高标准农田。修编全国高标准农田建设总体规划，统一规划布局、建设标准、组织实施、验收考核、上图入库。加强资金整合，创新投融资模式，建立多元筹资机制。实施区域化整体建设，推进田水林路电综合配套，同步发展高效节水灌溉。全面完成粮食生产功能区和重要农产品生产保护区划定任务，高标准农田建设项目优先向"两区"安排。恢复启动新疆优质棉生产基地建设，将糖料蔗"双高"基地建设范围覆盖到划定的所有保护区。进一步加强农田水利建设。推进大中型灌区续建配套节水改造与现代化建设。加大东北黑土地保护力度。加强华北地区地下水超采综合治理。推进重金属污染耕地治理修复和种植结构调整试点。

（三）调整优化农业结构。大力发展紧缺和绿色优质农产品生产，推进农业由增产导向转向提质导向。深入推进优质粮食工程。实施大豆振兴计划，多途径扩大种植面积。支持长江流域油菜生产，推进新品种新技术示范推广和全程机械化。积极发展木本油料。实施奶业振兴行动，加强优质奶源基地建设，升级改造中小奶牛养殖场，实施婴幼儿配方奶粉提升行动。合理调整粮经饲结构，发展青贮玉米、苜蓿等优质饲草料生产。合理确定内陆水域养殖规模，压减近海、湖库过密网箱养殖，推进海洋牧场建设，规范有序发展远洋渔业。降低江河湖泊和近海渔业捕捞强度，全面实施长江水生生物保护区禁捕。实施农产品质量安全保障工程，健全监管体系、监测体系、追溯体系。加大非洲猪瘟等动物疫情监测防控力度，严格落实防控举措，确保产业安全。

（四）加快突破农业关键核心技术。强化创新驱动发展，实施农业关键核心技术攻关行动，培育一批农业战略科技创新力量，推动生物种业、重型农机、智慧农业、绿色投入品等领域自主创新。建设农业领域国家重点实验室等科技创新平台基地，打造产学研深度融合平台，加强国家现代农业产业技术体系、科技创新联盟、产业创新中心、高新技术产业示范区、科技园区等建设。强化企业技术创新主体地位，培育农业科技创新型企业，支持符合条件的企业牵头实施技术创新项目。继续组织实施水稻、小麦、玉米、大豆和畜禽良种联合攻关，加快选育和推广优质草种。支持薄弱环节适用农机研发，促进农机装备产业转型升级，加快推进农业机械化。加强农业领域知识产权创造与应用。加快先进实用技术集成创新与推广应用。建立健全农业科研成果产权制度，赋予科研人员科技成果所有权，完善人才评价和流动保障机制，落实兼职兼薪、成果权益分配政策。

（五）实施重要农产品保障战略。加强顶层设计和系统规划，立足国内保障粮食等重要农产品供给，统筹用好国际国内两个市场、两种资源，科学确定国内重要农产品保障水平，健全保障体系，提高国内安全保障能力。将稻谷、小麦作为必保品种，稳定玉米生产，确保谷物基本自给、口粮绝对安全。加快推进粮食安全保障立法进程。在提质增效基础上，巩固棉花、油料、糖料、天然橡胶生产能力。加快推进并支持农业走出去，加强"一带一路"农业国际合作，主动扩大国内紧缺农产品进口，拓展多元化进口渠道，培育一批跨国农业企业集团，提高农业对外合作水平。加大农产品反走私综合治理力度。

三、扎实推进乡村建设，加快补齐农村人居环境和公共服务短板

（一）抓好农村人居环境整治三年行动。深入学习推广浙江"千村示范、万村整治"工程经验，全面推开以农村垃圾污水治理、厕所革命和村容村貌提升为重点的农村人居环境整治，确保到 2020 年实现农村人居环境阶段性明显改善，村庄环境基本干净整洁有序，村民环境与健康意识普遍增强。鼓励各地立足实际、因地制宜，合理选择简便易行、长期管用的整治模式，集中攻克技术难题。建立地方为主、中央补助的政府投入机制。中央财政对农村厕所革命整村推进等给予补助，对农村人居环境整治先进县给予奖励。中央预算内投资安排专门资金支持农村人居环境整治。允许县级按规定统筹整合相关资金，集中用于农村人居环境整治。鼓励社会力量积极参与，将农村人居环境整治与发展乡村休闲旅游等有机结合。广泛开展村庄清洁行动。开展美丽宜居村庄和最美庭院创建活动。农村人居环境整治工作要同农村经济发展水平相适应、同当地文化和风土人情相协调，注重实效，防止做表面文章。

（二）实施村庄基础设施建设工程。推进农村饮水安全巩固提升工程，加强农村饮用水水源地保护，加快解决农村"吃水难"和饮水不安全问题。全面推进"四好农村路"建设，加大"路长制"和示范县实施力度，实现具备条件的建制村全部通硬化路，有条件的地区向自然村延伸。加强村内道路建设。全面实施乡村电气化提升工程，加快完成新一轮农村电网改造。完善县乡村物流基础设施网络，支持产地建设农产品贮藏保鲜、分级包装等设施，鼓励企业在县乡和具备条件的村建立物流配送网点。加快推进宽带网络向村庄延伸，推进提速降费。继续推进农村危房改造。健全村庄基础设施建管长效机制，明确各方管护责任，鼓励地方将管护费用纳入财政预算。

（三）提升农村公共服务水平。全面提升农村教育、医疗卫生、社会保障、养老、文化体育等公共服务水平，加快推进城乡基本公共服务均等化。推动城乡义务教育一体化发展，深入实施农村义务教育学生营养改善计划。实施高中阶段教育普及攻坚计划，加强农村儿童健康改善和早期教育、学前教育。加快标准化村卫生室建设，实施全科医生特岗计划。建立健全统一的城乡居民基本医疗保险制度，同步整合城乡居民大病保险。完善城乡居民基本养老保险待遇确定和基础养老金正常调整机制。统筹城乡社会救助体系，完善最低生活保障制度、优抚安置制度。加快推进农村基层综合性文化服务中心建设。完善农村留守儿童和妇女、老年人关爱服务体系，支持多层次农村养老事业发展，加强和改善农村残疾人服务。推动建立城乡统筹的基本公共服务经费投入机制，完善农村基本公共服务标准。

（四）加强农村污染治理和生态环境保护。统筹推进山水林田湖草系统治理，推动农业农村绿色发展。加大农业面源污染治理力度，开展农业节肥节药行动，实现化肥农药使用量负增长。发展生态循环农业，推进畜禽粪污、秸秆、农膜等农业废弃物资源化利用，实现畜牧养殖大县粪污资源化利用整县治理全覆盖，下大力气治理白色污染。扩大轮作休耕制度试点。创建农业绿色发展先行区。实施乡村绿化美化行动，建设一批森林乡村，保护古树名木，开展湿地生态效益补偿和退耕还湿。全面保护天然林。加强"三北"地区退化防护林修复。扩大退耕还林还草，稳步实施退牧还草。实施新一轮草原生态保护补助奖励政策。落实河长制、湖长制，推进农村水环境治理，严格乡村河湖水域岸线等水生态空间管理。

（五）强化乡村规划引领。把加强规划管理作为乡村振兴的基础性工作，实现规划管理全覆盖。以县为单位抓紧编制或修编村庄布局规划，县级党委和政府要统筹推进乡村规划工作。按照先规划后建设的原则，通盘考虑土地利用、产业发展、居民点建设、人居环境整治、生态保护和历史文化传承，注重保持乡土风貌，编制多规合一的实用性村庄规划。加强农村建房许可管理。

四、发展壮大乡村产业，拓宽农民增收渠道

（一）加快发展乡村特色产业。因地制宜发展多样性特色农业，倡导"一村一品"、"一县一业"。积极发展果菜茶、食用菌、杂粮杂豆、薯类、中药材、特色养殖、林特花卉苗木等产业。支持建设一批特色农产品优势区。创新发展具有民族和地域特色的乡村手工业，大力挖掘农村能工巧匠，培育一批家庭工场、手工作坊、乡村车间。健全特色农产品质量标准体系，强化农产品地理标志和商标保护，创响一批"土字号"、"乡字号"特色产品品牌。

（二）大力发展现代农产品加工业。以"粮头食尾"、"农头工尾"为抓手，支持主产区依托县域形成农产品加工产业集群，尽可能把产业链留在县域，改变农村卖原料、城市搞加工的格局。支持发展适合家庭农场和农民合作社经营的农产品初加工，支持县域发展农产品精深加工，建成一批农产品专业村镇和加工强县。统筹农产品产地、集散地、销地批发市场建设，加强农产品物流骨干网络和冷链物流体系建设。培育农业产业化龙头企业和联合体，推进现代农业产业园、农村产业融合发展示范园、农业产业强镇建设。健全农村一二三产业融合发展利益联结机制，让农民更多分享产业增值收益。

（三）发展乡村新型服务业。支持供销、邮政、农业服务公司、农民合作社等开展农技推广、土地托管、代耕代种、统防统治、烘干收储等农业生产性服务。充分发挥乡村资源、生态和文化优势，发展适应城乡居民需要的休闲旅游、餐饮民宿、文化体验、健康养生、养老服务等产业。加强乡村旅游基础设施建设，改善卫生、交通、信息、邮政等公共服务设施。

（四）实施数字乡村战略。深入推进"互联网＋农业"，扩大农业物联网示范应用。推进重要农产品全产业链大数据建设，加强国家数字农业农村系统建设。继续开展电子商务进农村综合示范，实施"互联网＋"农产品出村进城工程。全面推进信息进村入户，依托"互联网＋"推动公共服务向农村延伸。

（五）促进农村劳动力转移就业。落实更加积极的就业政策，加强就业服务和职业技能培训，促进农村劳动力多渠道转移就业和增收。发展壮大县域经济，引导产业有序梯度转移，支持适宜产业向小城镇集聚发展，扶持发展吸纳就业能力强的乡村企业，支持企业在乡村兴办生产车间、就业基地，增加农民就地就近就业岗位。稳定农民工就业，保障工资及时足额发放。加快农业转移人口市民化，推进城镇基本公共服务常住人口全覆盖。

（六）支持乡村创新创业。鼓励外出农民工、高校毕业生、退伍军人、城市各类人才返乡下乡创新创业，支持建立多种形式的创业支撑服务平台，完善乡村创新创业支持服务体系。落实好减税降费政策，鼓励地方设立乡村就业创业引导基金，加快解决用地、信贷等困难。加强创新创业孵化平台建设，支持创建一批返乡创业园，支持发展小微企业。

五、全面深化农村改革，激发乡村发展活力

（一）巩固和完善农村基本经营制度。坚持家庭经营基础性地位，赋予双层经营体制新的内涵。突出抓好家庭农场和农民合作社两类新型农业经营主体，启动家庭农场培育计划，开展农民合作社规范提升行动，深入推进示范合作社建设，建立健全支持家庭农场、农民合作社发展的政策体系和管理制度。落实扶持小农户和现代农业发展有机衔接的政策，完善"农户＋合作社"、"农户＋公司"利益联结机制。加快培育各类社会化服务组织，为一家一户提供全程社会化服务。加快出台完善草原承包经营制度的意见。加快推进农业水价综合改革，健全节水激励机制。继续深化供销合作社综合改革，制定供销合作社条例。深化集体林权制度和国有林区林场改革。大力推进农垦垦区集团化、农场企业化改革。

（二）深化农村土地制度改革。保持农村土地承包关系稳定并长久不变，研究出台配套政策，指导各地明确第二轮土地承包到期后延包的具体办法，确保政策衔接平稳过渡。完善落实集体所有权、稳定农户承包权、放活土地经营权的法律法规和政策体系。在基本完成承包地确权登记颁证工作基础上，开展"回头看"，做好收尾工作，妥善化解遗留问题，将土地承包经营权证书发放至农户手中。健全土地流转规范管理制度，发展多种形式农业适度规模经营，允许承包土地的经营权担保融资。总结好农村土地制度三项改革试点经验，巩固改革成果。坚持农村土地集体所有、不搞私有化，坚持农地农用、防止非农化，坚持保障农民土地权益、不得以退出承包地和宅基地作为农民进城落户条件，进一步深化农村土地制度改革。在修改相关法律的基础上，完善配套制度，全面推开农村土地征收制度改革和农村集体经营性建设用地入市改革，加快建立城乡统一的建设用地市场。加快推进宅基地使用权确权登记颁证工作，力争 2020 年基本完成。稳慎推进农村宅基地制度改革，拓展改革试点，丰富试点内容，完善制度设计。抓紧制定加强农村宅基地管理指导意见。研究起草农村宅基地使用条例。开展闲置宅基地复垦试点。允许在县域内开展全域乡村闲置校舍、厂房、废弃地等整治，盘活建设用地重点用于支持乡村新产业新业态和返乡下乡创业。严格农业设施用地管理，满足合理需求。巩固"大棚房"问题整治成果。按照"取之于农，主要用之于农"的要求，调整完善土地出让收入使用范围，提高农业农村投入比例，重点用于农村人居环境整治、村庄基础设施建设和高标准农田建设。扎实开展新增耕地指标和城乡建设用地增减挂钩节余指标跨省域调剂使用，调剂收益全部用于巩固脱贫攻坚成果和支持乡村振兴。加快修订土地管理法、物权法等法律法规。

（三）深入推进农村集体产权制度改革。按期完成全国农村集体资产清产核资，加快农村集体资产监督管理平台建设，建立健全集体资产各项管理制度。指导农村集体经济组织在民主协商的基础上，做好成员身份确认，注重保护外嫁女等特殊人群的合法权利，加快推进农村集体经营性资产股份合作制改革，继续扩大试点范围。总结推广资源变资产、资金变股金、农民变股东经验。完善农村集体产权权能，积极探索集体资产股权质押贷款办法。研究制定农村集体经济组织法。健全农村产权流转交易市场，推动农村各类产权流转交易公开规范运行。研究完善适合农村集体经济组织特点的税收优惠政策。

（四）完善农业支持保护制度。按照增加总量、优化存量、提高效能的原则，强化高质量绿色发展导向，加快构建新型农业补贴政策体系。按照适应世贸组织规则、保护农民利益、支持农业发展的原则，抓紧研究制定完善农业支持保护政策的意见。调整改进"黄箱"政策，扩大"绿箱"政策使用范围。按照更好发挥市场机制作用取向，完善稻谷和小麦最低收购价政策。完善玉米和大豆生产者补贴政策。健全农业信贷担保费率补助和以奖代补机制，研究制定担保机构业务考核的具体办法，加快做大担保规模。按照扩面增品提标的要求，完善农业保险政策。推进稻谷、小麦、玉米完全成本保险和收入保险试点。扩大农业大灾保险试点和"保险＋期货"试点。探索对地方优势特色农产品保险实施以奖代补试点。打通金融服务三农各个环节，建立县域银行业金融机构服务三农的激励约束机制，实现普惠性涉农贷款增速总体高于各项贷款平均增速。推动农村商业银行、农村合作银行、农村信用社逐步回归本源，为本地三农服务。研究制定商业银行三农事业部绩效考核和激励的具体办法。用好差别化准备金率和差异化监管等政策，切实降低三农信贷担保服务门槛，鼓励银行业金融机构加大对乡村振兴和脱贫攻坚中长期信贷支持力度。支持重点领域特色农产品期货期权品种上市。

六、完善乡村治理机制，保持农村社会和谐稳定

（一）增强乡村治理能力。建立健全党组织领导的自治、法治、德治相结合的领导体制和工作机制，发挥群众参与治理主体作用。开展乡村治理体系建设试点和乡村治理示范村镇创建。加强自治组织规范化制度化建设，健全村级议事协商制度，推进村级事务公开，加强村级权力有效监督。指导农村普遍制定或修订村规民约。推进农村基层依法治理，建立健全公共法律服务体系。加强农业综合执法。

（二）加强农村精神文明建设。引导农民践行社会主义核心价值观，巩固党在农村的思想阵地。加强宣传教育，做好农民群众的思想工作，宣传党的路线方针和强农惠农富农政策，引导农民听党话、感党恩、跟党走。开展新时代文明实践中心建设试点，抓好县级融媒体中心建设。深化拓展群众性精神文明创建活动，推出一批农村精神文明建设示范县、文明村镇、最美家庭，挖掘和树立道德榜样典型，发

挥示范引领作用。支持建设文化礼堂、文化广场等设施，培育特色文化村镇、村寨。持续推进农村移风易俗工作，引导和鼓励农村基层群众性自治组织采取约束性强的措施，对婚丧陋习、天价彩礼、孝道式微、老无所养等不良社会风气进行治理。

（三）持续推进平安乡村建设。深入推进扫黑除恶专项斗争，严厉打击农村黑恶势力，杜绝"村霸"等黑恶势力对基层政权的侵蚀。严厉打击敌对势力、邪教组织、非法宗教活动向农村地区的渗透。推进纪检监察工作向基层延伸，坚决查处发生在农民身边的不正之风和腐败问题。健全落实社会治安综合治理领导责任制。深化拓展网格化服务管理，整合配优基层一线平安建设力量，把更多资源、服务、管理放到农村社区。加强乡村交通、消防、公共卫生、食品药品安全、地质灾害等公共安全事件易发领域隐患排查和专项治理。加快建设信息化、智能化农村社会治安防控体系，继续推进农村"雪亮工程"建设。坚持发展新时代"枫桥经验"，完善农村矛盾纠纷排查调处化解机制，提高服务群众、维护稳定的能力和水平。

七、发挥农村党支部战斗堡垒作用，全面加强农村基层组织建设

（一）强化农村基层党组织领导作用。抓实建强农村基层党组织，以提升组织力为重点，突出政治功能，持续加强农村基层党组织体系建设。增加先进支部、提升中间支部、整顿后进支部，以县为单位对软弱涣散村党组织"一村一策"逐个整顿。对村"两委"换届进行一次"回头看"，坚决把受过刑事处罚、存在"村霸"和涉黑涉恶等问题的村"两委"班子成员清理出去。实施村党组织带头人整体优化提升行动，配齐配强班子。全面落实村党组织书记县级党委备案管理制度。建立第一书记派驻长效工作机制，全面向贫困村、软弱涣散村和集体经济空壳村派出第一书记，并向乡村振兴任务重的村拓展。加大从高校毕业生、农民工、退伍军人、机关事业单位优秀党员中培养选拔村党组织书记力度。健全从优秀村党组织书记中选拔乡镇领导干部、考录乡镇公务员、招聘乡镇事业编制人员的常态化机制。落实村党组织5年任期规定，推动全国村"两委"换届与县乡换届同步进行。优化农村党员队伍结构，加大从青年农民、农村外出务工人员中发展党员力度。健全县级党委抓乡促村责任制，县乡党委要定期排查并及时解决基层组织建设突出问题。加强和改善村党组织对村级各类组织的领导，健全以党组织为领导的村级组织体系。全面推行村党组织书记通过法定程序担任村委会主任，推行村"两委"班子成员交叉任职，提高村委会成员和村民代表中党员的比例。加强党支部对村级集体经济组织的领导。全面落实"四议两公开"，健全村级重要事项、重大问题由村党组织研究讨论机制。

（二）发挥村级各类组织作用。理清村级各类组织功能定位，实现各类基层组织按需设置、按职履责、有人办事、有章理事。村民委员会要履行好基层群众性自治组织功能，增强村民自我管理、自我教育、自我服务能力。全面建立健全村务监督委员会，发挥在村务决策和公开、财产管理、工程项目建设、惠农政策措施落实等事项上的监督作用。强化集体经济组织服务功能，发挥在管理集体资产、合理开发集体资源、服务集体成员等方面的作用。发挥农村社会组织在服务农民、树立新风等方面的积极作用。

（三）强化村级组织服务功能。按照有利于村级组织建设、有利于服务群众的原则，将适合村级组织代办或承接的工作事项交由村级组织，并保障必要工作条件。规范村级组织协助政府工作事项，防止随意增加村级组织工作负担。统筹乡镇站所改革，强化乡镇为农服务体系建设，确保乡镇有队伍、有资源为农服务。

（四）完善村级组织运转经费保障机制。健全以财政投入为主的稳定的村级组织运转经费保障制度，全面落实村干部报酬待遇和村级组织办公经费，建立正常增长机制，保障村级公共服务运行维护等其他必要支出。把发展壮大村级集体经济作为发挥农村基层党组织领导作用的重要举措，加大政策扶持和统筹推进力度，因地制宜发展壮大村级集体经济，增强村级组织自我保障和服务农民能力。

八、加强党对三农工作的领导，落实农业农村优先发展总方针

（一）强化五级书记抓乡村振兴的制度保障。实行中央统筹、省负总责、市县乡抓落实的农村工作机制，制定落实五级书记抓乡村振兴责任的实施细则，严格督查考核。加强乡村振兴统计监测工作。2019 年各省（自治区、直辖市）党委要结合本地实际，出台市县党政领导班子和领导干部推进乡村振兴战略的实绩考核意见，并加强考核结果应用。各地区各部门要抓紧梳理全面建成小康社会必须完成的硬任务，强化工作举措，确保 2020 年圆满完成各项任务。

（二）牢固树立农业农村优先发展政策导向。各级党委和政府必须把落实"四个优先"的要求作为做好三农工作的头等大事，扛在肩上、抓在手上，同政绩考核联系到一起，层层落实责任。优先考虑三农干部配备，把优秀干部充实到三农战线，把精锐力量充实到基层一线，注重选拔熟悉三农工作的干部充实地方各级党政班子。优先满足三农发展要素配置，坚决破除妨碍城乡要素自由流动、平等交换的体制机制壁垒，改变农村要素单向流出格局，推动资源要素向农村流动。优先保障三农资金投入，坚持把农业农村作为财政优先保障领域和金融优先服务领域，公共财政更大力度向三农倾斜，县域新增贷款主要用于支持乡村振兴。地方政府债券资金要安排一定比例用于支持农村人居环境整治、村庄基础设施建设等重点领域。优先安排农村公共服务，推进城乡基本公共服务标准统一、制度并轨，实现从形式上的普惠向实质上的公平转变。完善落实农业农村优先发展的顶层设计，抓紧研究出台指导意见和具体实施办法。

（三）培养懂农业、爱农村、爱农民的三农工作队伍。建立三农工作干部队伍培养、配备、管理、使用机制，落实关爱激励政策。引导教育三农干部大兴调查研究之风，倡导求真务实精神，密切与群众联系，加深对农民感情。坚决纠正脱贫攻坚和乡村振兴工作中的形式主义、官僚主义，清理规范各类检查评比、考核督导事项，切实解决基层疲于迎评迎检问题，让基层干部把精力集中到为群众办实事办好事上来。把乡村人才纳入各级人才培养计划予以重点支持。建立县域人才统筹使用制度和乡村人才定向委托培养制度，探索通过岗编适度分离、在岗学历教育、创新职称评定等多种方式，引导各类人才投身乡村振兴。对作出突出贡献的各类人才给予表彰和奖励。实施新型职业农民培育工程。大力发展面向乡村需求的职业教育，加强高等学校涉农专业建设。抓紧出台培养懂农业、爱农村、爱农民三农工作队伍的政策意见。

（四）发挥好农民主体作用。加强制度建设、政策激励、教育引导，把发动群众、组织群众、服务群众贯穿乡村振兴全过程，充分尊重农民意愿，弘扬自力更生、艰苦奋斗精神，激发和调动农民群众积极性主动性。发挥政府投资的带动作用，通过民办公助、筹资筹劳、以奖代补、以工代赈等形式，引导和支持村集体和农民自主组织实施或参与直接受益的村庄基础设施建设和农村人居环境整治。加强筹资筹劳使用监管，防止增加农民负担。出台村庄建设项目简易审批办法，规范和缩小招投标适用范围，让农民更多参与并从中获益。

当前，做好三农工作意义重大、任务艰巨、要求迫切，除上述 8 个方面工作之外，党中央、国务院部署的其他各项工作必须久久为功、狠抓落实、务求实效。

让我们紧密团结在以习近平同志为核心的党中央周围，全面贯彻落实习近平总书记关于做好三农工作的重要论述，锐意进取、攻坚克难、扎实工作，为决胜全面建成小康社会、推进乡村全面振兴作出新的贡献。

附录8 中共中央 国务院关于抓好三农领域重点工作确保如期实现全面小康的意见（2020年中央一号文件）

党的十九大以来，党中央围绕打赢脱贫攻坚战、实施乡村振兴战略作出一系列重大部署，出台一系列政策举措。农业农村改革发展的实践证明，党中央制定的方针政策是完全正确的，今后一个时期要继续贯彻执行。

2020年是全面建成小康社会目标实现之年，是全面打赢脱贫攻坚战收官之年。党中央认为，完成上述两大目标任务，脱贫攻坚最后堡垒必须攻克，全面小康三农领域突出短板必须补上。小康不小康，关键看老乡。脱贫攻坚质量怎么样、小康成色如何，很大程度上要看三农工作成效。全党务必深刻认识做好2020年三农工作的特殊重要性，毫不松懈，持续加力，坚决夺取第一个百年奋斗目标的全面胜利。

做好2020年三农工作总的要求是，坚持以习近平新时代中国特色社会主义思想为指导，全面贯彻党的十九大和十九届二中、三中、四中全会精神，贯彻落实中央经济工作会议精神，对标对表全面建成小康社会目标，强化举措、狠抓落实，集中力量完成打赢脱贫攻坚战和补上全面小康三农领域突出短板两大重点任务，持续抓好农业稳产保供和农民增收，推进农业高质量发展，保持农村社会和谐稳定，提升农民群众获得感、幸福感、安全感，确保脱贫攻坚战圆满收官，确保农村同步全面建成小康社会。

一、坚决打赢脱贫攻坚战

（一）全面完成脱贫任务。脱贫攻坚已经取得决定性成就，绝大多数贫困人口已经脱贫，现在到了攻城拔寨、全面收官的阶段。要坚持精准扶贫，以更加有力的举措、更加精细的工作，在普遍实现"两不愁"基础上，全面解决"三保障"和饮水安全问题，确保剩余贫困人口如期脱贫。进一步聚焦"三区三州"等深度贫困地区，瞄准突出问题和薄弱环节集中发力，狠抓政策落实。对深度贫困地区贫困人口多、贫困发生率高、脱贫难度大的县和行政村，要组织精锐力量强力帮扶、挂牌督战。对特殊贫困群体，要落实落细低保、医保、养老保险、特困人员救助供养、临时救助等综合社会保障政策，实现应保尽保。各级财政要继续增加专项扶贫资金，中央财政新增部分主要用于"三区三州"等深度贫困地区。优化城乡建设用地增减挂钩、扶贫小额信贷等支持政策。深入推进抓党建促脱贫攻坚。

（二）巩固脱贫成果防止返贫。各地要对已脱贫人口开展全面排查，认真查找漏洞缺项，一项一项整改清零，一户一户对账销号。总结推广各地经验做法，健全监测预警机制，加强对不稳定脱贫户、边缘户的动态监测，将返贫人口和新发生贫困人口及时纳入帮扶，为巩固脱贫成果提供制度保障。强化产业扶贫、就业扶贫，深入开展消费扶贫，加大易地扶贫搬迁后续扶持力度。扩大贫困地区退耕还林还草规模。深化扶志扶智，激发贫困人口内生动力。

（三）做好考核验收和宣传工作。严把贫困退出关，严格执行贫困退出标准和程序，坚决杜绝数字脱贫、虚假脱贫，确保脱贫成果经得起历史检验。加强常态化督导，及时发现问题、督促整改。开展脱贫攻坚普查。扎实做好脱贫攻坚宣传工作，全面展现新时代扶贫脱贫壮阔实践，全面宣传扶贫事业历史性成就，深刻揭示脱贫攻坚伟大成就背后的制度优势，向世界讲好中国减贫生动故事。

（四）保持脱贫攻坚政策总体稳定。坚持贫困县摘帽不摘责任、不摘政策、不摘帮扶、不摘监管。强化脱贫攻坚责任落实，继续执行对贫困县的主要扶持政策，进一步加大东西部扶贫协作、对口支援、定点扶贫、社会扶贫力度，稳定扶贫工作队伍，强化基层帮扶力量。持续开展扶贫领域腐败和作风问题专项治理。对已实现稳定脱贫的县，各省（自治区、直辖市）可以根据实际情况统筹安排专项扶贫资金，支持非贫困县、非贫困村贫困人口脱贫。

（五）研究接续推进减贫工作。脱贫攻坚任务完成后，我国贫困状况将发生重大变化，扶贫工作重心转向解决相对贫困，扶贫工作方式由集中作战调整为常态推进。要研究建立解决相对贫困的长效机制，推动减贫战略和工作体系平稳转型。加强解决相对贫困问题顶层设计，纳入实施乡村振兴战略统筹安排。抓紧研究制定脱贫攻坚与实施乡村振兴战略有机衔接的意见。

二、对标全面建成小康社会加快补上农村基础设施和公共服务短板

（六）加大农村公共基础设施建设力度。推动"四好农村路"示范创建提质扩面，启动省域、市域范围内示范创建。在完成具备条件的建制村通硬化路和通客车任务基础上，有序推进较大人口规模自然村（组）等通硬化路建设。支持村内道路建设和改造。加大成品油税费改革转移支付对农村公路养护的支持力度。加快农村公路条例立法进程。加强农村道路交通安全管理。完成"三区三州"和抵边村寨电网升级改造攻坚计划。基本实现行政村光纤网络和第四代移动通信网络普遍覆盖。落实农村公共基础设施管护责任，应由政府承担的管护费用纳入政府预算。做好村庄规划工作。

（七）提高农村供水保障水平。全面完成农村饮水安全巩固提升工程任务。统筹布局农村饮水基础设施建设，在人口相对集中的地区推进规模化供水工程建设。有条件的地区将城市管网向农村延伸，推进城乡供水一体化。中央财政加大支持力度，补助中西部地区、原中央苏区农村饮水安全工程维修养护。加强农村饮用水水源保护，做好水质监测。

（八）扎实搞好农村人居环境整治。分类推进农村厕所革命，东部地区、中西部城市近郊区等有基础有条件的地区要基本完成农村户用厕所无害化改造，其他地区实事求是确定目标任务。各地要选择适宜的技术和改厕模式，先搞试点，证明切实可行后再推开。全面推进农村生活垃圾治理，开展就地分类、源头减量试点。梯次推进农村生活污水治理，优先解决乡镇所在地和中心村生活污水问题。开展农村黑臭水体整治。支持农民群众开展村庄清洁和绿化行动，推进"美丽家园"建设。鼓励有条件的地方对农村人居环境公共设施维修养护进行补助。

（九）提高农村教育质量。加强乡镇寄宿制学校建设，统筹乡村小规模学校布局，改善办学条件，提高教学质量。加强乡村教师队伍建设，全面推行义务教育阶段教师"县管校聘"，有计划安排县城学校教师到乡村支教。落实中小学教师平均工资收入水平不低于或高于当地公务员平均工资收入水平政策，教师职称评聘向乡村学校教师倾斜，符合条件的乡村学校教师纳入当地政府住房保障体系。持续推进农村义务教育控辍保学专项行动，巩固义务教育普及成果。增加学位供给，有效解决农民工随迁子女上学问题。重视农村学前教育，多渠道增加普惠性学前教育资源供给。加强农村特殊教育。大力提升中西部地区乡村教师国家通用语言文字能力，加强贫困地区学前儿童普通话教育。扩大职业教育学校在农村招生规模，提高职业教育质量。

（十）加强农村基层医疗卫生服务。办好县级医院，推进标准化乡镇卫生院建设，改造提升村卫生室，消除医疗服务空白点。稳步推进紧密型县城医疗卫生共同体建设。加强乡村医生队伍建设，适当简化本科及以上学历医学毕业生或经住院医师规范化培训合格的全科医生招聘程序。对应聘到中西部地区和艰苦边远地区乡村工作的应届高校医学毕业生，给予大学期间学费补偿、国家助学贷款代偿。允许各地盘活用好基层卫生机构现有编制资源，乡镇卫生院可优先聘用符合条件的村医。加强基层疾病预防控制队伍建设，做好重大疾病和传染病防控。将农村适龄妇女宫颈癌和乳腺癌检查纳入基本公共卫生服务范围。

（十一）加强农村社会保障。适当提高城乡居民基本医疗保险财政补助和个人缴费标准。提高城乡居民基本医保、大病保险、医疗救助经办服务水平，地级市域范围内实现"一站式服务、一窗口办理、一单制结算"。加强农村低保对象动态精准管理，合理提高低保等社会救助水平。完善农村留守儿童和妇女、老年人关爱服务体系。发展农村互助式养老，多形式建设日间照料中心，改善失能老年人和重度残疾人护理服务。

（十二）改善乡村公共文化服务。推动基本公共文化服务向乡村延伸，扩大乡村文化惠民工程覆盖面。鼓励城市文艺团体和文艺工作者定期送文化下乡。实施乡村文化人才培养工程，支持乡土文艺团组发展，扶持农村非遗传承人、民间艺人收徒传艺，发展优秀戏曲曲艺、少数民族文化、民间文化。保护好历史文化名镇（村）、传统村落、民族村寨、传统建筑、农业文化遗产、古树名木等。以"庆丰收、迎小康"为主题办好中国农民丰收节。

（十三）治理农村生态环境突出问题。大力推进畜禽粪污资源化利用，基本完成大规模养殖场粪污治理设施建设。深入开展农药化肥减量行动，加强农膜污染治理，推进秸秆综合利用。在长江流域重点水域实行常年禁捕，做好渔民退捕工作。推广黑土地保护有效治理模式，推进侵蚀沟治理，启动实施东北黑土地保护性耕作行动计划。稳步推进农用地土壤污染管控和修复利用。继续实施华北地区地下水超采综合治理。启动农村水系综合整治试点。

三、保障重要农产品有效供给和促进农民持续增收

（十四）稳定粮食生产。确保粮食安全始终是治国理政的头等大事。粮食生产要稳字当头，稳政策、稳面积、稳产量。强化粮食安全省长责任制考核，各省（自治区、直辖市）2020年粮食播种面积和产量要保持基本稳定。进一步完善农业补贴政策。调整完善稻谷、小麦最低收购价政策，稳定农民基本收益。推进稻谷、小麦、玉米完全成本保险和收入保险试点。加大对大豆高产品种和玉米、大豆间作新农艺推广的支持力度。抓好草地贪夜蛾等重大病虫害防控，推广统防统治、代耕代种、土地托管等服务模式。加大对产粮大县的奖励力度，优先安排农产品加工用地指标。支持产粮大县开展高标准农田建设新增耕地指标跨省域调剂使用，调剂收益按规定用于建设高标准农田。深入实施优质粮食工程。以北方农牧交错带为重点扩大粮改饲规模，推广种养结合模式。完善新疆棉花目标价格政策。拓展多元化进口渠道，增加适应国内需求的农产品进口。扩大优势农产品出口。深入开展农产品反走私综合治理专项行动。

（十五）加快恢复生猪生产。生猪稳产保供是当前经济工作的一件大事，要采取综合性措施，确保2020年年底前生猪产能基本恢复到接近正常年份水平。落实"省负总责"，压实"菜篮子"市长负责制，强化县级抓落实责任，保障猪肉供给。坚持补栏增养和疫病防控相结合，推动生猪标准化规模养殖，加强对中小散养户的防疫服务，做好饲料生产保障工作。严格落实扶持生猪生产的各项政策举措，抓紧打通环评、用地、信贷等瓶颈。纠正随意扩大限养禁养区和搞"无猪市"、"无猪县"问题。严格执行非洲猪瘟疫情报告制度和防控措施，加快疫苗研发进程。加强动物防疫体系建设，落实防疫人员和经费保障，在生猪大县实施乡镇动物防疫特聘计划。引导生猪屠宰加工向养殖集中区转移，逐步减少活猪长距离调运，推进"运猪"向"运肉"转变。加强市场监测和调控，做好猪肉保供稳价工作，打击扰乱市场行为，及时启动社会救助和保障标准与物价上涨挂钩联动机制。支持奶业、禽类、牛羊等生产，引导优化肉类消费结构。推进水产绿色健康养殖，加强渔港建设和管理改革。

（十六）加强现代农业设施建设。提早谋划实施一批现代农业投资重大项目，支持项目及早落地，有效扩大农业投资。以粮食生产功能区和重要农产品生产保护区为重点加快推进高标准农田建设，修编建设规划，合理确定投资标准，完善工程建设、验收、监督检查机制，确保建一块成一块。如期完成大中型灌区续建配套与节水改造，提高防汛抗旱能力，加大农业节水力度。抓紧启动和开工一批重大水利工程和配套设施建设，加快开展南水北调后续工程前期工作，适时推进工程建设。启动农产品仓储保鲜冷链物流设施建设工程。加强农产品冷链物流统筹规划、分级布局和标准制定。安排中央预算内投资，支持建设一批骨干冷链物流基地。国家支持家庭农场、农民合作社、供销合作社、邮政快递企业、产业化龙头企业建设产地分拣包装、冷藏保鲜、仓储运输、初加工等设施，对其在农村建设的保鲜仓储设施用电实行农业生产用电价格。依托现有资源建设农业农村大数据中心，加快物联网、大数据、区块链、人工智能、第五代移动通信网络、智慧气象等现代信息技术在农业领域的应用。开展国家数字乡村试点。

（十七）发展富民乡村产业。支持各地立足资源优势打造各具特色的农业全产业链，建立健全农民分享产业链增值收益机制，形成有竞争力的产业集群，推动农村一二三产业融合发展。加快建设国家、省、市、县现代农业产业园，支持农村产业融合发展示范园建设，办好农村"双创"基地。重点培育家庭农场、农民合作社等新型农业经营主体，培育农业产业化联合体，通过订单农业、入股分红、托管服务等方式，将小农户融入农业产业链。继续调整优化农业结构，加强绿色食品、有机农产品、地理标志农产品认证和管理，打造地方知名农产品品牌，增加优质绿色农产品供给。有效开发农村市场，扩大电子商务进农村覆盖面，支持供销合作社、邮政快递企业等延伸乡村物流服务网络，加强村级电商服务站点建设，推动农产品进城、工业品下乡双向流通。强化全过程农产品质量安全和食品安全监管，建立健全追溯体系，确保人民群众"舌尖上的安全"。引导和鼓励工商资本下乡，切实保护好企业家合法权益。制定农业及相关产业统计分类并加强统计核算，全面准确反映农业生产、加工、物流、营销、服务等全产业链价值。

（十八）稳定农民工就业。落实涉企减税降费等支持政策，加大援企稳岗工作力度，放宽失业保险稳岗返还申领条件，提高农民工技能提升补贴标准。农民工失业后，可在常住地进行失业登记，享受均等化公共就业服务。出台并落实保障农民工工资支付条例。以政府投资项目和工程建设领域为重点，开展农民工工资支付情况排查整顿，执行拖欠农民工工资"黑名单"制度，落实根治欠薪各项举措。实施家政服务、养老护理、医院看护、餐饮烹饪、电子商务等技能培训，打造区域性劳务品牌。鼓励地方设立乡村保洁员、水管员、护路员、生态护林员等公益性岗位。开展新业态从业人员职业伤害保障试点。深入实施农村创新创业带头人培育行动，将符合条件的返乡创业农民工纳入一次性创业补贴范围。

四、加强农村基层治理

（十九）充分发挥党组织领导作用。农村基层党组织是党在农村全部工作和战斗力的基础。要认真落实《中国共产党农村基层组织工作条例》，组织群众发展乡村产业，增强集体经济实力，带领群众共同致富；动员群众参与乡村治理，增强主人翁意识，维护农村和谐稳定；教育引导群众革除陈规陋习，弘扬公序良俗，培育文明乡风；密切联系群众，提高服务群众能力，把群众紧密团结在党的周围，筑牢党在农村的执政基础。全面落实村党组织书记县级党委备案管理制度，建立村"两委"成员县级联审常态化机制，持续整顿软弱涣散村党组织，发挥党组织在农村各种组织中的领导作用。严格村党组织书记监督管理，建立健全党委组织部门牵头协调，民政、农业农村等部门共同参与、加强指导的村务监督机制，全面落实"四议两公开"。加大农村基层巡察工作力度。强化基层纪检监察组织与村务监督委员会的沟通协作、有效衔接，形成监督合力。加大在青年农民中发展党员力度。持续向贫困村、软弱涣散村、集体经济薄弱村派驻第一书记。加强村级组织运转经费保障。健全激励村干部干事创业机制。选优配强乡镇领导班子特别是乡镇党委书记。在乡村开展"听党话、感党恩、跟党走"宣讲活动。

（二十）健全乡村治理工作体系。坚持县乡村联动，推动社会治理和服务重心向基层下移，把更多资源下沉到乡镇和村，提高乡村治理效能。县级是"一线指挥部"，要加强统筹谋划，落实领导责任，强化大抓基层的工作导向，增强群众工作本领。建立县级领导干部和县直部门主要负责人包村制度。乡镇是为农服务中心，要加强管理服务，整合审批、服务、执法等方面力量，建立健全统一管理服务平台，实现一站式办理。充实农村人居环境整治、宅基地管理、集体资产管理、民生保障、社会服务等工作力量。行政村是基本治理单元，要强化自我管理、自我服务、自我教育、自我监督，健全基层民主制度，完善村规民约，推进村民自治制度化、规范化、程序化。扎实开展自治、法治、德治相结合的乡村治理体系建设试点示范，推广乡村治理创新性典型案例经验。注重发挥家庭家教家风在乡村治理中的重要作用。

（二十一）调处化解乡村矛盾纠纷。坚持和发展新时代"枫桥经验"，进一步加强人民调解工作，做到小事不出村、大事不出乡、矛盾不上交。畅通农民群众诉求表达渠道，及时妥善处理农民群众合理诉求。持续整治侵害农民利益行为，妥善化解土地承包、征地拆迁、农民工工资、环境污染等方面矛盾。推行领导干部特别是市县领导干部定期下基层接访制度，积极化解信访积案。组织开展"一村一法律顾问"等形式多样的法律服务。对直接关系农民切身利益、容易引发社会稳定风险的重大决策事项，要先进行风险评估。

（二十二）深入推进平安乡村建设。推动扫黑除恶专项斗争向纵深推进，严厉打击非法侵占农村集体资产、扶贫惠农资金和侵犯农村妇女儿童人身权利等违法犯罪行为，推进反腐败斗争和基层"拍蝇"，建立防范和整治"村霸"长效机制。依法管理农村宗教事务，制止非法宗教活动，防范邪教向农村渗透，防止封建迷信蔓延。加强农村社会治安工作，推行网格化管理和服务。开展农村假冒伪劣食品治理行动。打击制售假劣农资违法违规行为。加强农村防灾减灾能力建设。全面排查整治农村各类安全隐患。

五、强化农村补短板保障措施

（二十三）优先保障三农投入。加大中央和地方财政三农投入力度，中央预算内投资继续向农业农村倾斜，确保财政投入与补上全面小康三农领域突出短板相适应。地方政府要在一般债券支出中安排一定规模支持符合条件的易地扶贫搬迁和乡村振兴项目建设。各地应有序扩大用于支持乡村振兴的专项债券发行规模。中央和省级各部门要根据补短板的需要优化涉农资金使用结构。按照"取之于农、主要用之于农"要求，抓紧出台调整完善土地出让收入使用范围进一步提高农业农村投入比例的意见。调整完善农机购置补贴范围，赋予省级更大自主权。研究本轮草原生态保护补奖政策到期后的政策。强化对三农信贷的货币、财税、监管政策正向激励，给予低成本资金支持，提高风险容忍度，优化精准奖补措施。对机构法人在县域、业务在县域的金融机构，适度扩大支农支小再贷款额度。深化农村信用社改革，坚持县域法人地位。加强考核引导，合理提升资金外流严重县的存贷比。鼓励商业银行发行三农、小微企业等专项金融债券。落实农户小额贷款税收优惠政策。符合条件的家庭农场等新型农业经营主体可按规定享受现行小微企业相关贷款税收减免政策。合理设置农业贷款期限，使其与农业生产周期相匹配。发挥全国农业信贷担保体系作用，做大面向新型农业经营主体的担保业务。推动温室大棚、养殖圈舍、大型农机、土地经营权依法合规抵押融资。稳妥扩大农村普惠金融改革试点，鼓励地方政府开展县域农户、中小企业信用等级评价，加快构建线上线下相结合、"银保担"风险共担的普惠金融服务体系，推出更多免抵押、免担保、低利率、可持续的普惠金融产品。抓好农业保险保费补贴政策落实，督促保险机构及时足额理赔。优化"保险＋期货"试点模式，继续推进农产品期货期权品种上市。

（二十四）破解乡村发展用地难题。坚守耕地和永久基本农田保护红线。完善乡村产业发展用地政策体系，明确用地类型和供地方式，实行分类管理。将农业种植养殖配建的保鲜冷藏、晾晒存贮、农机库房、分拣包装、废弃物处理、管理看护房等辅助设施用地纳入农用地管理，根据生产实际合理确定辅助设施用地规模上限。农业设施用地可以使用耕地。强化农业设施用地监管，严禁以农业设施用地为名从事非农建设。开展乡村全域土地综合整治试点，优化农村生产、生活、生态空间布局。在符合国土空间规划前提下，通过村庄整治、土地整理等方式节余的农村集体建设用地优先用于发展乡村产业项目。新编县乡级国土空间规划应安排不少于10％的建设用地指标，重点保障乡村产业发展用地。省级制定土地利用年度计划时，应安排至少5％新增建设用地指标保障乡村重点产业和项目用地。农村集体建设用地可以通过入股、租用等方式直接用于发展乡村产业。按照"放管服"改革要求,对农村集体建设用地审批进行全面梳理,简化审批审核程序,下放审批权限。推进乡村建设审批"多审合一、多证合一"改革。抓紧出台支持农村一二三产业融合发展用地的政策意见。

(二十五)推动人才下乡。培养更多知农爱农、扎根乡村的人才,推动更多科技成果应用到田间地头。畅通各类人才下乡渠道,支持大学生、退役军人、企业家等到农村干事创业。整合利用农业广播学校、农业科研院所、涉农院校、农业龙头企业等各类资源,加快构建高素质农民教育培训体系。落实县域内人才统筹培养使用制度。有组织地动员城市科研人员、工程师、规划师、建筑师、教师、医生下乡服务。城市中小学教师、医生晋升高级职称前,原则上要有1年以上农村基层工作服务经历。优化涉农学科专业设置,探索对急需紧缺涉农专业实行"提前批次"录取。抓紧出台推进乡村人才振兴的意见。

(二十六)强化科技支撑作用。加强农业关键核心技术攻关,部署一批重大科技项目,抢占科技制高点。加强农业生物技术研发,大力实施种业自主创新工程,实施国家农业种质资源保护利用工程,推进南繁科研育种基地建设。加快大中型、智能化、复合型农业机械研发和应用,支持丘陵山区农田宜机化改造。深入实施科技特派员制度,进一步发展壮大科技特派员队伍。采取长期稳定的支持方式,加强现代农业产业技术体系建设,扩大对特色优势农产品覆盖范围,面向农业全产业链配置科技资源。加强农业产业科技创新中心建设。加强国家农业高新技术产业示范区、国家农业科技园区等创新平台基地建设。加快现代气象为农服务体系建设。

(二十七)抓好农村重点改革任务。完善农村基本经营制度,开展第二轮土地承包到期后再延长30年试点,在试点基础上研究制定延包的具体办法。鼓励发展多种形式适度规模经营,健全面向小农户的农业社会化服务体系。制定农村集体经营性建设用地入市配套制度。严格农村宅基地管理,加强对乡镇审批宅基地监管,防止土地占用失控。扎实推进宅基地使用权确权登记颁证。以探索宅基地所有权、资格权、使用权"三权分置"为重点，进一步深化农村宅基地制度改革试点。全面推开农村集体产权制度改革试点，有序开展集体成员身份确认、集体资产折股量化、股份合作制改革、集体经济组织登记赋码等工作。探索拓宽农村集体经济发展路径，强化集体资产管理。继续深化供销合作社综合改革，提高为农服务能力。加快推进农垦、国有林区林场、集体林权制度、草原承包经营制度、农业水价等改革。深化农业综合行政执法改革，完善执法体系，提高执法能力。

做好三农工作，关键在党。各级党委和政府要深入学习贯彻习近平总书记关于三农工作的重要论述，全面贯彻党的十九届四中全会精神，把制度建设和治理能力建设摆在三农工作更加突出位置，稳定农村基本政策，完善新时代三农工作制度框架和政策体系。认真落实《中国共产党农村工作条例》，加强党对三农工作的全面领导，坚持农业农村优先发展，强化五级书记抓乡村振兴责任，落实县委书记主要精力抓三农工作要求，加强党委农村工作机构建设，大力培养懂农业、爱农村、爱农民的三农工作队伍，提高农村干部待遇。坚持从农村实际出发，因地制宜，尊重农民意愿，尽力而为、量力而行，把当务之急的事一件一件解决好，力戒形式主义、官僚主义，防止政策执行简单化和"一刀切"。把党的十九大以来三农政策贯彻落实情况作为中央巡视重要内容。

让我们更加紧密地团结在以习近平同志为核心的党中央周围，坚定信心、锐意进取，埋头苦干、扎实工作，坚决打赢脱贫攻坚战，加快补上全面小康三农领域突出短板，为决胜全面建成小康社会、实现第一个百年奋斗目标作出应有的贡献！

附录9　中共中央　国务院关于全面推进乡村振兴加快农业农村现代化的意见（2021年中央一号文件）

党的十九届五中全会审议通过的《中共中央关于制定国民经济和社会发展第十四个五年规划和二〇三五年远景目标的建议》，对新发展阶段优先发展农业农村、全面推进乡村振兴作出总体部署，为做好当前和今后一个时期三农工作指明了方向。

"十三五"时期，现代农业建设取得重大进展，乡村振兴实现良好开局。粮食年产量连续保持在1.3万亿斤以上，农民人均收入较2010年翻一番多。新时代脱贫攻坚目标任务如期完成，现行标准下农村贫困人口全部脱贫，贫困县全部摘帽，易地扶贫搬迁任务全面完成，消除了绝对贫困和区域性整体贫困，创造了人类减贫史上的奇迹。农村人居环境明显改善，农村改革向纵深推进，农村社会保持和谐稳定，农村即将同步实现全面建成小康社会目标。农业农村发展取得新的历史性成就，为党和国家战胜各种艰难险阻、稳定经济社会发展大局，发挥了"压舱石"作用。实践证明，以习近平同志为核心的党中央驰而不息重农强农的战略决策完全正确，党的三农政策得到亿万农民衷心拥护。

"十四五"时期，是乘势而上开启全面建设社会主义现代化国家新征程、向第二个百年奋斗目标进军的第一个五年。民族要复兴，乡村必振兴。全面建设社会主义现代化国家，实现中华民族伟大复兴，最艰巨最繁重的任务依然在农村，最广泛最深厚的基础依然在农村。解决好发展不平衡不充分问题，重点难点在三农，迫切需要补齐农业农村短板弱项，推动城乡协调发展；构建新发展格局，潜力后劲在三农，迫切需要扩大农村需求，畅通城乡经济循环；应对国内外各种风险挑战，基础支撑在三农，迫切需要稳住农业基本盘，守好三农基础。党中央认为，新发展阶段三农工作依然极端重要，须臾不可放松，务必抓紧抓实。要坚持把解决好三农问题作为全党工作重中之重，把全面推进乡村振兴作为实现中华民族伟大复兴的一项重大任务，举全党全社会之力加快农业农村现代化，让广大农民过上更加美好的生活。

一、总体要求

（一）指导思想。以习近平新时代中国特色社会主义思想为指导，全面贯彻党的十九大和十九届二中、三中、四中、五中全会精神，贯彻落实中央经济工作会议精神，统筹推进"五位一体"总体布局，协调推进"四个全面"战略布局，坚定不移贯彻新发展理念，坚持稳中求进工作总基调，坚持加强党对三农工作的全面领导，坚持农业农村优先发展，坚持农业现代化与农村现代化一体设计、一并推进，坚持创新驱动发展，以推动高质量发展为主题，统筹发展和安全，落实加快构建新发展格局要求，巩固和完善农村基本经营制度，深入推进农业供给侧结构性改革，把乡村建设摆在社会主义现代化建设的重要位置，全面推进乡村产业、人才、文化、生态、组织振兴，充分发挥农业产品供给、生态屏障、文化传承等功能，走中国特色社会主义乡村振兴道路，加快农业农村现代化，加快形成工农互促、城乡互补、协调发展、共同繁荣的新型工农城乡关系，促进农业高质高效、乡村宜居宜业、农民富裕富足，为全面建设社会主义现代化国家开好局、起好步提供有力支撑。

（二）目标任务。2021年，农业供给侧结构性改革深入推进，粮食播种面积保持稳定、产量达到1.3万亿斤以上，生猪产业平稳发展，农产品质量和食品安全水平进一步提高，农民收入增长继续快于城镇居民，脱贫攻坚成果持续巩固。农业农村现代化规划启动实施，脱贫攻坚政策体系和工作机制同乡村振兴有效衔接、平稳过渡，乡村建设行动全面启动，农村人居环境整治提升，农村改革重点任务深入推进，农村社会保持和谐稳定。

到 2025 年，农业农村现代化取得重要进展，农业基础设施现代化迈上新台阶，农村生活设施便利化初步实现，城乡基本公共服务均等化水平明显提高。农业基础更加稳固，粮食和重要农产品供应保障更加有力，农业生产结构和区域布局明显优化，农业质量效益和竞争力明显提升，现代乡村产业体系基本形成，有条件的地区率先基本实现农业现代化。脱贫攻坚成果巩固拓展，城乡居民收入差距持续缩小。农村生产生活方式绿色转型取得积极进展，化肥农药使用量持续减少，农村生态环境得到明显改善。乡村建设行动取得明显成效，乡村面貌发生显著变化，乡村发展活力充分激发，乡村文明程度得到新提升，农村发展安全保障更加有力，农民获得感、幸福感、安全感明显提高。

二、实现巩固拓展脱贫攻坚成果同乡村振兴有效衔接

（三）设立衔接过渡期。脱贫攻坚目标任务完成后，对摆脱贫困的县，从脱贫之日起设立 5 年过渡期，做到扶上马送一程。过渡期内保持现有主要帮扶政策总体稳定，并逐项分类优化调整，合理把握节奏、力度和时限，逐步实现由集中资源支持脱贫攻坚向全面推进乡村振兴平稳过渡，推动三农工作重心历史性转移。抓紧出台各项政策完善优化的具体实施办法，确保工作不留空档、政策不留空白。

（四）持续巩固拓展脱贫攻坚成果。健全防止返贫动态监测和帮扶机制，对易返贫致贫人口及时发现、及时帮扶，守住防止规模性返贫底线。以大中型集中安置区为重点，扎实做好易地搬迁后续帮扶工作，持续加大就业和产业扶持力度，继续完善安置区配套基础设施、产业园区配套设施、公共服务设施，切实提升社区治理能力。加强扶贫项目资产管理和监督。

（五）接续推进脱贫地区乡村振兴。实施脱贫地区特色种养业提升行动，广泛开展农产品产销对接活动，深化拓展消费帮扶。持续做好有组织劳务输出工作。统筹用好公益岗位，对符合条件的就业困难人员进行就业援助。在农业农村基础设施建设领域推广以工代赈方式，吸纳更多脱贫人口和低收入人口就地就近就业。在脱贫地区重点建设一批区域性和跨区域重大基础设施工程。加大对脱贫县乡村振兴支持力度。在西部地区脱贫县中确定一批国家乡村振兴重点帮扶县集中支持。支持各地自主选择部分脱贫县作为乡村振兴重点帮扶县。坚持和完善东西部协作和对口支援、社会力量参与帮扶等机制。

（六）加强农村低收入人口常态化帮扶。开展农村低收入人口动态监测，实行分层分类帮扶。对有劳动能力的农村低收入人口，坚持开发式帮扶，帮助其提高内生发展能力，发展产业、参与就业，依靠双手勤劳致富。对脱贫人口中丧失劳动能力且无法通过产业就业获得稳定收入的人口，以现有社会保障体系为基础，按规定纳入农村低保或特困人员救助供养范围，并按困难类型及时给予专项救助、临时救助。

三、加快推进农业现代化

（七）提升粮食和重要农产品供给保障能力。地方各级党委和政府要切实扛起粮食安全政治责任，实行粮食安全党政同责。深入实施重要农产品保障战略，完善粮食安全省长责任制和"菜篮子"市长负责制，确保粮、棉、油、糖、肉等供给安全。"十四五"时期各省（自治区、直辖市）要稳定粮食播种面积、提高单产水平。加强粮食生产功能区和重要农产品生产保护区建设。建设国家粮食安全产业带。稳定种粮农民补贴，让种粮有合理收益。坚持并完善稻谷、小麦最低收购价政策，完善玉米、大豆生产者补贴政策。深入推进农业结构调整，推动品种培优、品质提升、品牌打造和标准化生产。鼓励发展青贮玉米等优质饲草饲料，稳定大豆生产，多措并举发展油菜、花生等油料作物。健全产粮大县支持政策体系。扩大稻谷、小麦、玉米三大粮食作物完全成本保险和收入保险试点范围，支持有条件的省份降低产粮大县三大粮食作物农业保险保费县级补贴比例。深入推进优质粮食工程。加快构建现代养殖体系，保护生猪基础产能，健全生猪产业平稳有序发展长效机制，积极发展牛羊产业，继续实施奶业振兴行动，推进水产绿色健康养殖。推进渔港建设和管理改革。促进木本粮油和林下经济发展。优化农产品贸易布局，实施农产品进口多元化战略，支持企业融入全球农产品供应链。保持打击重点农产品走私高压态势。加强口岸检疫和外来入侵物种防控。开展粮食节约行动，减少生产、流通、加工、存储、消费环节粮食损耗浪费。

（八）打好种业翻身仗。农业现代化，种子是基础。加强农业种质资源保护开发利用，加快第三次农作物种质资源、畜禽种质资源调查收集，加强国家作物、畜禽和海洋渔业生物种质资源库建设。对育种基础性研究以及重点育种项目给予长期稳定支持。加快实施农业生物育种重大科技项目。深入实施农作物和畜禽良种联合攻关。实施新一轮畜禽遗传改良计划和现代种业提升工程。尊重科学、严格监管，有序推进生物育种产业化应用。加强育种领域知识产权保护。支持种业龙头企业建立健全商业化育种体系，加快建设南繁硅谷，加强制种基地和良种繁育体系建设，研究重大品种研发与推广后补助政策，促进育繁推一体化发展。

（九）坚决守住18亿亩耕地红线。统筹布局生态、农业、城镇等功能空间，科学划定各类空间管控边界，严格实行土地用途管制。采取"长牙齿"的措施，落实最严格的耕地保护制度。严禁违规占用耕地和违背自然规律绿化造林、挖湖造景，严格控制非农建设占用耕地，深入推进农村乱占耕地建房专项整治行动，坚决遏制耕地"非农化"、防止"非粮化"。明确耕地利用优先序，永久基本农田重点用于粮食特别是口粮生产，一般耕地主要用于粮食和棉、油、糖、蔬菜等农产品及饲草饲料生产。明确耕地和永久基本农田不同的管制目标和管制强度，严格控制耕地转为林地、园地等其他类型农用地，强化土地流转用途监管，确保耕地数量不减少、质量有提高。实施新一轮高标准农田建设规划，提高建设标准和质量，健全管护机制，多渠道筹集建设资金，中央和地方共同加大粮食主产区高标准农田建设投入，2021年建设1亿亩旱涝保收、高产稳产高标准农田。在高标准农田建设中增加的耕地作为占补平衡补充耕地指标在省域内调剂，所得收益用于高标准农田建设。加强和改进建设占用耕地占补平衡管理，严格新增耕地核实认定和监管。健全耕地数量和质量监测监管机制，加强耕地保护督察和执法监督，开展"十三五"时期省级政府耕地保护责任目标考核。

（十）强化现代农业科技和物质装备支撑。实施大中型灌区续建配套和现代化改造。到 2025 年全部完成现有病险水库除险加固。坚持农业科技自立自强，完善农业科技领域基础研究稳定支持机制，深化体制改革，布局建设一批创新基地平台。深入开展乡村振兴科技支撑行动。支持高校为乡村振兴提供智力服务。加强农业科技社会化服务体系建设，深入推行科技特派员制度。打造国家热带农业科学中心。提高农机装备自主研制能力，支持高端智能、丘陵山区农机装备研发制造，加大购置补贴力度，开展农机作业补贴。强化动物防疫和农作物病虫害防治体系建设，提升防控能力。

（十一）构建现代乡村产业体系。依托乡村特色优势资源，打造农业全产业链，把产业链主体留在县城，让农民更多分享产业增值收益。加快健全现代农业全产业链标准体系，推动新型农业经营主体按标生产，培育农业龙头企业标准"领跑者"。立足县域布局特色农产品产地初加工和精深加工，建设现代农业产业园、农业产业强镇、优势特色产业集群。推进公益性农产品市场和农产品流通骨干网络建设。开发休闲农业和乡村旅游精品线路，完善配套设施。推进农村一二三产业融合发展示范园和科技示范园区建设。把农业现代化示范区作为推进农业现代化的重要抓手，围绕提高农业产业体系、生产体系、经营体系现代化水平，建立指标体系，加强资源整合、政策集成，以县（市、区）为单位开展创建，到 2025 年创建 500 个左右示范区，形成梯次推进农业现代化的格局。创建现代林业产业示范区。组织开展"万企兴万村"行动。稳步推进反映全产业链价值的农业及相关产业统计核算。

（十二）推进农业绿色发展。实施国家黑土地保护工程，推广保护性耕作模式。健全耕地休耕轮作制度。持续推进化肥农药减量增效，推广农作物病虫害绿色防控产品和技术。加强畜禽粪污资源化利用。全面实施秸秆综合利用和农膜、农药包装物回收行动，加强可降解农膜研发推广。在长江经济带、黄河流域建设一批农业面源污染综合治理示范县。支持国家农业绿色发展先行区建设。加强农产品质量和食品安全监管，发展绿色农产品、有机农产品和地理标志农产品，试行食用农产品达标合格证制度，推进国家农产品质量安全县创建。加强水生生物资源养护，推进以长江为重点的渔政执法能力建设，确保十年禁渔令有效落实，做好退捕渔民安置保障工作。发展节水农业和旱作农业。推进荒漠化、石漠化、坡耕地水土流失综合治理和土壤污染防治、重点区域地下水保护与超采治理。实施水系连通及农村水系综合整治，强化河湖长制。巩固退耕还林还草成果，完善政策、有序推进。实行林长制。科学开展大规模国土绿化行动。完善草原生态保护补助奖励政策，全面推进草原禁牧轮牧休牧，加强草原鼠害防治，稳步恢复草原生态环境。

（十三）推进现代农业经营体系建设。突出抓好家庭农场和农民合作社两类经营主体，鼓励发展多种形式适度规模经营。实施家庭农场培育计划，把农业规模经营户培育成有活力的家庭农场。推进农民合作社质量提升，加大对运行规范的农民合作社扶持力度。发展壮大农业专业化社会化服务组织，将先进适用的品种、投入品、技术、装备导入小农户。支持市场主体建设区域性农业全产业链综合服务中心。支持农业产业化龙头企业创新发展、做大做强。深化供销合作社综合改革，开展生产、供销、信用"三位一体"综合合作试点，健全服务农民生产生活综合平台。培育高素质农民，组织参加技能评价、学历教育，设立专门面向农民的技能大赛。吸引城市各方面人才到农村创业创新，参与乡村振兴和现代农业建设。

四、大力实施乡村建设行动

（十四）加快推进村庄规划工作。2021年基本完成县级国土空间规划编制，明确村庄布局分类。积极有序推进"多规合一"实用性村庄规划编制，对有条件、有需求的村庄尽快实现村庄规划全覆盖。对暂时没有编制规划的村庄，严格按照县乡两级国土空间规划中确定的用途管制和建设管理要求进行建设。编制村庄规划要立足现有基础，保留乡村特色风貌，不搞大拆大建。按照规划有序开展各项建设，严肃查处违规乱建行为。健全农房建设质量安全法律法规和监管体制，3年内完成安全隐患排查整治。完善建设标准和规范，提高农房设计水平和建设质量。继续实施农村危房改造和地震高烈度设防地区农房抗震改造。加强村庄风貌引导，保护传统村落、传统民居和历史文化名村名镇。加大农村地区文化遗产遗迹保护力度。乡村建设是为农民而建，要因地制宜、稳扎稳打，不刮风搞运动。严格规范村庄撤并，不得违背农民意愿、强迫农民上楼，把好事办好、把实事办实。

（十五）加强乡村公共基础设施建设。继续把公共基础设施建设的重点放在农村，着力推进往村覆盖、往户延伸。实施农村道路畅通工程。有序实施较大人口规模自然村（组）通硬化路。加强农村资源路、产业路、旅游路和村内主干道建设。推进农村公路建设项目更多向进村入户倾斜。继续通过中央车购税补助地方资金、成品油税费改革转移支付、地方政府债券等渠道，按规定支持农村道路发展。继续开展"四好农村路"示范创建。全面实施路长制。开展城乡交通一体化示范创建工作。加强农村道路桥梁安全隐患排查，落实管养主体责任。强化农村道路交通安全监管。实施农村供水保障工程。加强中小型水库等稳定水源工程建设和水源保护，实施规模化供水工程建设和小型工程标准化改造，有条件的地区推进城乡供水一体化，到2025年农村自来水普及率达到88％。完善农村水价水费形成机制和工程长效运营机制。实施乡村清洁能源建设工程。加大农村电网建设力度，全面巩固提升农村电力保障水平。推进燃气下乡，支持建设安全可靠的乡村储气罐站和微管网供气系统。发展农村生物质能源。加强煤炭清洁化利用。实施数字乡村建设发展工程。推动农村千兆光网、第五代移动通信（5G）、移动物联网与城市同步规划建设。完善电信普遍服务补偿机制，支持农村及偏远地区信息通信基础设施建设。加快建设农业农村遥感卫星等天基设施。发展智慧农业，建立农业农村大数据体系，推动新一代信息技术与农业生产经营深度融合。完善农业气象综合监测网络，提升农业气象灾害防范能力。加强乡村公共服务、社会治理等数字化智能化建设。实施村级综合服务设施提升工程。加强村级客运站点、文化体育、公共照明等服务设施建设。

（十六）实施农村人居环境整治提升五年行动。分类有序推进农村厕所革命，加快研发干旱、寒冷地区卫生厕所适用技术和产品，加强中西部地区农村户用厕所改造。统筹农村改厕和污水、黑臭水体治理，因地制宜建设污水处理设施。健全农村生活垃圾收运处置体系，推进源头分类减量、资源化处理利用，建设一批有机废弃物综合处置利用设施。健全农村人居环境设施管护机制。有条件的地区推广城乡环卫一体化第三方治理。深入推进村庄清洁和绿化行动。开展美丽宜居村庄和美丽庭院示范创建活动。

（十七）提升农村基本公共服务水平。建立城乡公共资源均衡配置机制，强化农村基本公共服务供给县乡村统筹，逐步实现标准统一、制度并轨。提高农村教育质量，多渠道增加农村普惠性学前教育资源供给，继续改善乡镇寄宿制学校办学条件，保留并办好必要的乡村小规模学校，在县城和中心镇新建改扩建一批高中和中等职业学校。完善农村特殊教育保障机制。推进县域内义务教育学校校长教师交流轮岗，支持建设城乡学校共同体。面向农民就业创业需求，发展职业技术教育与技能培训，建设一批产教融合基地。开展耕读教育。加快发展面向乡村的网络教育。加大涉农高校、涉农职业院校、涉农学科专业建设力度。全面推进健康乡村建设，提升村卫生室标准化建设和健康管理水平，推动乡村医生向执业（助理）医师转变，采取派驻、巡诊等方式提高基层卫生服务水平。提升乡镇卫生院医疗服务能力，选建一批中心卫生院。加强县级医院建设，持续提升县级疾控机构应对重大疫情及突发公共卫生事件能力。加强县域紧密型医共体建设，实行医保总额预算管理。加强妇幼、老年人、残疾人等重点人群健康服务。健全统筹城乡的就业政策和服务体系，推动公共就业服务机构向乡村延伸。深入实施新生代农民工职业技能提升计划。完善统一的城乡居民基本医疗保险制度，合理提高政府补助标准和个人缴费标准，健全重大疾病医疗保险和救助制度。落实城乡居民基本养老保险待遇确定和正常调整机制。推进城乡低保制度统筹发展，逐步提高特困人员供养服务质量。加强对农村留守儿童和妇女、老年人以及困境儿童的关爱服务。健全县乡村衔接的三级养老服务网络，推动村级幸福院、日间照料中心等养老服务设施建设，发展农村普惠型养老服务和互助性养老。推进农村公益性殡葬设施建设。推进城乡公共文化服务体系一体建设，创新实施文化惠民工程。

（十八）全面促进农村消费。加快完善县乡村三级农村物流体系，改造提升农村寄递物流基础设施，深入推进电子商务进农村和农产品出村进城，推动城乡生产与消费有效对接。促进农村居民耐用消费品更新换代。加快实施农产品仓储保鲜冷链物流设施建设工程，推进田头小型仓储保鲜冷链设施、产地低温直销配送中心、国家骨干冷链物流基地建设。完善农村生活性服务业支持政策，发展线上线下相结合的服务网点，推动便利化、精细化、品质化发展，满足农村居民消费升级需要，吸引城市居民下乡消费。

（十九）加快县域内城乡融合发展。推进以人为核心的新型城镇化，促进大中小城市和小城镇协调发展。把县域作为城乡融合发展的重要切入点，强化统筹谋划和顶层设计，破除城乡分割的体制弊端，加快打通城乡要素平等交换、双向流动的制度性通道。统筹县域产业、基础设施、公共服务、基本农田、生态保护、城镇开发、村落分布等空间布局，强化县城综合服务能力，把乡镇建设成为服务农民的区域中心，实现县乡村功能衔接互补。壮大县域经济，承接适宜产业转移，培育支柱产业。加快小城镇发展，完善基础设施和公共服务，发挥小城镇连接城市、服务乡村作用。推进以县城为重要载体的城镇化建设，有条件的地区按照小城市标准建设县城。积极推进扩权强镇，规划建设一批重点镇。开展乡村全域土地综合整治试点。推动在县域就业的农民工就地市民化，增加适应进城农民刚性需求的住房供给。鼓励地方建设返乡入乡创业园和孵化实训基地。

（二十）强化农业农村优先发展投入保障。继续把农业农村作为一般公共预算优先保障领域。中央预算内投资进一步向农业农村倾斜。制定落实提高土地出让收益用于农业农村比例考核办法，确保按规定提高用于农业农村的比例。各地区各部门要进一步完善涉农资金统筹整合长效机制。支持地方政府发行一般债券和专项债券用于现代农业设施建设和乡村建设行动，制定出台操作指引，做好高质量项目储备工作。发挥财政投入引领作用，支持以市场化方式设立乡村振兴基金，撬动金融资本、社会力量参与，重点支持乡村产业发展。坚持为农服务宗旨，持续深化农村金融改革。运用支农支小再贷款、再贴现等政策工具，实施最优惠的存款准备金率，加大对机构法人在县域、业务在县域的金融机构的支持力度，推动农村金融机构回归本源。鼓励银行业金融机构建立服务乡村振兴的内设机构。明确地方政府监管和风险处置责任，稳妥规范开展农民合作社内部信用合作试点。保持农村信用合作社等县域农村金融机构法人地位和数量总体稳定，做好监督管理、风险化解、深化改革工作。完善涉农金融机构治理结构和内控机制，强化金融监管部门的监管责任。支持市县构建域内共享的涉农信用信息数据库，用 3 年时间基本建成比较完善的新型农业经营主体信用体系。发展农村数字普惠金融。大力开展农户小额信用贷款、保单质押贷款、农机具和大棚设施抵押贷款业务。鼓励开发专属金融产品支持新型农业经营主体和农村新产业新业态，增加首贷、信用贷。加大对农业农村基础设施投融资的中长期信贷支持。加强对农业信贷担保放大倍数的量化考核，提高农业信贷担保规模。将地方优势特色农产品保险以奖代补做法逐步扩大到全国。健全农业再保险制度。发挥"保险＋期货"在服务乡村产业发展中的作用。

（二十一）深入推进农村改革。完善农村产权制度和要素市场化配置机制，充分激发农村发展内生动力。坚持农村土地农民集体所有制不动摇，坚持家庭承包经营基础性地位不动摇，有序开展第二轮土地承包到期后再延长 30 年试点，保持农村土地承包关系稳定并长久不变，健全土地经营权流转服务体系。积极探索实施农村集体经营性建设用地入市制度。完善盘活农村存量建设用地政策，实行负面清单管理，优先保障乡村产业发展、乡村建设用地。根据乡村休闲观光等产业分散布局的实际需要，探索灵活多样的供地新方式。加强宅基地管理，稳慎推进农村宅基地制度改革试点，探索宅基地所有权、资格权、使用权分置有效实现形式。规范开展房地一体宅基地日常登记颁证工作。规范开展城乡建设用地增减挂钩，完善审批实施程序、节余指标调剂及收益分配机制。2021 年基本完成农村集体产权制度改革阶段性任务，发展壮大新型农村集体经济。保障进城落户农民土地承包权、宅基地使用权、集体收益分配权，研究制定依法自愿有偿转让的具体办法。加强农村产权流转交易和管理信息网络平台建设，提供综合性交易服务。加快农业综合行政执法信息化建设。深入推进农业水价综合改革。继续深化农村集体林权制度改革。

五、加强党对三农工作的全面领导

（二十二）强化五级书记抓乡村振兴的工作机制。全面推进乡村振兴的深度、广度、难度都不亚于脱贫攻坚，必须采取更有力的举措，汇聚更强大的力量。要深入贯彻落实《中国共产党农村工作条例》，健全中央统筹、省负总责、市县乡抓落实的农村工作领导体制，将脱贫攻坚工作中形成的组织推动、要素保障、政策支持、协作帮扶、考核督导等工作机制，根据实际需要运用到推进乡村振兴，建立健全上下贯通、精准施策、一抓到底的乡村振兴工作体系。省、市、县级党委要定期研究乡村振兴工作。县委书记应当把主要精力放在三农工作上。建立乡村振兴联系点制度，省、市、县级党委和政府负责同志都要确定联系点。开展县乡村三级党组织书记乡村振兴轮训。加强党对乡村人才工作的领导，将乡村人才振兴纳入党委人才工作总体部署，健全适合乡村特点的人才培养机制，强化人才服务乡村激励约束。加快建设政治过硬、本领过硬、作风过硬的乡村振兴干部队伍，选派优秀干部到乡村振兴一线岗位，把乡村振兴作为培养锻炼干部的广阔舞台，对在艰苦地区、关键岗位工作表现突出的干部优先重用。

（二十三）加强党委农村工作领导小组和工作机构建设。充分发挥各级党委农村工作领导小组牵头抓总、统筹协调作用，成员单位出台重要涉农政策要征求党委农村工作领导小组意见并进行备案。各地要围绕"五大振兴"目标任务，设立由党委和政府负责同志领导的专项小组或工作专班，建立落实台账，压实工作责任。强化党委农村工作领导小组办公室决策参谋、统筹协调、政策指导、推动落实、督促检查等职能，每年分解三农工作重点任务，落实到各责任部门，定期调度工作进展。加强党委农村工作领导小组办公室机构设置和人员配置。

（二十四）加强党的农村基层组织建设和乡村治理。充分发挥农村基层党组织领导作用，持续抓党建促乡村振兴。有序开展乡镇、村集中换届，选优配强乡镇领导班子、村"两委"成员特别是村党组织书记。在有条件的地方积极推行村党组织书记通过法定程序担任村民委员会主任，因地制宜、不搞"一刀切"。与换届同步选优配强村务监督委员会成员，基层纪检监察组织加强与村务监督委员会的沟通协作、有效衔接。坚决惩治侵害农民利益的腐败行为。坚持和完善向重点乡村选派驻村第一书记和工作队制度。加大在优秀农村青年中发展党员力度，加强对农村基层干部激励关怀，提高工资补助待遇，改善工作生活条件，切实帮助解决实际困难。推进村委会规范化建设和村务公开"阳光工程"。开展乡村治理试点示范创建工作。创建民主法治示范村，培育农村学法用法示范户。加强乡村人民调解组织队伍建设，推动就地化解矛盾纠纷。深入推进平安乡村建设。建立健全农村地区扫黑除恶常态化机制。加强县乡村应急管理和消防安全体系建设，做好对自然灾害、公共卫生、安全隐患等重大事件的风险评估、监测预警、应急处置。

（二十五）加强新时代农村精神文明建设。弘扬和践行社会主义核心价值观，以农民群众喜闻乐见的方式，深入开展习近平新时代中国特色社会主义思想学习教育。拓展新时代文明实践中心建设，深化群众性精神文明创建活动。建强用好县级融媒体中心。在乡村深入开展"听党话、感党恩、跟党走"宣讲活动。深入挖掘、继承创新优秀传统乡土文化，把保护传承和开发利用结合起来，赋予中华农耕文明新的时代内涵。持续推进农村移风易俗，推广积分制、道德评议会、红白理事会等做法，加大高价彩礼、人情攀比、厚葬薄养、铺张浪费、封建迷信等不良风气治理，推动形成文明乡风、良好家风、淳朴民风。加大对农村非法宗教活动和境外渗透活动的打击力度，依法制止利用宗教干预农村公共事务。办好中国农民丰收节。

（二十六）健全乡村振兴考核落实机制。各省（自治区、直辖市）党委和政府每年向党中央、国务院报告实施乡村振兴战略进展情况。对市县党政领导班子和领导干部开展乡村振兴实绩考核，纳入党政领导班子和领导干部综合考核评价内容，加强考核结果应用，注重提拔使用乡村振兴实绩突出的市县党政领导干部。对考核排名落后、履职不力的市县党委和政府主要负责同志进行约谈，建立常态化约谈机制。将巩固拓展脱贫攻坚成果纳入乡村振兴考核。强化乡村振兴督查，创新完善督查方式，及时发现和解决存在的问题，推动政策举措落实落地。持续纠治形式主义、官僚主义，将减轻村级组织不合理负担纳入中央基层减负督查重点内容。坚持实事求是、依法行政，把握好农村各项工作的时度效。加强乡村振兴宣传工作，在全社会营造共同推进乡村振兴的浓厚氛围。

让我们紧密团结在以习近平同志为核心的党中央周围，开拓进取，真抓实干，全面推进乡村振兴，加快农业农村现代化，努力开创三农工作新局面，为全面建设社会主义现代化国家、实现第二个百年奋斗目标作出新的贡献！

附录 10 乡村振兴战略规划（2018—2022 年）

前　言

党的十九大提出实施乡村振兴战略，是以习近平同志为核心的党中央着眼党和国家事业全局，深刻把握现代化建设规律和城乡关系变化特征，顺应亿万农民对美好生活的向往，对三农工作作出的重大决策部署，是决胜全面建成小康社会、全面建设社会主义现代化国家的重大历史任务，是新时代做好三农工作的总抓手。从党的十九大到二十大，是"两个一百年"奋斗目标的历史交汇期，既要全面建成小康社会、实现第一个百年奋斗目标，又要乘势而上开启全面建设社会主义现代化国家新征程，向第二个百年奋斗目标进军。为贯彻落实党的十九大、中央经济工作会议、中央农村工作会议精神和政府工作报告要求，描绘好战略蓝图，强化规划引领，科学有序推动乡村产业、人才、文化、生态和组织振兴，根据《中共中央、国务院关于实施乡村振兴战略的意见》，特编制《乡村振兴战略规划（2018—2022 年）》。

本规划以习近平总书记关于三农工作的重要论述为指导，按照产业兴旺、生态宜居、乡风文明、治理有效、生活富裕的总要求，对实施乡村振兴战略作出阶段性谋划，分别明确至 2020 年全面建成小康社会和 2022 年召开党的二十大时的目标任务，细化实化工作重点和政策措施，部署重大工程、重大计划、重大行动，确保乡村振兴战略落实落地，是指导各地区各部门分类有序推进乡村振兴的重要依据。

第一篇　规划背景

党的十九大作出中国特色社会主义进入新时代的科学论断，提出实施乡村振兴战略的重大历史任务，在我国三农发展进程中具有划时代的里程碑意义，必须深入贯彻习近平新时代中国特色社会主义思想和党的十九大精神，在认真总结农业农村发展历史性成就和历史性变革的基础上，准确研判经济社会发展趋势和乡村演变发展态势，切实抓住历史机遇，增强责任感、使命感、紧迫感，把乡村振兴战略实施好。

第一章　重大意义

乡村是具有自然、社会、经济特征的地域综合体，兼具生产、生活、生态、文化等多重功能，与城镇互促互进、共生共存，共同构成人类活动的主要空间。乡村兴则国家兴，乡村衰则国家衰。我国人民日益增长的美好生活需要和不平衡不充分的发展之间的矛盾在乡村最为突出，我国仍处于并将长期处于社会主义初级阶段的特征很大程度上表现在乡村。全面建成小康社会和全面建设社会主义现代化强国，最艰巨最繁重的任务在农村，最广泛最深厚的基础在农村，最大的潜力和后劲也在农村。实施乡村振兴战略，是解决新时代我国社会主要矛盾、实现"两个一百年"奋斗目标和中华民族伟大复兴中国梦的必然要求，具有重大现实意义和深远历史意义。

实施乡村振兴战略是建设现代化经济体系的重要基础。农业是国民经济的基础，农村经济是现代化经济体系的重要组成部分。乡村振兴，产业兴旺是重点。实施乡村振兴战略，深化农业供给侧结构性改革，构建现代农业产业体系、生产体系、经营体系，实现农村一二三产业深度融合发展，有利于推动农业从增产导向转向提质导向，增强我国农业创新力和竞争力，为建设现代化经济体系奠定坚实基础。

实施乡村振兴战略是建设美丽中国的关键举措。农业是生态产品的重要供给者，乡村是生态涵养的主体区，生态是乡村最大的发展优势。乡村振兴，生态宜居是关键。实施乡村振兴战略，统筹山水林田湖草系统治理，加快推行乡村绿色发展方式，加强农村人居环境整治，有利于构建人与自然和谐共生的乡村发展新格局，实现百姓富、生态美的统一。

实施乡村振兴战略是传承中华优秀传统文化的有效途径。中华文明根植于农耕文化，乡村是中华文明的基本载体。乡村振兴，乡风文明是保障。实施乡村振兴战略，深入挖掘农耕文化蕴含的优秀思想观念、人文精神、道德规范，结合时代要求在保护传承的基础上创造性转化、创新性发展，有利于在新时代焕发出乡风文明的新气象，进一步丰富和传承中华优秀传统文化。

实施乡村振兴战略是健全现代社会治理格局的固本之策。社会治理的基础在基层，薄弱环节在乡村。乡村振兴，治理有效是基础。实施乡村振兴战略，加强农村基层基础工作，健全乡村治理体系，确保广大农民安居乐业、农村社会安定有序，有利于打造共建共治共享的现代社会治理格局，推进国家治理体系和治理能力现代化。

实施乡村振兴战略是实现全体人民共同富裕的必然选择。农业强不强、农村美不美、农民富不富，关乎亿万农民的获得感、幸福感、安全感，关乎全面建成小康社会全局。乡村振兴，生活富裕是根本。实施乡村振兴战略，不断拓宽农民增收渠道，全面改善农村生产生活条件，促进社会公平正义，有利于增进农民福祉，让亿万农民走上共同富裕的道路，汇聚起建设社会主义现代化强国的磅礴力量。

第二章　振兴基础

党的十八大以来，面对我国经济发展进入新常态带来的深刻变化，以习近平同志为核心的党中央推动三农工作理论创新、实践创新、制度创新，坚持把解决好三农问题作为全党工作重中之重，切实把农业农村优先发展落到实处；坚持立足国内保证自给的方针，牢牢把握国家粮食安全主动权；坚持不断深化农村改革，激发农村发展新活力；坚持把推进农业供给侧结构性改革作为主线，加快提高农业供给质量；坚持绿色生态导向，推动农业农村可持续发展；坚持在发展中保障和改善民生，让广大农民有更多获得感；坚持遵循乡村发展规律，扎实推进生态宜居的美丽乡村建设；坚持加强和改善党对农村工作的领导，为三农发展提供坚强政治保障。这些重大举措和开创性工作，推动农业农村发展取得历史性成就、发生历史性变革，为党和国家事业全面开创新局面提供了有力支撑。

农业供给侧结构性改革取得新进展，农业综合生产能力明显增强，全国粮食总产量连续5年保持在1.2万亿斤以上，农业结构不断优化，农村新产业新业态新模式蓬勃发展，农业生态环境恶化问题得到初步遏制，农业生产经营方式发生重大变化。农村改革取得新突破，农村土地制度、农村集体产权制度改革稳步推进，重要农产品收储制度改革取得实质性成效，农村创新创业和投资兴业蔚然成风，农村发展新动能加快成长。城乡发展一体化迈出新步伐，5年间8000多万农业转移人口成为城镇居民，城乡居民收入相对差距缩小，农村消费持续增长，农民收入和生活水平明显提高。脱贫攻坚开创新局面，贫困地区农民收入增速持续快于全国平均水平，集中连片特困地区内生发展动力明显增强，过去5年累计6800多万贫困人口脱贫。农村公共服务和社会事业达到新水平，农村基础设施建设不断加强，人居环境整治加快推进，教育、医疗卫生、文化等社会事业快速发展，农村社会焕发新气象。

同时，应当清醒地看到，当前我国农业农村基础差、底子薄、发展滞后的状况尚未根本改变，经济社会发展中最明显的短板仍然在三农，现代化建设中最薄弱的环节仍然是农业农村。主要表现在：农产品阶段性供过于求和供给不足并存，农村一二三产业融合发展深度不够，农业供给质量和效益亟待提高；农民适应生产力发展和市场竞争的能力不足，农村人才匮乏；农村基础设施建设仍然滞后，农村环境和生态问题比较突出，乡村发展整体水平亟待提升；农村民生领域欠账较多，城乡基本公共服务和收入水平差距仍然较大，脱贫攻坚任务依然艰巨；国家支农体系相对薄弱，农村金融改革任务繁重，城乡之间要素合理流动机制亟待健全；农村基层基础工作存在薄弱环节，乡村治理体系和治理能力亟待强化。

第三章　发展态势

从2018年到2022年，是实施乡村振兴战略的第一个5年，既有难得机遇，又面临严峻挑战。从国际环境看，全球经济复苏态势有望延续，我国统筹利用国内国际两个市场两种资源的空间将进一步拓展，同时国际农产品贸易不稳定性不确定性仍然突出，提高我国农业竞争力、妥善应对国际市场风险任务紧迫。特别是我国作为人口大国，粮食及重要农产品需求仍将刚性增长，保障国家粮食安全始终是头等大事。从国内形势看，随着我国经济由高速增长阶段转向高质量发展阶段，以及工业化、城镇化、信息化深入推进，乡村发展将处于大变革、大转型的关键时期。居民消费结构加快升级，中高端、多元化、个性化消费需求将快速增长，加快推进农业由增产导向转向提质导向是必然要求。我国城镇化进入快速发展与质量提升的新阶段，城市辐射带动农村的能力进一步增强，但大量农民仍然生活在农村的国情不会改变，迫切需要重塑城乡关系。我国乡村差异显著，多样性分化的趋势仍将延续，乡村的独特价值和多元功能将进一步得到发掘和拓展，同时应对好村庄空心化和农村老龄化、延续乡村文化血脉、完善乡村治理体系的任务艰巨。

实施乡村振兴战略具备较好条件。有习近平总书记把舵定向，有党中央、国务院的高度重视、坚强领导、科学决策，实施乡村振兴战略写入党章，成为全党的共同意志，乡村振兴具有根本政治保障。社会主义制度能够集中力量办大事，强农惠农富农政策力度不断加大，农村土地集体所有制和双层经营体制不断完善，乡村振兴具有坚强制度保障。优秀农耕文明源远流长，寻根溯源的人文情怀和国人的乡村情结历久弥深，现代城市文明导入融汇，乡村振兴具有深厚文化土壤。国家经济实力和综合国力日益增强，对农业农村支持力度不断加大，农村生产生活条件加快改善，农民收入持续增长，乡村振兴具有雄厚物质基础。农业现代化和社会主义新农村建设取得历史性成就，各地积累了丰富的成功经验和做法，乡村振兴具有扎实工作基础。

实施乡村振兴战略，是党对三农工作一系列方针政策的继承和发展，是亿万农民的殷切期盼。必须抓住机遇，迎接挑战，发挥优势，顺势而为，努力开创农业农村发展新局面，推动农业全面升级、农村全面进步、农民全面发展，谱写新时代乡村全面振兴新篇章。

第二篇　总体要求

按照到 2020 年实现全面建成小康社会和分两个阶段实现第二个百年奋斗目标的战略部署，2018 年至 2022 年这 5 年间，既要在农村实现全面小康，又要为基本实现农业农村现代化开好局、起好步、打好基础。

第四章　指导思想和基本原则

第一节　指导思想

深入贯彻习近平新时代中国特色社会主义思想，深入贯彻党的十九大和十九届二中、三中全会精神，加强党对三农工作的全面领导，坚持稳中求进工作总基调，牢固树立新发展理念，落实高质量发展要求，紧紧围绕统筹推进"五位一体"总体布局和协调推进"四个全面"战略布局，坚持把解决好三农问题作为全党工作重中之重，坚持农业农村优先发展，按照产业兴旺、生态宜居、乡风文明、治理有效、生活富裕的总要求，建立健全城乡融合发展体制机制和政策体系，统筹推进农村经济建设、政治建设、文化建设、社会建设、生态文明建设和党的建设，加快推进乡村治理体系和治理能力现代化，加快推进农业农村现代化，走中国特色社会主义乡村振兴道路，让农业成为有奔头的产业，让农民成为有吸引力的职业，让农村成为安居乐业的美丽家园。

第二节　基本原则

——坚持党管农村工作。毫不动摇地坚持和加强党对农村工作的领导，健全党管农村工作方面的领导体制机制和党内法规，确保党在农村工作中始终总揽全局、协调各方，为乡村振兴提供坚强有力的政治保障。

——坚持农业农村优先发展。把实现乡村振兴作为全党的共同意志、共同行动，做到认识统一、步调一致，在干部配备上优先考虑，在要素配置上优先满足，在资金投入上优先保障，在公共服务上优先安排，加快补齐农业农村短板。

——坚持农民主体地位。充分尊重农民意愿，切实发挥农民在乡村振兴中的主体作用，调动亿万农民的积极性、主动性、创造性，把维护农民群众根本利益、促进农民共同富裕作为出发点和落脚点，促进农民持续增收，不断提升农民的获得感、幸福感、安全感。

——坚持乡村全面振兴。准确把握乡村振兴的科学内涵，挖掘乡村多种功能和价值，统筹谋划农村经济建设、政治建设、文化建设、社会建设、生态文明建设和党的建设，注重协同性、关联性，整体部署，协调推进。

——坚持城乡融合发展。坚决破除体制机制弊端，使市场在资源配置中起决定性作用，更好发挥政府作用，推动城乡要素自由流动、平等交换，推动新型工业化、信息化、城镇化、农业现代化同步发展，加快形成工农互促、城乡互补、全面融合、共同繁荣的新型工农城乡关系。

——坚持人与自然和谐共生。牢固树立和践行绿水青山就是金山银山的理念，落实节约优先、保护优先、自然恢复为主的方针，统筹山水林田湖草系统治理，严守生态保护红线，以绿色发展引领乡村振兴。

——坚持改革创新、激发活力。不断深化农村改革，扩大农业对外开放，激活主体、激活要素、激活市场，调动各方力量投身乡村振兴。以科技创新引领和支撑乡村振兴，以人才汇聚推动和保障乡村振兴，增强农业农村自我发展动力。

——坚持因地制宜、循序渐进。科学把握乡村的差异性和发展走势分化特征，做好顶层设计，注重规划先行、因势利导、分类施策、突出重点、体现特色、丰富多彩。既尽力而为，又量力而行，不搞层层加码，不搞一刀切，不搞形式主义和形象工程，久久为功，扎实推进。

第五章　发展目标

到 2020 年，乡村振兴的制度框架和政策体系基本形成，各地区各部门乡村振兴的思路举措得以确立，全面建成小康社会的目标如期实现。到 2022 年，乡村振兴的制度框架和政策体系初步健全。国家粮食安全保障水平进一步提高，现代农业体系初步构建，农业绿色发展全面推进；农村一二三产业融合发展格局初步形成，乡村产业加快发展，农民收入水平进一步提高，脱贫攻坚成果得到进一步巩固；农村基础设施条件持续改善，城乡统一的社会保障制度体系基本建立；农村人居环境显著改善，生态宜居的美丽乡村建设扎实推进；城乡融合发展体制机制初步建立，农村基本公共服务水平进一步提升；乡村优秀传统文化得以传承和发展，农民精神文化生活需求基本得到满足；以党组织为核心的农村基层组织建设明显加强，乡村治理能力进一步提升，现代乡村治理体系初步构建。探索形成一批各具特色的乡村振兴模式和经验，乡村振兴取得阶段性成果。

第六章　远景谋划

到 2035 年，乡村振兴取得决定性进展，农业农村现代化基本实现。农业结构得到根本性改善，农民就业质量显著提高，相对贫困进一步缓解，共同富裕迈出坚实步伐；城乡基本公共服务均等化基本实现，城乡融合发展体制机制更加完善；乡风文明达到新高度，乡村治理体系更加完善；农村生态环境根本好转，生态宜居的美丽乡村基本实现。

到 2050 年，乡村全面振兴，农业强、农村美、农民富全面实现。

第三篇　构建乡村振兴新格局

坚持乡村振兴和新型城镇化双轮驱动，统筹城乡国土空间开发格局，优化乡村生产生活生态空间，分类推进乡村振兴，打造各具特色的现代版"富春山居图"。

第七章　统筹城乡发展空间

按照主体功能定位，对国土空间的开发、保护和整治进行全面安排和总体布局，推进"多规合一"，加快形成城乡融合发展的空间格局。

第一节　强化空间用途管制

强化国土空间规划对各专项规划的指导约束作用，统筹自然资源开发利用、保护和修复，按照不同主体功能定位和陆海统筹原则，开展资源环境承载能力和国土空间开发适宜性评价，科学划定生态、农业、城镇等空间和生态保护红线、永久基本农田、城镇开发边界及海洋生物资源保护线、围填海控制线等主要控制线，推动主体功能区战略格局在市县层面精准落地，健全不同主体功能区差异化协同发展长效机制，实现山水林田湖草整体保护、系统修复、综合治理。

第二节　完善城乡布局结构

以城市群为主体构建大中小城市和小城镇协调发展的城镇格局，增强城镇地区对乡村的带动能力。加快发展中小城市，完善县城综合服务功能，推动农业转移人口就地就近城镇化。因地制宜发展特色鲜明、产城融合、充满魅力的特色小镇和小城镇，加强以乡镇政府驻地为中心的农民生活圈建设，以镇带村、以村促镇，推动镇村联动发展。建设生态宜居的美丽乡村，发挥多重功能，提供优质产品，传承乡村文化，留住乡愁记忆，满足人民日益增长的美好生活需要。

第三节　推进城乡统一规划

通盘考虑城镇和乡村发展，统筹谋划产业发展、基础设施、公共服务、资源能源、生态环境保护等主要布局，形成田园乡村与现代城镇各具特色、交相辉映的城乡发展形态。强化县域空间规划和各类专项规划引导约束作用，科学安排县域乡村布局、资源利用、设施配置和村庄整治，推动村庄规划管理全覆盖。综合考虑村庄演变规律、集聚特点和现状分布，结合农民生产生活半径，合理确定县域村庄布局和规模，避免随意撤并村庄搞大社区、违背农民意愿大拆大建。加强乡村风貌整体管控，注重农房单体个性设计，建设立足乡土社会、富有地域特色、承载田园乡愁、体现现代文明的升级版乡村，避免千村一面，防止乡村景观城市化。

第八章　优化乡村发展布局

坚持人口资源环境相均衡、经济社会生态效益相统一，打造集约高效生产空间，营造宜居适度生活空间，保护山清水秀生态空间，延续人和自然有机融合的乡村空间关系。

第一节　统筹利用生产空间

乡村生产空间是以提供农产品为主体功能的国土空间，兼具生态功能。围绕保障国家粮食安全和重要农产品供给，充分发挥各地比较优势，重点建设以"七区二十三带"为主体的农产品主产区。落实农业功能区制度，科学合理划定粮食生产功能区、重要农产品生产保护区和特色农产品优势区，合理划定养殖业适养、限养、禁养区域，严格保护农业生产空间。适应农村现代产业发展需要，科学划分乡村经济发展片区，统筹推进农业产业园、科技园、创业园等各类园区建设。

第二节　合理布局生活空间

乡村生活空间是以农村居民点为主体、为农民提供生产生活服务的国土空间。坚持节约集约用地，遵循乡村传统肌理和格局，划定空间管控边界，明确用地规模和管控要求，确定基础设施用地位置、规模和建设标准，合理配置公共服务设施，引导生活空间尺度适宜、布局协调、功能齐全。充分维护原生态村居风貌，保留乡村景观特色，保护自然和人文环境，注重融入时代感、现代性，强化空间利用的人性化、多样化，着力构建便捷的生活圈、完善的服务圈、繁荣的商业圈，让乡村居民过上更舒适的生活。

第三节　严格保护生态空间

乡村生态空间是具有自然属性、以提供生态产品或生态服务为主体功能的国土空间。加快构建以"两屏三带"为骨架的国家生态安全屏障，全面加强国家重点生态功能区保护，建立以国家公园为主体的自然保护地体系。树立山水林田湖草是一个生命共同体的理念，加强对自然生态空间的整体保护，修复和改善乡村生态环境，提升生态功能和服务价值。全面实施产业准入负面清单制度，推动各地因地制宜制定禁止和限制发展产业目录，明确产业发展方向和开发强度，强化准入管理和底线约束。

第九章　分类推进乡村发展

顺应村庄发展规律和演变趋势，根据不同村庄的发展现状、区位条件、资源禀赋等，按照集聚提升、融入城镇、特色保护、搬迁撤并的思路，分类推进乡村振兴，不搞一刀切。

第一节　集聚提升类村庄

现有规模较大的中心村和其他仍将存续的一般村庄，占乡村类型的大多数，是乡村振兴的重点。科学确定村庄发展方向，在原有规模基础上有序推进改造提升，激活产业、优化环境、提振人气、增添活力，保护保留乡村风貌，建设宜居宜业的美丽村庄。鼓励发挥自身比较优势，强化主导产业支撑，支持农业、工贸、休闲服务等专业化村庄发展。加强海岛村庄、国有农场及林场规划建设，改善生产生活条件。

第二节　城郊融合类村庄

城市近郊区以及县城城关镇所在地的村庄，具备成为城市后花园的优势，也具有向城市转型的条件。综合考虑工业化、城镇化和村庄自身发展需要，加快城乡产业融合发展、基础设施互联互通、公共服务共建共享，在形态上保留乡村风貌，在治理上体现城市水平，逐步强化服务城市发展、承接城市功能外溢、满足城市消费需求能力，为城乡融合发展提供实践经验。

第三节　特色保护类村庄

历史文化名村、传统村落、少数民族特色村寨、特色景观旅游名村等自然历史文化特色资源丰富的村庄，是彰显和传承中华优秀传统文化的重要载体。统筹保护、利用与发展的关系，努力保持村庄的完整性、真实性和延续性。切实保护村庄的传统选址、格局、风貌以及自然和田园景观等整体空间形态与环境，全面保护文物古迹、历史建筑、传统民居等传统建筑。尊重原住居民生活形态和传统习惯，加快改善村庄基础设施和公共环境，合理利用村庄特色资源，发展乡村旅游和特色产业，形成特色资源保护与村庄发展的良性互促机制。

第四节　搬迁撤并类村庄

对位于生存条件恶劣、生态环境脆弱、自然灾害频发等地区的村庄，因重大项目建设需要搬迁的村庄，以及人口流失特别严重的村庄，可通过易地扶贫搬迁、生态宜居搬迁、农村集聚发展搬迁等方式，实施村庄搬迁撤并，统筹解决村民生计、生态保护等问题。拟搬迁撤并的村庄，严格限制新建、扩建活动，统筹考虑拟迁入或新建村庄的基础设施和公共服务设施建设。坚持村庄搬迁撤并与新型城镇化、农业现代化相结合，依托适宜区域进行安置，避免新建孤立的村落式移民社区。搬迁撤并后的村庄原址，因地制宜复垦或还绿，增加乡村生产生态空间。农村居民点迁建和村庄撤并，必须尊重农民意愿并经村民会议同意，不得强制农民搬迁和集中上楼。

第十章　坚决打好精准脱贫攻坚战

把打好精准脱贫攻坚战作为实施乡村振兴战略的优先任务，推动脱贫攻坚与乡村振兴有机结合相互促进，确保到2020年我国现行标准下农村贫困人口实现脱贫，贫困县全部摘帽，解决区域性整体贫困。

第一节　深入实施精准扶贫精准脱贫

健全精准扶贫精准脱贫工作机制，夯实精准扶贫精准脱贫基础性工作。因地制宜、因户施策，探索多渠道、多样化的精准扶贫精准脱贫路径，提高扶贫措施针对性和有效性。做好东西部扶贫协作和对口支援工作，着力推动县与县精准对接，推进东部产业向西部梯度转移，加大产业扶贫工作力度。加强和改进定点扶贫工作，健全驻村帮扶机制，落实扶贫责任。加大金融扶贫力度。健全社会力量参与机制，引导激励社会各界更加关注、支持和参与脱贫攻坚。

第二节　重点攻克深度贫困

实施深度贫困地区脱贫攻坚行动方案。以解决突出制约问题为重点，以重大扶贫工程和到村到户到人帮扶为抓手，加大政策倾斜和扶贫资金整合力度，着力改善深度贫困地区发展条件，增强贫困农户发展能力。推动新增脱贫攻坚资金、新增脱贫攻坚项目、新增脱贫攻坚举措主要用于"三区三州"等深度贫困地区。推进贫困村基础设施和公共服务设施建设，培育壮大集体经济，确保深度贫困地区和贫困群众同全国人民一道进入全面小康社会。

第三节　巩固脱贫攻坚成果

加快建立健全缓解相对贫困的政策体系和工作机制，持续改善欠发达地区和其他地区相对贫困人口的发展条件，完善公共服务体系，增强脱贫地区"造血"功能。结合实施乡村振兴战略，压茬推进实施生态宜居搬迁等工程，巩固易地扶贫搬迁成果。注重扶志扶智，引导贫困群众克服"等靠要"思想，逐步消除精神贫困。建立正向激励机制，将帮扶政策措施与贫困群众参与挂钩，培育提升贫困群众发展生产和务工经商的基本能力。加强宣传引导，讲好中国减贫故事。认真总结脱贫攻坚经验，研究建立促进群众稳定脱贫和防范返贫的长效机制，探索统筹解决城乡贫困的政策措施，确保贫困群众稳定脱贫。

第四篇　加快农业现代化步伐

坚持质量兴农、品牌强农，深化农业供给侧结构性改革，构建现代农业产业体系、生产体系、经营体系，推动农业发展质量变革、效率变革、动力变革，持续提高农业创新力、竞争力和全要素生产率。

第十一章　夯实农业生产能力基础

深入实施藏粮于地、藏粮于技战略，提高农业综合生产能力，保障国家粮食安全和重要农产品有效供给，把中国人的饭碗牢牢端在自己手中。

第一节　健全粮食安全保障机制

坚持以我为主、立足国内、确保产能、适度进口、科技支撑的国家粮食安全战略，建立全方位的粮食安全保障机制。按照"确保谷物基本自给、口粮绝对安全"的要求，持续巩固和提升粮食生产能力。深化中央储备粮管理体制改革，科学确定储备规模，强化中央储备粮监督管理，推进中央、地方两级储备协同运作。鼓励加工流通企业、新型经营主体开展自主储粮和经营。全面落实粮食安全省长责任制，完善监督考核机制。强化粮食质量安全保障。加快完善粮食现代物流体系，构建安全高效、一体化运作的粮食物流网络。

第二节　加强耕地保护和建设

严守耕地红线，全面落实永久基本农田特殊保护制度，完成永久基本农田控制线划定工作，确保到 2020 年永久基本农田保护面积不低于 15.46 亿亩。大规模推进高标准农田建设，确保到 2022 年建成 10 亿亩高标准农田，所有高标准农田实现统一上图入库，形成完善的管护监督和考核机制。加快将粮食生产功能区和重要农产品生产保护区细化落实到具体地块，实现精准化管理。加强农田水利基础设施建设，实施耕地质量保护和提升行动，到 2022 年农田有效灌溉面积达到 10.4 亿亩，耕地质量平均提升 0.5 个等级（别）以上。

第三节　提升农业装备和信息化水平

推进我国农机装备和农业机械化转型升级，加快高端农机装备和丘陵山区、果菜茶生产、畜禽水产养殖等农机装备的生产研发、推广应用，提升渔业船舶装备水平。促进农机农艺融合，积极推进作物品种、栽培技术和机械装备集成配套，加快主要作物生产全程机械化，提高农机装备智能化水平。加强农业信息化建设，积极推进信息进村入户，鼓励互联网企业建立产销衔接的农业服务平台，加强农业信息监测预警和发布，提高农业综合信息服务水平。大力发展数字农业，实施智慧农业工程和"互联网＋"现代农业行动，鼓励对农业生产进行数字化改造，加强农业遥感、物联网应用，提高农业精准化水平。

发展智慧气象，提升气象为农服务能力。

第十二章　加快农业转型升级

按照建设现代化经济体系的要求，加快农业结构调整步伐，着力推动农业由增产导向转向提质导向，提高农业供给体系的整体质量和效率，加快实现由农业大国向农业强国转变。

第一节　优化农业生产力布局

以全国主体功能区划确定的农产品主产区为主体，立足各地农业资源禀赋和比较优势，构建优势区域布局和专业化生产格局，打造农业优化发展区和农业现代化先行区。东北地区重点提升粮食生产能力，依托"大粮仓"打造粮肉奶综合供应基地。华北地区着力稳定粮油和蔬菜、畜产品生产保障能力，发展节水型农业。长江中下游地区切实稳定粮油生产能力，优化水网地带生猪养殖布局，大力发展名优水产品生产。华南地区加快发展现代畜禽水产和特色园艺产品，发展具有出口优势的水产品养殖。西北、西南地区和北方农牧交错区加快调整产品结构，限制资源消耗大的产业规模，壮大区域特色产业。青海、西藏等生态脆弱区域坚持保护优先、限制开发，发展高原特色农牧业。

第二节　推进农业结构调整

加快发展粮经饲统筹、种养加一体、农牧渔结合的现代农业，促进农业结构不断优化升级。统筹调整种植业生产结构，稳定水稻、小麦生产，有序调减非优势区籽粒玉米，进一步扩大大豆生产规模，巩固主产区棉油糖胶生产，确保一定的自给水平。大力发展优质饲料牧草，合理利用退耕地、南方草山草坡和冬闲田拓展饲草发展空间。推进畜牧业区域布局调整，合理布局规模化养殖场，大力发展种养结合循环农业，促进养殖废弃物就近资源化利用。优化畜牧业生产结构，大力发展草食畜牧业，做大做强民族奶业。加强渔港经济区建设，推进渔港渔区振兴。合理确定内陆水域养殖规模，发展集约化、工厂化水产养殖和深远海养殖，降低江河湖泊和近海渔业捕捞强度，规范有序发展远洋渔业。

第三节 壮大特色优势产业

以各地资源禀赋和独特的历史文化为基础，有序开发优势特色资源，做大做强优势特色产业。创建特色鲜明、优势集聚、市场竞争力强的特色农产品优势区，支持特色农产品优势区建设标准化生产基地、加工基地、仓储物流基地，完善科技支撑体系、品牌与市场营销体系、质量控制体系，建立利益联结紧密的建设运行机制，形成特色农业产业集群。按照与国际标准接轨的目标，支持建立生产精细化管理与产品品质控制体系，采用国际通行的良好农业规范，塑造现代顶级农产品品牌。实施产业兴村强县行动，培育农业产业强镇，打造一乡一业、一村一品的发展格局。

第四节 保障农产品质量安全

实施食品安全战略，加快完善农产品质量和食品安全标准、监管体系，加快建立农产品质量分级及产地准出、市场准入制度。完善农兽药残留限量标准体系，推进农产品生产投入品使用规范化。建立健全农产品质量安全风险评估、监测预警和应急处置机制。实施动植物保护能力提升工程，实现全国动植物检疫防疫联防联控。完善农产品认证体系和农产品质量安全监管追溯系统，着力提高基层监管能力。落实生产经营者主体责任，强化农产品生产经营者的质量安全意识。建立农资和农产品生产企业信用信息系统，对失信市场主体开展联合惩戒。

第五节 培育提升农业品牌

实施农业品牌提升行动，加快形成以区域公用品牌、企业品牌、大宗农产品品牌、特色农产品品牌为核心的农业品牌格局。推进区域农产品公共品牌建设，擦亮老品牌，塑强新品牌，引入现代要素改造提升传统名优品牌，努力打造一批国际知名的农业品牌和国际品牌展会。做好品牌宣传推介，借助农产品博览会、展销会等渠道，充分利用电商、"互联网＋"等新兴手段，加强品牌市场营销。加强农产品商标及地理标志商标的注册和保护，构建我国农产品品牌保护体系，打击各种冒用、滥用公用品牌行为，建立区域公用品牌的授权使用机制以及品牌危机预警、风险规避和紧急事件应对机制。

第六节　构建农业对外开放新格局

建立健全农产品贸易政策体系。实施特色优势农产品出口提升行动，扩大高附加值农产品出口。积极参与全球粮农治理。加强与"一带一路"沿线国家合作，积极支持有条件的农业企业走出去。建立农业对外合作公共信息服务平台和信用评价体系。放宽农业外资准入，促进引资引技引智相结合。

第十三章　建立现代农业经营体系

坚持家庭经营在农业中的基础性地位，构建家庭经营、集体经营、合作经营、企业经营等共同发展的新型农业经营体系，发展多种形式适度规模经营，发展壮大农村集体经济，提高农业的集约化、专业化、组织化、社会化水平，有效带动小农户发展。

第一节　巩固和完善农村基本经营制度

落实农村土地承包关系稳定并长久不变政策，衔接落实好第二轮土地承包到期后再延长 30 年的政策，让农民吃上长效"定心丸"。全面完成土地承包经营权确权登记颁证工作，完善农村承包地"三权分置"制度，在依法保护集体所有权和农户承包权前提下，平等保护土地经营权。建立农村产权交易平台，加强土地经营权流转和规模经营的管理服务。加强农用地用途管制。完善集体林权制度，引导规范有序流转，鼓励发展家庭林场、股份合作林场。发展壮大农垦国有农业经济，培育一批具有国际竞争力的农垦企业集团。

第二节　壮大新型农业经营主体

实施新型农业经营主体培育工程，鼓励通过多种形式开展适度规模经营。培育发展家庭农场，提升农民专业合作社规范化水平，鼓励发展农民专业合作社联合社。不断壮大农林产业化龙头企业，鼓励建立现代企业制度。鼓励工商资本到农村投资适合产业化、规模化经营的农业项目，提供区域性、系统性解决方案，与当地农户形成互惠共赢的产业共同体。加快建立新型经营主体支持政策体系和信用评价体系，落实财政、税收、土地、信贷、保险等支持政策，扩大新型经营主体承担涉农项目规模。

第三节　发展新型农村集体经济

深入推进农村集体产权制度改革，推动资源变资产、资金变股金、农民变股东，发展多种形式的股份合作。完善农民对集体资产股份的占有、收益、有偿退出及抵押、担保、继承等权能和管理办法。研究制定农村集体经济组织法，充实农村集体产权权能。鼓励经济实力强的农村集体组织辐射带动周边村庄共同发展。发挥村党组织对集体经济组织的领导核心作用，防止内部少数人控制和外部资本侵占集体资产。

第四节　促进小农户生产和现代农业发展有机衔接

改善小农户生产设施条件，提高个体农户抵御自然风险能力。发展多样化的联合与合作，提升小农户组织化程度。鼓励新型经营主体与小农户建立契约型、股权型利益联结机制，带动小农户专业化生产，提高小农户自我发展能力。健全农业社会化服务体系，大力培育新型服务主体，加快发展"一站式"农业生产性服务业。加强工商企业租赁农户承包地的用途监管和风险防范，健全资格审查、项目审核、风险保障金制度，维护小农户权益。

第十四章　强化农业科技支撑

深入实施创新驱动发展战略，加快农业科技进步，提高农业科技自主创新水平、成果转化水平，为农业发展拓展新空间、增添新动能，引领支撑农业转型升级和提质增效。

第一节　提升农业科技创新水平

培育符合现代农业发展要求的创新主体，建立健全各类创新主体协调互动和创新要素高效配置的国家农业科技创新体系。强化农业基础研究，实现前瞻性基础研究和原创性重大成果突破。加强种业创新、现代食品、农机装备、农业污染防治、农村环境整治等方面的科研工作。深化农业科技体制改革，改进科研项目评审、人才评价和机构评估工作，建立差别化评价制度。深入实施现代种业提升工程，开展良种重大科研联合攻关，培育具有国际竞争力的种业龙头企业，推动建设种业科技强国。

第二节　打造农业科技创新平台基地

建设国家农业高新技术产业示范区、国家农业科技园区、省级农业科技园区，吸引更多的农业高新技术企业到科技园区落户，培育国际领先的农业高新技术企业，形成具有国际竞争力的农业高新技术产业。新建一批科技创新联盟，支持农业高新技术企业建立高水平研发机构。利用现有资源建设农业领域国家技术创新中心，加强重大共性关键技术和产品研发与应用示范。建设农业科技资源开放共享与服务平台，充分发挥重要公共科技资源优势，推动面向科技界开放共享，整合和完善科技资源共享服务平台。

第三节　加快农业科技成果转化应用

鼓励高校、科研院所建立一批专业化的技术转移机构和面向企业的技术服务网络，通过研发合作、技术转让、技术许可、作价投资等多种形式，实现科技成果市场价值。健全省市县三级科技成果转化工作网络，支持地方大力发展技术交易市场。面向绿色兴农重大需求，加大绿色技术供给，加强集成应用和示范推广。健全基层农业技术推广体系，创新公益性农技推广服务方式，支持各类社会力量参与农技推广，全面实施农技推广服务特聘计划，加强农业重大技术协同推广。健全农业科技领域分配政策，落实科研成果转化及农业科技创新激励相关政策。

第十五章　完善农业支持保护制度

以提升农业质量效益和竞争力为目标，强化绿色生态导向，创新完善政策工具和手段，加快建立新型农业支持保护政策体系。

第一节　加大支农投入力度

建立健全国家农业投入增长机制，政府固定资产投资继续向农业倾斜，优化投入结构，实施一批打基础、管长远、影响全局的重大工程，加快改变农业基础设施薄弱状况。建立以绿色生态为导向的农业补贴制度，提高农业补贴政策的指向性和精准性。落实和完善对农民直接补贴制度。完善粮食主产区利益补偿机制。继续支持粮改饲、粮豆轮作和畜禽水产标准化健康养殖，改革完善渔业油价补贴政策。完善农机购置补贴政策，鼓励对绿色农业发展机具、高性能机具以及保证粮食等主要农产品生产机具实行敞开补贴。

第二节　深化重要农产品收储制度改革

深化玉米收储制度改革，完善市场化收购加补贴机制。合理制定大豆补贴政策。完善稻谷、小麦最低收购价政策，增强政策灵活性和弹性，合理调整最低收购价水平，加快建立健全支持保护政策。深化国有粮食企业改革，培育壮大骨干粮食企业，引导多元市场主体入市收购，防止出现卖粮难。深化棉花目标价格改革，研究完善食糖（糖料）、油料支持政策，促进价格合理形成，激发企业活力，提高国内产业竞争力。

第三节　提高农业风险保障能力

完善农业保险政策体系，设计多层次、可选择、不同保障水平的保险产品。积极开发适应新型农业经营主体需求的保险品种，探索开展水稻、小麦、玉米三大主粮作物完全成本保险和收入保险试点，鼓励开展天气指数保险、价格指数保险、贷款保证保险等试点。健全农业保险大灾风险分散机制。发展农产品期权期货市场，扩大"保险＋期货"试点，探索"订单农业＋保险＋期货（权）"试点。健全国门生物安全查验机制，推进口岸动植物检疫规范化建设。强化边境管理，打击农产品走私。完善农业风险管理和预警体系。

第五篇　发展壮大乡村产业

以完善利益联结机制为核心，以制度、技术和商业模式创新为动力，推进农村一二三产业交叉融合，加快发展根植于农业农村、由当地农民主办、彰显地域特色和乡村价值的产业体系，推动乡村产业全面振兴。

第十六章　推动农村产业深度融合

把握城乡发展格局发生重要变化的机遇，培育农业农村新产业新业态，打造农村产业融合发展新载体新模式，推动要素跨界配置和产业有机融合，让农村一二三产业在融合发展中同步升级、同步增值、同步受益。

第一节　发掘新功能新价值

顺应城乡居民消费拓展升级趋势，结合各地资源禀赋，深入发掘农业农村的生态涵养、休闲观光、文化体验、健康养老等多种功能和多重价值。遵循市场规律，推动乡村资源全域化整合、多元化增值，增强地方特色产品时代感和竞争力，形成新的消费热点，增加乡村生态产品和服务供给。实施农产品加工业提升行动，支持开展农产品生产加工、综合利用关键技术研究与示范，推动初加工、精深加工、综合利用加工和主食加工协调发展，实现农产品多层次、多环节转化增值。

第二节　培育新产业新业态

深入实施电子商务进农村综合示范，建设具有广泛性的农村电子商务发展基础设施，加快建立健全适应农产品电商发展的标准体系。研发绿色智能农产品供应链核心技术，加快培育农业现代供应链主体。加强农商互联，密切产销衔接，发展农超、农社、农企、农校等产销对接的新型流通业态。实施休闲农业和乡村旅游精品工程，发展乡村共享经济等新业态，推动科技、人文等元素融入农业。强化农业生产性服务业对现代农业产业链的引领支撑作用，构建全程覆盖、区域集成、配套完备的新型农业社会化服务体系。清理规范制约农业农村新产业新业态发展的行政审批事项。着力优化农村消费环境，不断优化农村消费结构，提升农村消费层次。

第三节　打造新载体新模式

依托现代农业产业园、农业科技园区、农产品加工园、农村产业融合发展示范园等，打造农村产业融合发展的平台载体，促进农业内部融合、延伸农业产业链、拓展农业多种功能、发展农业新型业态等多模式融合发展。加快培育农商产业联盟、农业产业化联合体等新型产业链主体，打造一批产加销一体的全产业链企业集群。推进农业循环经济试点示范和田园综合体试点建设。加快培育一批"农字号"特色小镇，在有条件的地区建设培育特色商贸小镇，推动农村产业发展与新型城镇化相结合。

第十七章　完善紧密型利益联结机制

始终坚持把农民更多分享增值收益作为基本出发点，着力增强农民参与融合能力，创新收益分享模式，健全联农带农有效激励机制，让农民更多分享产业融合发展的增值收益。

第一节　提高农民参与程度

鼓励农民以土地、林权、资金、劳动、技术、产品为纽带，开展多种形式的合作与联合，依法组建农民专业合作社联合社，强化农民作为市场主体的平等地位。引导农村集体经济组织挖掘集体土地、房屋、设施等资源和资产潜力，依法通过股份制、合作制、股份合作制、租赁等形式，积极参与产业融合发展。积极培育社会化服务组织，加强农技指导、信用评价、保险推广、市场预测、产品营销等服务，为农民参与产业融合创造良好条件。

第二节　创新收益分享模式

加快推广"订单收购＋分红"、"土地流转＋优先雇用＋社会保障"、"农民入股＋保底收益＋按股分红"等多种利益联结方式，让农户分享加工、销售环节收益。鼓励行业协会或龙头企业与合作社、家庭农场、普通农户等组织共同营销，开展农产品销售推介和品牌运作，让农户更多分享产业链增值收益。鼓励农业产业化龙头企业通过设立风险资金、为农户提供信贷担保、领办或参办农民合作组织等多种形式，与农民建立稳定的订单和契约关系。完善涉农股份合作制企业利润分配机制，明确资本参与利润分配比例上限。

第三节　强化政策扶持引导

更好发挥政府扶持资金作用，强化龙头企业、合作组织联农带农激励机制，探索将新型农业经营主体带动农户数量和成效作为安排财政支持资金的重要参考依据。以土地、林权为基础的各种形式合作，凡是享受财政投入或政策支持的承包经营者均应成为股东方。鼓励将符合条件的财政资金特别是扶贫资金量化到农村集体经济组织和农户后，以自愿入股方式投入新型农业经营主体，对农户土地经营权入股部分采取特殊保护，探索实行农民负盈不负亏的分配机制。

第十八章　激发农村创新创业活力

坚持市场化方向，优化农村创新创业环境，放开搞活农村经济，合理引导工商资本下乡，推动乡村大众创业万众创新，培育新动能。

第一节　培育壮大创新创业群体

推进产学研合作，加强科研机构、高校、企业、返乡下乡人员等主体协同，推动农村创新创业群体更加多元。培育以企业为主导的农业产业技术创新战略联盟，加速资金、技术和服务扩散，带动和支持返乡创业人员依托相关产业链创业发展。整合政府、企业、社会等多方资源，推动政策、技术、资本等各类要素向农村创新创业集聚。鼓励农民就地创业、返乡创业，加大各方资源支持本地农民兴业创业力度。深入推行科技特派员制度，引导科技、信息、资金、管理等现代生产要素向乡村集聚。

第二节　完善创新创业服务体系

发展多种形式的创新创业支撑服务平台，健全服务功能，开展政策、资金、法律、知识产权、财务、商标等专业化服务。建立农村创新创业园区（基地），鼓励农业企业建立创新创业实训基地。鼓励有条件的县级政府设立"绿色通道"，为返乡下乡人员创新创业提供便利服务。建设一批众创空间、"星创天地"，降低创业门槛。依托基层就业和社会保障服务平台，做好返乡人员创业服务、社保关系转移接续等工作。

第三节　建立创新创业激励机制

加快将现有支持"双创"相关财政政策措施向返乡下乡人员创新创业拓展，把返乡下乡人员开展农业适度规模经营所需贷款按规定纳入全国农业信贷担保体系支持范围。适当放宽返乡创业园用电用水用地标准，吸引更多返乡人员入园创业。各地年度新增建设用地计划指标，要确定一定比例用于支持农村新产业新业态发展。落实好减税降费政策，支持农村创新创业。

第六篇　建设生态宜居的美丽乡村

牢固树立和践行绿水青山就是金山银山的理念，坚持尊重自然、顺应自然、保护自然，统筹山水林田湖草系统治理，加快转变生产生活方式，推动乡村生态振兴，建设生活环境整洁优美、生态系统稳定健康、人与自然和谐共生的生态宜居美丽乡村。

第十九章　推进农业绿色发展

以生态环境友好和资源永续利用为导向，推动形成农业绿色生产方式，实现投入品减量化、生产清洁化、废弃物资源化、产业模式生态化，提高农业可持续发展能力。

第一节　强化资源保护与节约利用

实施国家农业节水行动，建设节水型乡村。深入推进农业灌溉用水总量控制和定额管理，建立健全农业节水长效机制和政策体系。逐步明晰农业水权，推进农业水价综合改革，建立精准补贴和节水奖励机制。严格控制未利用地开垦，落实和完善耕地占补平衡制度。实施农用地分类管理，切实加大优先保护类耕地保护力度。降低耕地开发利用强度，扩大轮作休耕制度试点，制定轮作休耕规划。全面普查动植物种质资源，推进种质资源收集保存、鉴定和利用。强化渔业资源管控与养护，实施海洋渔业资源总量管理、海洋渔船"双控"和休禁渔制度，科学划定江河湖海限捕、禁捕区域，建设水生生物保护区、海洋牧场。

第二节　推进农业清洁生产

加强农业投入品规范化管理，健全投入品追溯系统，推进化肥农药减量施用，完善农药风险评估技术标准体系，严格饲料质量安全管理。加快推进种养循环一体化，建立农村有机废弃物收集、转化、利用网络体系，推进农林产品加工剩余物资源化利用，深入实施秸秆禁烧制度和综合利用，开展整县推进畜禽粪污资源化利用试点。推进废旧地膜和包装废弃物等回收处理。推行水产健康养殖，加大近海滩涂养殖环境治理力度，严格控制河流湖库、近岸海域投饵网箱养殖。探索农林牧渔融合循环发展模式，修复和完善生态廊道，恢复田间生物群落和生态链，建设健康稳定田园生态系统。

第三节　集中治理农业环境突出问题

深入实施土壤污染防治行动计划，开展土壤污染状况详查，积极推进重金属污染耕地等受污染耕地分类管理和安全利用，有序推进治理与修复。加强重有色金属矿区污染综合整治。加强农业面源污染综合防治。加大地下水超采治理，控制地下水漏斗区、地表水过度利用区用水总量。严格工业和城镇污染处理、达标排放，建立监测体系，强化经常性执法监管制度建设，推动环境监测、执法向农村延伸，严禁未经达标处理的城镇污水和其他污染物进入农业农村。

第二十章　持续改善农村人居环境

以建设美丽宜居村庄为导向，以农村垃圾、污水治理和村容村貌提升为主攻方向，开展农村人居环境整治行动，全面提升农村人居环境质量。

第一节　加快补齐突出短板

推进农村生活垃圾治理，建立健全符合农村实际、方式多样的生活垃圾收运处置体系，有条件的地区推行垃圾就地分类和资源化利用。开展非正规垃圾堆放点排查整治。实施"厕所革命"，结合各地实际普及不同类型的卫生厕所，推进厕所粪污无害化处理和资源化利用。梯次推进农村生活污水治理，有条件的地区推动城镇污水管网向周边村庄延伸覆盖。逐步消除农村黑臭水体，加强农村饮用水水源地保护。

第二节　着力提升村容村貌

科学规划村庄建筑布局，大力提升农房设计水平，突出乡土特色和地域民族特点。加快推进通村组道路、入户道路建设，基本解决村内道路泥泞、村民出行不便等问题。全面推进乡村绿化，建设具有乡村特色的绿化景观。完善村庄公共照明设施。整治公共空间和庭院环境，消除私搭乱建、乱堆乱放。继续推进城乡环境卫生整洁行动，加大卫生乡镇创建工作力度。鼓励具备条件的地区集中连片建设生态宜居的美丽乡村，综合提升田水路林村风貌，促进村庄形态与自然环境相得益彰。

第三节　建立健全整治长效机制

全面完成县域乡村建设规划编制或修编，推进实用性村庄规划编制实施，加强乡村建设规划许可管理。建立农村人居环境建设和管护长效机制，发挥村民主体作用，鼓励专业化、市场化建设和运行管护。推行环境治理依效付费制度，健全服务绩效评价考核机制。探索建立垃圾污水处理农户付费制度，完善财政补贴和农户付费合理分担机制。依法简化农村人居环境整治建设项目审批程序和招投标程序。完善农村人居环境标准体系。

第二十一章　加强乡村生态保护与修复

大力实施乡村生态保护与修复重大工程，完善重要生态系统保护制度，促进乡村生产生活环境稳步改善，自然生态系统功能和稳定性全面提升，生态产品供给能力进一步增强。

第一节　实施重要生态系统保护和修复重大工程

统筹山水林田湖草系统治理，优化生态安全屏障体系。大力实施大规模国土绿化行动，全面建设三北、长江等重点防护林体系，扩大退耕还林还草，巩固退耕还林还草成果，推动森林质量精准提升，加强有害生物防治。稳定扩大退牧还草实施范围，继续推进草原防灾减灾、鼠虫草害防治、严重退化沙化草原治理等工程。保护和恢复乡村河湖、湿地生态系统，积极开展农村水生态修复，连通河湖水系，恢复河塘行蓄能力，推进退田还湖还湿、退圩退垸还湖。大力推进荒漠化、石漠化、水土流失综合治理，实施生态清洁小流域建设，推进绿色小水电改造。加快国土综合整治，实施农村土地综合整治重大行动，推进农用地和低效建设用地整理以及历史遗留损毁土地复垦。加强矿产资源开发集中地区特别是重有色金属矿区地质环境和生态修复，以及损毁山体、矿山废弃地修复。加快近岸海域综合治理，实施蓝色海湾整治行动和自然岸线修复。实施生物多样性保护重大工程，提升各类重要保护地保护管理能力。加强野生动植物保护，强化外来入侵物种风险评估、监测预警与综合防控。开展重大生态修复工程气象保障服务，探索实施生态修复型人工增雨工程。

第二节　健全重要生态系统保护制度

完善天然林和公益林保护制度，进一步细化各类森林和林地的管控措施或经营制度。完善草原生态监管和定期调查制度，严格实施草原禁牧和草畜平衡制度，全面落实草原经营者生态保护主体责任。完善荒漠生态保护制度，加强沙区天然植被和绿洲保护。全面推行河长制湖长制，鼓励将河长湖长体系延伸至村一级。推进河湖饮用水水源保护区划定和立界工作，加强对水源涵养区、蓄洪滞涝区、滨河滨湖带的保护。严格落实自然保护区、风景名胜区、地质遗迹等各类保护地保护制度，支持有条件的地方结合国家公园体制试点，探索对居住在核心区域的农牧民实施生态搬迁试点。

第三节　健全生态保护补偿机制

加大重点生态功能区转移支付力度，建立省以下生态保护补偿资金投入机制。完善重点领域生态保护补偿机制，鼓励地方因地制宜探索通过赎买、租赁、置换、协议、混合所有制等方式加强重点区位森林保护，落实草原生态保护补助奖励政策，建立长江流域重点水域禁捕补偿制度，鼓励各地建立流域上下游等横向补偿机制。推动市场化多元化生态补偿，建立健全用水权、排污权、碳排放权交易制度，形成森林、草原、湿地等生态修复工程参与碳汇交易的有效途径，探索实物补偿、服务补偿、设施补偿、对口支援、干部支持、共建园区、飞地经济等方式，提高补偿的针对性。

第四节　发挥自然资源多重效益

大力发展生态旅游、生态种养等产业，打造乡村生态产业链。进一步盘活森林、草原、湿地等自然资源，允许集体经济组织灵活利用现有生产服务设施用地开展相关经营活动。鼓励各类社会主体参与生态保护修复，对集中连片开展生态修复达到一定规模的经营主体，允许在符合土地管理法律法规和土地利用总体规划、依法办理建设用地审批手续、坚持节约集约用地的前提下，利用 $1‰\sim3‰$ 治理面积从事旅游、康养、体育、设施农业等产业开发。深化集体林权制度改革，全面开展森林经营方案编制工作，扩大商品林经营自主权，鼓励多种形式的适度规模经营，支持开展林权收储担保服务。完善生态资源管护机制，设立生态管护员工作岗位，鼓励当地群众参与生态管护和管理服务。进一步健全自然资源有偿使用制度，研究探索生态资源价值评估方法并开展试点。

第七篇　繁荣发展乡村文化

坚持以社会主义核心价值观为引领，以传承发展中华优秀传统文化为核心，以乡村公共文化服务体系建设为载体，培育文明乡风、良好家风、淳朴民风，推动乡村文化振兴，建设邻里守望、诚信重礼、勤俭节约的文明乡村。

第二十二章　加强农村思想道德建设

持续推进农村精神文明建设，提升农民精神风貌，倡导科学文明生活，不断提高乡村社会文明程度。

第一节　践行社会主义核心价值观

坚持教育引导、实践养成、制度保障三管齐下，采取符合农村特点的方式方法和载体，深化中国特色社会主义和中国梦宣传教育，大力弘扬民族精神和时代精神。加强爱国主义、集体主义、社会主义教育，深化民族团结进步教育。注重典型示范，深入实施时代新人培育工程，推出一批新时代农民的先进模范人物。把社会主义核心价值观融入法治建设，推动公正文明执法司法，彰显社会主流价值。强化公共政策价值导向，探索建立重大公共政策道德风险评估和纠偏机制。

第二节　巩固农村思想文化阵地

推动基层党组织、基层单位、农村社区有针对性地加强农村群众性思想政治工作。加强对农村社会热点难点问题的应对解读，合理引导社会预期。健全人文关怀和心理疏导机制，培育自尊自信、理性平和、积极向上的农村社会心态。深化文明村镇创建活动，进一步提高县级及以上文明村和文明乡镇的占比。广泛开展星级文明户、文明家庭等群众性精神文明创建活动。深入开展"扫黄打非"进基层。重视发挥社区教育作用，做好家庭教育，传承良好家风家训。完善文化科技卫生"三下乡"长效机制。

第三节　倡导诚信道德规范

深入实施公民道德建设工程，推进社会公德、职业道德、家庭美德、个人品德建设。推进诚信建设，强化农民的社会责任意识、规则意识、集体意识和主人翁意识。建立健全农村信用体系，完善守信激励和失信惩戒机制。弘扬劳动最光荣、劳动者最伟大的观念。弘扬中华孝道，强化孝敬父母、尊敬长辈的社会风尚。广泛开展好媳妇、好儿女、好公婆等评选表彰活动，开展寻找最美乡村教师、医生、村官、人民调解员等活动。深入宣传道德模范、身边好人的典型事迹，建立健全先进模范发挥作用的长效机制。

第二十三章　弘扬中华优秀传统文化

立足乡村文明，吸取城市文明及外来文化优秀成果，在保护传承的基础上，创造性转化、创新性发展，不断赋予时代内涵、丰富表现形式，为增强文化自信提供优质载体。

第一节　保护利用乡村传统文化

实施农耕文化传承保护工程，深入挖掘农耕文化中蕴含的优秀思想观念、人文精神、道德规范，充分发挥其在凝聚人心、教化群众、淳化民风中的重要作用。划定乡村建设的历史文化保护线，保护好文物古迹、传统村落、民族村寨、传统建筑、农业遗迹、灌溉工程遗产。传承传统建筑文化，使历史记忆、地域特色、民族特点融入乡村建设与维护。支持农村地区优秀戏曲曲艺、少数民族文化、民间文化等传承发展。完善非物质文化遗产保护制度，实施非物质文化遗产传承发展工程。实施乡村经济社会变迁物证征藏工程，鼓励乡村史志修编。

第二节　重塑乡村文化生态

紧密结合特色小镇、美丽乡村建设，深入挖掘乡村特色文化符号，盘活地方和民族特色文化资源，走特色化、差异化发展之路。以形神兼备为导向，保护乡村原有建筑风貌和村落格局，把民族民间文化元素融入乡村建设，深挖历史古韵，弘扬人文之美，重塑诗意闲适的人文环境和田绿草青的居住环境，重现原生田园风光和原本乡情乡愁。引导企业家、文化工作者、退休人员、文化志愿者等投身乡村文化建设，丰富农村文化业态。

第三节　发展乡村特色文化产业

加强规划引导、典型示范，挖掘培养乡土文化本土人才，建设一批特色鲜明、优势突出的农耕文化产业展示区，打造一批特色文化产业乡镇、文化产业特色村和文化产业群。大力推动农村地区实施传统工艺振兴计划，培育形成具有民族和地域特色的传统工艺产品，促进传统工艺提高品质、形成品牌、带动就业。积极开发传统节日文化用品和武术、戏曲、舞龙、舞狮、锣鼓等民间艺术、民俗表演项目，促进文化资源与现代消费需求有效对接。推动文化、旅游与其他产业深度融合、创新发展。

第二十四章　丰富乡村文化生活

推动城乡公共文化服务体系融合发展，增加优秀乡村文化产品和服务供给，活跃繁荣农村文化市场，为广大农民提供高质量的精神营养。

第一节 健全公共文化服务体系

按照有标准、有网络、有内容、有人才的要求，健全乡村公共文化服务体系。推动县级图书馆、文化馆总分馆制，发挥县级公共文化机构辐射作用，加强基层综合性文化服务中心建设，实现乡村两级公共文化服务全覆盖，提升服务效能。完善农村新闻出版广播电视公共服务覆盖体系，推进数字广播电视户户通，探索农村电影放映的新方法新模式，推进农家书屋延伸服务和提质增效。继续实施公共数字文化工程，积极发挥新媒体作用，使农民群众能便捷获取优质数字文化资源。完善乡村公共体育服务体系，推动村健身设施全覆盖。

第二节 增加公共文化产品和服务供给

深入推进文化惠民，为农村地区提供更多更好的公共文化产品和服务。建立农民群众文化需求反馈机制，推动政府向社会购买公共文化服务，开展"菜单式"、"订单式"服务。加强公共文化服务品牌建设，推动形成具有鲜明特色和社会影响力的农村公共文化服务项目。开展文化结对帮扶。支持三农题材文艺创作生产，鼓励文艺工作者推出反映农民生产生活尤其是乡村振兴实践的优秀文艺作品。鼓励各级文艺组织深入农村地区开展惠民演出活动。加强农村科普工作，推动全民阅读进家庭、进农村，提高农民科学文化素养。

第三节 广泛开展群众文化活动

完善群众文艺扶持机制，鼓励农村地区自办文化。培育挖掘乡土文化本土人才，支持乡村文化能人。加强基层文化队伍培训，培养一支懂文艺爱农村爱农民、专兼职相结合的农村文化工作队伍。传承和发展民族民间传统体育，广泛开展形式多样的农民群众性体育活动。鼓励开展群众性节日民俗活动，支持文化志愿者深入农村开展丰富多彩的文化志愿服务活动。活跃繁荣农村文化市场，推动农村文化市场转型升级，加强农村文化市场监管。

第八篇　健全现代乡村治理体系

把夯实基层基础作为固本之策，建立健全党委领导、政府负责、社会协同、公众参与、法治保障的现代乡村社会治理体制，推动乡村组织振兴，打造充满活力、和谐有序的善治乡村。

第二十五章　加强农村基层党组织对乡村振兴的全面领导

以农村基层党组织建设为主线，突出政治功能，提升组织力，把农村基层党组织建成宣传党的主张、贯彻党的决定、领导基层治理、团结动员群众、推动改革发展的坚强战斗堡垒。

第一节　健全以党组织为核心的组织体系

坚持农村基层党组织领导核心地位，大力推进村党组织书记通过法定程序担任村民委员会主任和集体经济组织、农民合作组织负责人，推行村"两委"班子成员交叉任职；提倡由非村民委员会成员的村党组织班子成员或党员担任村务监督委员会主任；村民委员会成员、村民代表中党员应当占一定比例。在以建制村为基本单元设置党组织的基础上，创新党组织设置。推动农村基层党组织和党员在脱贫攻坚和乡村振兴中提高威信、提升影响。加强农村新型经济组织和社会组织的党建工作，引导其始终坚持为农民服务的正确方向。

第二节　加强农村基层党组织带头人队伍建设

实施村党组织带头人整体优化提升行动。加大从本村致富能手、外出务工经商人员、本乡本土大学毕业生、复员退伍军人中培养选拔力度。以县为单位，逐村摸排分析，对村党组织书记集中调整优化，全面实行县级备案管理。健全从优秀村党组织书记中选拔乡镇领导干部、考录乡镇公务员、招聘乡镇事业编制人员机制。通过本土人才回引、院校定向培养、县乡统筹招聘等渠道，每个村储备一定数量的村级后备干部。全面向贫困村、软弱涣散村和集体经济薄弱村党组织派出第一书记，建立长效机制。

第三节　加强农村党员队伍建设

加强农村党员教育、管理、监督，推进"两学一做"学习教育常态化制度化，教育引导广大党员自觉用习近平新时代中国特色社会主义思想武装头脑。严格党的组织生活，全面落实"三会一课"、主题党日、谈心谈话、民主评议党员、党员联系农户等制度。加强农村流动党员管理。注重发挥无职党员作用。扩大党内基层民主，推进党务公开。加强党内激励关怀帮扶，定期走访慰问农村老党员、生活困难党员，帮助解决实际困难。稳妥有序开展不合格党员组织处置工作。加大在青年农民、外出务工人员、妇女中发展党员力度。

第四节　强化农村基层党组织建设责任与保障

推动全面从严治党向纵深发展、向基层延伸，严格落实各级党委尤其是县级党委主体责任，进一步压实县乡纪委监督责任，将抓党建促脱贫攻坚、促乡村振兴情况作为每年市县乡党委书记抓基层党建述职评议考核的重要内容，纳入巡视、巡察工作内容，作为领导班子综合评价和选拔任用领导干部的重要依据。坚持抓乡促村，整乡推进、整县提升，加强基本组织、基本队伍、基本制度、基本活动、基本保障建设，持续整顿软弱涣散村党组织。加强农村基层党风廉政建设，强化农村基层干部和党员的日常教育管理监督，加强对《农村基层干部廉洁履行职责若干规定（试行）》执行情况的监督检查，弘扬新风正气，抵制歪风邪气。充分发挥纪检监察机关在督促相关职能部门抓好中央政策落实方面的作用，加强对落实情况特别是涉农资金拨付、物资调配等工作的监督，开展扶贫领域腐败和作风问题专项治理，严厉打击农村基层黑恶势力和涉黑涉恶腐败及"保护伞"，严肃查处发生在惠农资金、征地拆迁、生态环保和农村"三资"管理领域的违纪违法问题，坚决纠正损害农民利益的行为，严厉整治群众身边腐败问题。全面执行以财政投入为主的稳定的村级组织运转经费保障政策。满怀热情关心关爱农村基层干部，政治上激励、工作上支持、待遇上保障、心理上关怀。重视发现和树立优秀农村基层干部典型，彰显榜样力量。

第二十六章　促进自治法治德治有机结合

坚持自治为基、法治为本、德治为先，健全和创新村党组织领导的充满活力的村民自治机制，强化法律权威地位，以德治滋养法治、涵养自治，让德治贯穿乡村治理全过程。

第一节　深化村民自治实践

加强农村群众性自治组织建设。完善农村民主选举、民主协商、民主决策、民主管理、民主监督制度。规范村民委员会等自治组织选举办法，健全民主决策程序。依托村民会议、村民代表会议、村民议事会、村民理事会等，形成民事民议、民事民办、民事民管的多层次基层协商格局。创新村民议事形式，完善议事决策主体和程序，落实群众知情权和决策权。全面建立健全村务监督委员会，健全务实管用的村务监督机制，推行村级事务阳光工程。充分发挥自治章程、村规民约在农村基层治理中的独特功能，弘扬公序良俗。继续开展以村民小组或自然村为基本单元的村民自治试点工作。加强基层纪委监委对村民委员会的联系和指导。

第二节　推进乡村法治建设

深入开展"法律进乡村"宣传教育活动，提高农民法治素养，引导干部群众尊法学法守法用法。增强基层干部法治观念、法治为民意识，把政府各项涉农工作纳入法治化轨道。维护村民委员会、农村集体经济组织、农村合作经济组织的特别法人地位和权利。深入推进综合行政执法改革向基层延伸，创新监管方式，推动执法队伍整合、执法力量下沉，提高执法能力和水平。加强乡村人民调解组织建设，建立健全乡村调解、县市仲裁、司法保障的农村土地承包经营纠纷调处机制。健全农村公共法律服务体系，加强对农民的法律援助、司法救助和公益法律服务。深入开展法治县（市、区）、民主法治示范村等法治创建活动，深化农村基层组织依法治理。

第三节　提升乡村德治水平

深入挖掘乡村熟人社会蕴含的道德规范，结合时代要求进行创新，强化道德教化作用，引导农民向上向善、孝老爱亲、重义守信、勤俭持家。建立道德激励约束机制，引导农民自我管理、自我教育、自我服务、自我提高，实现家庭和睦、邻里和谐、干群融洽。积极发挥新乡贤作用。深入推进移风易俗，开展专项文明行动，遏制大操大办、相互攀比、"天价彩礼"、厚葬薄养等陈规陋习。加强无神论宣传教育，抵制封建迷信活动。深化农村殡葬改革。

第四节　建设平安乡村

健全落实社会治安综合治理领导责任制，健全农村社会治安防控体系，推动社会治安防控力量下沉，加强农村群防群治队伍建设。深入开展扫黑除恶专项斗争。依法加大对农村非法宗教、邪教活动打击力度，严防境外渗透，继续整治农村乱建宗教活动场所、滥塑宗教造像。完善县乡村三级综治中心功能和运行机制。健全农村公共安全体系，持续开展农村安全隐患治理。加强农村警务、消防、安全生产工作，坚决遏制重特大安全事故。健全矛盾纠纷多元化解机制，深入排查化解各类矛盾纠纷，全面推广"枫桥经验"，做到小事不出村、大事不出乡（镇）。落实乡镇政府农村道路交通安全监督管理责任，探索实施"路长制"。探索以网格化管理为抓手，推动基层服务和管理精细化精准化。推进农村"雪亮工程"建设。

第二十七章　夯实基层政权

科学设置乡镇机构，构建简约高效的基层管理体制，健全农村基层服务体系，夯实乡村治理基础。

第一节　加强基层政权建设

面向服务人民群众合理设置基层政权机构、调配人力资源，不简单照搬上级机关设置模式。根据工作需要，整合基层审批、服务、执法等方面力量，统筹机构编制资源，整合相关职能设立综合性机构，实行扁平化和网格化管理。推动乡村治理重心下移，尽可能把资源、服务、管理下放到基层。加强乡镇领导班子建设，有计划地选派省市县机关部门有发展潜力的年轻干部到乡镇任职。加大从优秀选调生、乡镇事业编制人员、优秀村干部、大学生村官中选拔乡镇领导班子成员力度。加强边境地区、民族地区农村基层政权建设相关工作。

第二节　创新基层管理体制机制

明确县乡财政事权和支出责任划分，改进乡镇财政预算管理制度。推进乡镇协商制度化、规范化建设，创新联系服务群众工作方法。推进直接服务民生的公共事业部门改革，改进服务方式，最大限度方便群众。推动乡镇政务服务事项一窗式办理、部门信息系统一平台整合、社会服务管理大数据一口径汇集，不断提高乡村治理智能化水平。健全监督体系，规范乡镇管理行为。改革创新考评体系，强化以群众满意度为重点的考核导向。严格控制对乡镇设立不切实际的"一票否决"事项。

第三节　健全农村基层服务体系

制定基层政府在村（农村社区）治理方面的权责清单，推进农村基层服务规范化标准化。整合优化公共服务和行政审批职责，打造"一门式办理"、"一站式服务"的综合服务平台。在村庄普遍建立网上服务站点，逐步形成完善的乡村便民服务体系。大力培育服务性、公益性、互助性农村社会组织，积极发展农村社会工作和志愿服务。开展农村基层减负工作，集中清理对村级组织考核评比多、创建达标多、检查督查多等突出问题。

第九篇　保障和改善农村民生

坚持人人尽责、人人享有，围绕农民群众最关心最直接最现实的利益问题，加快补齐农村民生短板，提高农村美好生活保障水平，让农民群众有更多实实在在的获得感、幸福感、安全感。

第二十八章　加强农村基础设施建设

继续把基础设施建设重点放在农村，持续加大投入力度，加快补齐农村基础设施短板，促进城乡基础设施互联互通，推动农村基础设施提挡升级。

第一节 改善农村交通物流设施条件

以示范县为载体全面推进"四好农村路"建设，深化农村公路管理养护体制改革，健全管理养护长效机制，完善安全防护设施，保障农村地区基本出行条件。推动城市公共交通线路向城市周边延伸，鼓励发展镇村公交，实现具备条件的建制村全部通客车。加大对革命老区、民族地区、边疆地区、贫困地区铁路公益性运输的支持力度，继续开好"慢火车"。加快构建农村物流基础设施骨干网络，鼓励商贸、邮政、快递、供销、运输等企业加大在农村地区的设施网络布局。加快完善农村物流基础设施末端网络，鼓励有条件的地区建设面向农村地区的共同配送中心。

第二节 加强农村水利基础设施网络建设

构建大中小微结合、骨干和田间衔接、长期发挥效益的农村水利基础设施网络，着力提高节水供水和防洪减灾能力。科学有序推进重大水利工程建设，加强灾后水利薄弱环节建设，统筹推进中小型水源工程和抗旱应急能力建设。巩固提升农村饮水安全保障水平，开展大中型灌区续建配套节水改造与现代化建设，有序新建一批节水型、生态型灌区，实施大中型灌排泵站更新改造。推进小型农田水利设施达标提质，实施水系连通和河塘清淤整治等工程建设。推进智慧水利建设。深化农村水利工程产权制度与管理体制改革，健全基层水利服务体系，促进工程长期良性运行。

第三节 构建农村现代能源体系

优化农村能源供给结构，大力发展太阳能、浅层地热能、生物质能等，因地制宜开发利用水能和风能。完善农村能源基础设施网络，加快新一轮农村电网升级改造，推动供气设施向农村延伸。加快推进生物质热电联产、生物质供热、规模化生物质天然气和规模化大型沼气等燃料清洁化工程。推进农村能源消费升级，大幅提高电能在农村能源消费中的比重，加快实施北方农村地区冬季清洁取暖，积极稳妥推进散煤替代。推广农村绿色节能建筑和农用节能技术、产品。大力发展"互联网＋"智慧能源，探索建设农村能源革命示范区。

第四节　夯实乡村信息化基础

深化电信普遍服务，加快农村地区宽带网络和第四代移动通信网络覆盖步伐。实施新一代信息基础设施建设工程。实施数字乡村战略，加快物联网、地理信息、智能设备等现代信息技术与农村生产生活的全面深度融合，深化农业农村大数据创新应用，推广远程教育、远程医疗、金融服务进村等信息服务，建立空间化、智能化的新型农村统计信息系统。在乡村信息化基础设施建设过程中，同步规划、同步建设、同步实施网络安全工作。

第二十九章　提升农村劳动力就业质量

坚持就业优先战略和积极就业政策，健全城乡均等的公共就业服务体系，不断提升农村劳动者素质，拓展农民外出就业和就地就近就业空间，实现更高质量和更充分就业。

第一节　拓宽转移就业渠道

增强经济发展创造就业岗位能力，拓宽农村劳动力转移就业渠道，引导农村劳动力外出就业，更加积极地支持就地就近就业。发展壮大县域经济，加快培育区域特色产业，拓宽农民就业空间。大力发展吸纳就业能力强的产业和企业，结合新型城镇化建设合理引导产业梯度转移，创造更多适合农村劳动力转移就业的机会，推进农村劳动力转移就业示范基地建设。加强劳务协作，积极开展有组织的劳务输出。实施乡村就业促进行动，大力发展乡村特色产业，推进乡村经济多元化，提供更多就业岗位。结合农村基础设施等工程建设，鼓励采取以工代赈方式就近吸纳农村劳动力务工。

第二节　强化乡村就业服务

健全覆盖城乡的公共就业服务体系，提供全方位公共就业服务。加强乡镇、行政村基层平台建设，扩大就业服务覆盖面，提升服务水平。开展农村劳动力资源调查统计，建立农村劳动力资源信息库并实行动态管理。加快公共就业服务信息化建设，打造线上线下一体的服务模式。推动建立覆盖城乡全体劳动者、贯穿劳动者学习工作终身、适应就业和人才成长需要的职业技能培训制度，增强职业培训的针对性和有效性。在整合资源基础上，合理布局建设一批公共实训基地。

第三节　完善制度保障体系

推动形成平等竞争、规范有序、城乡统一的人力资源市场，建立健全城乡劳动者平等就业、同工同酬制度，提高就业稳定性和收入水平。健全人力资源市场法律法规体系，依法保障农村劳动者和用人单位合法权益。完善政府、工会、企业共同参与的协调协商机制，构建和谐劳动关系。落实就业服务、人才激励、教育培训、资金奖补、金融支持、社会保险等就业扶持相关政策。加强就业援助，对就业困难农民实行分类帮扶。

第三十章　增加农村公共服务供给

继续把国家社会事业发展的重点放在农村，促进公共教育、医疗卫生、社会保障等资源向农村倾斜，逐步建立健全全民覆盖、普惠共享、城乡一体的基本公共服务体系，推进城乡基本公共服务均等化。

第一节　优先发展农村教育事业

统筹规划布局农村基础教育学校，保障学生就近享有有质量的教育。科学推进义务教育公办学校标准化建设，全面改善贫困地区义务教育薄弱学校基本办学条件，加强寄宿制学校建设，提升乡村教育质量，实现县域校际资源均衡配置。发展农村学前教育，每个乡镇至少办好1所公办中心幼儿园，完善县乡村学前教育公共服务网络。继续实施特殊教育提升计划。科学稳妥推行民族地区乡村中小学双语教育，坚定不移推行国家通用语言文字教育。实施高中阶段教育普及攻坚计划，提高高中阶段教育普及水平。大力发展面向农村的职业教育，加快推进职业院校布局结构调整，加强县级职业教育中心建设，有针对性地设置专业和课程，满足乡村产业发展和振兴需要。推动优质学校辐射农村薄弱学校常态化，加强城乡教师交流轮岗。积极发展"互联网＋教育"，推进乡村学校信息化基础设施建设，优化数字教育资源公共服务体系。落实好乡村教师支持计划，继续实施农村义务教育学校教师特设岗位计划，加强乡村学校紧缺学科教师和民族地区双语教师培训，落实乡村教师生活补助政策，建好建强乡村教师队伍。

第二节　推进健康乡村建设

深入实施国家基本公共卫生服务项目，完善基本公共卫生服务项目补助政策，提供基础性全方位全周期的健康管理服务。加强慢性病、地方病综合防控，大力推进农村地区精神卫生、职业病和重大传染病防治。深化农村计划生育管理服务改革，落实全面两孩政策。增强妇幼健康服务能力，倡导优生优育。加强基层医疗卫生服务体系建设，基本实现每个乡镇都有1所政府举办的乡镇卫生院，每个行政村都有1所卫生室，每个乡镇卫生院都有全科医生，支持中西部地区基层医疗卫生机构标准化建设和设备提挡升级。切实加强乡村医生队伍建设，支持并推动乡村医生申请执业（助理）医师资格。全面建立分级诊疗制度，实行差别化的医保支付和价格政策。深入推进基层卫生综合改革，完善基层医疗卫生机构绩效工资制度。开展和规范家庭医生签约服务。树立大卫生大健康理念，广泛开展健康教育活动，倡导科学文明健康的生活方式，养成良好卫生习惯，提升居民文明卫生素质。

第三节　加强农村社会保障体系建设

按照兜底线、织密网、建机制的要求，全面建成覆盖全民、城乡统筹、权责清晰、保障适度、可持续的多层次社会保障体系。进一步完善城乡居民基本养老保险制度，加快建立城乡居民基本养老保险待遇确定和基础养老金标准正常调整机制。完善统一的城乡居民基本医疗保险制度和大病保险制度，做好农民重特大疾病救助工作，健全医疗救助与基本医疗保险、城乡居民大病保险及相关保障制度的衔接机制，巩固城乡居民医保全国异地就医联网直接结算。推进低保制度城乡统筹发展，健全低保标准动态调整机制。全面实施特困人员救助供养制度，提升托底保障能力和服务质量。推动各地通过政府购买服务、设置基层公共管理和社会服务岗位、引入社会工作专业人才和志愿者等方式，为农村留守儿童和妇女、老年人以及困境儿童提供关爱服务。加强和改善农村残疾人服务，将残疾人普遍纳入社会保障体系予以保障和扶持。

第四节　提升农村养老服务能力

适应农村人口老龄化加剧形势，加快建立以居家为基础、社区为依托、机构为补充的多层次农村养老服务体系。以乡镇为中心，建立具有综合服务功能、医养相结合的养老机构，与农村基本公共服务、农村特困供养服务、农村互助养老服务相互配合，形成农村基本养老服务网络。提高乡村卫生服务机构为老年人提供医疗保健服务的能力。支持主要面向失能、半失能老年人的农村养老服务设施建设，推进农村幸福院等互助型养老服务发展，建立健全农村留守老年人关爱服务体系。开发农村康养产业项目。鼓励村集体建设用地优先用于发展养老服务。

第五节　加强农村防灾减灾救灾能力建设

坚持以防为主、防抗救相结合，坚持常态减灾与非常态救灾相统一，全面提高抵御各类灾害综合防范能力。加强农村自然灾害监测预报预警，解决农村预警信息发布"最后一公里"问题。加强防灾减灾工程建设，推进实施自然灾害高风险区农村困难群众危房改造。全面深化森林、草原火灾防控治理。大力推进农村公共消防设施、消防力量和消防安全管理组织建设，改善农村消防安全条件。推进自然灾害救助物资储备体系建设。开展灾害救助应急预案编制和演练，完善应对灾害的政策支持体系和灾后重建工作机制。在农村广泛开展防灾减灾宣传教育。

第十篇　完善城乡融合发展政策体系

顺应城乡融合发展趋势，重塑城乡关系，更好激发农村内部发展活力、优化农村外部发展环境，推动人才、土地、资本等要素双向流动，为乡村振兴注入新动能。

第三十一章　加快农业转移人口市民化

加快推进户籍制度改革，全面实行居住证制度，促进有能力在城镇稳定就业和生活的农业转移人口有序实现市民化。

第一节　健全落户制度

鼓励各地进一步放宽落户条件，除极少数超大城市外，允许农业转移人口在就业地落户，优先解决农村学生升学和参军进入城镇的人口、在城镇就业居住 5 年以上和举家迁徙的农业转移人口以及新生代农民工落户问题。区分超大城市和特大城市主城区、郊区、新区等区域，分类制定落户政策，重点解决符合条件的普通劳动者落户问题。全面实行居住证制度，确保各地居住证申领门槛不高于国家标准、享受的各项基本公共服务和办事便利不低于国家标准，推进居住证制度覆盖全部未落户城镇常住人口。

第二节　保障享有权益

不断扩大城镇基本公共服务覆盖面，保障符合条件的未落户农民工在流入地平等享受城镇基本公共服务。通过多种方式增加学位供给，保障农民工随迁子女以流入地公办学校为主接受义务教育，以普惠性幼儿园为主接受学前教育。完善就业失业登记管理制度，面向农业转移人口全面提供政府补贴职业技能培训服务。将农业转移人口纳入社区卫生和计划生育服务体系，提供基本医疗卫生服务。把进城落户农民完全纳入城镇社会保障体系，在农村参加的养老保险和医疗保险规范接入城镇社会保障体系，做好基本医疗保险关系转移接续和异地就医结算工作。把进城落户农民完全纳入城镇住房保障体系，对符合条件的采取多种方式满足基本住房需求。

第三节　完善激励机制

维护进城落户农民土地承包权、宅基地使用权、集体收益分配权，引导进城落户农民依法自愿有偿转让上述权益。加快户籍变动与农村"三权"脱钩，不得以退出"三权"作为农民进城落户的条件，促使有条件的农业转移人口放心落户城镇。落实支持农业转移人口市民化财政政策，以及城镇建设用地增加规模与吸纳农业转移人口落户数量挂钩政策，健全由政府、企业、个人共同参与的市民化成本分担机制。

第三十二章　强化乡村振兴人才支撑

实行更加积极、更加开放、更加有效的人才政策，推动乡村人才振兴，让各类人才在乡村大施所能、大展才华、大显身手。

第一节　培育新型职业农民

全面建立职业农民制度，培养新一代爱农业、懂技术、善经营的新型职业农民，优化农业从业者结构。实施新型职业农民培育工程，支持新型职业农民通过弹性学制参加中高等农业职业教育。创新培训组织形式，探索田间课堂、网络教室等培训方式，支持农民专业合作社、专业技术协会、龙头企业等主体承担培训。鼓励各地开展职业农民职称评定试点。引导符合条件的新型职业农民参加城镇职工养老、医疗等社会保障制度。

第二节　加强农村专业人才队伍建设

加大三农领域实用专业人才培育力度，提高农村专业人才服务保障能力。加强农技推广人才队伍建设，探索公益性和经营性农技推广融合发展机制，允许农技人员通过提供增值服务合理取酬，全面实施农技推广服务特聘计划。加强涉农院校和学科专业建设，大力培育农业科技、科普人才，深入实施农业科研杰出人才计划和杰出青年农业科学家项目，深化农业系列职称制度改革。

第三节　鼓励社会人才投身乡村建设

建立健全激励机制，研究制定完善相关政策措施和管理办法，鼓励社会人才投身乡村建设。以乡情乡愁为纽带，引导和支持企业家、党政干部、专家学者、医生教师、规划师、建筑师、律师、技能人才等，通过下乡担任志愿者、投资兴业、行医办学、捐资捐物、法律服务等方式服务乡村振兴事业，允许符合要求的公职人员回乡任职。落实和完善融资贷款、配套设施建设补助、税费减免等扶持政策，引导工商资本积极投入乡村振兴事业。继续实施"三区"（边远贫困地区、边疆民族地区和革命老区）人才支持计划，深入推进大学生村官工作，因地制宜实施"三支一扶"、高校毕业生基层成长等计划，开展乡村振兴"巾帼行动"、青春建功行动。建立城乡、区域、校地之间人才培养合作与交流机制。全面建立城市医生教师、科技文化人员等定期服务乡村机制。

第三十三章　加强乡村振兴用地保障

完善农村土地利用管理政策体系，盘活存量，用好流量，辅以增量，激活农村土地资源资产，保障乡村振兴用地需求。

第一节　健全农村土地管理制度

总结农村土地征收、集体经营性建设用地入市、宅基地制度改革试点经验，逐步扩大试点，加快土地管理法修改。探索具体用地项目公共利益认定机制，完善征地补偿标准，建立被征地农民长远生计的多元保障机制。建立健全依法公平取得、节约集约使用、自愿有偿退出的宅基地管理制度。在符合规划和用途管制前提下，赋予农村集体经营性建设用地出让、租赁、入股权能，明确入市范围和途径。建立集体经营性建设用地增值收益分配机制。

第二节　完善农村新增用地保障机制

统筹农业农村各项土地利用活动，乡镇土地利用总体规划可以预留一定比例的规划建设用地指标，用于农业农村发展。根据规划确定的用地结构和布局，年度土地利用计划分配中可安排一定比例新增建设用地指标专项支持农业农村发展。对于农业生产过程中所需各类生产设施和附属设施用地，以及由于农业规模经营必须兴建的配套设施，在不占用永久基本农田的前提下，纳入设施农用地管理，实行县级备案。鼓励农业生产与村庄建设用地复合利用，发展农村新产业新业态，拓展土地使用功能。

第三节　盘活农村存量建设用地

完善农民闲置宅基地和闲置农房政策，探索宅基地所有权、资格权、使用权"三权分置"，落实宅基地集体所有权，保障宅基地农户资格权和农民房屋财产权，适度放活宅基地和农民房屋使用权，不得违规违法买卖宅基地，严格实行土地用途管制，严格禁止下乡利用农村宅基地建设别墅大院和私人会馆。在符合土地利用总体规划前提下，允许县级政府通过村土地利用规划调整优化村庄用地布局，有效利用农村零星分散的存量建设用地。对利用收储农村闲置建设用地发展农村新产业新业态的，给予新增建设用地指标奖励。

第三十四章　健全多元投入保障机制

健全投入保障制度，完善政府投资体制，充分激发社会投资的动力和活力，加快形成财政优先保障、社会积极参与的多元投入格局。

第一节　继续坚持财政优先保障

建立健全实施乡村振兴战略财政投入保障制度，明确和强化各级政府三农投入责任，公共财政更大力度向三农倾斜，确保财政投入与乡村振兴目标任务相适应。规范地方政府举债融资行为，支持地方政府发行一般债券用于支持乡村振兴领域公益性项目，鼓励地方政府试点发行项目融资和收益自平衡的专项债券，支持符合条件、有一定收益的乡村公益性建设项目。加大政府投资对农业绿色生产、可持续发展、农村人居环境、基本公共服务等重点领域和薄弱环节支持力度，充分发挥投资对优化供给结构的关键性作用。充分发挥规划的引领作用，推进行业内资金整合与行业间资金统筹相互衔接配合，加快建立涉农资金统筹整合长效机制。强化支农资金监督管理，提高财政支农资金使用效益。

第二节　提高土地出让收益用于农业农村比例

开拓投融资渠道，健全乡村振兴投入保障制度，为实施乡村振兴战略提供稳定可靠资金来源。坚持取之于地，主要用之于农的原则，制定调整完善土地出让收入使用范围、提高农业农村投入比例的政策性意见，所筹集资金用于支持实施乡村振兴战略。改进耕地占补平衡管理办法，建立高标准农田建设等新增耕地指标和城乡建设用地增减挂钩节余指标跨省域调剂机制，将所得收益通过支出预算全部用于巩固脱贫攻坚成果和支持实施乡村振兴战略。

第三节　引导和撬动社会资本投向农村

优化乡村营商环境，加大农村基础设施和公用事业领域开放力度，吸引社会资本参与乡村振兴。规范有序盘活农业农村基础设施存量资产，回收资金主要用于补短板项目建设。继续深化"放管服"改革，鼓励工商资本投入农业农村，为乡村振兴提供综合性解决方案。鼓励利用外资开展现代农业、产业融合、生态修复、人居环境整治和农村基础设施等建设。推广一事一议、以奖代补等方式，鼓励农民对直接受益的乡村基础设施建设投工投劳，让农民更多参与建设管护。

第三十五章　加大金融支农力度

健全适合农业农村特点的农村金融体系，把更多金融资源配置到农村经济社会发展的重点领域和薄弱环节，更好满足乡村振兴多样化金融需求。

第一节　健全金融支农组织体系

发展乡村普惠金融。深入推进银行业金融机构专业化体制机制建设，形成多样化农村金融服务主体。指导大型商业银行立足普惠金融事业部等专营机制建设，完善专业化的三农金融服务供给机制。完善中国农业银行、中国邮政储蓄银行三农金融事业部运营体系，明确国家开发银行、中国农业发展银行在乡村振兴中的职责定位，加大对乡村振兴信贷支持。支持中小型银行优化网点渠道建设，下沉服务重心。推动农村信用社省联社改革，保持农村信用社县域法人地位和数量总体稳定，完善村镇银行准入条件。引导农民合作金融健康有序发展。鼓励证券、保险、担保、基金、期货、租赁、信托等金融资源聚焦服务乡村振兴。

第二节　创新金融支农产品和服务

加快农村金融产品和服务方式创新，持续深入推进农村支付环境建设，全面激活农村金融服务链条。稳妥有序推进农村承包土地经营权、农民住房财产权、集体经营性建设用地使用权抵押贷款试点。探索县级土地储备公司参与农村承包土地经营权和农民住房财产权"两权"抵押试点工作。充分发挥全国信用信息共享平台和金融信用信息基础数据库的作用，探索开发新型信用类金融支农产品和服务。结合农村集体产权制度改革，探索利用量化的农村集体资产股权的融资方式。提高直接融资比重，支持农业企业依托多层次资本市场发展壮大。创新服务模式，引导持牌金融机构通过互联网和移动终端提供普惠金融服务，促进金融科技与农村金融规范发展。

第三节 完善金融支农激励政策

继续通过奖励、补贴、税收优惠等政策工具支持三农金融服务。抓紧出台金融服务乡村振兴的指导意见。发挥再贷款、再贴现等货币政策工具的引导作用，将乡村振兴作为信贷政策结构性调整的重要方向。落实县域金融机构涉农贷款增量奖励政策，完善涉农贴息贷款政策，降低农户和新型农业经营主体的融资成本。健全农村金融风险缓释机制，加快完善三农融资担保体系。充分发挥好国家融资担保基金的作用，强化担保融资增信功能，引导更多金融资源支持乡村振兴。制定金融机构服务乡村振兴考核评估办法。改进农村金融差异化监管体系，合理确定金融机构发起设立和业务拓展的准入门槛。守住不发生系统性金融风险底线，强化地方政府金融风险防范处置责任。

第十一篇 规划实施

实行中央统筹、省负总责、市县抓落实的乡村振兴工作机制，坚持党的领导，更好履行各级政府职责，凝聚全社会力量，扎实有序推进乡村振兴。

第三十六章 加强组织领导

坚持党总揽全局、协调各方，强化党组织的领导核心作用，提高领导能力和水平，为实现乡村振兴提供坚强保证。

第一节 落实各方责任

强化地方各级党委和政府在实施乡村振兴战略中的主体责任，推动各级干部主动担当作为。坚持工业农业一起抓、城市农村一起抓，把农业农村优先发展原则体现到各个方面。坚持乡村振兴重大事项、重要问题、重要工作由党组织讨论决定的机制，落实党政一把手是第一责任人、五级书记抓乡村振兴的工作要求。县委书记要当好乡村振兴"一线总指挥"，下大力气抓好三农工作。各地区要依照国家规划科学编制乡村振兴地方规划或方案，科学制定配套政策和配置公共资源，明确目标任务，细化实化政策措施，增强可操作性。各部门要各司其职、密切配合，抓紧制定专项规划或指导意见，细化落实并指导地方完成国家规划提出的主要目标任务。建立健全规划实施和工作推进机制，加强政策衔接和工作协调。培养造就一支懂农业、爱农村、爱农民的三农工作队伍，带领群众投身乡村振兴伟大事业。

第二节　强化法治保障

各级党委和政府要善于运用法治思维和法治方式推进乡村振兴工作，严格执行现行涉农法律法规，在规划编制、项目安排、资金使用、监督管理等方面，提高规范化、制度化、法治化水平。完善乡村振兴法律法规和标准体系，充分发挥立法在乡村振兴中的保障和推动作用。推动各类组织和个人依法依规实施和参与乡村振兴。加强基层执法队伍建设，强化市场监管，规范乡村市场秩序，有效促进社会公平正义，维护人民群众合法权益。

第三节　动员社会参与

搭建社会参与平台，加强组织动员，构建政府、市场、社会协同推进的乡村振兴参与机制。创新宣传形式，广泛宣传乡村振兴相关政策和生动实践，营造良好社会氛围。发挥工会、共青团、妇联、科协、残联等群团组织的优势和力量，发挥各民主党派、工商联、无党派人士等积极作用，凝聚乡村振兴强大合力。建立乡村振兴专家决策咨询制度，组织智库加强理论研究。促进乡村振兴国际交流合作，讲好乡村振兴的中国故事，为世界贡献中国智慧和中国方案。

第四节　开展评估考核

加强乡村振兴战略规划实施考核监督和激励约束。将规划实施成效纳入地方各级党委和政府及有关部门的年度绩效考评内容，考核结果作为有关领导干部年度考核、选拔任用的重要依据，确保完成各项目标任务。本规划确定的约束性指标以及重大工程、重大项目、重大政策和重要改革任务，要明确责任主体和进度要求，确保质量和效果。加强乡村统计工作，因地制宜建立客观反映乡村振兴进展的指标和统计体系。建立规划实施督促检查机制，适时开展规划中期评估和总结评估。

第三十七章　有序实现乡村振兴

充分认识乡村振兴任务的长期性、艰巨性，保持历史耐心，避免超越发展阶段，统筹谋划，典型带动，有序推进，不搞齐步走。

第一节　准确聚焦阶段任务

在全面建成小康社会决胜期，重点抓好防范化解重大风险、精准脱贫、污染防治三大攻坚战，加快补齐农业现代化短腿和乡村建设短板。在开启全面建设社会主义现代化国家新征程时期，重点加快城乡融合发展制度设计和政策创新，推动城乡公共资源均衡配置和基本公共服务均等化，推进乡村治理体系和治理能力现代化，全面提升农民精神风貌，为乡村振兴这盘大棋布好局。

第二节　科学把握节奏力度

合理设定阶段性目标任务和工作重点，分步实施，形成统筹推进的工作机制。加强主体、资源、政策和城乡协同发力，避免代替农民选择，引导农民摒弃"等靠要"思想，激发农村各类主体活力，激活乡村振兴内生动力，形成系统高效的运行机制。立足当前发展阶段，科学评估财政承受能力、集体经济实力和社会资本动力，依法合规谋划乡村振兴筹资渠道，避免负债搞建设，防止刮风搞运动，合理确定乡村基础设施、公共产品、制度保障等供给水平，形成可持续发展的长效机制。

第三节　梯次推进乡村振兴

科学把握我国乡村区域差异，尊重并发挥基层首创精神，发掘和总结典型经验，推动不同地区、不同发展阶段的乡村有序实现农业农村现代化。发挥引领区示范作用，东部沿海发达地区、人口净流入城市的郊区、集体经济实力强以及其他具备条件的乡村，到 2022 年率先基本实现农业农村现代化。推动重点区加速发展，中小城市和小城镇周边以及广大平原、丘陵地区的乡村，涵盖我国大部分村庄，是乡村振兴的主战场，到 2035 年基本实现农业农村现代化。聚焦攻坚区精准发力，革命老区、民族地区、边疆地区、集中连片特困地区的乡村，到 2050 年如期实现农业农村现代化。

附录 11　中国共产党农村工作条例

第一章　总　　则

第一条　为了坚持和加强党对农村工作的全面领导，贯彻党的基本理论、基本路线、基本方略，深入实施乡村振兴战略，提高新时代党全面领导农村工作的能力和水平，根据《中国共产党章程》，制定本条例。

第二条　党的农村工作必须高举中国特色社会主义伟大旗帜，坚持以马克思列宁主义、毛泽东思想、邓小平理论、"三个代表"重要思想、科学发展观、习近平新时代中国特色社会主义思想为指导，增强政治意识、大局意识、核心意识、看齐意识，坚定道路自信、理论自信、制度自信、文化自信，坚决维护习近平总书记党中央的核心、全党的核心地位，坚决维护党中央权威和集中统一领导，紧紧围绕统筹推进"五位一体"总体布局和协调推进"四个全面"战略布局，坚持稳中求进工作总基调，贯彻新发展理念，落实高质量发展要求，以实施乡村振兴战略为总抓手，健全党领导农村工作的组织体系、制度体系和工作机制，加快推进乡村治理体系和治理能力现代化，加快推进农业农村现代化，让广大农民过上更加美好的生活。

第三条　农业农村农民（以下简称三农）问题是关系国计民生的根本性问题。坚持把解决好三农问题作为全党工作重中之重，把解决好吃饭问题作为治国安邦的头等大事，坚持农业农村优先发展，坚持多予少取放活，推动城乡融合发展，集中精力做好脱贫攻坚、防贫减贫工作，走共同富裕道路。

第四条　党的农村工作必须遵循以下原则：

（一）坚持党对农村工作的全面领导，确保党在农村工作中总揽全局、协调各方，保证农村改革发展沿着正确的方向前进；

（二）坚持以人民为中心，尊重农民主体地位和首创精神，切实保障农民物质利益和民主权利，把农民拥护不拥护、支持不支持作为制定党的农村政策的依据；

（三）坚持巩固和完善农村基本经营制度，夯实党的农村政策基石；

（四）坚持走中国特色社会主义乡村振兴道路，推进乡村产业振兴、人才振兴、文化振兴、生态振兴、组织振兴；

（五）坚持教育引导农民听党话、感党恩、跟党走，把农民群众紧紧团结在党的周围，筑牢党在农村的执政基础；

（六）坚持一切从实际出发，分类指导、循序渐进，不搞强迫命令、不刮风、不一刀切。

第二章　组织领导

第五条　实行中央统筹、省负总责、市县乡抓落实的农村工作领导体制。

第六条　党中央全面领导农村工作，统一制定农村工作大政方针，统一谋划农村发展重大战略，统一部署农村重大改革。党中央定期研究农村工作，每年召开农村工作会议，根据形势任务研究部署农村工作，制定出台指导农村工作的文件。

第七条　党中央设立中央农村工作领导小组，在中央政治局及其常务委员会的领导下开展工作，对党中央负责，向党中央和总书记请示报告工作。

中央农村工作领导小组发挥农村工作牵头抓总、统筹协调等作用，定期分析农村经济社会形势，研究协调三农重大问题，督促落实党中央关于农村工作重要决策部署。

中央农村工作领导小组各成员单位应当加强对本单位本系统农村工作的领导，落实职责任务，加强部门协同，形成农村工作合力。

中央农村工作领导小组下设办公室，承担中央农村工作领导小组日常事务。

第八条　省（自治区、直辖市）党委应当定期研究本地区农村工作，定期听取农村工作汇报，决策农村工作重大事项，召开农村工作会议，制定出台农村工作政策举措，抓好重点任务分工、重大项目实施、重要资源配置等工作。

第九条　市（地、州、盟）党委应当把农村工作摆上重要议事日程，做好上下衔接、域内协调、督促检查工作，发挥好以市带县作用。

第十条　县（市、区、旗）党委处于党的农村工作前沿阵地，应当结合本地区实际，制定具体管用的工作措施，建立健全职责清晰的责任体系，贯彻落实党中央以及上级党委关于农村工作的要求和决策部署。县委书记应当把主要精力放在农村工作上，深入基层调查研究，加强统筹谋划，狠抓工作落实。

第十一条　县级以上地方党委应当设立农村工作领导小组，省市级农村工作领导小组一般由同级党委副书记任组长，县级农村工作领导小组由县委书记任组长，其成员由党委和政府有关负责人以及相关部门主要负责人组成。

第十二条　加强各级党委农村工作部门建设，做好机构设置和人员配置工作。各级党委农村工作部门履行决策参谋、统筹协调、政策指导、推动落实、督导检查等职能。

第十三条　各级党委应当完善农村工作领导决策机制，注重发挥人大代表和政协委员作用，注重发挥智库和专业研究机构作用，提高决策科学化水平。

第三章　主要任务

第十四条　加强党对农村经济建设的领导。巩固和加强农业基础地位，实施藏粮于地、藏粮于技战略，严守耕地红线，确保谷物基本自给、口粮绝对安全。深化农业供给侧结构性改革，构建现代农业产业体系、生产体系、经营体系，促进农村一二三产业融合发展，发展壮大农村集体经济，促进农民持续增收致富。坚决打赢脱贫攻坚战，巩固和扩大脱贫攻坚成果。

第十五条　加强党对农村社会主义民主政治建设的领导。完善基层民主制度，深化村民自治实践，健全村党组织领导的充满活力的村民自治机制，丰富基层民主协商形式，保证农民依法实行民主选举、民主协商、民主决策、民主管理、民主监督。严厉打击农村黑恶势力、宗族恶势力，严厉打击各类违法犯罪，严厉打击暴力恐怖活动，保障人民生命财产安全，促进农村社会公平正义。坚决取缔各类非法宗教传播活动，巩固农村基层政权。

第十六条　加强党对农村社会主义精神文明建设的领导。培育和践行社会主义核心价值观，在农民群众中深入开展中国特色社会主义、习近平新时代中国特色社会主义思想宣传教育，建好用好新时代文明实践中心。加强农村思想道德建设，传承发展提升农村优秀传统文化，推进移风易俗。加强农村思想政治工作，广泛开展民主法治教育。深入开展农村群众性精神文明创建活动，丰富农民精神文化生活，提高农民科学文化素质和乡村社会文明程度。

第十七条　加强党对农村社会建设的领导。坚持保障和改善农村民生，大力发展教育、医疗卫生、养老、文化体育、社会保障等农村社会事业，加快改善农村公共基础设施和基本公共服务条件，提升农民生活质量。建立健全党委领导、政府负责、社会协同、公众参与、法治保障、科技支撑的现代乡村社会治理体制，健全党组织领导下的自治、法治、德治相结合的乡村治理体系，建设充满活力、和谐有序的乡村社会。

第十八条　加强党对农村生态文明建设的领导。牢固树立和践行绿水青山就是金山银山的发展理念，统筹山水林田湖草系统治理，促进农业绿色发展，加强农村生态环境保护，改善农村人居环境，建设生态宜居美丽乡村。

第十九条　加强农村党的建设。以提升组织力为重点，突出政治功能，把农村基层党组织建设成为宣传党的主张、贯彻党的决定、领导基层治理、团结动员群众、推动改革发展的坚强战斗堡垒，发挥党员先锋模范作用。坚持农村基层党组织领导地位不动摇，乡镇党委和村党组织全面领导乡镇、村的各类组织和各项工作。村党组织书记应当通过法定程序担任村民委员会主任和村级集体经济组织、合作经济组织负责人，推行村"两委"班子成员交叉任职。加强村党组织对共青团、妇联等群团组织的领导，发挥它们的积极作用。健全村党组织领导下的议事决策机制、监督机制，建立健全村务监督委员会，村级重大事项决策实行"四议两公开"。各级党委特别是县级党委应当认真履行农村基层党建主体责任，坚持抓乡促村，选优配强村党组织书记，整顿软弱涣散村党组织，加强党内激励关怀帮扶，健全以财政投入为主的稳定的村级组织运转经费保障制度，持续加强基本队伍、基本活动、基本阵地、基本制度、基本保障建设。

各级党委应当推动全面从严治党向基层延伸，深入推进农村党风廉政建设，加强农村纪检监察工作，把落实农村政策情况作为巡视巡察重要内容，建立健全农村权力运行监督制度，持续整治侵害农民利益的不正之风和群众身边的腐败问题。

第四章　队伍建设

第二十条　各级党委应当把懂农业、爱农村、爱农民作为基本要求，加强农村工作队伍建设。

各级党委和政府主要负责人应当懂三农、会抓三农，分管负责人应当成为抓三农的行家里手。加强农村工作干部队伍的培养、配备、管理、使用，健全培养锻炼制度，选派优秀干部到县乡挂职任职、到村担任第一书记，把到农村一线工作锻炼、干事创业作为培养干部的重要途径，注重提拔使用实绩优秀的农村工作干部。

农村工作干部应当增强做群众工作的本领，改进工作作风，深入基层，认真倾听农民群众呼声，不断增进与农民群众的感情，坚决反对"四风"特别是形式主义、官僚主义。

第二十一条　各级党委应当加强农村人才队伍建设。建立县域专业人才统筹使用制度和农村人才定向委托培养制度。大力提高乡村教师、医生队伍素质。加强农业科技人才队伍和技术推广队伍建设。培养一支有文化、懂技术、善经营、会管理的高素质农民队伍，造就更多乡土人才。

第二十二条　各级党委应当发挥工会、共青团、妇联、科协、残联、计生协等群团组织的优势和力量，发挥各民主党派、工商联、无党派人士等积极作用，支持引导农村社会工作和志愿服务发展，鼓励社会各界投身乡村振兴。

第五章　保障措施

第二十三条　各级党委应当注重发挥改革对农业农村发展的推动作用。以处理好农民和土地的关系为主线推动深化农村改革，坚持农村土地农民集体所有，坚持家庭经营基础性地位，坚持保持土地承包关系稳定并长久不变，健全符合社会主义市场经济要求的农村经济体制，把实现好、维护好、发展好广大农民的根本利益作为出发点和落脚点，与时俱进推动三农理论创新、实践创新、制度创新，调动亿万农民的积极性、主动性、创造性，不断解放和发展农村社会生产力。

第二十四条　各级党委应当注重发挥投入对农业农村发展的支撑作用。推动建立三农财政投入稳定增长机制，加大强农惠农富农政策力度，完善农业支持保护制度，健全商业性金融、合作性金融、政策性金融相结合的农村金融服务体系，拓宽资金筹措渠道，确保三农投入力度不断增强、总量持续增加。

第二十五条　各级党委应当注重发挥科技教育对农业农村发展的引领作用。深入实施科教兴农战略，健全国家农业科技创新体系、现代农业教育体系、农业技术推广服务体系，把农业农村发展转到创新驱动发展的轨道上来。

第二十六条　各级党委应当注重发挥乡村规划对农业农村发展的导向作用。坚持规划先行，突出乡村特色，保持乡村风貌，加强各类规划统筹管理和系统衔接，推动形成城乡融合、区域一体、多规合一的规划体系，科学有序推进乡村建设发展。

第二十七条 各级党委应当注重发挥法治对农业农村发展的保障作用。坚持法治思维，增强法治观念，健全农业农村法律体系，加强农业综合执法，保障农民合法权益，自觉运用法治方式深化农村改革、促进农村发展、维护农村稳定，提高党领导农村工作法治化水平。

第六章 考核监督

第二十八条 健全五级书记抓乡村振兴考核机制。地方各级党委和政府主要负责人、农村基层党组织书记是本地区乡村振兴工作第一责任人。上级党委和政府应当对下级党委和政府主要负责人、农村基层党组织书记履行第一责任人职责情况开展督查考核，并将考核结果作为干部选拔任用、评先奖优、问责追责的重要参考。

第二十九条 各省（自治区、直辖市）党委和政府每年向党中央、国务院报告乡村振兴战略实施情况，省以下各级党委和政府每年向上级党委和政府报告乡村振兴战略实施情况。

第三十条 实行市县党政领导班子和领导干部推进乡村振兴战略实绩考核制度，将抓好农村工作特别是推进乡村振兴战略实绩、贫困县精准脱贫成效作为政绩考核的重要内容，由上级党委统筹安排实施，考核结果作为对市县党政领导班子和有关领导干部综合考核评价的重要依据。

第三十一条 地方各级党政领导班子和主要负责人不履行或者不正确履行农村工作职责的，应当依照有关党内法规和法律法规予以问责；对农村工作履职不力、工作滞后的，上级党委应当约谈下级党委，本级党委应当约谈同级有关部门。

第三十二条 中央和地方党政机关各涉农部门应当认真履行贯彻落实党中央关于农村工作各项决策部署的职责，贴近基层服务农民群众，不得将部门职责转嫁给农村基层组织。不履行或者不正确履行职责的，应当依照有关党内法规和法律法规予以问责。

第三十三条 各级党委应当建立激励机制，鼓励干部敢于担当作为、勇于改革创新、乐于奉献为民，按照规定表彰和奖励在农村工作中作出突出贡献的集体和个人。

第七章　附　　则

第三十四条　各省（自治区、直辖市）党委可以根据本条例，结合本地区情况制定实施办法。

第三十五条　本条例由中央农村工作领导小组办公室负责解释。

第三十六条　本条例自 2019 年 8 月 19 日起施行。

附录 12 农业农村部办公厅关于深入学习贯彻《中华人民共和国乡村振兴促进法》的通知

各省、自治区、直辖市农业农村（农牧）厅（局、委），部机关各司局、派出机构：

《中华人民共和国乡村振兴促进法》（以下简称"乡村振兴促进法"）已于 2021 年 4 月 29 日经第十三届全国人大常委会第二十八次会议审议通过，将于 2021 年 6 月 1 日起施行。这是我国三农法治建设的一件大事，也是全面推进乡村振兴、加快农业农村现代化的一件大事。为扎实做好乡村振兴促进法学习宣传贯彻工作，确保法律全面有效实施，现就有关事项通知如下。

一、提高政治站位，充分认识学习宣传贯彻乡村振兴促进法的重大意义

党中央高度重视实施乡村振兴战略。党的十九大以来，习近平总书记对实施乡村振兴战略作出一系列深刻阐述，党中央、国务院采取一系列重大举措推动落实，印发了《中国共产党农村工作条例》，制定了以乡村振兴为主题的中央一号文件，发布了乡村振兴战略规划，召开了全国实施乡村振兴战略工作推进会议，中央政治局就实施乡村振兴战略进行集体学习。乡村振兴促进法深入贯彻习近平新时代中国特色社会主义思想，深入贯彻党的十九大和十九届二中、三中、四中、五中全会精神，贯彻新发展理念，紧紧围绕统筹推进"五位一体"总体布局和协调推进"四个全面"战略布局要求，坚持农业农村优先发展，把党中央关于乡村振兴的重大决策部署转化为法律规范，与党中央一号文件、乡村振兴战略规划、《中国共产党农村工作条例》等共同构建了实施乡村振兴战略的"四梁八柱"，强化了走中国特色社会主义乡村振兴道路的顶层设计，夯实了良法善治的制度基石。乡村振兴，法治先行。脱贫攻坚取得胜利后，要全面推进乡村振兴，这是三农工作重心的历史性转移，对法治建设的需求也比以往更加迫切，更加需要有效发挥法治对于农业农村高质量发展的支撑作用、对农村改革的引领作用、对乡村治理的保障作用、对政府职能转变的促进作用，为新阶段农业农村改革发展提供坚实法治保障。乡村振兴促进法是三农领域一部固根本、稳预期、利长远的基础性、综合性法律，对于促进乡村产业振兴、人才振兴、文化振兴、生态振兴、组织振兴和推进城乡融合发展，具有重要的里程碑意义。

二、健全体制机制，保障乡村振兴工作任务落实落地

乡村振兴促进法强调实施乡村振兴战略应当坚持中国共产党的领导，规定国家建立健全中央统筹、省负总责、市县乡抓落实的乡村振兴工作机制，实行乡村振兴战略实施目标责任制和考核评价制度，要求各级人民政府应当将乡村振兴促进工作纳入国民经济和社会发展规划，并建立乡村振兴考核评价制度、工作年度报告制度和监督检查制度。乡村振兴促进法还赋予了各级农业农村部门对乡村振兴促进工作的统筹协调、指导和监督检查等重要职责，要求各级人民政府其他有关部门在各自职责范围内负责有关的乡村振兴促进工作。各地要按照中央关于五级书记抓乡村振兴的要求，加快形成上下贯通、各司其职、一抓到底的乡村振兴工作体系，探索建立常态化督查检查机制，把党对三农工作的领导落到实处。各级农业农村部门要依法全面认真履行法定职责，树牢法治思维，围绕乡村振兴促进法确定的重要原则、重大战略、重要制度，建立健全配套的政策体系、工作体系、责任体系，严格按照法律中产业发展、人才支撑、文化传承、生态保护、组织建设、城乡融合、扶持措施等要求，抓好规划统筹、实施指导、协调督促、考核评价等重点任务落实，形成推动乡村振兴的强大合力。

三、强化制度建设，完善乡村振兴法律规范体系

"十四五"农业农村有关规划、政策和改革方案要贯彻乡村振兴促进法的规定和要求，要建立健全配套制度，加强粮食安全、种业和耕地、农业产业发展、农村基本经营制度、农业资源环境保护、农产品质量安全等重点领域立法，不断完善以乡村振兴促进法为统领，相关法律、法规、规划和政策文件为支撑的乡村振兴法律制度体系。积极推动粮食安全保障法、农产品质量安全法、畜牧法、渔业法、植物新品种保护条例、生猪屠宰管理条例等法律、行政法规的制修订，深入研究起草农村集体经济组织法。各地要结合乡村振兴战略实施，因地制宜加快有关农业农村方面的特色立法，发挥实施性、补充性、探索性作用，配套制定乡村振兴方面的地方性法规、规章，将法律确定的重要原则和要求等转化为可操作、能考核、能落地的具体制度措施。要贯彻新发展理念，坚持科学立法、民主立法、依法立法，增强针对性、有效性、系统性，确保法律制度实用、管用、好用。

四、提升执法能力，为乡村全面振兴打造良好法治环境

法律的生命在于实施，执法队伍是法律实施的重要保障。各地要抓住乡村振兴促进法贯彻实施的有利时机，围绕农业综合行政执法机构设置到位、"三定"印发到位、人员划转到位、执法保障到位，进一步深化改革，加快构建权责明晰、上下贯通、指挥顺畅、运行高效、保障有力的农业综合行政执法体系。强化执法培训，建立健全部省市县四级培训体系，综合运用集中教学、线上教学、现场教学等形式，扩大培训覆盖面，提高培训效果。完善执法机构内部人才培养机制，省市两级选调执法骨干成立办案指导小组，指导基层执法人员尤其是新进执法人员提高办案水平。深入实施农业综合行政执法能力提升行动，积极组织执法练兵、执法技能竞赛、执法比武等活动，培养执法能手，着力打造革命化、正规化、专业化、职业化农业综合行政执法队伍。严格落实行政执法"三项制度"，建立健全跨区域农业执法协作联动机制、跨部门联合执法机制，强化农业综合行政执法机构与行业管理等机构的协作配合，形成执法监管合力。牢固树立以办案质量衡量执法成效的理念，重点围绕农资质量、农产品质量安全、品

种权保护、长江禁渔等领域，加大违法案件查处力度，定期通报典型案例，为全面推进乡村振兴提供有力的执法保障。

五、加强组织实施，广泛开展乡村振兴促进法学习宣传贯彻活动

学法知法是尊法守法用法的前提和基础。乡村振兴促进法明确规定，各级人民政府及其有关部门应当采取多种形式，广泛宣传乡村振兴促进相关法律法规和政策，鼓励、支持人民团体、社会组织、企事业单位等社会各方面参与乡村振兴促进相关活动。各级农业农村部门要把学习宣传贯彻乡村振兴促进法作为当前最重要的普法任务抓紧抓好，纳入部门"八五"普法规划，明确目标原则，突出重点任务，抓好组织实施，确保取得实效。认真贯彻落实"谁执法谁普法"普法责任制，将乡村振兴促进法列入普法责任清单，广泛开展面向管理服务对象和社会公众的法治宣传，强化以案释法，用生动直观的形式推动农民群众自觉尊法学法守法用法。注重加强对党员干部的法治宣传教育，将乡村振兴促进法列入党委（党组）理论中心组学习重点内容，作为干部职工学法用法的重要内容和必修课程，增强运用法治思维和法治方式全面推进乡村振兴的能力。丰富乡村振兴促进法学习宣传方式，通过召开贯彻实施座谈会、编制辅导读本、组织专家解读、举办专题培训、制作宣传短视频、创作文艺作品等形式，推动干部群众深入理解法律核心要义和精神实质，准确把握法律的规定要求和各项措施。加强传统媒体和新媒体的深度融合，利用报刊、电视、广播和网站、微信公众号、微博、新闻客户端、直播平台等渠道，对乡村振兴促进法进行全方位、多层次、立体式宣传，为全面推进乡村振兴、加快农业农村现代化营造良好的法治氛围。

今年是中国共产党成立 100 周年，也是实施"十四五"规划、开启全面建设社会主义现代化国家新征程的第一年，三农工作处在新的历史方位。各级农业农村部门要充分认识施行乡村振兴促进法的重要意义，切实增强学习宣传贯彻的责任感和使命感，全面准确理解法律的精神实质和制度要求，加强组织领导，强化措施保障，切实抓好学习宣传贯彻工作，推动乡村振兴战略部署得到有效落实，持之以恒、久久为功促进乡村振兴，促进农业高质高效、乡村宜居宜业、农民富裕富足。

农业农村部办公厅

2021 年 4 月 29 日

2021年4月29日，十三届全国人大常委会第二十八次会议高票表决通过了乡村振兴促进法。栗战书委员长指出，乡村振兴促进法是党中央关于乡村振兴重大决策部署的法律体现，要站在全局的战略高度来认识和把握，一条一条贯彻落实好这部法律。

今年是中国共产党成立100周年，是"两个一百年"奋斗目标的历史交汇点，也是脱贫攻坚目标任务全面完成后，三农工作重心历史性转向全面推进乡村振兴的重要时点，乡村振兴促进法公布施行恰逢其时、意义重大。这是第一部以乡村振兴命名的基础性、综合性法律，与2018年来中央一号文件、乡村振兴战略规划、中国共产党农村工作条例，共同构成实施乡村振兴战略的"四梁八柱"，夯实了实施乡村振兴战略的法治基石。法律将党中央、国务院关于乡村振兴的重大决策部署和各地行之有效的实践经验法定化、制度化，规定了一整套保障和推动乡村振兴的制度措施、体制机制和政策体系，为实施乡村振兴战略提供了有力法治保障。同时，还明确了各级政府及有关部门推进乡村振兴的职责任务，针对城乡融合发展、人地钱支持、工作责任落实等乡村振兴的重点难点问题提出了一揽子支持举措，将成为全面推进乡村振兴破难题、开新局、聚合力的法治利器。

为配合乡村振兴促进法的学习、宣传和实施，我们编写了这本解读，希望能为读者理解、掌握和运用乡村振兴促进法提供帮助。本书由全国人大农业农村委陈锡文主任委员担任编委会主任，中央农办副主任、农业农村部副部长刘焕鑫和全国人大常委会法工委副主任王瑞贺担任主编，全国人大农业农村委办公室主任何宝玉、农业农村部法规司司长王乐君、全国人大常委会法工委经济法室副主任杨合庆和农村经济研究中心主任金文成担任副主编，由参与本法起草的同志和负责推进乡村振兴有关工作的同志联合撰写。

本书编写工作由农业农村部农村经济研究中心具体承担，力求准确、全面地解读乡村振兴促进法的内容。本书涉及的法律均为我国法律，故正文的法律名称基本采用简写形式。涉及某法具体条款内容，均加书名号，其他在一般性叙述时均不加书名号。因时间和水平有限，如有疏漏和不妥之处，敬请读者批评指正。

编　者

2021 年 8 月

内容简介

乡村振兴促进法是实施乡村振兴战略的法治基石、法治保障、法治利器，于 2021 年 6 月 1 日正式施行。本书由全国人大农业农村委、全国人大常委会法工委、农业农村部牵头并组织编写，共分为总则、产业发展、人才支撑、文化繁荣、生态保护、组织建设、城乡融合、扶持措施、监督检查等 9 章，每章按照类别摘录法律原文，从"法律主旨""立法背景""法律解读"三方面对法律条文分层释义，同时将习近平总书记关于乡村振兴的重要论述编入相应章节，便于广大三农干部在实践中深刻领悟党中央的要求。

附录为乡村振兴促进法法律条款及修订过程中的重要文件，2019—2021 年中央一号文件，以及《乡村振兴战略规划（2018—2022 年）》《中国共产党农村工作条例》等共 12 项重要内容。

本书内容权威、资料完备、数据翔实，为打造和培训政治过硬、本领过硬、作风过硬的乡村振兴干部队伍提供了权威的教材，是三农爱好者落实落地乡村振兴促进法必备的大容量资料工作手册。

图书在版编目（CIP）数据

中华人民共和国乡村振兴促进法解读／刘焕鑫，王
瑞贺主编．—北京：中国农业出版社，2021.9（2022.2重印）
ISBN 978-7-109-28753-2

Ⅰ.①中… Ⅱ.①刘… ②王… Ⅲ.①农村－社会主
义建设－法律解释－中国 Ⅳ.①D922.45

中国版本图书馆CIP数据核字（2021）第184227号

中国农业出版社出版

地址：北京市朝阳区麦子店街18号楼
邮编：100125
出版人：陈邦勋
出版策划：刘爱芳
责任编辑：王庆宁
文字编辑：黄 曦 李 梅 刘昊阳 吕 睿
审稿：干锦春
版式设计：王 晨 责任校对：吴丽婷
印刷：北京通州皇家印刷厂
版次：2021年9月第1版
印次：2022年2月北京第4次印刷
发行：新华书店北京发行所
开本：700mm×1000mm 1/16
印张：27.5
字数：300千字
定价：60.00元